HOTEL REVENUE MANAGEMENT

饭店收益管理

（第二版）

祖长生

中国旅游出版社

序

随着我国市场经济的持续发展，带动着中国旅游市场的快速升温。我们正在迎接一个大众旅游的新时代。作为支撑旅游业发展的供给侧要素，饭店业在充满信心的同时，也需要寻找和发现新要素，确定产业转型升级的新动力。今天的饭店业，已经从人力资源密集、经验驱动型进入依靠科技、文化和模式创新推动的科学层面。饭店集团更加注重专业化的战略规划、投融资、市场推广、会员体系管理和人力资源团队的专业筹划。

源于美国航空业的收益管理理论，因其能够有效平衡有限资源约束下的供求关系，实现企业收入最大化，而备受管理者的重视。美国饭店集团应用收益管理，为其带来了十分可观的收益增长和市场竞争力的提升。相对而言，我国饭店业在运用现代科学管理手段方面，起步较晚。要提高我国饭店业在国际国内市场的竞争力，亟须从业人员不断学习先进的管理理念、新的知识和新的思维，并在实践中有效加以运用。在互联网和大数据时代，学习借鉴和应用包括收益管理在内的商业技术和管理理论，对饭店管理与营销实践具有十分明显的现实意义。

我与祖长生先生相识于13年前，当时他是北京建国国际酒店管理公司的营销总监。由于业务联系，我们曾有过数次愉快的沟通和交流。他是理工科背景，大学毕业四年后进入饭店业，一干就是20多年，足以说明他对这个行业的热爱和不倦的追求。他的新著《饭店收益管理》系统地阐述了收益管理的理论和应用方法，在我国饭店中的实践运用。无论是理论阐述还是实践案例都凝聚了作者多年的实践心得，具有很强的实操指导意义。本书的出版，不仅对我国饭店业收益管理知识的普及、运用起到了积极的推动作用，而且也为我国饭店业进行管理创新做出了一定的贡献。为此，我愿意向饭店业读者推荐这本专业书籍，同时也期望广大读者能从中汲取有益的养分。

戴斌

中国旅游研究院院长、博士

2016年5月

前言（第二版）

随着多种住宿业态的出现、土地红利的消失和新冠肺炎疫情的发生，饭店业正面临着新一轮来自市场竞争的挑战。提升企业品牌价值、寻求高效管理模式和创造良好的顾客体验，成为饭店业未来发展的新途径。收益管理由于能够在不扩大生产或延长劳动时间的情况下提高企业的获利能力，对于产品供给能力相对固定的饭店而言，应用收益管理来实现收入最大化便显得十分重要。近5年来，收益管理不仅在职业教育、人才培养、岗位规范及实践应用等方面得到了快速的发展，而且进入到饭店、民宿和公寓等住宿企业应用的黄金时期，为它们提高市场竞争力和获利能力提供了有效的路径。

自本书于2016年6月由中国旅游出版社出版至今，已历时近5年，期间5次印刷。在此，衷心感谢广大读者和大专院校的支持与厚爱。本书第二版是在第一版的基础上修订完成的，修订的内容主要来自笔者在这5年里对收益管理的研究、实践、总结和创新，目的是把这些总结和创新增加到本书中去，以满足如今数字时代下饭店应用收益管理的需求。归纳起来，主要在以下几个方面进行了修订。一是增加了应用Excel中的数据分析工具从事市场预测和利用规划求解工具优化分配客房方面的内容。应用Excel能够满足饭店在没有收益管理系统的情况下从事市场预测和优化分配客房等方面的需求，像线性回归分析法等一些复杂的预测方法也能够应用Excel来进行预测，不仅满足了饭店对市场预测工作的需求，而且提高了收益管理工作的效率。二是在第四章中增加了增量预测法。作为一种有效的预测方法，增量预测法在民航业已经得到了广泛的应用。由于增量预测法主要应用环期数据作为历史数据来从事预测，对开业时间较短或市场环境变化较大的饭店来说，解决了因缺少同期历史数据而难以预测的问题。另外，为了饭店比较不同预测方法之间的适用性，本章还增加了预测方法精度评价方面的内容。三是在第五章中对客房价格优化的方法进行了修订。本章对客房价格优化方法的修订内容主要来自笔者在饭店中的经营实践，以增强这些方法在饭店经营实践中的实用性。这些方法是在应用价格弹性理论的基础上，通过经营实践总结归纳而成，为饭店制定合适的客房价格提供了有效的方法。四是增加了饭店客房价格体系的制定方法。价格体系是饭店在客房定价中不可缺少的价格标准规范，对制定合适的客房价格，减少客房潜在收入流失起着重要的作用。本次增加了价格体系制定的方法，详细阐述了价格体系制定的流程和内容，修订了原有的价格体系表，将对饭店制定客房价格体系有一定的指导作用。五是在第六章中增加了升降档销售法、住宿时间控制法、置换分析法和规划求解等内容。升降档销售法、住宿时间控制法和置换分析法是饭店在对客房管理控制中用来提高收入的专业方法；规划求解作为系统工具能够帮助饭店经营者对分配给不同细分市场的客房数量进行优化组合，从而实现收入最大化。六是在第八章中增加了餐厅实施收益管理的五步法。目前，国内应用收益管理的餐厅还为数不多，多数经营者缺乏对收益管理的了解。餐厅收益管理的五步法是从设立目标到评估经营效果，指导经营者可分五个步骤来运行收益管理，最终达到收益目标值，实现利润的增加。七是在第十一章中增加了收益管理会议的应用案例，以解剖麻雀的方式来分析收益管理会议，便于读者理解和掌握会议召开的流程和内容。八是在每一章后面增加了练习题，这也是本次修订的重点内容之一。这些练习题深化了本章内容的理论理解，又引申了运用理论中遇到的实践问题。增加了练习题以后，不仅能够满足本书作为大专院校收益管理教材使用的要求，而且对读者在学习中深入思考和实践也会有所帮助。除此之外，笔者还对第一版书中的其他内容进行了修订、补充和更新。

本书不仅适合作为国内各大专院校饭店管理类和收益管理专业的应用教材，而且可供从事饭店管理实践的中高层管理人员、收益管理人员、前厅管理人员、市场营销人员和财务管理人员等饭店从业者学习使用。通过本书的学习，读者能够加深对收益管理的基本理论、方法与工具的理解，同时，读者还能够通过本书的学习掌握市场需求预测、客房价格体系制定、客房价格的优化、客房预订控制和召开收益管理会议等实践方法，有助于饭店、民宿和公寓等住宿企业落地实施收益管理。鉴于笔者水平有限，本书难免有错误和疏漏之处，恳请读者批评指正，以便更好地服务读者。

祖长生

2021 年 3 月于北京

前言（第一版）

进入21世纪，互联网技术的发展、饭店业态的演变、消费者代际的更迭、市场趋于新常态等形态变革，都迫切需要饭店通过经营与管理创新来提高核心竞争力，这是饭店业面对汹涌澎湃的技术革新以及与之相关的消费者生活形态变革趋势下的必然走向。收益管理作为现代管理科学中的一个重要分支，近年来越来越受到相关行业管理者的关注和重视。多年的实践应用证明，收益管理方法能够有效平衡有限资源约束下企业的需求与供给关系，并通过价格杠杆调节来提高产能相对固定的企业的潜在收益，从而实现收入最大化的目标。起源于美国航空业的收益管理理论，在吸纳运筹学、市场学、经济学、管理科学、信息科学等多学科理论的基础上，发展和奠定了收益管理的理论基础，逐步形成了以市场和顾客为中心、以市场细分和预测为基础、以价格调节和资源存量控制为优化机制、以组织文化建设为经营保障的收益管理理论体系。随着互联网和计算机技术的快速发展，尤其是大数据时代带来的思维变革和云技术的诞生，进一步推进了收益管理理论与应用方法的延展空间。目前，收益管理理论和方法已被广泛应用于民航、饭店、租车、广播电视等服务性行业。

饭店作为有限资源约束下的企业，存在着前期投资额较高、产品具有易逝性等特点，经常会面临着资源闲置或因潜在收益流失而造成收益下降等情况。通过运用收益管理的理论和方法，能够使饭店提高市场竞争力、发挥饭店有限资源的最大效能、挖掘市场中潜在的收益并最终实现收入最大化。这些正是饭店开展收益管理的目标所在，也是笔者撰写本书的主要目的。笔者从事饭店经营与管理工作27年，曾为国内多家饭店集团和在线旅游服务机构等单位进行收益管理授课、培训和实战指导，熟谙饭店管理者在收益管理应用方面的渴望和痛点。本书在阐述收益管理理论和基本概念的基础上，更加注重对收益管理用于饭店业的实践应用，其中有大量篇幅详细阐述了收益管理的应用方法和实施策略，并汇集了大量来自工作实践中的案例。本书是笔者多年来研究和探索收益管理在饭店业中应用的成果体现，也是一次自我实践工作经验的总结、沉淀与思考。

本书主要内容分为五部分：收益管理理论及其基本概念、收益管理应用方法及其策略、饭店收益管理系统及其应用、饭店隐性收益管理和饭店收益管理组织构建。第一章着重阐述了收益管理的起源、定义、基本观点、衡量指标以及实施收益管理的重要意义，为读者掌握和了解收益管理思想和核心理念奠定基础。第二章和第三章着重阐述了饭店产品的组合、价格决策、市场细分和销售渠道管理方面的内容。饭店产品、价格、市场细分以及销售渠道既是饭店开展收益管理的关键要素，也是从事收益管理的基础。第二章和第三章正是从对这些要素的认识、构建和运用角度出发，详细阐述了饭店产品的组合、价格的制定与决策、市场细分以及销售渠道管理的主要方法，以便为饭店顺利开展收益管理工作提供保障。接下来，第四章至第八章的主旨是阐发收益管理在饭店中的主要应用方法，包括市场预测、价格优化、动态定价、容量控制、客房超订以及餐厅收益管理等内容，从收益管理战略和战术层面着重阐述了如何运用这些方法和技术来实现饭店收入最大化，并以此驱动利润最大化。这些方法不仅可以帮助饭店提高收益，还能够改善饭店运营环境，从而提高市场竞争力。第九章主要从收益管理系统产生的背景入手，介绍了系统的基本概念、工作原理、应用功能以及运行方法等方面的内容。使读者认识到收益管理系统作为饭店开展收益管理工作的常用工具，对保证收益管理策略的实施和提高收益管理工作效率所起到的重要作用。第十章主要阐述了饭店隐性收益管理的概念、内容及其对提高饭店收益所起到的重要作用。隐性收益管理是近年来随着收益管理的延伸和发展所形成的一个全新概念。如今，由于饭店文化建设和社会价值等隐性要素在提升饭店收益中所起到的作用正日益增强，因此，通过延伸饭店收益管理理念，形成内外部环境收益要素的协同管理，以此获得社会和顾客的高度认同，使饭店从产品价值最大化向收益最大化转变，被视为隐性收益管理的主要内涵。第十一章的主旨是介绍饭店收益管理组织机构的设立方式、岗位职责、工作职能及其在收益管理工作中所起到的作用，并对饭店收益管理会议内容和饭店内部的跨部门协作进行了详细的阐述，对指导读者在实际工作中建立收益管理组织、制度和工作流程具有较大的现实意义。

本书既可作为饭店从业人员学习收益管理知识的参考文献，也可作为饭店管理专业学生学习收益管理课程的应用教材。由于笔者水平有限，难免会有错误疏漏，恳请读者批评指正。

祖长生

2016 年 3 月于北京

目　录

第一章　收益管理的基本概念

【本章概述】

收益管理是源于管理学、运筹学以及微观经济学等诸多学科理论的产物。作为管理科学中的一门新技术，收益管理已被广泛应用于航空、饭店、汽车出租、航运、影剧院、广播电视和公用事业等行业。由于实施收益管理能为饭店在现有条件不变的情况下带来更高的收益，因此在欧美及全球其他国家得到了快速的发展。近年来，我国饭店业也开始重视收益管理工作和应用收益管理技术。本章作为收益管理的绪论，着重阐述了收益管理的起源、定义、基本观点、衡量指标以及实施收益管理的重要意义。

1.1　收益管理的起源

1.1.1　收益管理的起源

收益管理理论最早起源于美国航空业，其发展主要经历了三个阶段。一是航空业发展初期，飞机成本较高，价格昂贵，市场供给远远小于市场需求，航空业主要用于经营货物运输和社会主流的高端市场，且航空业市场被大型航空企业所垄断，它们通过高额垄断价格策略获取超额的垄断利润。到了20世纪60年代，飞机制造技术的发展极大地推动了航空运输业的发展。飞机的高速性和舒适性极大地刺激了顾客的旅行需求，随着航空业供给能力的增加和市场需求的多元化，单一的高额票价政策也给顾客消费带来了很大限制，其结果是导致飞机座位经常闲置，这不仅增加了航空公司的运营成本，而且由于飞机座位资源具有不可存储的特点，使得航空公司的收益开始下滑。20世纪70年代末期，美国总统卡特签署了《航空业解除管制条例》，放宽了对经营国内航线新公司的批准权，航空公司在开辟新航线和定价上被授予了基本的自主权。此条例的颁布，放松了对航空业的管制，给美国航空业带来了空前发展的大好时机，使得许多中小型航空公司纷纷涌入航空市场（如People Express航空公司等）。同时也导致美国航空市场竞争异常激烈，残酷的竞争给美国航空业造成了较大的损失。在此期间，美国航空公司CEO罗伯特L. 克兰德尔（Robert L. Crandall）先生率先采取了差别定价、预订限制和容量控制等策略，并借助计算机技术对顾客订票系统进行管理，取得了很大的成功。这些技术和管理手段逐渐形成了收益管理理论的雏形，奠定了收益管理理论由定性研究向定量研究的体系基础，使得收益管理理论的科学性得到了有效保障。二是航空票价和航线放松管制以后，由于当时没有对顾客订票后取消（Cancellation）和订票后既没有告知又无故未到（No-Show）的限制条件，相当于顾客的取消订座和无故不到的成本为零，经常导致飞机座位这一有限的资源闲置和虚耗，使得航空公司的收益下滑。为解决这一难题，在收益管理初期理论的基础上，航空公司借助计算机技术开始自主开发收益管理系统，并将其应用到经营实践中。收益管理系统使用后，有效地解决了座位资源浪费和虚耗的难题。在1989年至1992年间，收益管理为美国航空业增加了约14亿美元的收入，比同期的净利润8.92亿美元高出将近50%。收益管理理论在美国航空公司的成功应用，引起了业界和学术界对收益管理的重视和研究。国际航空运输协会（International Air Transport Association，简称IATA）、科研机构和高校（如美国康奈尔大学）、航空公司和管理咨询公司先后组建了收益管理理论研究和应用的组织与机构，在运筹学、市场学、经济学、管理科学、信息科学等多学科理论的基础上，发展和奠定了收益管理的理论基础，推动收益管理系统理论得以快速的发展。在此阶段，随着收益管理理论逐步完善和实践拓展，收益管理逐步形成自身体系，成为现代管理科学中的一个重要组成部分。三是随着市场经济的不断发展，现代服务企业经济也由原来的面向市场经营转变为社会信誉、顾客价值、员工价值和企业文化的价值链经营，收益管理也从原有的对资源和价格管理逐步渗透到企业文化及价值链的隐性收益管理当中。20世纪90年代末，收益管理理论引入中国，一些学者开始对收益管理理论进行研究。2001年4月，中国南方航空公司与美国PROS公司合作，首次引进收益管理系统，成为中国第一家应用收益管理系统的企业，这也在有效解决资源配置和提高运营收益方面起到了重要的作用。目前，收益管理已经被广泛应用于航空业、饭店业、运输业、广播电视业和公用事业等行业。

1.1.2 收益管理在饭店业中的应用

由于饭店产品与民航产品非常相近，都为易逝性产品，收益管理在航空业应用取得的巨大成功，为饭店业提供了可借鉴的依据，也让饭店业人士为之心动。20世纪90年代初，美国饭店业率先开始借鉴航空业的经验，研究收益管理在饭店管理中的应用，使用收益管理技术。美国康奈尔大学早期便对在饭店业引入收益管理理论方面进行了系统的研究和探索，形成相关理论，并开设了饭店收益管理课程。一些计算机软件公司都已开发出成熟的饭店收益管理软件，多年来为饭店业提供着收益管理服务，例如，美国SAS软件公司旗下的IDeaS系统、Infor旗下的Infor EzRMS系统、BookingSuite公司的RateManager系统（原PriceMatch系统）等，在美国一些知名和大规模的饭店集团中得到了广泛的应用，如万豪酒店集团（Marriott）、凯悦酒店集团（Hyatt）和丽笙酒店集团（Redisson）等。实践证明，收益管理能显著提高饭店的收益。在其他条件不变的情况下，通过收益管理的应用和实施，使Harrah娱乐有限公司旗下Cherokee品牌的饭店增加了高达15%的收益。① 由于收益管理技术的实施能为饭店在其他条件不变的情况下带来很大的收益，在欧美及全球其他国家得到快速的发展。在中国，随着市场经济的对外开放和加入WTO，国外知名品牌饭店集团大量涌入国内，这些饭店品牌的进入在给中国传统饭店带来严峻挑战的同时，也为中国饭店业带来了先进的管理理念、管理技术和管理经验，饭店收益管理技术也随之进入中国饭店业。近几年来，随着国内饭店业市场竞争态势的加剧，加上经营成本的不断攀升，国内一些大的本土饭店集团，甚至是单体饭店也逐渐开始重视收益管理工作和应用收益管理技术。笔者在多年对收益管理研究和授课的基础上撰写本书的目的，意在为推进收益管理理论与技术在中国饭店业的实践与应用尽一份微薄之力。

1.2 收益管理的定义

1.2.1 收益管理的定义

收益管理起源于航空业，诞生于生产实践中，理论体系的形成来自运筹学、

---

① 刘淑芹，汪寿阳．酒店收益管理研究［M］．北京：科学出版社，2013.

营销学、管理学、经济学等学科，是多学科结合的产物。关于收益管理定义，专家学者从不同的角度有不同的诠释。Talluri 和 Van Ryzin（2004）从经济学视角将收益管理定义为需求决策管理（DDM），认为收益管理是通过对市场需求的细分和预测，决定何时、何地以何种价格向谁提供产品或服务，通过扩大顾客有效需求来提高企业收益。Weatherford 和 Bodily（1992）从企业的产品或服务性质的视角提出收益管理就是易逝性资产管理，认为服务性企业的产品或服务有别于制造业产品的重要特性即为易逝性，其产品或服务的价值或收益同时间有密切关系，且价值随着时间而呈递减趋势。Kimes（1989）在综合研究的基础上结合营销学理论，提出了 4R 理论。即在正确的时间和地点（Right time and place），以正确的价格（Right price）向正确的顾客（Right customer）提供正确的产品或服务（Right product or service），实现资源约束下企业收益最大化目标①。4R 理论充分反映了收益管理的市场运行模式，被认为是目前对收益管理较为全面和准确的诠释。因此，收益管理就是对不同时段的资源（如饭店的客房等）和价格进行有效的管理，通过有效利用企业的有限资源，并根据不同时段资源的价值制定合理价格的途径来提高企业收益，具有价值将随时间变化的重要特征。综上所述，收益管理的原理是**以市场和客户为中心，以市场预测和市场细分为基础，通过对产品（或服务）价格的优化和资源的有效分配，平衡市场对该产品（或服务）的供给和需求，从而实现企业收益最大化**。

就饭店而言，客房收入通常在总体营业收入中占有较大的比重，饭店的主要收入多来自客房，那么如何在不同的市场环境和现有的设施条件下使客房收入最大化呢？收益管理为我们提供了可操作的方法。因此，综合以上专家、学者从不同角度对收益管理概念的诠释，我们把收益管理定义为：**把合适的产品（或服务），在合适的时间，以合适的价格，通过合适的销售渠道，出售给合适的顾客，最终实现饭店收益最大化的管理方法**。以上定义中涵盖了五个基本要素，即产品或服务、时间、价格、渠道和顾客，对这些要素进行组合和优化便可以给饭店带来更高的收益。例如，饭店如果具备优质的产品和服务，就会更容易出售产品，以获得收益；如果能够实现产品差异化和有效的组合，则可能会获得更高的收入。但仅有这些是不够的，我们更需要知道的是，在不同的时间段内，应该卖什么样的价格，通过哪个渠道去出售给哪一类的顾客。这样，才能使我们获得更多的收入。饭店收益管理工作的主要任务就是寻找这五个要素的最佳组合，从而为

---

① 施若，顾宝炎．收益管理理论的发展问题及基础研究［J］．企业经济，2008（9）．

饭店带来最大的收益。就定义中的“合适”而言，该如何来理解和解释呢？应该说，不同的市场环境下，有着不同的合适要素组合，这是因为合适是一个相对的概念，而不是绝对的。表 1-1 列出了对收益管理定义中“合适”的一般释义。

表 1-1 收益管理定义中合适的一般释义

五要素	“合适”的释义	收益管理方法
产品	有满足不同细分市场顾客需求的产品	• 塑造品牌文化 • 打造差异化品牌 • 创造卖点与良好顾客体验
时间	把握产品出售的最佳时机	• 市场预测与竞对分析 • 预订限制与预留保护 • 杜绝“先来先得”
价格	价格随需求变化而变化	• 动态定价与供需平衡 • 差别定价与细分市场优化组合
渠道	销售渠道的选择与管理	• 直销与分销渠道控制 • 官网会员与新媒体营销 • 大数据分析与转换率
顾客	为饭店创造高收入的顾客	• 容量控制与刺激消费 • 寻找高价或高收入顾客

1.2.2 收益管理可应用的行业

收益管理的核心理念是应用价格杠杆调节供需平衡和用收入最大化驱动利润最大化。目前，主要应用于航空、铁路、饭店、银行、影剧院、汽车租赁、电信、电力、广告等资源有限的服务性行业。一般来讲，适合应用收益管理策略的行业应具有以下特点：

1.2.2.1 能力相对固定

例如，在航空或饭店行业，无论是建造饭店还是购买飞机，投资规模都很大。特别是饭店，不仅建造周期长，而且受到土地和规模的限制，一旦建成，在短时间内不可能通过改变其生产或服务能力来满足市场需求的变化。因此，饭店的最大生产或服务能力在相当长的一段时间内都会固定不变，由于建造好的客房、餐厅以及康乐等产品资源有限，在市场过度需求时只有通过采取相应的管理手段来提高饭店收益。

1.2.2.2　**产品或服务属易逝品**

与传统制造业的产品不同，航空、饭店和银行等服务企业的产品或服务具有易逝性，通常也被称为时效性。其特征是产品或服务的价值随着时间的推移会逐渐减弱或衰退，直至完全失去价值，无法通过储存来满足顾客未来的需求，亦即具有不可储存性。如果此类产品在一定时间内销售不出去，其价值将会逐渐衰减并最终衰减为零，企业也将永远失去这些产品存在的价值。因此，这类企业要在规定的时间内把产品最大限度地销售出去，则离不开包括价格调节和资源有效分配在内的一系列有效管理策略。

1.2.2.3　**市场需求具有可预测性**

市场需求的可预测性为企业挖掘潜在的收益提供了条件。例如，从饭店产品角度看，有硬件产品和软件产品之分；从顾客购买行为看，可分为预约顾客和随机顾客；从市场销售角度看，又可划分为旺季市场和淡季市场。因此，饭店管理者只有通过收集市场信息，分析顾客购买行为，充分利用市场需求的可预测性，找到未来市场的运行规律，做出正确的判断和决策，才能够对饭店现有资源存量进行优化配置，最终达到挖掘潜在收益的目的。

1.2.2.4　**市场可以细分**

服务企业面对的是一个多元化的市场，不同顾客对企业产品或服务的感知度和敏感度各不相同，采用单一的大市场或价格策略都可能导致顾客或潜在收益的流失。例如，就购买行为而言，饭店市场存在两类顾客，一类是对价格不敏感，但对时间和服务敏感的商务顾客；另一类是对价格敏感，而对时间和服务不够敏感的休闲度假顾客。如果采用高价策略，休闲度假顾客可能选择低档次饭店或经济型饭店，以获得较低的价格，造成高价格饭店资源的闲置；反之，如果采用低价策略，可能因无法满足商务顾客需求或因服务质量的限制而导致他们流失。同时，价格过低也会造成饭店潜在收益的下降。因此，服务企业市场的可细分化，为实施收益管理策略奠定了基础。

1.2.2.5　**市场需求具有波动性**

服务企业多因经济周期不同、季节变化以及各类假期的存在，市场需求呈现出波动性。例如，春季和夏季，通常为消费者出门旅行的高峰期，相对于冬季旅游人数会有较大幅度的增长，因此市场因季节性影响而呈现波动。每年春节，尽管天气比较寒冷，但出行人群数量一般会剧增，对交通和住宿的需求量很大，相对平常市场也会呈现出波动性，这正是旅游市场存在着因季节和假期影响而出现波动的特征。企业可以借助旅游市场存在波动性这一特征，通过价格杠杆来调节市场供需的平衡，在需求旺盛时可通过提高价格来增加企业的收益，在需求衰弱时可以通过降低价格来增加产品的销售量，从而减少资源的闲置和浪费。

1.2.2.6 具有高固定成本和低变动成本的特点

航空和饭店企业均属于高固定成本和低变动成本的企业，相对于高额的前期投资费用而言，经营成本所占比例较低。这类企业在短期内要提高生产或服务能力一般非常困难，但利用其变动成本低的特点，所获得的收入增加值可多转化为利润。例如，边际变动成本是指每多出售一单位产品时，需要追加的成本。当一间饭店客房的售价是 100 元/间天，而客房的边际变动成本率为 15%时，如果这一天多出售一间客房，饭店便可获得 85 元的经营利润。因此，企业高固定成本和低变动成本的特点决定了如果采取收益管理方法来最大限度地提高收入，将非常有助于企业利润的增加。

1.2.2.7 产品可以提前预订

企业产品可以提前预订，为收益管理策略的实施提供了可培植的土壤。例如，饭店不仅面临着市场需求的多元化，而且产品可以提前预订，决定了饭店在产品预订中可以采取有效的控制策略。而这一策略的目的是既要保证对价格敏感度高的休闲度假顾客的订房，又要留出一部分客房给订房较晚的商务顾客；这些商务顾客对价格的敏感度较低，通常会支付更高的价格来购买饭店的产品，从而使饭店可获得更多的收益。同时，收益管理的预测技术能够帮助饭店管理者对未来市场做出正确的判断和决策，从而保证预订控制策略实施的准确性。

1.3 实施收益管理的重要意义

在市场供求关系中，企业经常会面临着因市场供需变化而带来的难题。如在某个时期需求量大于供给量，企业产品供应量不足，不能满足市场的需求，使企业损失了部分应得的收入。而在另一个时期，需求量又会小于供给量，产品过剩，库存积压，同样会给企业造成损失或浪费。因此，每当产品出现供需不平衡时，企业都会试图通过一些手段来调节供求关系。一般来讲，调节手段可分为两类，一类是调整供应量使之与需求量相匹配，如提高或减少生产（服务）能力；另一类是调整需求量使之与供应量相匹配，如通过涨价或降价来控制需求量。而收益管理理论则主张通过调整需求量，使之与供应量相匹配，从而达到供需平衡，最大限度利用现有资源来实现收益最大化。在饭店经营中，当饭店市场处于供过于求时，饭店做不到满房，将会有部分客房被闲置，而这些闲置的客房如果不能及时销售出去，必然会导致客房资源的浪费。收益管理此时的任务是最大限度地把闲置的客房销售出去，减少客房的虚耗。当饭店市场处于供不应求时，即使饭店可以做到满房，也并不意味着饭店就获得了最大的收益。此时，收益管理的任务是把客房以最高的价格销售出去。以上两种不同市场环境下的做法，主要是通过对客房的合理定价和预订控制来实现的，目的是实现客房收入的最大化。否则，就会存在我们难以发现的潜在收入流失问题，最终造成饭店有限资源的浪费。从图 1-1 可以看出，在一周内市场每天对客房的需求量都不一样，其中周二、周三、周四和周六呈现出市场供不应求的情况，这几天饭店应该是可以做到满房的。然而，经营的结果却往往不尽如人意，如图 1-2 所示，饭店不仅在市场供不应求的周二、周四和周六没有做到满房，而且在市场供过于求的周一、周五和周日也流失掉了不少的收入。但是，类似的情况在饭店中并不是偶然的，而是经常性的，甚至每天都会发生，日积月累，给饭店造成很大的收入损失。收益管理的目的正是要利用好饭店有限的产品资源，最大限度地减少潜在收入的流失，从而实现收入最大化。然而，收益管理的价值并不局限于此，更重要的价值是通过实现饭店收入最大化来驱动利润最大化，如图 1-3 所示。例如，假设某饭店客房的变动成本为 20%，经营利润率为 15%，实施收益管理前客房营业收入为 1 亿元；第二年实施收益管理后，营业收入增加了 1000 万元，增加了 10%，则饭店的经营利润率增加了 53.33%。由此可见，收益管理在饭店中应用的价值正是在外部环境不变的情况下，能够大幅度地提高饭店的经营利润率。

经过多年的实践与发展，收益管理在包括航空、饭店、车船、影剧院等多个行业中已得到广泛的应用。无论是飞机座位，还是饭店客房或餐厅的餐位，都属于有限资源。通过实施收益管理，对充分利用好企业有限资源，通过实现企业收入最大化来驱动利润最大化都具有重要的意义。

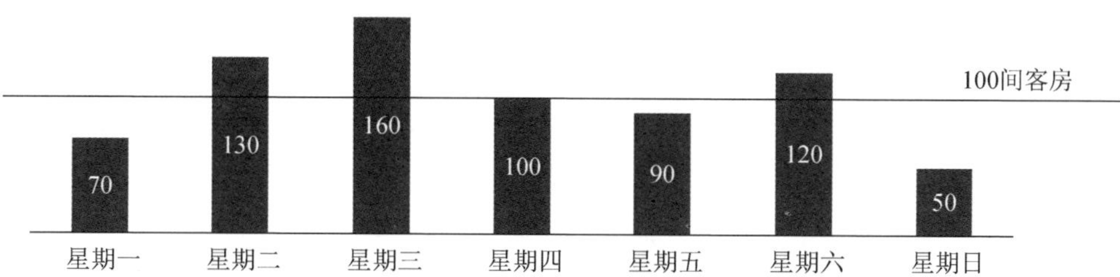

图 1-1 每日市场需求量

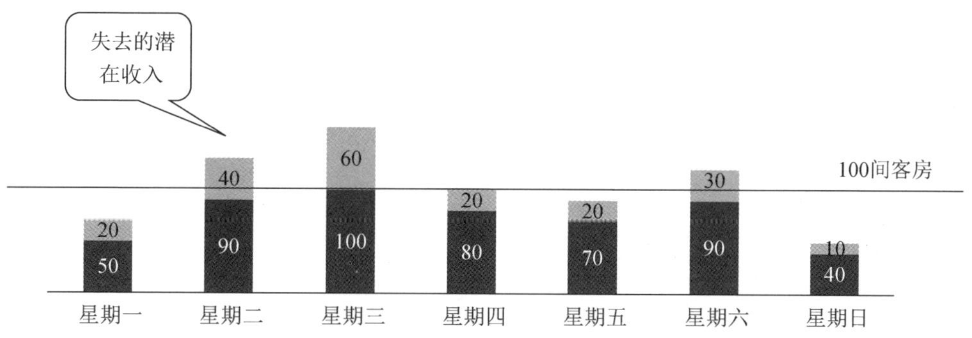

图 1-2 每日潜在市场需求量的流失

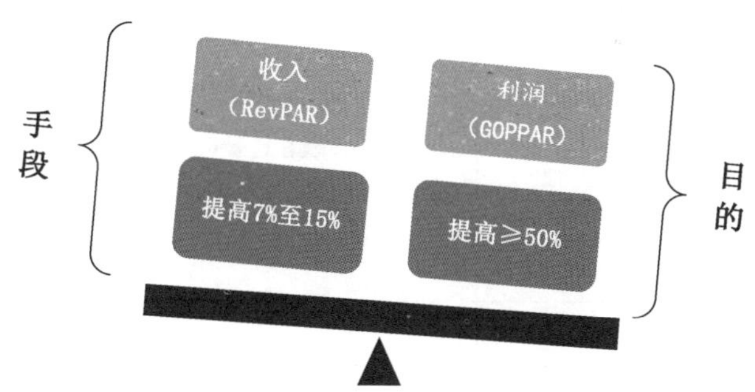

图 1-3 收益管理的价值

下面通过一个预订案例①来说明饭店是如何通过预订控制手段影响饭店收入的。同时，该案例也反映出采取收益管理前后的不同效果以及所带来的不同收益。

① （美）丹尼·G. 拉瑟福德．饭店经营与管理［M］．苏宝仁等译．大连：东北财经大学出版社，2005.

【案例 1-1】

某饭店共有标准间客房 15 间，自周日起至下周六每天还有 5 间客房可以出售，假设本周顾客按序通过电话以不同的价格要求预订一间客房（如表 1-2 所示）。假设一旦这一周的一间客房被确认接受预订，就不能取消或修改预订，并不能进行超额预订客房。A、B 两位预订经理用不同的方法来处理这些预订，那么，会给饭店带来怎样不同的收益呢？

表 1-2　客房预订要求

电话序号	客房价格（美元）	到达日期	住店天数（天）	评　论
1	80	星期四	3	
2	80	星期二	2	
3	120	星期三	2	
4	40	星期一	1	40 美元低于平均客房价格目标。如果星期一有空房间的话，你会接受 40 美元的价格吗？我们看见许多因为饭店经理不愿意使每月的平均房价目标落空，而不让团队顾客入住饭店的情况。所以请注意你要的价格
5	120	星期二	1	
6	60	星期四	3	首先，告诉顾客这是极大的优惠价（而不是告诉他们客房价格）。告诉顾客这是很有价值的客房价格
7	120	星期六	1	
8	60	星期二	5	
9	60	星期四	3	这是包括晚餐表演、一日三餐和娱乐活动的全部价格，相当于每晚多加了 110 美元的价值。讨论客房收入目标与整体利润的关系。在整体价值而不仅仅是在客房价格基础上制定价格标准
10	40	星期二	5	
11	80	星期二	5	
12	120	星期六	1	

续表

电话序号	客房价格（美元）	到达日期	住店天数（天）	评论
13	100	星期一	2	
14	60	星期五	2	
15	100	星期五	2	
16	100	星期日	7	失去这笔业务会对你造成多大的损失？
17	40	星期日	3	
18	60	星期日	4	

首先来看，A 经理按照传统的预订方式，没有采用收益管理策略，而是采取“先来先得”的原则订房。其目的是最大限度地提高客房出租率，结果使饭店失去了本可以得到的潜在收入。A 经理之所以采取“先来先得”的方式订房，是因为缺少对收益管理思想和方法的了解，不懂得对饭店历史数据的收集、分析和预测，认为“先来先得”的预订原则是获得高收益的最佳方式，从而导致了饭店收益的流失。表 1-3 是 A 经理按照“先来先得”方式处理订房的结果。可以看出，以上 18 个顾客要求预订的总间天量为 52 间天，饭店下一周最大可销售客房量为 35 间天，A 经理共计出售了 26 间天，平均客房出租率为 74. 29%，获得客房收入 1900 美元。

表 1-3　A 经理处理预订的结果　（单位：美元）

	星期日	星期一	星期二	星期三	星期四	星期五	星期六	总数
客房 1		40	80	80	80	80	80	440
客房 2			120	120	120		120	480
客房 3		100	100		60	60	60	380
客房 4			60	60	60	60	60	300
客房 5	40	40	40		60	60	60	300
总数	40	180	400	260	380	260	380	1900

下面来看B经理运用收益管理思维来处理这些预订会有什么样不同的结果。B经理运用收益管理思维和方法，首先对历史数据进行了收集、分析和整理，并对饭店下一周市场需求情况提前进行了预测分析。通过预测，B经理得知下一周将会有高价订房并入住时间在3天以上的顾客。于是采取了对客房进行预订控制和优化分配的方式来处理这些订房，制定了预留两间客房给支付意愿在80美元以上且连续入住3天以上顾客的方案，颠覆了传统的“先来先得”的预订方式，得到表1-4的结果。B经理同样出售了26间天客房，平均客房出租率也是74.29%，饭店却获得了2360美元的客房收入，而且没有多付出任何成本。

表1-4　B经理处理预订的结果（单位：美元）

	星期日	星期一	星期二	星期三	星期四	星期五	星期六	总数
客房1			80	80	80	80	80	400
客房2			120	120	120		120	480
客房3		100	100		60	60	60	380
客房4			80	80	80	80	80	400
客房5	100	100	100	100	100	100	100	700
总数	100	200	480	380	440	320	440	2360

由此看出，A、B两位经理面对的是同样的预订需求，售出了同样的客房数量，B经理却在饭店仅付出少量边际成本的前提下，通过实施收益管理策略，留住了更有价值的潜在顾客，增加了客房的收入。B经理获得的客房收入是2360美元，比A经理的1900美元多了460美元，则：（2360−1900）÷1900×100%=24.21%。说明仅仅在一周内，饭店可实现提高潜在收益的百分比就可达到24.21%。如果把这个百分比应用到年度收入中，将会对饭店营业收入的提高起到重要的作用。而值得关注的是，由于饭店存在着高固定成本和低变动成本的特点，营业收入的增加值多会转变为饭店利润。例如，某饭店营业收入为1000万元，利润率是5%，边际变动成本率是10%，如果采用收益管理策略，使营业收入提高5%，那么它的利润将会增加90%。

正如前面所阐述，收益管理理论和方法作为企业提高收益的市场利器，目前已被航空业、饭店业以及运输业等诸多行业所采用，并且这一理论和方法在帮助这些行业提升收益方面起着非常重要的作用，对企业实现收益最大化的目标具有积极的现实意义。

1.4 收益管理的基本观点

收益管理作为一种管理工具，面对的主要是一种特殊的产品即易逝品，与传统的饭店营销管理相比，突出显示了其利用价格杠杆来调节增加收益的作用，形成了相关的基本理论和观念。Robert G. Cross① 将收益管理的基本观点概括为八个方面，我们通常称之为收益管理的八个基本观点，下面以饭店企业为例来进行阐述。

1.4.1 在平衡市场供求关系时主要关注的是价格，而非成本

在传统的企业运行中，主要通过成本的变动来平衡市场供求关系。例如，就饭店企业而言，旺季市场需求较大，出租率较高，就餐人数也会随之增加，可能会出现人手不足的现象。此时，饭店往往会招聘临时服务人员，作为季节性雇员来补充服务需求。而在淡季时，出租率偏低，服务需求量减少，则会通过裁减服务人员，关闭部分楼层客房等方式来降低运行成本。这种通过成本变动来平衡市场供求关系的做法在为饭店节省成本费用的同时，会给服务质量的保障带来不利影响，特别是不利于饭店长期的经营和发展需要。而收益管理强调的是饭店首先应该考虑用价格手段来调节供需平衡，其次再考虑成本变动等其他因素。

1.4.2 用以市场为导向的定价方法代替以成本或利润为导向的定价方法

在传统饭店产品定价中，尤其是新开业饭店，往往是通过以成本和利润为导向来定价的，也是饭店最常用和最基本的定价方法，如总成本加成定价法、目标收益定价法、边际成本定价法、盈亏平衡定价法等定价方法。这些以成本或利润为导向的方法固然重要，但忽视了市场需求因素，会导致定价出现偏差，定价结果通常会出现或高或低现象，且不能随市场需求的变化而变动，容易导致经营收入损失。一般来讲，新建饭店在开业定价时可考虑采用成本定价方法，用以测算目标价格和利润实现率；但经营了一定时期的饭店，则需要在考虑市场需求和竞争因素的基础上，以市场需求为导向来定价，避免闭门造车。采用以市场为导向

---

① Robert G. Cross. Revenue Management [J]. 1997.

的定价方法，充分考虑市场需求和竞争因素，实现动态定价，才能使价格实时与市场需求相匹配，最大限度地减少因定价过高或过低而给饭店带来的经营损失。随着市场竞争的日益激烈以及消费者需求不确定性的增加，产品定价的权利将逐步从企业转移到顾客手中。因此，企业应当从基于成本定价转为面向市场定价，寻找市场可以接受的价格点，如果这一价格点无法达到盈利的目的，应当采取相应措施降低产品成本。①

1.4.3 进行客源市场细分，定价要面对客源细分市场，而非单一的大众市场

饭店在日常运行中需要对客源市场进行细分，针对细分后不同的客源市场对同一产品以不同的价格出售，这一点与传统营销学的市场细分相类似。因为，即使是同样的产品，由于不同市场顾客的消费行为和支付能力不同，对价格的敏感程度和承受能力也不相同。对于对价格敏感程度低而承受能力高的顾客可采取高价格策略；反之，可采取低价格策略。这样，采取高价格可以使饭店收益增加，而采取低价格可减少资源的闲置，避免资源浪费。那么，同样的产品，为什么可以卖出不同的价格呢？正是借用了经济学中价格歧视的概念。下面，让我们来认识一下什么是价格歧视。价格歧视是指当两个单位的同种实物商品对同一消费者或不同消费者售价不同，我们就可以说生产者实行了价格歧视。② 可以说，如果不同价格反映了产品的质量和成本的不同，那么这只是价格差别而非价格歧视。也就是说，价格歧视强调的是同一产品或微小差异的产品在不同情况下向不同或相同的消费者出售了不同的价格。通常，价格歧视可分为以下三类：

1. 一级价格歧视

一级价格歧视又称完全价格歧视，即供应商能够实现向每个消费者出售他愿为每单位产品支付的最高价格。此时，供应商可以获得全部消费者剩余。但前提是供应商对消费者的需求必须了如指掌，才能实现对消费者的个性化定价。所以，这是一种极端情况，现实中很少发生。

2. 二级价格歧视

二级价格歧视是指供应商将自己的产品依据数量等因素推出不同的版本，用不同的价格卖给不同的消费者来实现的。这种价格歧视运用较广，因为它不需要

① 迈克尔·波特．竞争优势［M］．陈小悦译．北京：华夏出版社，2003.

② 泰勒尔．产业组织理论［M］．张维迎译．北京：中国人民大学出版社，1997.

供应商对消费者的情况很了解，变数也较大。这种价格歧视是供应商基于消费者的自我选择机制，只是对自己的产品做了划分而已，并以此来区分消费者，通常我们讲的产品零售和批发价格之间的区别便属于二级价格歧视范畴。

3. 三级价格歧视

即相同的产品，供应商对不同群体的消费者出售不同的价格，这种价格歧视也需要供应商熟知消费者的情况。与二级价格歧视不同的是，三级价格歧视是供应商将消费者群体市场细分化，将单一的大众市场根据不同消费群体行为划分为若干个子市场，而不是借划分自己的产品来间接区分消费者。通过对不同消费群体的划分，找到每个细分市场的价格点，通过出售高价或低价来实现增加收益的目的。三级价格歧视的概念更适合应用到收益管理策略的制定当中，因为在对饭店客源市场细分的基础上，通过挖掘高价格细分市场，以更高的价格出售产品，是提高饭店收入的有效途径之一。

由以上看出，无论是哪种价格歧视，它的实现须有三个前提条件：一是供应商必须拥有一定的市场势力，即控制价格的能力，否则就无法向消费者出售高于竞争水平的价格；二是供应商还应该知道消费者对某一单位产品的支付意愿，以及知道应该向谁出售高价和向谁出售相对的低价；三是供应商要有能力杜绝“套利”现象的发生，即能阻止低价获取产品的消费者再高价转让，以确保自己的利益不被侵蚀。特别要说明的是，我们不应该简单地将价格歧视理解为一种贬义的歧视性行为。价格歧视反映的是一种消费者心理定价，消费者本身了解价格歧视并愿意支付溢价。例如，对商务顾客来说，即使饭店同一客房产品后期的预订价格要比提前预订高出很多，但他们还是愿意购买，因为宝贵的时间和商务活动计划的实现对他们来说要比多支付的房费显得更重要。而休闲度假顾客往往对价格显得比较敏感，他们通常会采取提前订房或多次比价来选择产品价格更低的饭店。因为，他们不仅可以决定自己的出行日期，而且有足够的时间来比较和选择这些饭店。因此，只要供应商没有采取欺诈、强制或垄断等手段来推行价格歧视政策，而是采取诚实、公正或自愿等市场交换行为来实施这一政策，对消费者来说则是公平的，也会形成供应商和消费者双赢的局面，符合经济市场运行的规律。

1.4.4 保留部分产品或服务，在适当的时机，卖给最有价值的顾客

在饭店日常销售工作中，我们通常希望在最短的时间内把产品最大限度地销

售出去，以减少因资源闲置而带来的经济损失。例如，在传统的客房预订中，预订人员通常会采取“先来先得”的方式来处理预订，即每接到一个团体或散客的订房，便按序排队，只要饭店有房，一般都会接受预订，直至把客房全部预订出去。从表面上看，饭店取得了良好的销售业绩，平均客房出租率可以达到95%以上或100% 。其实，从潜在的客源市场来看，这样的做法很容易导致由于过早地将房间以较低的价格预订出去而把可以出更高价格的顾客拒之门外，从而造成饭店潜在的收入损失。案例 1-1 正是说明了这一点。而收益管理策略则主张首先通过市场预测来掌握未来市场的需求情况，然后根据预测结果把一部分房间先保留下来，以便在合适的时间和适当的时机，以更高的价格出售给有购买意愿的顾客。

1.4.5 收益管理的决策建立在对市场供求关系的预测以及消费者购买行为分析的基础上，而非主观臆断

我们在分析与研究市场供求关系时，通常面临的主要难题是未来市场的不确定性。无论是未来市场的供需情况，还是将要发生的市场事件，饭店管理者只有掌握和了解，才能做出正确的决策。要了解未来的市场情况，就需要我们对供求关系和消费者的购买行为做出科学的预测（关于预测的内容将在第四章中阐述），而不是凭主观臆断。饭店通过收集已有的历史经营数据，建立数学模型并运用数学法则进行计算，便可获得在规定误差内的预测结果，为管理者作出正确决策提供保障。

1.4.6 同样的产品和服务在不同市场环境下有不同的价值和价格

对许多企业来说，定价包含了一系列非常复杂的决策。我们通常会采用传统的定价方法，如成本加成定价法、市场基础定价法和价值基础定价法等，可以使大多数公司知道针对其产品应制定什么样的价格，但它们往往不知道消费者实际支付价格的意愿。产品价值决定产品价格的基本思想没有错，但由于自然环境、竞争环境、市场供需情况、购买数量不同以及消费者对产品价值的认知差异等都会使产品呈现出不同的价值和价格。因此，多数企业在销售时经常使用各类折扣或浮动价格，以区分标价和实际成交价，标价是通用的，而成交价对每位消费者

而言是不同的，从而形成“价格瀑布”①，对饭店也是如此。因此，饭店收益管理人员应充分了解同样的产品和服务在不同市场环境下有不同的价值和价格这一概念，才能在日常订房和销售工作中掌握需求与价格的动态变化关系，善于发现其内在规律性，从而使价格的变化与市场需求变化相一致，才能获得更高的收益。

1.4.7 必须实施超额预订，以最大限度降低因临时取消订房或订房后没有来入住而给饭店造成的损失

在饭店中，超额预订是收益管理策略中最常见也是很有效的一种提高收入的方法。日常经营中，我们会经常遇到顾客订了房但因种种原因临时取消或订房后无故未到（No-show）的情况。在此之前，由于无故未到顾客并没有事先告知饭店，从而导致房间闲置并给饭店带来经济损失。特别是有时候还会导致有需求的忠诚顾客或饭店会员因订不上房而转向其他的饭店，潜在忠诚顾客流失的风险。所以，为降低因临时取消订房或无故未到顾客给饭店带来的损失，在市场过度需求的情况下，饭店就会有意识地超量订房，最大限度地使超额订房量正好补足取消或无故未到顾客的房量，从而减少空房损失。尽管目前还无法准确计算超额预订的房间数量，但借助计算机技术，管理系统会根据经验参数和相应的预测方法，通过建立数学模型来计算超订量，可最大限度地减少因此给饭店带来的收入损失和资源浪费。

1.4.8 收益管理是一个动态管理过程，需要不断更新收益管理方案

由于饭店在经营当中会受到政治、经济、环境以及竞争等诸多因素的影响，因此，饭店的市场供求关系也在不断地发生着变化。加上饭店市场本身具有的脆弱性特点，任何一个与之相关的市场事件的发生都可能导致其市场供求关系的改变。收益管理方案是在基于市场预测的基础上制订的，当市场供求关系发生改变时，必然要及时调整方案以适应变化着的市场需求。因此，每一次的收益管理过程都是动态的，而非静止和一成不变的，需要根据饭店市场环境的不断变化而及时调整和更新方案。

---

① 麦肯锡公司引入了“价格瀑布”（price waterfall）的概念，以图示的方式来说明在商品标价和成交价之间的折扣。

1.5 衡量收益管理的指标

以上章节我们讨论了收益管理的定义及其基本概念。然而，对饭店管理者来讲，更重要的是饭店收益管理技术能在饭店管理工作实践中为我们所用。那么，在饭店管理工作实践中如何来制定收益管理工作目标？又用什么标准来衡量收益管理的工作效果呢？这就涉及要用一些数据指标来衡量。一般来讲，饭店收益管理中常用的指标有客房出租率、平均房价、每间可供出租客房收入、市场渗透指数、平均房价指数、收入指数和每小时餐位收益等，下面逐一阐述。

1.5.1 客房出租率

客房出租率（Room Occupancy Rate，简称 OCC）是指饭店已出租的客房数与饭店可以提供出租的客房总数的百分比。其含义是在饭店可提供出售的房间数量的基础上通过销售出去的客房数量来衡量饭店对客房销售的能力。因此，客房出租率是反映饭店经营状况以及收益高低的一项重要指标，计算公式为：

$$\text{客房出租率}=\frac{\text{已出租的客房数}}{\text{可供出租的客房数}}\times 100\% \tag{1-1}$$

其中，可出租客房总数不能包括饭店自用房、维修房（坏房）以及顾客因各种原因调换出的不能用于出租的房间。例如，一家饭店共有客房 100 间，5 月共售出客房 2735 间天，同时每天都有 1 间自用房和 1 间维修房，那么，该饭店 5 月的平均客房出租率为 90.03%（2735/3038×100%），基数中没有包含 1 间自用房和 1 间维修房。饭店客房出租率越高，说明实际出租的客房数量与可供出租的客房总数量之间的差距越小，客房的闲置或虚耗率越低，饭店的经营业绩越好。相应地，饭店客房出租率越低，说明实际出租的客房数量与可供出租的客房总数量之间的差距越大，客房的闲置或虚耗率越高，饭店的经营业绩越不好。一般来讲，客房出租率的高低会受到饭店内外部市场环境、竞争态势、客房数量、饭店档次、产品种类及客房销售价格等诸多因素的影响和制约，因此，在日常经营中应充分考虑到这些因素，扬长避短，最大限度地提高客房出租率。客房出租率根据时间不同，可分为日平均客房出租率、月平均客房出租率、季平均客房出租率和年平均客房出租率等。

1.5.2 平均房价

平均房价（Average Daily Rate，简称 ADR）是指饭店实际客房营业净收入与饭店已出租的客房数的百分比。在饭店客房产品中，由于存在着不同标准类型的客房，如标准双床房、标准大床房、单人房、套房以及豪华套房等。特别是随着时代的发展和消费者对精神文化需求的不断提高，饭店也由原来传统的综合型、商务型和会议型发展到现在的度假型、主题型、时尚型、精品型、经济型以及公寓式酒店等。随着饭店类型的增多，便衍生出更多类型的客房产品，如商务房、海景房、主题客房、家庭房、无烟房以及带有厨房的公寓式客房等。而每一种不同类型的客房都对应有不同的销售价格，就一家有五种客房产品的饭店而言，客房价格体系中房价数量就可能多达几十种。那么，用哪一种产品的价格来衡量饭店的综合价格水平呢？实践证明，用任何单一产品的价格来衡量饭店的综合价格水平都是不科学的，只有平均房价才是饭店不同类型客房综合价格水平的体现，成为代表着饭店综合价格水平的一项重要指标。其含义是将已出租的各类房间的价格进行综合折算后得出的一个平均销售价格，计算公式为：

$$\text{平均房价}=\frac{\text{客房营业净收入}}{\text{已出租的客房数}} \tag{1-2}$$

由于价格是饭店收益管理中的基本要素之一，实施收益管理的一个重要手段就是通过价格杠杆来调节供需平衡，使售价始终与市场需求相适应，从而实现收益最大化。因此，平均房价不仅是反映饭店综合价格水平的一项主要指标，同时也是衡量饭店收益管理工作的重要指标之一。其中，客房营业净收入是指饭店净房费收入，不含早餐、康乐等除房价以外的收费。如果房价中包含早餐或康乐等项目，在计算平均房价中应将这些单项费用剔除。平均房价根据不同的时间段，可分为日平均房价、月平均房价、季平均房价和年平均房价等。

1.5.3 每间可供出租客房收入

每间可供出租客房收入（Revenue per Available Room-night，简称 RevPAR）又称单房收入或销售指数，是指饭店实际客房营业净收入与饭店可供出租客房数量的百分比。其含义是指在确定的时间周期内，将客房营业净收入按客房出租率100%折算后所获得的每间可供出租客房的收入值。计算公式为：

$$每间可供出租客房收入=\frac{客房营业净收入}{可供出租的客房数}$$

$$=\frac{已出租的客房数}{可供出租的客房数}\times\frac{客房营业净收入}{已出租的客房数} \quad (1-3)$$

$$=客房出租率\times平均房价$$

由以上公式可以看出，每间可供出租客房收入指标与客房出租率和平均房价呈线性函数关系，其中客房出租率和平均房价分别为两个自变量，每间可供出租客房收入为因变量，当客房出租率不变，平均房价提高，每间可供出租客房收入相应提高；当平均房价不变，客房出租率提高，每间可供出租客房收入也相应提高，反之亦然。然而，在饭店经营实践中，客房出租率和平均房价这两个自变量经常处于同时变化状态且呈反比趋势，即随着平均房价的提高，客房出租率下降；同理，随着平均房价的下降，客房出租率逐渐提高。那么，哪一项指标能准确反映饭店的业绩情况呢？结论是客房出租率或平均房价任何一个单项指标都无法全面反映饭店客房的收益业绩情况。为什么呢？因为在衡量一家饭店收益情况时既要考虑到饭店客房的销售量，同时也要考虑该饭店获得该销售量时的售价，二者缺一不可。例如，甲饭店有 100 间客房，本月实现平均客房出租率 90%，平均房价为 300 元/间天；而另一家同区域同档次同产品的乙饭店同样有 100 间客房，同月实现平均客房出租率 85%，平均房价为 320 元/间天。那么，甲、乙两家饭店哪一家经营的业绩好呢？单从客房出租率指标来看，显然是甲饭店的业绩好，因为它的客房出租率比乙饭店高出了五个百分点，多出售了 155 间客房（假设本月为 31 天）；而单从平均房价指标来看又是乙饭店经营的业绩好，因为它本月的平均房价比甲饭店高出了 20 元/间天。让我们来比较一下两家饭店的收入，甲饭店本月客房总收入为：100×90%×31×300＝837000 元。乙饭店本月客房总收入为：100×85%×31×320＝843200 元。显然，乙饭店的经营业绩比甲饭店好，因为乙饭店比甲饭店多挣了 6200 元。甲、乙两饭店本月的 RevPAR 值分别是 270 元/间天和 272 元/间天，乙饭店的 RevPAR 值比甲饭店高出 2 元/间天。假如乙饭店的平均客房出租率是 84%而不是 85%，乙饭店本月客房总收入变为：100×84%×31×320＝833280 元，则乙饭店的经营业绩变得不如甲饭店了，尽管乙饭店的平均房价比甲饭店高，但还是比甲饭店少挣了 3720 元，此时乙饭店的 RevPAR 值变为 269 元/间天，低于甲饭店 1 元/间天。由此看出，RevPAR 值越大，客房收益越高；反之，RevPAR 值越小，客房收益越低。

图 1-4 所示是一家有 200 间客房的饭店在不同房价时客房出租率的变化情况。由图中看出，客房价格与出租率成反比，随着房价的升高，客房出租率呈现下降趋势。由表 1-5 看出，在第 4 作用点，当饭店平均房价为 380 元/间天时，客房出租率为 79%，每间可供出租客房收入（RevPAR）为 300 元/间天，客房收入 60040 元，为这一时段内的最高收入点。因此，无论是客房出租率还是平均房价，都无法单独反映饭店客房的收入情况，而每间可供出租客房收入是客房出租率和平均房价两个变量相互作用的结果，所以能够有效反映饭店客房收入的高低。不难看出，每间可供出租客房收入实际是把客房总收入平均分配到饭店每一间客房后的单房收入，因此，饭店在日常经营中，最大限度地提高客房出租率，减少有限客房资源的闲置浪费是非常必要的。但要注意的是，应在合理定价的基础上来追求高客房出租率，而不是抛开定价单纯地去追求高客房出租率，这样才能实现客房收入的最大化。所以，每间可供出租客房收入是用来衡量客房收入高低的重要指标之一。

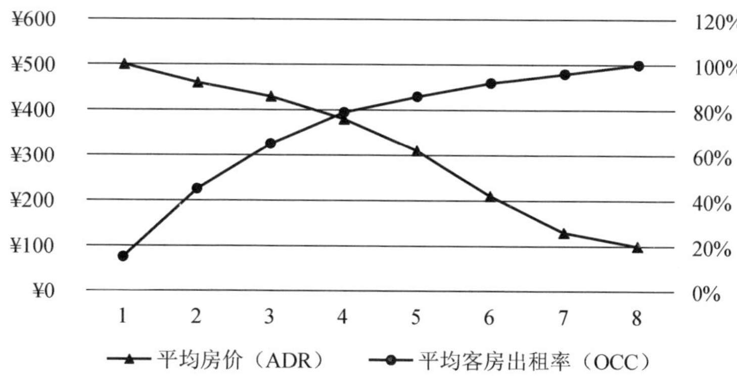

图 1-4　客房出租率与平均房价相互作用图

表 1-5　客房出租率与平均房价作用关系表

作用点	平均客房出租率（Oc）	平均房价（ADR）	每间可供出租客房收入（RevPAR）	客房收入（Revenue）
1	15%	¥500	¥75	¥15000
2	45%	¥460	¥207	¥41400
3	65%	¥430	¥280	¥55900

续表

作用点	平均客房出租率（Oc）	平均房价（ADR）	每间可供出租客房收入（RevPAR）	客房收入（Revenue）
4	79%	¥380	¥300	¥60040
5	86%	¥310	¥267	¥53320
6	92%	¥210	¥193	¥38640
7	96%	¥130	¥125	¥24960
8	100%	¥100	¥100	¥20000

1.5.4 市场份额

1.5.4.1 实际市场份额

实际市场份额（Market shares）又称实际市场占有率或市场份额。它是指一个企业产品的销售量（或销售额）在市场同类已销售产品中所占的比重。饭店实际市场份额通常是指一家饭店客房的销售量（或销售收入）占其目标市场中客房销售总量（或销售总收入）的比重。计算公式为：

$$实际市场份额=\frac{某饭店客房销售量}{目标市场客房销售总量}\times100\% \quad (1-4)$$

一般来讲，我们所说的饭店市场份额通常是指该饭店在目标市场中所获得的实际市场份额。以上目标市场饭店可以根据自身的需要来定义和细分，通常是其所处的某一细分市场或与其形成竞争关系的一类饭店的集合。市场份额越高，说明该饭店在市场中的竞争和盈利能力越强；相应地，市场份额越低，说明该饭店在市场中的竞争和盈利能力越弱。饭店通常可以通过构建企业文化，树立品牌形象，不断创新产品、优选销售渠道，制定合理价格，提高服务质量和性价比等手段来增强核心竞争力，以提高其市场份额。

1.5.4.2 应有市场份额

应有市场份额（Market fair shares）又称应有市场占有率或市场潜力。它是指一个企业产品的可销售量（或销售额）在市场同类可销售产品中所占的比重。饭店应有市场份额是指一家饭店的可供出租客房的数量（或应得销售收入）占其目标市场中可供出租客房总量（或应得销售总收入）的比重。计算公式为：

$$应有市场份额=\frac{某饭店可供出租的客房数量}{目标市场可供出租的客房总量}\times 100\% \quad (1-5)$$

应有市场份额通常用来衡量一家饭店在目标市场中的供给能力，通常也称为市场潜力，在日常经营中主要用于与实际市场份额进行比较。实际市场份额大于应有市场份额，意味着该饭店不仅获得自己应有的市场份额，而且还获得了目标市场中竞争对手的部分市场份额，具有较强的市场竞争和盈利能力。在此情况下，应该稳定现有的市场营销战略，随时关注市场竞争态势的变化；如果实际市场份额等于应有市场份额，意味着该饭店仅获得了自己应得的市场份额，需要对现有营销战略做相应调整，进一步提高市场竞争力，以获得更大的市场份额；如果实际市场份额低于应有市场份额，意味着竞争对手夺去了该饭店应得的部分市场份额，饭店处于竞争中的弱势状态，需要改变现有的营销战略或更新产品，提高竞争能力，扩大市场份额。

1.5.5 收益率

饭店收益率（Rate of return）是用来衡量饭店客房经营业绩的重要指标之一，是指在规定时间内实际客房收入与潜在客房收入的百分比。计算公式为：

$$收益率=\frac{实际客房收入}{潜在客房收入}\times 100\% \quad (1-6)$$

公式中的潜在收入是指饭店将所有的客房以最高房价（通常以客房牌价为标准）销售出去时所得到的收入，实际收入是客房销售后的真正进账收入。例如，某饭店有200间客房、客房牌价为500元/间天，年平均客房出租率为80%，年平均房价为400元/间天；那么，该饭店的收益率为（200×400×80%×365）/（200×500×100%×365）×100%＝64%。通常，收益率越高，越接近理想的客房收入，当收益率接近或达到100%时，饭店可考虑适当的涨价；但收益率太低，意味着经营中存在着问题，应从定价和竞争等方面去查找原因，及时解决存在的问题。由于不同的客房出租率和平均房价的组合能够产生同样的收入和同样的收益率，这就为饭店在收益管理中选择和优化收益方案提供了条件。

1.5.6 市场指数

1.5.6.1 市场渗透指数

市场渗透指数（Market Penetration Index，简称MPI）是饭店自身的平均客房出租率与饭店竞争群的平均客房出租率的比值再乘以100%。竞争群是指饭店选定的由竞争对手组成的一组饭店群，一般由不包括自身在内的3家以上的饭店组成。饭店通常将自身与竞争群的综合绩效与各项指标进行对比，以此来衡量自身在市场中的业绩和竞争力。

计算公式如下：

$$市场渗透指数（MPI）=\frac{饭店平均客房出租率}{竞争群平均客房出租率}\times 100\% \quad (1-7)$$

市场渗透指数是针对平均客房出租率而言的一个指标数据。由于客房出租率是针对某一单体饭店而言的绝对量，无法反映出该饭店在竞争群中竞争力的高低，而市场渗透指数正是弥补了单一平均客房出租率指标存在的不足，通过饭店平均客房出租率与竞争群平均客房出租率的对比，用来衡量饭店在竞争市场中客房销售能力的高低。如果市场渗透指数为100%，则表示该饭店在市场中的产品销售能力与竞争群中竞争对手的平均水平相同；如果市场渗透指数高于100%，则表示该饭店在市场中的产品销售能力高于竞争对手的平均水平；如果市场渗透指数低于100%，则表示该饭店在市场中的产品销售能力低于竞争对手的平均水平。市场渗透指数是衡量饭店市场竞争能力和实际市场份额大小的一项重要指标。

1.5.6.2 平均房价指数

平均房价指数（Average Rate Index，简称ARI）是饭店自身的平均房价与饭店竞争群的平均房价的比值再乘以100%。

计算公式如下：

$$平均房价指数（ARI）=\frac{饭店平均房价}{竞争群平均房价}\times 100\% \quad (1-8)$$

平均房价反映着一家饭店在市场中客房价格水平的高低。经营分析中，仅限于饭店自身的环比或同比是不够的，需要与市场中的竞争对手作比较，才能真正反映出一家饭店在市场中的价格水平。平均房价指数（ARI）是用来衡量某一饭店的平均房价与竞争群平均房价的对比情况的，以此来确定该饭店在竞争市场中的价格地位。例如，如果平均房价指数为100%，则表示该饭店客房的平均价格为竞争群的平均水平，处于中等地位；如果平均房价指数高于100%，则表示该饭店客房的平均价格高于竞争群的平均水平，处于价格领先地位；如果平均房价指数低于100%，则表示该饭店客房的平均价格低于竞争群的平均水平，处于价格跟随地位。

1.5.6.3 每间可供出租客房收入指数

每间可供出租客房收入指数，简称收入指数（Revenue Generation Index ，简称 RGI），是饭店自身的每间可供出租客房收入与饭店竞争群的每间可供出租客房收入的比值再乘以 100%。计算公式如下：

$$\text{每间可供出租客房收入指数（RGI）}=\frac{\text{饭店每间可供出租客房收入}}{\text{竞争群每间可供出租客房收入}}\times 100\% \tag{1-9}$$

每间可供出租客房收入指数（RGI）是用来反映一家饭店在竞争群中每间客房收入能力高低的指标。若一家饭店的 RGI 与竞争群的 RGI 相同，即饭店的 RGI 为 100%，意味着该饭店每间客房的收入能力与竞争群平均水平相同；若 RGI 高于 100%，意味着该饭店每间客房的收入能力高于竞争群平均水平；相应地，若 RGI 低于 100%，意味着该饭店每间客房的收入能力低于竞争群平均水平。RGI 是衡量饭店在竞争市场中收入能力高低的重要指标，也表示着饭店在竞争群中收入份额的大小，是评价收益管理工作效果的主要指标之一。

1.5.7 每间可供出租客房经营毛利润

每间可供出租客房经营毛利润（Gross operating profit per available room，简称 GOPPAR）是在一个时间段内检验饭店盈利能力的指标，计算公式为：

$$\text{每间可供出租客房经营毛利润（GOPPAR）}=\frac{\text{经营毛利润}}{\text{可供出租的客房数}} \tag{1-10}$$

GOP 是"Gross Operating Profit"的简称，指的是饭店经营毛利润。在利润表中，是营业总收入减去成本、人工费、直接费用和间接费用后的余额，也是与国际饭店财务管理体系接轨的一项指标。GOP 是一项不局限于客房或餐饮等某一类饭店产品利润的指标，反映的是包括饭店所有营业项目在内的整体经营业绩。再者，饭店投资商或业主常用净利润指标来衡量委托管理方的业绩，但管理方能够控制的只是饭店日常经营过程中的成本、人工费、直接费用和间接费用，而对于饭店的建造投资、租金、固定资产折旧、贷款利息等固定费用无法控制，这显然是不合理的。GOP 是一项仅与饭店经营成本和经营费用相关的利润指标，能够公允地反映出管理方的经营业绩。另外，在饭店之间的经营业绩比较中，由于各饭店的规模不同，无法用 GOP 直接衡量，通常使用 GOP 率和 GOPPAR 来比较。GOPPAR 反映了饭店每间可供出租客房的盈利能力，对不同规模饭店之间经营业绩的比较会更加有效。

1.5.8 每餐位小时收益

评价餐厅经营业绩的效果如何，正像饭店客房一样，需要用可量化的指标来衡量。在餐厅的经营中，多用上座率、翻台率、餐桌利用率、平均消费额和食品原材料成本率指标来评价和衡量餐厅的经营业绩情况。然而，从收益管理的角度看，以上指标的任何一个单项指标都不能够完整反映餐厅的业绩情况，因为其忽视了一个决定餐厅收益的重要因素，这就是每位顾客的平均用餐时间。因此，每餐位小时收益（RevPASH）正是在考虑了餐厅营业收入和上座率的基础上，又考虑到每位顾客的平均用餐时间这一要素，更能够全面反映出餐厅的收益情况，成为衡量餐厅收益的一项重要指标。计算公式为：

$$\text{每餐位小时收益（RevPASH）} = \frac{\text{餐厅营业总收入}}{\text{总餐位数} \times \text{营业时间}} \tag{1-11}$$

在饭店收益管理工作中，我们通常把以上八项指标作为衡量饭店收益管理工作的主要指标。除此之外，还有一些其他常用的市场指标在收益管理策略的实施中也会经常用到，在此不再逐一列述。值得注意的是，由于饭店实施收益管理的目的是通过收入最大化来驱使利润最大化，因此，衡量一家饭店经营业绩的好坏不能只看其是否完成了年初制订的经营预算，还要看饭店所实现的业绩水平在竞争群中所处的地位，只有与竞争群进行比较，来衡量自身的盈利能力或竞争能力，才能更加全面地反映出饭店经营业绩的水平。就饭店竞争群的确定来讲，一般可划定为在同区域市场中与饭店形成竞争关系的主要饭店群体或主要竞争对手。客房出租率、平均房价、每间可供出租客房收入、每餐位小时收益主要用来衡量饭店自身的盈利能力或收益水平；而市场份额、市场指数则用来衡量饭店在目标市场中的竞争地位和增收能力。两者既相互独立，又相互统一，缺一不可。图 1-5 反映了某竞争群中各饭店的经营业绩及竞争关系，对于饭店衡量盈利能力和竞争力至关重要。

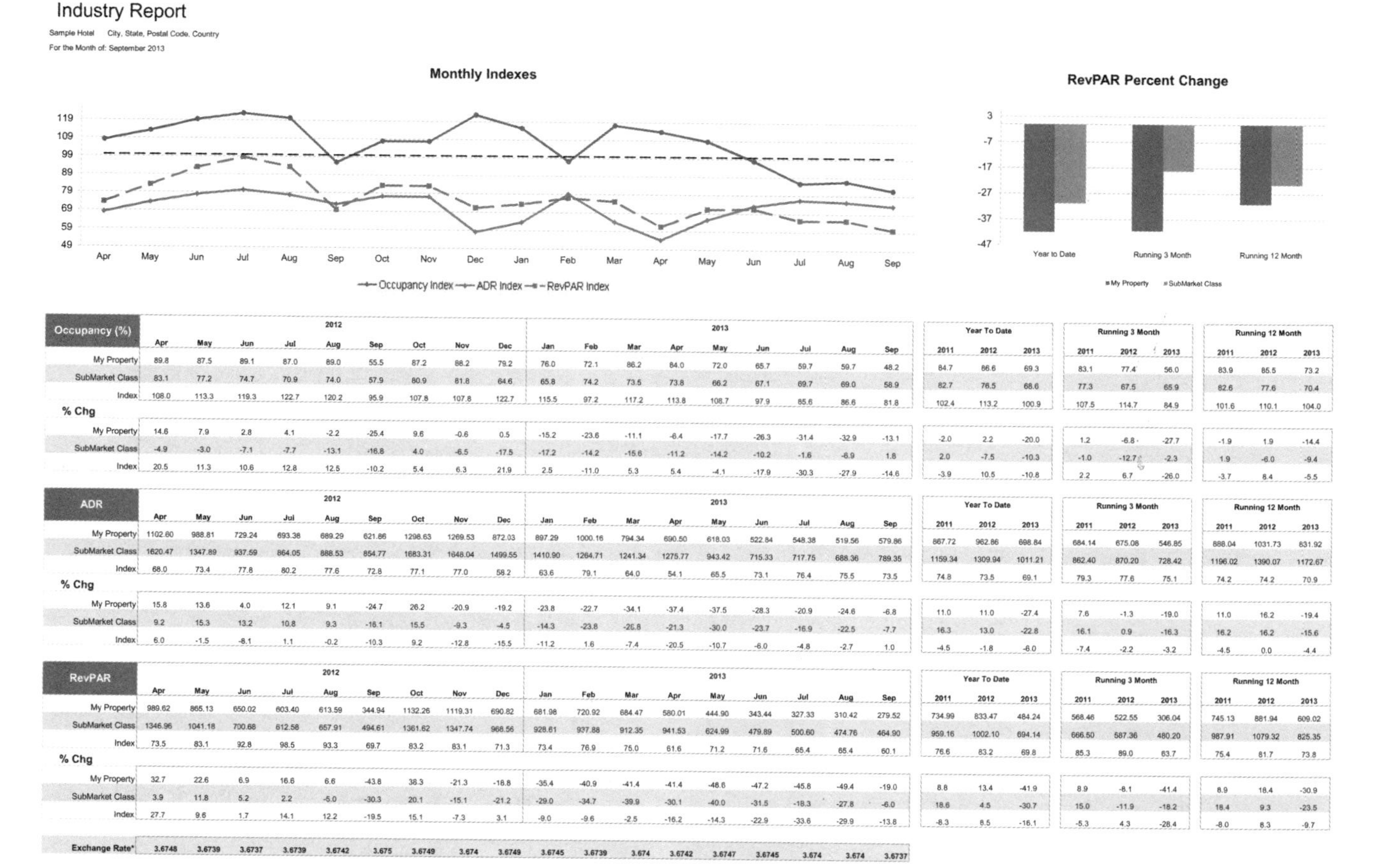

Occupancy (%)	2012 Apr	May	Jun	Jul	Aug	Sep	Oct	Nov	Dec	2013 Jan	Feb	Mar	Apr	May	Jun	Jul	Aug	Sep
My Property	89.8	87.5	89.1	87.0	89.0	55.5	87.2	88.2	79.2	76.0	72.1	86.2	84.0	72.0	65.7	59.7	59.7	48.2
SubMarket Class	83.1	77.2	74.7	70.9	74.0	57.9	80.9	81.8	64.6	65.8	74.2	73.5	73.8	66.2	67.1	69.7	69.0	58.9
Index	108.0	113.3	119.3	122.7	120.2	95.9	107.8	107.8	122.7	115.5	97.2	117.2	113.8	108.7	97.9	85.6	86.6	81.8
% Chg																		
My Property	14.6	7.9	2.8	4.1	-2.2	-25.4	9.6	-0.6	0.5	-15.2	-23.6	-11.1	-6.4	-17.7	-26.3	-31.4	-32.9	-13.1
SubMarket Class	-4.9	-3.0	-7.1	-7.7	-13.1	-16.8	4.0	-6.5	-17.5	-17.2	-14.2	-15.6	-11.2	-14.2	-10.2	-1.6	-6.9	1.8
Index	20.5	11.3	10.6	12.8	12.5	-10.2	5.4	6.3	21.9	2.5	-11.0	5.3	5.4	-4.1	-17.9	-30.3	-27.9	-14.6

Occupancy (%)	Year To Date 2011	2012	2013	Running 3 Month 2011	2012	2013	Running 12 Month 2011	2012	2013
My Property	84.7	86.6	69.3	83.1	77.4	56.0	83.9	85.5	73.2
SubMarket Class	82.7	76.5	68.6	77.3	67.5	65.9	82.6	77.6	70.4
Index	102.4	113.2	100.9	107.5	114.7	84.9	101.6	110.1	104.0
% Chg									
My Property	-2.0	2.2	-20.0	1.2	-6.8	-27.7	-1.9	1.9	-14.4
SubMarket Class	2.0	-7.5	-10.3	-1.0	-12.7	-2.3	1.9	-6.0	-9.4
Index	-3.9	10.5	-10.8	2.2	6.7	-26.0	-3.7	8.4	-5.5

ADR	2012 Apr	May	Jun	Jul	Aug	Sep	Oct	Nov	Dec	2013 Jan	Feb	Mar	Apr	May	Jun	Jul	Aug	Sep
My Property	1102.60	988.81	729.24	693.38	689.29	621.86	1298.63	1269.53	872.03	897.29	1000.16	794.34	690.50	618.03	522.84	548.38	519.56	579.86
SubMarket Class	1620.47	1347.89	937.59	864.05	888.53	854.77	1683.31	1648.04	1499.55	1410.90	1264.71	1241.34	1275.77	943.42	715.33	717.75	688.36	789.35
Index	68.0	73.4	77.8	80.2	77.6	72.8	77.1	77.0	58.2	63.6	79.1	64.0	54.1	65.5	73.1	76.4	75.5	73.5
% Chg																		
My Property	15.8	13.6	4.0	12.1	9.1	-24.7	26.2	-20.9	-19.2	-23.8	-22.7	-34.1	-37.4	-37.5	-28.3	-20.9	-24.6	-6.8
SubMarket Class	9.2	15.3	13.2	10.8	9.3	-16.1	15.5	-9.3	-4.5	-14.3	-23.8	-26.8	-21.3	-30.0	-23.7	-16.9	-22.5	-7.7
Index	6.0	-1.5	-8.1	1.1	-0.2	-10.3	9.2	-12.8	-15.5	-11.2	1.6	-7.4	-20.5	-10.7	-6.0	-4.8	-2.7	1.0

ADR	Year To Date 2011	2012	2013	Running 3 Month 2011	2012	2013	Running 12 Month 2011	2012	2013
My Property	867.72	962.86	698.84	684.14	675.08	546.85	888.04	1031.73	831.92
SubMarket Class	1159.34	1309.94	1011.21	862.40	870.20	728.42	1196.02	1390.07	1172.67
Index	74.8	73.5	69.1	79.3	77.6	75.1	74.2	74.2	70.9
% Chg									
My Property	11.0	11.0	-27.4	7.6	-1.3	-19.0	11.0	16.2	-19.4
SubMarket Class	16.3	13.0	-22.8	16.1	0.9	-16.3	16.2	16.2	-15.6
Index	-4.5	-1.8	-6.0	-7.4	-2.2	-3.2	-4.5	0.0	-4.4

RevPAR	2012 Apr	May	Jun	Jul	Aug	Sep	Oct	Nov	Dec	2013 Jan	Feb	Mar	Apr	May	Jun	Jul	Aug	Sep
My Property	989.62	865.13	650.02	603.40	613.59	344.94	1132.26	1119.31	690.82	681.98	720.92	684.47	580.01	444.90	343.44	327.33	310.42	279.52
SubMarket Class	1346.96	1041.18	700.68	612.58	657.91	494.61	1361.62	1347.74	968.56	928.61	937.88	912.35	941.53	624.99	479.89	500.60	474.76	464.90
Index	73.5	83.1	92.8	98.5	93.3	69.7	83.2	83.1	71.3	73.4	76.9	75.0	61.6	71.2	71.6	65.4	65.4	60.1
% Chg																		
My Property	32.7	22.6	6.9	16.6	6.6	-43.8	38.3	-21.3	-18.8	-35.4	-40.9	-41.4	-41.4	-48.6	-47.2	-45.8	-49.4	-19.0
SubMarket Class	3.9	11.8	5.2	2.2	-5.0	-30.3	20.1	-15.1	-21.2	-29.0	-34.7	-39.9	-30.1	-40.0	-31.5	-18.3	-27.8	-6.0
Index	27.7	9.6	1.7	14.1	12.2	-19.5	15.1	-7.3	3.1	-9.0	-9.6	-2.5	-16.2	-14.3	-22.9	-33.6	-29.9	-13.8
Exchange Rate*	3.6748	3.6739	3.6737	3.6739	3.6742	3.675	3.6749	3.674	3.6749	3.6745	3.6739	3.674	3.6742	3.6747	3.6745	3.674	3.674	3.6737

RevPAR	Year To Date 2011	2012	2013	Running 3 Month 2011	2012	2013	Running 12 Month 2011	2012	2013
My Property	734.99	833.47	484.24	568.46	522.55	306.04	745.13	881.94	609.02
SubMarket Class	959.16	1002.10	694.14	666.50	587.36	480.20	987.91	1079.32	825.35
Index	76.6	83.2	69.8	85.3	89.0	63.7	75.4	81.7	73.8
% Chg									
My Property	8.8	13.4	-41.9	8.9	-8.1	-41.4	8.9	18.4	-30.9
SubMarket Class	18.6	4.5	-30.7	15.0	-11.9	-18.2	18.4	9.3	-23.5
Index	-8.3	8.5	-16.1	-5.3	4.3	-28.4	-8.0	8.3	-9.7

图 1-5 饭店每月收益指标与竞争群报告①

① 图形及数据来源：STR Global。

1.6 小结

(1) 收益管理涵盖了产品（或服务）、时间、地点、价格和顾客五个基本要素，而饭店管理者实施收益管理的主要任务就是把以上五个要素有机地结合起来，形成要素之间完美的协调和组合关系，最终实现收益最大化。

(2) 由于饭店具有生产能力相对固定、产品或服务具有易逝性、市场需求存在可预测性和波动性、市场可以细分、高固定成本和低变动成本、产品可以提前预订七个特点，与收益管理理论和技术手段相适应，因此，饭店业为适合实施收益管理的行业之一。

(3) 收益管理作为一种管理手段，面对的是特殊的产品即易逝品，日常工作中，需要围绕着八个基本观点来进行。

(4) 在经济学中，当两个单位的同种商品对同一消费者或不同消费者售价不同时，我们就可以说生产商实行了价格歧视。价格歧视主要分为一级价格歧视、二级价格歧视和三级价格歧视，而饭店收益管理工作多用到的是三级价格歧视理论。

(5) 衡量饭店收益管理的主要指标有客房出租率（OCC）、平均房价（ADR）、每间可供出租客房收入（RevPAR）、市场份额（Market shares）、收益率（Rate of return）、市场指数（Market Index）、每间可供出租客房经营毛利润（GOPPAR）和每餐位小时收益（RevPASH）。

(6) 实施收益管理的重要意义在于在现有条件不变的情况下，通过收益管理的应用与实施，可实现资源约束下的收益最大化目标。对饭店企业来讲，收益管理工作核心主要体现在两个方面：一是当饭店市场处于供过于求时，其主要任务是最大限度地减少现有存量资源的闲置与浪费；二是当饭店市场处于过度需求时，有效地进行资源分配与价格优化，从而实现客房收益最大化。

【练习题】

1. 收益管理的定义是什么？请简述收益管理五要素中“合适”的含义。

2. 饭店的主要特点是什么？饭店为什么要实施收益管理？

3. 为什么说同样的产品和服务在不同的市场需求环境下可以卖出不同的价格？

4. 为什么在饭店中，衡量客房收入的主要指标既不是平均客房出租率（OCC），也不是平均房价（ADR），而是每间可供出租客房收入（RevPAR）？

5. 下表为4家竞争饭店30天的经营数据，请问哪家饭店在实际市场份额低于其应有市场份额的情况下，客房收入占比高于其应有市场份额？

指标 饭店	房间数（间）	出租率（%）	客房收入（元）
饭店 A	160	70	453600
饭店 B	190	65	537225
饭店 C	210	75	647325
饭店 D	280	60	645120

6. 以下哪一项是实施收益管理的目的？

（1）使饭店在变化的供需市场环境下实现优化收入；

（2）确定淡旺季价格；

（3）制定短期战术来增加收益；

（4）通过打折来提高客房出租率。

第二章 饭店产品组合与价格决策

【本章概述】

产品和价格是饭店收益管理中两个重要的基本要素，对饭店的经营具有十分重要的意义。本章首先对饭店客房产品的构成及其组合、定价的基本原理、常用的定价方法、价格的基本类型进行了论述，并从收益管理的角度阐述了如何对客房产品进行设计和定价，以此来提高收益。

2.1 饭店产品的构成

产品是指任何提供给市场，并能满足人们某种需要和欲望的东西。产品的概念并不限于实物，除了有形的商品，产品也包括服务①。饭店产品是指饭店向市场提供能够满足人们某种需要和利益的物质产品和非物质形态的服务②。其中物质产品包括饭店实体及其品质、特色、品牌等，非物质形态的服务主要包括产品的形象、质量保证、声誉等。换言之，饭店产品是被大众消费者所感受到的，饭店提供的能够满足大众消费者需要的场所、设施、有形产品和无形服务的使用价值的总和。收益管理五个基本要素中，产品是基础，没有产品，收益便无从谈起，可见其重要性所在。就饭店产品而言，一般可划分为五个层次，即核心产品、形式产品、期望产品、延伸产品和潜在产品，我们称其为饭店的整体产品，如图 2-1 所示。

---

① （美）菲利普·科特勒等．科特勒市场营销学教程［M］．俞利军译．北京：华夏出版社，2006：1.

② 尹华光．现代饭店管理［M］．北京：北京大学出版社，2008：8.

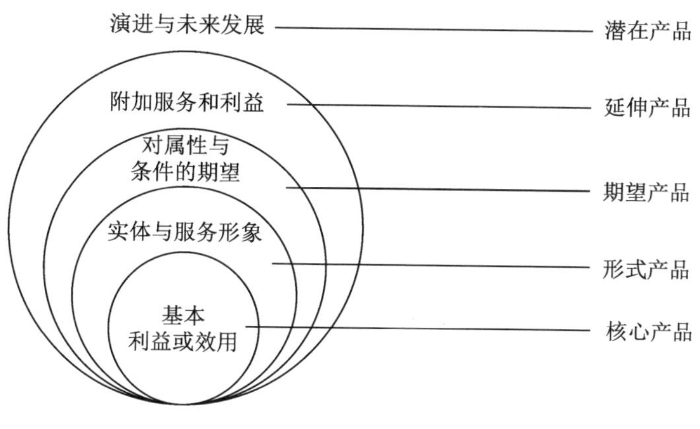

图 2-1　饭店整体产品的五个层次

2.1.1　核心产品

核心产品是消费者在购买饭店产品时所获得的基本利益或效用，也是饭店产品中最基本和最主要的部分。在饭店中，客房和餐饮即为核心产品，顾客租住客房是为了得到休息和睡眠，购买餐饮产品是为了消除饥渴，这些都是消费者最基本的生理需求。

2.1.2　形式产品

形式产品是核心产品借以实现的形式，是指饭店产品的有形物体及无形服务所构成的整体形象。例如，饭店的品牌形象、外观建筑、地点位置、各种类型的客房、各类风味的餐厅、大小会议室以及服务质量等。由于饭店产品的基本效用必须通过这些具体的形式产品才能得以实现，因此在设计形式产品时应以饭店核心产品为导向，来实现核心产品的基本功能。

2.1.3　期望产品

期望产品是指顾客对属性与条件的期望，即顾客在购买饭店产品时随之在其意念中产生的各种期望。如期望饭店的环境舒适、安全，房间清洁卫生，菜肴美味可口，受人尊重，能感受到饭店良好的企业文化氛围以及优质服务等。

2.1.4 延伸产品

延伸产品是顾客购买饭店产品时同时能获得的全部附加服务和利益，一般是指饭店辅助配套设施，如智能化服务、免费 Wi-Fi、“金钥匙”服务、商务中心，康乐设施、免费停车场等。

2.1.5 潜在产品

潜在产品主要是指饭店能为顾客提供的个性化服务，满足顾客的特殊性需求，让顾客感受到饭店潜在的发展动力。例如，饭店已经制订了未来改造计划，除了对现有硬件进行升级外，还会引入智能化管理以使顾客获得更好的入住体验等。

在饭店整体产品中，每个不同层次的产品既相互独立，又相互关联。核心产品、形式产品和期望产品为满足顾客的基本需求提供着保障，其质量的高低决定着顾客对饭店服务的基本满意程度。如果要进一步提高顾客的忠诚度，发展会员或忠诚顾客，则需要为顾客提供延伸产品和潜在产品的服务，发挥其灵活性的特点，从而增加饭店对顾客的吸引力。

2.2 饭店产品设计中的增收要素

从饭店收益管理角度讲，如果饭店在产品设计之初就能考虑到未来可增加收入的相关功能要素，对开展收益管理工作将会非常有益。那么，如何在饭店产品设计中融入这些要素呢？应从以下几个方面入手：

2.2.1 产品设计突出个性化

核心产品设计的正确与否，对未来饭店的经营影响较大。一般在产品设计之前，应事先对前期市场进行调研与分析，并在产品定位后再开始着手产品的设计，以使设计出的产品能最大限度地满足未来市场的需求。如果饭店在设计产品中能充分挖掘本地的文化资源、地理特征、经济环境和人文环境等资源要素，设计出带有浓郁文化色彩的个性化产品，对未来实施收益管理策略都将起到促进的作用。现今，核心产品的不同表现形式越来越受到饭店投资者和管理者的重视，饭店的建筑风格、产品的设计理念、功能布局、色彩搭配、包装效果、视觉系统、服务感受等都已成为饭店在市场竞争中的重要因素。现代饭店的设计已逐渐打破了星级饭店中规中矩的设计理念，无论是客房还是餐厅的设计都体现着源于品牌或主题文化的个性化色彩。例如，客房除设置单人房、标准房、大床房以及套房外，还可分设豪华房、商务房、观景房、家庭房、安静房、女士房、儿童房、主题房、民族特色房、无烟房、残疾人房等；楼层可设置商务楼层、豪华楼层、女士楼层、无烟楼层、主题楼层等。再如，位于海边的度假饭店可将海景房的浴缸放置在落地窗前，顾客可以在沐浴的同时欣赏着美丽大海的景色，位于城市的文化主题饭店可以为摄影爱好者在其下榻的房间悬挂本人的摄影作品，为音乐爱好者在房间播放本人喜欢的背景音乐等，都能够充分满足顾客对个性化的需求，通过形式产品设计的主题化和个性化理念来提高饭店的产品竞争力。这些带有个性化色彩的产品为饭店以更高价格出售给有个性化需求的顾客奠定了基础，为增强饭店盈利能力提供了条件。

2.2.2 重视期望产品的开发

随着社会的进步，消费者更加注重卫生、环保和健康，也使得顾客对饭店期望产品的需求和渴望程度在逐年增高，期望产品正逐渐成为衡量饭店产品质量的重要指标。例如，如今的顾客已不仅仅满足于服务员职业化的微笑和问候，而更加重视是否感受到良好的文化环境，是否受到他人的尊重、体贴与关怀等。再如，饭店清洁卫生对于顾客来说是非常重要的，目前行业内还没有统一的衡量客房卫生的数据标准，不同品牌饭店之间卫生标准也不相同，衡量的办法主要还是依靠服务人员的目测。如果饭店管理者能使用简易的检测设备来检测表面微生物污染以及使用紫外光线笔来检测肉眼看不见的污渍，将会提高顾客的认同感和忠诚度。现今，既是大数据的时代，也是讲求个性化的时代，更是“私人定制”的时代。如果饭店能够通过数据的收集、分析与预测，清楚地了解到某个细分市场甚至某位顾客从哪里来、可能的花费是多少、喜欢什么样的客房、偏好哪类美食和喜欢点播什么样的节目等，都可能是开发期望产品的有效方法和途径。同时，通过大数据的积累和挖掘，能够更好地引导顾客的消费习惯，为每位顾客建立生日、兴趣、爱好、消费等完整的信息档案，在这位顾客下次光临时，看到饭店为他安排的客房恰恰是自己最喜欢的房间时，他很可能已经成为你的忠诚顾客了。因为顾客可以获得更加良好的入住体验和对健康的保障，期望产品的开发使得顾客宁愿出更高的价格来购买饭店的产品成为现实，饭店的收入也能因此得到相应的提高。

2.2.3　延伸产品应符合时代的发展需要

在传统饭店中，延伸产品通常是指康乐设施、商务中心、“金钥匙”服务以及免费停车场等。随着时代的进步，仅有这些传统的辅助产品项目已不能满足现代消费者的需求。由于互联网和大数据时代的来临，不仅改变了消费者的生活方式，也对饭店产品的创新提出了新的挑战，更需要延伸产品的设计与开发来满足现代消费者的需求。例如，随着智能芯片的诞生，手机已由单一的通话工具演变成消费者的掌上智能电脑，成为消费者生活中不可缺少的部分。他们不仅通过手机来实现订房，而且阅读新闻、看视频、购物、微信、支付等也都使用手机来完成。手机借助移动互联网技术具有操作简单、可移动性、多屏互动和便利性等特点，受到消费者尤其是年轻一族的青睐。有数据显示，2013 年，国内第三方移动支付市场交易规模尚为 1.2 万亿元，截至 2018 年，国内第三方支付市场交易规模已高达 190.5 万亿元，同比增长 58.4%。因此，为顾客提供足够容量的免费 Wi-Fi，保证住客在饭店内随时随地地上网已成为不可或缺的延伸产品。再如，一些饭店推出的“智慧 e 房”“数码 e 房”可谓是对延伸产品的创新；他们旨在为顾客打造“第二个舒适的家”，从而提升饭店产品的价值。从客人通过网络订房开始，饭店便可以通过远程预订系统来完成对客人所需房间的预订和确认，智能电子信息档案可以帮助饭店在客人抵达之前为其特殊的喜好做好准备；当客人抵达饭店后，只需要出示身份证，就可入住预订好的客房；当客人打开房门时，走廊的灯自动亮起，房内灯光会根据时间自动调节亮度，电视自动打开，背景音乐自动播放。如果是在晚上，床头灯也会自动亮起；入睡前，客人只需轻触开关，选择睡眠模式，小夜灯就会自动亮起，其他灯随之也自动熄灭；离店结账时，客人只要刷房卡或会员卡并在账单上签下自己的名字，便可以离店了。甚至，一些饭店已开始用手机二维码来替代房卡的功能，客人只需扫一下手机中的二维码，便可实现从办理入住、开房、消费到结算等一条龙服务，为客人提供着良好的入住体验。延伸产品的创新与开发，不仅增强了饭店产品的市场竞争力，而且为饭店实施收益管理策略奠定了产品基础。

2.2.4　设计不同档次的产品，满足不同消费群体的需求

知名高端汽车品牌——宝马，汽车产品分高中低端，用以满足不同消费人群的需求。他们将产品划分为金字塔体系，7 系的消费人群位于金字塔尖，5 系和

3系用来满足金字塔往下的中低端消费人群，并以此形成了强大的消费群体。饭店也是如此，无论是豪华的高档次饭店还是廉价的经济型旅馆，都应该考虑设立不同档次的产品来满足不同细分市场的需求，而不只是满足于塔尖或底部的客源层。客房的设计应该考虑到产品的层次化，既能满足高端顾客的特殊需求，又能吸引大众客源市场的基本消费。从收益管理的角度讲，容量控制分配和客房的升降档销售，都需要以此为前提条件。例如，在传统的星级饭店客房产品设计中，档次或等级越高的饭店的套房数量越多：一星、二星级饭店套房数量很少或不设；三星、四星级饭店的套房数量约占客房总数的5%；五星级饭店则比例更高。这种按星级高低来确定套房数量的做法尽管已不能满足现代市场的发展需求，但在设计思想上还是体现出了对产品的层次划分。从收益管理的角度，对产品档次的划分，应以市场需求和客源结构为基础，以创造卖点为目标，以有效利用资源为目的来进行。譬如，饭店除设有普通大床房外，还可以考虑设有商务大床房、情侣大床房或豪华大床房等。这些客房与普通大床房的建筑面积相同，无须多占用土地资源，只是房间位置或内部的设施不同而已；但对于一些高端或有特殊需求的细分市场，饭店可以以高价来出售这些产品，获得更高的收益。即使在市场需求不够旺盛或竞争异常激烈的情况下，如果通过升档销售法来优先销售豪华房或套房等高档次产品，同样可以使饭店获得更高的收益。

2.2.5 借助品牌的力量，提升产品价值

众所周知，品牌文化蕴藏着产品的价值，尤其是知名品牌，在产品设计时如果能融入其品牌的文化理念，推出差异化产品，让顾客真正感受到品牌的价值所在，即便是同样的产品，也能卖出比竞争对手更高的价格，这正是品牌力量的体现。例如，知名饭店集团希尔顿国际（HI）是在日本4个主要城市（东京、大阪、东京湾、名古屋）中经营饭店的唯一一家在世界范围内具有代表性的外国公司，希尔顿国际出现在亚洲市场上，使得世界各地的希尔顿国际拥有越来越多的日本顾客。在公司的全球顾客中，日本顾客占据21%，同美国顾客相当。此外，独立调查表明希尔顿是日本商务旅行者在全球范围内的首选。在由日本通商产业省级英国商业对外贸易局发起主办的活动中，希尔顿国际被授予“服务业成就奖”。调查发现日本客人的主要要求是感到安全、舒适，能够合理利用他们在海外有限的时间以及保持较高标准的清洁度和高效率。而希尔顿国际则将“日式文化的特殊元素与希尔顿著名的接待风格”巧妙地融合起来，并在日本市场应用希

尔顿的“家外家”理念。[①] 希尔顿将其品牌文化与日本文化相融合，从物质和精神层面来满足日本消费者的需求，受到日本消费者对希尔顿品牌的高度信赖，产品的价值也得到相应的提升。

综上所述，如果我们在饭店产品设计之初就能够着眼于未来的收益要素，融入收益管理理念，使饭店设计出的产品更适合消费者的需求，即满足收益管理定义中所提到的合适的产品要求，则对饭店未来实现收益最大化的目标提供了保障。

2.3 客房定价的基本原理

价格在饭店收益管理当中有着十分重要的意义，价格不仅关系到饭店客房收入的主要要素，而且对市场需求和顾客的购买力也有着重要的影响，利用价格杠杆来调节市场的供需平衡也是饭店收益管理工作的主要内容。因此，在考虑客房产品的特性、成本和市场需求的基础上，制定合理的价格，是饭店管理者的主要任务。在阐述以市场为导向的定价策略之前，让我们首先对客房定价的基本原理、常用方法及常用的价格类型进行阐述，以便能加深读者对以市场为导向定价的理解。

制定饭店客房价格的基本原理是：一般以成本或盈亏平衡方法计算的客房价格为下限价格，以市场需求为导向的销售价格为上限价格，实际市场成交价格因受市场周期波动和竞争等因素的影响，在上下限之间波动；特殊的市场时期，实际市场成交价格也可能会低于或高于销售价格的上下限。因此，房价的制定主要含有基本价格、市场需求价格和市场成交价格三个方面的内容。

2.3.1 客房产品的价值决定基本价格

从经济学的角度讲，价格是价值的货币表现，价值的大小取决于生产产品的社会必要劳动时间。就饭店客房而言，从理论上讲，创造客房产品价值的劳动主要体现在客房硬件产品的设计建造和日常的对客服务过程中。另外，也会因饭店所处的地理位置不同而对客房产品的潜在价值产生影响。高档次饭店（如五星级或更高档次饭店）由于其建造成本高，劳动时间长，对客服务项目多，服务标准

---

① （加）罗伯特·C. 刘易斯等著. 饭店业营销案例［M］. 谢彦君等译. 大连：东北财经大学出版社，2006：3.

要求高，产品的价值相对较大，定价也会较高；低档次饭店（如经济型饭店或廉价饭店）由于其建造成本低，劳动时间短，在对客服务方面提供的是有限的服务，服务项目相对较少，产品价值相应就小，定价也相应较低。因此，饭店在客房定价当中应遵循价值决定价格的原理，以此作为制定基本价格的依据。基本价格并不一定是饭店的销售价格，一般为饭店的下限价格或盈亏平衡的价格，受到成本因素的制约。基本价格对饭店来讲很重要，它既是饭店制定销售价格的基础，也是饭店客房产品价值的表现。

2.3.2 顾客的支付能力决定市场需求价格

前面讲到，饭店客房的基本价格主要是由客房产品价值来决定的，一般表现为饭店的下限价格或盈亏平衡的价格。那么，如何来确定饭店的上限房价呢？这主要取决于顾客的支付能力。顾客支付能力强，饭店可以将房价的上限制定的高一些；相应地，顾客支付能力弱，则饭店制定的房价上限就不能太高，如果制定的房价超出了顾客的支付能力，将会导致顾客的流失，再好的产品也会卖不出去。顾客的支付能力主要受到社会因素和自身因素的影响，社会因素主要是指饭店所在地区的政治环境、经济环境、物价指数和消费水平等；自身因素主要指消费者的职业、年龄、经济收入和消费行为等。收益管理的一项主要任务就是预测、分析和研究在一定市场时期消费者的支付能力，从而制定出符合顾客支付能力的房价来挖掘潜在的收入，具体内容本书将在第五章和第六章中详细阐述。

2.3.3 竞争态势决定市场成交价格

市场成交价格是指饭店客房的经营者和饭店客房的需求者都能够接受的实际交易价格。市场成交价格除受到产品价值和市场需求价格的影响外，主要受到市场竞争态势的影响，决定着成交价格的高低。顾客在选择饭店时，除对产品的需求外，根据自身的消费能力都会事先有一个心理预期价格，这个价格在潜意识中会主导着顾客的选择动机，使选择的实际价格与心理价格相适应。因此，对任何一家饭店来讲，顾客会在处于同一地区的竞争群中选择。这是因为处于同一地区竞争群中的饭店都在出售同样的产品，所以当某一家饭店的价格与顾客的心理价格相适应时，被顾客选择的概率更大。从价格的意义上讲，成交价格的高低取决于市场竞争的态势。周边竞争对手较多，市场竞争处于激烈的态势，成交价格会低；周边竞争对手较少，市场竞争处于平缓态势，成交价格会高。客房产品的市场成交价格可以划分为五种，如图 2-2 所示。成交价格 P_0 等于单位总成本（单位固定成本加单位变动成本）加单位平均利润分摊额，称为客房正常营业价格，此时饭店所获得的客房营业收入除了足够支付固定和变动成本外，饭店还获得了目标利润；成交价格 P_1 高于单位总成本加单位平均利润分摊额，两者的差额（P_1-P_0）即为超额利润，所以称 P_1 为客房超额利润价格，此时饭店不仅获得了目标利润，而且还获得了目标利润以外的超额收益。成交价格 P_2 等于单位总成本，为客房保本营业价格，此时饭店所获得的客房营业收入与所发生的固定和变动成本总额相等，所获得的目标利润为零；成交价格 P_3 高于单位变动成本，低于单位总成本，此时饭店所获得的客房营业收入能够支付变动成本费用，但不足以支付所发生的全部固定成本，处于亏损状态，但此时饭店还可以继续经营，以收回已支出的部分固定成本，所以称 P_3 为客房减亏营业价格。成交价格 P_4 等于单位变动成本，边际利润为零，饭店所获得的客房营业收入仅够支付变动成本，这时饭店必须停止营业，所以称 P_4 为客房停止营业价格。

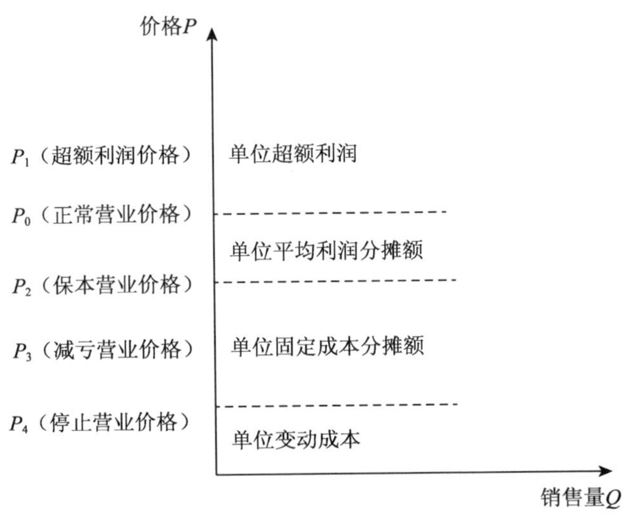

图 2-2　市场成交价格类型

2.4　客房常用的定价方法

影响饭店客房定价的因素很多，但归类起来，主要因素是产品成本、市场需求与市场竞争。饭店通常至少选取其中一个以上因素来制定价格。因此，饭店客房定价中常用的有成本导向定价法、需求导向定价法和竞争导向定价法三种基本方法。

2.4.1 成本导向定价法

从饭店财务管理的角度看，客房产品价格的制定应以成本为基础，如果所制定的价格不能保证回收成本，则饭店处于亏损状态，经营活动也将无法长期维持。成本导向定价法，也称“以成本为中心的定价法”，是指以饭店经营成本为基础制定客房产品价格的一种方法，用产品单位总成本加上单位平均利润分摊额就是产品的价格。本节主要介绍“千分之一定价法”“盈亏平衡定价法”“成本加成定价法”和“量本利定价法”四种饭店常用的定价方法。

2.4.1.1 千分之一定价法

千分之一定价法，也称“建筑成本定价法”，是国际上通用的一种根据饭店建筑总成本来制定客房价格的方法。其计算公式为：

$$\text{客房价格}=\frac{\text{饭店建造总成本}}{\text{饭店客房总数}}\times\frac{1}{1000} \tag{2-1}$$

其中：饭店建造总成本包括建筑规划、设计、装修、材料、设施设备、培训、劳务及资金利息等。下面来通过案例 2-1 来说明：

【案例 2-1】

某五星级饭店建造总成本为 3 亿元人民币，客房总数为 500 间，请用千分之一定价法来确定其房价。

$$\begin{aligned}\text{则：饭店客房平均价格}&=\frac{\text{饭店建造总成本}}{\text{饭店客房总数}}\times\frac{1}{1000}\\&=\frac{300000000\text{（元人民币）}}{500\text{（间）}}\times\frac{1}{1000}\\&=600\text{（元/间天）}\end{aligned}$$

千分之一定价法在计算价格中因需要设置一定的假设条件而受到局限。例如，一般假设计算出的价格为所有客房的平均价格，客房出租率为 60%左右，除客房外的其他营业部门必须是盈利的等。所以千分之一定价法的具体含义是如果以上假设条件成立，那么饭店在五年左右时间可以通过客房收入收回建造饭店的总投资成本。由于饭店在经营中影响客房价格的因素很多，同时很难达到以上的假设条件，而且不同类型客房的实际销售价格也不相同。因此，千分之一定价法多用于新建造饭店对未来客房平均价格水平的估算，在日常经营中很少使用。

2.4.1.2 盈亏平衡定价法

顾名思义，盈亏平衡定价法是指在饭店实现客房销售收入与客房总成本相等的情况下制定的客房价格，也就是饭店不赔不赚情况下的客房产品价格，总成本是指饭店的固定成本和变动成本的总和。其计算公式为：

$$客房价格=\frac{每间客房日费用额}{1-税率} \tag{2-2}$$

每间客房日费用额=每间客房日固定费用+每间客房日变动费用

下面用案例 2-2 来说明：

【案例 2-2】

某饭店有客房 300 间。其中，标准间 270 间，套间 30 套。标准间每日客房固定费用为 145 元，套间每日客房固定费用为 280 元，每间（套）的日变动费用为 35 元，营业税率为 5%，请用盈亏平衡定价法分别计算标准间和套间的房价。

则有：

标准间客房日费用额=标准间客房日固定费用+每间客房日变动费用

=145+35=180（元）

套间客房日费用额=套间客房日固定费用+每间客房日变动费用

=280+35=315（元）

那么：

$$标准间价格=\frac{标准间客房日费用额}{1-税率}=\frac{180}{1-5\%}=190（元）$$

$$套间价格=\frac{套间客房日费用额}{1-税率}=\frac{315}{1-5\%}=332（元）$$

用盈亏平衡定价法计算出的价格通常作为饭店定价的衡量标准和依据，如果在该价格的基础上加价，饭店可获得利润；如果以该价格出售，在客房出租率达到一定指标时，随着变动成本的相对减少，饭店也可能获得利润；如果房价低于该价格，则饭店潜藏着亏损的风险。

2.4.1.3 成本加成定价法

成本加成定价法是按饭店产品的成本加上一定比例的加成率进行定价的一种

方法，通常适用于饭店客房和餐饮菜品等产品的定价，多数饭店是按成本利润率来确定加成率的大小。就客房产品来讲，其计算公式为：

$$客房价格=\frac{（客房单位变动成本+客房单位固定成本）\times（1+加成率）}{1-营业税率} \quad (2-3)$$

成本加成定价方法一般分为三个步骤：一是估计单位客房产品的变动成本（如直接材料费，直接人工费等）；二是估计客房的全部固定成本，然后按照预期的销售数量分摊到单位客房产品上去，加上单位变动成本，求出全部成本；三是在全部成本上加上按目标加成率计算的利润额，即可获得客房的价格。

【案例 2-3】

某饭店有客房 300 间，预计客房出租率为 80%，全年客房固定成本为 2420 万元，客房单位变动成本为 90 元，预期的加成率为 15%，营业税率为 5%，请用成本加成定价法计算房价。

则有：

$$客房单位固定成本=\frac{全年客房固定成本总额}{客房数量\times客房出租率\times年营业天数}$$

$$=\frac{24200000}{300\times80\%\times365}$$

$$=276（元/间天）$$

$$客房价格=\frac{（客房单位变动成本+客房单位固定成本）\times（1+加成率）}{1-营业税率}$$

$$=\frac{(90+276)\times(1+15\%)}{1-5\%}$$

$$=443（元/间天）$$

成本加成定价法的优点在于能够保证饭店所耗费的全部成本得到补偿，并在正常情况下获得一定的利润；有利于保持价格的稳定，当市场需求发生变化时，用此方法来定价，产品价格不会提高，会使消费者感到比较公平；而且固定的成本加成，也能够使饭店获得较稳定的利润。缺点是忽视了产品的市场竞争和需求弹性的变化，实际上饭店产品在不同的市场时期其需求弹性都不相同。成本加成定价法是典型的生产者导向定价法。不能适应迅速变化的市场要求，缺乏应有的竞争能力，日常经营中多用于财务部门在制定预算任务中从成本角度考虑作为比较和衡量价格体系的依据。

2.4.1.4 量本利定价法

量本利定价法是通过饭店产品的销售收入、成本以及利润三者之间关系来进行定价的方法。这种方法在定价前首先要确定客房出租率水平，以便在这个出租率点来制定房价。假设用 TC 来表示总成本，FC 表示固定成本，VC 表示变动成本，C 表示单位变动成本，Q 表示客房销售数量，TR 表示销售收入，P 表示客房价格，B 表示利润，则数学公式表示为：

$$TC=FC+VC=FC+CQ \tag{2-4}$$

则：

$$B=TR-TC=PQ-(FC+CQ) \tag{2-5}$$

当：

$$B=0\text{ 时，}P_b=\frac{FC}{Q}+C \tag{2-6}$$

我们把满足 $B=0$ 时的价格 P_b 称为保本价格，此时的客房出租率称为保本客房出租率（如图 2-3 所示）。

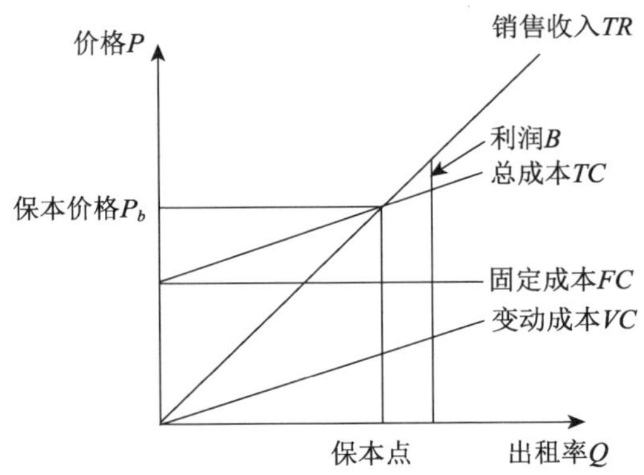

图 2-3 客房保本出租率

量本利定价法通常用来确定保本价格或客房保本出租率，也常用于饭店财务分析，是涵盖了盈亏平衡关系的一种综合分析方法。从图 2-3 中可以看出，客房的保本出租率不是一成不变的，随着客房价格的变化，保本出租率也会发生相应的变化。因此，在用量本利定价法对客房进行定价时需要确定一定的客房出租率水平，在这个目标下来制定合理的客房价格。

成本导向定价法主要是从财务管理的角度出发，在充分考虑成本因素的基础上来制定价格的一种方法。其优点是充分考虑了饭店的内部经营环境、成本费用和收支平衡，对制定饭店经营预算指标，分析产品价格的获利能力和制定新开业饭店的基本价格会起到很好的指导作用。缺点是没有考虑饭店的外部市场环境和竞争环境，忽视了产品内在的价值以及顾客的支付意愿和能力。

2.4.2 需求导向定价法

需求导向定价法，也称“以需求为中心的定价法”，是指饭店在定价时不以成本为基础，而是以市场观念为指导，从顾客的需求出发，以顾客对饭店产品价值的认知和需求强度为依据来制定价格的方法。从饭店收益管理的角度讲，主要有“价值评定法”“差别定价法”和“弹性定价法”三种类型。

价值评定法是以顾客对饭店服务产品价值的感受及理解程度作为定价的基本依据。把顾客对饭店产品价值的判断与饭店支出的成本费用相比较，通过分析顾客对饭店产品的认知来定价。从经济学的角度讲，消费者购买商品时总会在同类商品之间进行比较，选购那些既能满足其消费需求，又符合其心理支付价位的商品。消费者对商品价值的感受和理解不同，接受价格的限度也不同。如果这个限度与消费者的理解相吻合，那么，这个限度就是消费者不愿失去这次购买机会而愿意付款购买的价格。如果这个价格在限度以内，消费者的购买意愿会更大。为了加深顾客对产品价值的理解程度，从而提高其愿意支付的价格限度，饭店应不断挖掘和提升产品价值，从而提高产品的价格。一般需要从以下五个方面入手：

（1）构建良好的主题品牌文化氛围，形成以品牌文化为核心价值的综合竞争力，把握品牌个性文化的精髓，并且稳健地执行和精准地推广。

（2）减少同质化，推出差异化产品，为顾客带来轻松快乐的体验和难忘的感受。例如，喜达屋酒店集团通过建立 SPG 俱乐部来加深顾客对它们的了解，提供除客房业务之外的办公场所、举办产品发布会，甚至婚礼等私人活动，通过实施产品差异化来提高顾客的忠诚度和产品价值。

（3）创造富有活力的饭店“激情团队”，让企业文化根植于顾客心中。德国著名企业咨询顾问弗里施曾提出：“有了员工满意，才有客户满意。”可见，员工满意度的高低对饭店生产出产品的优劣起着非常重要的作用。

（4）完善客评管理体系。在互联网走进人们生活的今天，网络客评已成为衡量饭店品牌价值、服务质量和产品价值的主要要素之一。多维度地对客评数据进行收集、统计和分析将会有助于饭店深入了解顾客的消费行为、价值取向和饭店产品质量存在的不足，对改进和创新产品，量化产品价值，制定合理的价格及提高服务质量都将起到推进作用。

（5）实现饭店产品智能化。中国饭店产业规模正在迅速扩大，并明显朝着国际化、档次化、网络化、商务化、娱乐化的方向发展。在信息化高度发展的今天，人们日常生活与网络、信息结合得越来越紧密，随着旅游业的发展和频繁的商务旅行活动，顾客入住饭店不再只是为了解决住宿问题，还需要解决休闲、商务等问题。饭店应基于“客房信息化”的创新思想，满足于客人日益多样化，个性化的需求，如“智慧 e 房”“数码 e 房”等智能化客房产品在增添服务特色、提升品牌价值的同时也可以使产品价格得到提高。

价值评价法是现代饭店在市场竞争中常用的一种定价方法，也是饭店收益管理中的定价方法之一。例如，在旅游旺季，市场需求量大，饭店往往会把产品价格定得较高，也不愁卖不出去，从而通过提高价格来获得更高的收入；而在淡季期，市场需求减少，饭店会推出折扣产品，通过薄利多销的方式来吸引顾客，以此减少客房的闲置。在饭店收益管理工作中，依据价值评价法原理，通过市场需求预测分析，可大大缩短需求的波动周期，使波动周期由原有数月的淡旺季缩短至每一天甚至每一个时段，并依据不同的市场需求制定出不同时段的价格，这就是收益管理中的动态定价，这种制定动态价格的方法可为饭店带来更多的收益。

价值评价法的优点是从市场需求出发，充分考虑了顾客购买需求和意愿，消除了成本定价中只是考虑成本因素的弊端，并能通过价格的动态化来优化饭店的收益。其缺点是饭店管理者对市场需求的判断或预测数据可能会存在一定的偏差，如果偏差过大，可能会导致定价不准确，或过高或过低。关于差别定价和弹性定价法两个方面的内容将在第五章和第六章详细论述，在此不再赘述。

2.4.3 竞争导向定价法

竞争导向定价法，也称“以竞争为中心的定价法”，是指在激烈的市场竞争中，以市场上相互竞争的同类饭店价格为定价基本依据，以随竞争态势的变化确定和调整价格水平为特征，与竞争者产品价格保持一定的比例，而不过多考虑成本及市场需求因素的定价方法。竞争导向定价法主要有通行价格定价法、投标定价法和主动竞争定价法等，从收益管理的角度出发，应用得更多的是主动竞争定价法。

2.4.3.1 通行价格定价法

通行价格定价法是指饭店在产品定价中使价格与竞争者的平均价格水平相一

致，这种定价方法认为竞争者是和平相处的，市场的平均价格是各饭店所认可的合理价格，并通过该价格饭店可以获得相应的利润。这种方法主要适用于同类饭店竞争市场中，这些饭店的档次、产品和客源结构相近，大家都以平均价格水平为标准来分享各自的客源，以免价格定得过高而使顾客流向价格低的饭店，促使整个竞争市场处于有序、协调的发展。位于风景名胜区同档次度假型饭店，多采用这种定价方式。通行价格定价法的优点是饭店之间可以和平相处，维持有规则的竞争秩序，避免恶性和削价竞争，降低因恶性竞争而带来的损失风险；缺点是没有考虑到产品之间存在的差异化，随行就市，本该有的价格优势没有得到充分发挥。

2.4.3.2 投标定价法

投标定价法是指通过投标交易的方式来进行定价的一种方法。主要应用于供过于求的市场时期。在这个市场时期，一些中间商或分销商会利用供大于求的机会通过向饭店招标的方式来获得对他们有利的价格，而饭店本着实现利润最大化的目的或者为了减少客房的闲置损失往往会参加投标。例如，旅行社组团的招标、在线旅行分销商（OTA）的网上竞价、会议单位向饭店发出的会议招标等都属于这种形式。而饭店在投标中的定价是一种特殊的定价形式，需要饭店管理者掌握一定的定价技巧，并能够通过相应数据和概率分析来确定价格。由于投标中各个竞争者之间的价格是密封和保密的，相互无法知道对方的底价。如果价格制定得过高，中标的概率就会偏低，有可能失去市场机会；而价格制定得过低，中标的概率虽然高了，但可能因价格低于盈亏平衡点而使饭店出现亏损，这就要求饭店管理者在投标定价中非常慎重。通常，在投标定价中应着重考虑投标的目的和目标、计算中标的成本和判断中标的概率三个要素，从而能取得理想的中标效果。投标定价法多应用在处于市场淡季期的景区度假型饭店和会议型饭店，对位于城市的商旅饭店也会在淡季期参加 OTA 的网上竞标活动，以弥补淡季客源的不足。

2.4.3.3 主动竞争定价法

主动竞争定价法是指饭店在定价中充分挖掘产品的价值，找出与竞争者产品的差异化点，在准确市场定位的基础上，依据自身产品的特性来定价的一种方法。主动竞争定价法也是收益管理策略中常用的定价方法之一。因为收益管理的基本观点是从市场需求和竞争角度出发，通过运用价格杠杆来调节市场供需平衡，促使价格变动与市场需求变化相一致，从中获得更高的潜在收益。收益管理主张的是价格的主动性和动态化，因而主动竞争定价法的原理更符合收益管理的观点。那么，如何来分析饭店在市场竞争中所处的地位，从而制定出合理的价格呢？我们在第一章中曾阐述了分析饭店市场竞争状况的几个重要指标，如市场份额、市场渗透指数（MPI）、平均房价指数（ARI）和每间可供出租客房收入指数（RGI）等。饭店通过对上述指标的分析便可以清楚地了解到包括价格在内的各项市场指标完成情况以及饭店在竞争市场中所处的地位，其中包括是处于“领袖”地位，还是“跟随者”地位。下面举例来说明：

【案例 2-4】

某商旅饭店位于市中心，有可供出售的房间 280 间，2015 年 5 月共售出房间 6770 间夜，客房净收入 2152860 元。假设该饭店目标市场中共有五家竞争对手，同年 5 月的经营情况如表 2-1 所示。

表 2-1　饭店竞争对手 2015 年 5 月经营业绩一览表

竞争群	平均客房出租率（%）	可供出售的房间数量（间）	平均房价（元/间天）	客房营业净收入（元）
A 饭店	79	330	295	2384102
B 饭店	76	315	305	2263527
C 饭店	85	310	318	2597583
D 饭店	81	295	312	2311124
E 饭店	83	270	280	1945188

请问：

1. 该饭店的实际市场份额、应有市场份额、市场渗透指数（MPI）、平均房价指数（ARI）和每间可供出租客房收入指数（RGI）各是多少？

2. 对该饭店在目标市场竞争中的经营业绩情况做出分析。

解 1：由表 2-1 可知，五家竞争对手共有可供出售的房间 1520 间，2015 年 5 月共售出房间 38026 间夜，获得客房收入 11501524 元。

该饭店 5 月的实际市场份额和应有市场份额分别为：

（1）实际市场份额

$$该饭店实际市场份额=\frac{该饭店客房销售量}{目标市场客房销售总量}\times 100\%$$

$$=\frac{6770}{38026+6770}\times 100\%$$

$$=15.11\%$$

（2）应有市场份额

$$该饭店应有市场份额=\frac{该饭店可供出租的客房数量}{目标市场可供出租的客房总量}\times 100\%$$

$$=\frac{280}{1520+280}\times 100\%$$

$$=15.56\%$$

（3）市场渗透指数（MPI）

首先，求出该饭店5月的客房出租率，代入公式：

$$该饭店的客房出租率=\frac{已出租的客房数}{可供出租的客房数}\times 100\%$$

$$=\frac{6770}{280\times 31}\times 100\%$$

$$=78\%$$

再求出竞争群的平均客房出租率，代入公式：

$$竞争群平均客房出租率=\frac{已出租的客房总数}{可供出租的客房总数}\times 100\%$$

$$=\frac{38026}{1520\times 31}\times 100\%$$

$$=80.70\%$$

则：该饭店市场渗透指数为：

$$该饭店市场渗透指数（MPI）=\frac{该饭店客房出租率}{竞争群平均客房出租率}\times 100\%$$

$$=\frac{78\%}{80.70\%}\times 100\%$$

$$=96.65\%$$

（4）平均房价指数（ARI）

同理，求得5月该饭店的平均房价和竞争群的平均房价分别为：

$$该饭店平均房价=\frac{该饭店客房净收入}{已售出的客房数}$$

$$=\frac{2152860}{6770}$$

$$=318\ 元/间天$$

$$竞争群平均房价=\frac{客房净收入总额}{已售出的客房总数}$$

$$=\frac{11501524}{38026}$$

$$=302.47\ 元/间天$$

则：该饭店的平均房价指数为：

$$该饭店平均房价指数（ARI）=\frac{该饭店平均房价}{竞争群平均房价}\times100\%$$

$$=\frac{318}{302.47}\times100\%$$

$$=105.13\%$$

（5）每间可供出租客房收入指数（RGI）

每间可供出租客房收入指数（ARI）

$$=\frac{该饭店每间可供出租客房收入}{竞争群每间可供出租客房收入}\times100\%$$

$$=\frac{该饭店客房出租率\times该饭店平均房价}{竞争群平均客房出租率\times竞争群平均房价}\times100\%$$

$$=\frac{78.00\%\times318}{80.70\%\times302.47}\times100\%$$

$$=101.61\%$$

解2：经营业绩分析：

从该饭店以上经营业绩指标可以看出，该饭店2015年5月平均房价指数（ARI）为105.13%，高于竞争对手平均值5.13个百分点；应有市场份额为15.56%，实际市场份额为15.11%，实际市场份额低于应有市场份额0.45个百分点；市场渗透指数（MPI）为96.65%，低于竞争对手平均值3.35个百分点。尽管竞争对手夺去了该饭店应得的0.45%的市场份额，但其每间可供出租客房收入指数（RGI）为101.61%，高于竞争对手平均水平1.61个百分点，说明该饭店收益与市场策略得当，平均客房出租率与平均房价之间的平衡关系处理得比竞争对手要好，应继续保持。需要改进的是该饭店在市场竞争中尚有潜力，应该通过进一步精准定价、实施促销策略或增加产品附加值来提高客房出租率，减少客房虚耗，从而实现收入最大化。

2.5 客房价格的基本类型

饭店在日常经营中，需要对客房的市场交易价格按类型进行划分和归类，以便以不同的产品价格出售给不同的细分市场。而要对客房价格进行划分和归类，首先要了解客房价格的基本类型。一般来讲，客房市场交易价格分为以下四类：

2.5.1 挂牌价格

挂牌价格简称牌价，也称“门市价”“公共价格”“标准价”和“无限制价格”。牌价是客房市场交易价格常见的类型之一。牌价是基于无限制市场需求的情况下饭店产品价值和消费者购买力来制定的，主要作用是体现饭店的档次和产品价值，也作为制定产品其他价格的参照标准，同时也是饭店客房的最高价格。由于牌价是饭店在无限制市场需求下制定的客房产品的最高价格，而饭店在销售客房产品时经常会受到竞争等各种市场因素的限制，所以牌价一般很难作为交易价格出售给顾客，即使在饭店客源市场需求旺盛时期，饭店也会考虑竞争因素的影响给予上门散客（Walk-In）及其他细分市场客人一定的折扣。当然，在特殊市场时期和需求极其旺盛的条件下（如体育赛事、展会、交易会等），饭店有时也能够以牌价将客房销售出去，但需要饭店提前做好市场需求预测，才能降低因预留高价客房而导致顾客流失。

从理论上讲，牌价是指客房净房价，不含早餐或正餐。但我国多数星级饭店或高档次饭店由于所制定的牌价中含有较高的利润空间，因此，为了在竞争中获得更多的市场份额，一般都含有单早餐或双早餐，但将牌价作为定价参照标准时，应该剔除其中所包含的餐费价格或其他项目价格。

2.5.2 折扣价格

折扣价格是饭店在牌价价格的基础上给予顾客一定折扣后的价格，也是饭店在日常经营中最常用的市场交易价格。由于折扣价格的制定不仅考虑了客房的成本要素，而且还考虑了市场需求和竞争因素，因此成为能被顾客接受的常用交易价格。折扣价格一般分为散客折扣价格和团体折扣价格两类。

2.5.2.1　**散客折扣价格**

散客原本是指相对于预约客户的约定性和规律性而言，表现为没有预约和没有规律的零散顾客。这类顾客由于没有合同的约定，在选择消费或服务方面自主性较高，并且对所选择对象有较强烈的好感。就饭店而言，散客的概念则有所不同，通常是以人数的多少来确定的。我们一般把人数较少，通过直接或间接渠道向饭店预订客房或直接上门并以散客价格购买客房产品的顾客称为散客。散客不一定是单个顾客，可能是少数几个人，如家庭成员、好友或同单位人员等，旅游行业通常以人数不超过 9 人为散客。

散客折扣价格是指饭店在牌价的基础上给予散客的具有一定折扣比例的市场交易价格。散客折扣价格的种类和数量通常会受到饭店细分市场和销售渠道的制约和影响。细分市场和销售渠道不同，价格的种类和数量也不尽相同。按细分市场划分通常有商务散客价格、休闲度假散客价格、会员价格和学生价格等；按销售渠道划分通常有直销渠道散客价格和间接渠道散客价格。针对我国目前饭店的市场现状，多数饭店细分市场的划分与销售渠道密不可分。因此，把二者有效地结合起来，对建立适合市场需求和科学的价格体系都非常有益。所以，散客折扣价格通常划分为饭店预订中心散客价格、饭店官网散客价格、饭店会员价格、在线旅游分销商价格、公司协议散客价格、旅行社散客价格、Walk-In 散客价格和同业优惠价格等。以上价格中，即便是同一细分市场，也会因散客来自的渠道不同，价格也不相同。通常，饭店为了巩固自有客源市场，直销渠道的会员价格比间接渠道的非会员价格更优惠。例如，饭店会员、公司协议散客和旅行社散客的价格要低于在线旅游分销商的同类价格，而没有提前预订的 Walk-In 散客价格要高于在线旅游分销商的预订散客价格。

2.5.2.2　**团体折扣价格**

团体是指由一定数量人群组成的具有一定规模的社会群体或社会组织。就饭店而言，团体顾客主要是指旅游团体、商务团体和公司会议等，人数一般需要在 10 人以上。

团体折扣价格是指饭店在牌价的基础上给予团体顾客一定比例折扣的市场交易价格。由于团体人数存在多于散客人数，对饭店产品的需求量大，消费额度高和综合消费能力强等特点。因此，团体折扣价格一般低于散客折扣价格，饭店以此通过薄利多销的方式来获得更高的收入。团体价格体系的建立与散客类似，也会受到饭店细分市场和销售渠道的制约和影响。通常，饭店把团体价格划分为政府或公司会议价格、商务团体价格和旅行团体价格等，而会议价格通常要高于商务团体或旅行团体的价格。

2.5.3 追加价格

追加价格是指在顾客现有房价的基础上，根据顾客的住宿需求，需另外加收房费而执行的价格，通常有超时房价、加床价格和钟点房价格三种类型：

2.5.3.1 超时房价

超时房价是指顾客退房超过了饭店规定的时间，饭店将向顾客收取超时房费而执行的价格。在我国，多数饭店规定，顾客在中午12时以后，18时以前退房，加收半日房费；在18时以后退房，加收全日房费。在加收房费时所要执行的价格即为超时房价。超时房价通常与顾客现有房价相同，但在某些情况下，超时房价也会与顾客的现有价格不同。例如，某位在饭店参加会议的顾客应该在中午12时前退房，如果顾客超时需要加收半日房费，此时顾客将不能够再享受会议折扣价格，而需要执行超时房价，而此时的超时房价可能是Walk-In价格、牌价或在牌价基础上给予顾客适当优惠的价格。

2.5.3.2 加床价格

加床价格是指饭店对需要在房间内临时加床的顾客加收一定的费用而执行的价格。加床价格一般不采取房费打折的方式而是以单独价格的形式出现，并且价格的高低与饭店的客房价格水平成正比。多数饭店通常只设一个加床价格，即便是不同类型和档次的客房产品加床价格也都相同。对于有特殊加床需求的顾客，饭店才会适当地提高加床费用，一些饭店也会因受到房间面积等因素的限制而不开设加床业务。

2.5.3.3 钟点房价格

钟点房价格是指为不过夜而临时休息并不超过4小时的顾客制定的客房价格。通常，饭店会在市场需求不够旺盛时开设钟点房，以满足有临时休息需求的顾客使用；或者虽然饭店处于市场需求旺盛时期，但可以把部分顾客抵达时间较晚的房间拿出来用作钟点房，以此来增加客房额外的收入。饭店钟点房价格一般会单独定价，根据顾客使用时间的长短来收取费用。例如，4小时以内收取200元或2小时以内收取150元等都是钟点房价格的表现形式。开设钟点房的饭店多位于机场、火车站、码头或长途汽车站等区域附近，以满足等候乘坐交通工具顾客临时休息的需要；多数经济型酒店也会开设钟点房，利用其低廉的价格来吸引有类似需求的顾客，从而增加客房的收入。钟点房一般设置在 4 小时以内，主要是为了避免因时间过长而影响该客房的正常出售；但因每家饭店在市场需求、产品供给以及成本费用等方面存在着不同，钟点房时间长短的设置也可以根据饭店的具体情况来确定。

2.5.4 包价价格

包价价格是指饭店为有特殊要求的顾客提供的一揽子价格，通常包括房费、餐费、交通费、娱乐项目等。饭店制定包价的目的除了为满足有特殊需求的顾客外，主要是通过推出包价来促销产品或提高产品的性价比，用热销产品带动滞销产品。一般来讲，包价价格要比顾客单独购买包价中单项产品优惠许多，通常会受到诸多顾客的青睐，尤其是旅游度假型饭店因其具有多类型产品的特征经常会推出包价产品来吸引顾客。

2.6 收益管理的定价策略

在饭店收益管理工作中，定价通常是基于市场需求和竞争来进行的，即通过价格杠杆来调节市场需求的平衡，而这种调节市场平衡的目的是实现饭店收益的最大化。因此，收益管理的定价策略主要涵盖以下内容：

2.6.1 需要对同一客房产品制定不同的价格折扣，满足饭店每个细分市场顾客的需求，而不是采用单一的最高价格或固定价格

每位饭店管理者都希望能把每间客房按门市价出售给顾客，但即使在市场过度需求期，要做到这一点也是十分困难的，这是因为客房产品在出售中会受到顾客购买力高低和竞争者存在多少等因素的限制。因此，如果饭店是单一的固定价格，就会把一部分顾客拒之门外，从而导致饭店因顾客流失而造成的客房虚耗损失。例如，饭店希望把所有大床房都以每晚 380 元的价格销售出去，但有部分顾客只能接受 360 元的价格。如果饭店仅有 380 元的价格，就会存在部分顾客因只能承受 360 元的价格而被拒之门外的风险。因此，作为收益经理不应该为多赚一位顾客 20 元钱而失去增加 360 元收入的机会。所以，如果饭店把同一种客房产

品的价格设为5个种类：第一类为不打折的价格、第二类打折5%～15%、第三类打折20%～30%、第四类打折35%～50%、第五类打折50%。这样就能够用于满足不同顾客或饭店细分市场的需求，进而通过提高客房出租率而获得更多的收入。如果这一组价格折扣没有效果，那么饭店就需要改变并制定新的有效的价格折扣组合。例如，假如饭店在第二类和第三类的价格折扣组合上使得饭店客房收入下降，而在第一类价格上没有顾客购买，那么饭店就需要重新安排价格等级。可将这三类价格等级分别调整为第一类的价格由门市价到打折5%～10%，第二类打折15%～30%，第三类打折45%以上等或者更有价值的价格折扣组合。关于价格折扣组合的定价方法将在本书第六章中介绍。

2.6.2 通过需求的价格弹性分析制定最佳可用房价

在饭店日常经营当中，每位管理者既希望能够获得更高的客房出租率，同时也希望以最高的价格来出售客房产品。但是，两者往往无法兼得。如果提高价格，一部分没有能力支付高价格的顾客将会流失，客房出租率也会随着价格的提高而下降；如果降低价格，会增加一部分以低价支付的顾客，客房出租率也会随着价格的降低而逐渐提高。我们知道，在正常的市场周期的波动中，片面地追求高价格或片面地追求高客房出租率都不能获得最佳的收益。因为决定客房收入高低的主要指标是每间可供出租房收入（RevPAR），而RevPAR是平均房价与平均客房出租率的乘积，即为两者互动的结果，存在着平均房价和平均客房出租率两个同时变动的因子。正常市场状态下，决定客房出租率高低的主要因素是客房价格，这里所说的正常市场状态是指没有发生特殊市场事件的时期，例如，奥运会、大型的展会、恶劣的天气等。那么，饭店收益经理的主要任务就是找到能够使RevPAR获得最大值的客房价格，并以这个价格出售客房，来获得最佳的客房收益。因此，在执行这一价格时无论饭店是否满房，都可能获得最大的客房收益。我们把通过对市场进行需求的价格弹性分析，在某个时间段内能够使客房获得最大收入的客房价格称为最佳可用房价（Best Available Rate，简称BAR）。例如，假设某饭店有100间同类型客房，当销售价格为600元/间天时，当天只能卖出40间，获得的客房收入为24000元；当销售价格为400元/间天时，虽然能卖出60间，获得的客房收入仍为24000元；如果销售价格为500元/间天，当天可卖出50间客房，获得的客房收入为25000元，则多获得1000元收入，此时500元/间天就是我们要寻找的BAR价格。关于最佳可用房价的详细内容将在本书第五章介绍。

2.6.3 定价以市场需求为原则，价格随市场波动呈动态变化

我们在本章中2.4节中对饭店客房定价的方法进行了详细的论述。而收益管理方法主张除应用以上方法制定基本价格外，还要考虑市场需求和竞争的因素。收益管理倡导动态定价而不是静态定价，即价格是随着市场需求的变化而变动的，不是固定不变的。随着现代人们工作和生活频率的加快，饭店市场需求也随之发生相应的变化，呈现出市场需求波动的多样性。如果饭店产品价格的变动跟不上市场需求的变化而呈现固定价格态势，就可能会使饭店遭受收入损失。例如，当市场需求上升时，就可以通过适当提高价格来获得更高的收入，否则，低价出售本可以高价出售的产品，必然会损失部分潜在的收入；而当市场需求下降时，可以通过降低价格来吸引顾客，采取薄利多销的策略，以免价格过高而导致部分顾客流失，造成客房闲置。再如，某饭店周一至周日每一天的市场需求都会不同，假若本周三的市场需求呈现上升态势，预测客房出租率可达90%以上，如果饭店把房价由每晚300元调整为308元，保持客房出租率不低于88%的情况下，将会使RevPAR提高1.04元，从而提高了客房收入；如果下周三的市场需求呈现平稳态势，预测客房出租率为85%，此时把房价由每晚300元调整为292元，客房出租率做到88%的情况下，RevPAR可提高1.96元，依然可提高客房收入。因此，通过动态定价来提高饭店客房收入是收益管理的主要定价策略之一，但前提是需要饭店有准确的市场需求预测的能力，以保证价格制定的有效性。有关这方面的内容将在第四章和第五章中详细论述。

2.6.4 制定客房保留价格，把产品出售给最有价值的顾客

收益管理可以通过需求预测的方法来计算出未来某一天饭店的客房收入，其目的是事先掌握和了解未来顾客的订房情况，避免“先来先得”现象的发生。如果饭店按照“先来先得”的方法很早把客房以折扣价格销售出去的话，很可能会拒绝那些很晚才订房并能够支付高价的顾客，从而给饭店带来收入损失。收益管理正是运用需求预测方法来事先保留一部分客房，以便出售给订房较晚并支付高价格的预订顾客、Walk In顾客或连住时间较长的顾客；同时，把其他客房以不同的折扣价格出售给折扣价顾客，对客房进行合理控制和分配。客房容量控制也是收益管理常用的策略之一，通过预测技术可以有效地帮助饭店确定保留客

房的数量，同时决定以什么价格出售给享受保留房的顾客。例如，某饭店有客房300间，门市价格为380元/间天，折扣等级分别为：一级打折10%~20%，二级打折25%~35%，三级打折40%~50%。一般折扣顾客对价格比较敏感，因而会较早订房，假若饭店依据“先来先得”的做法把30%的客房按15%的折扣价格出售给一级折扣顾客，把50%的客房按30%的折扣价格出售给二级折扣顾客，把20%的客房按45%的折扣价格出售给三级折扣顾客，那么只能获得81510元的客房收入；如果饭店按以下方式设立保留房，结果将会有所不同。即把10%的客房按门市价格保留下来，以便出售给Walk-In顾客，把15%的客房按10%的折扣价格保留下来，出售给一级折扣的优质顾客；把20%的客房按15%的折扣价格出售给一级折扣普通顾客，把45%的客房按30%的折扣价格出售给二级折扣顾客，把10%的客房按45%的折扣价格出售给三级折扣顾客。那么，饭店将会获得88350元的客房收入，多获得6840元收入。因此，收益管理的一项主要工作就是在市场需求旺盛时期对顾客的预订进行选择，需要接受哪些预订，需要拒绝哪些预订，从而杜绝“先来先得”的做法，以使饭店获得更高的收益。当然，在决定是否接受一个顾客的预订时，既要考虑到价格的高低，也要考虑到顾客在店内的一些附加消费。例如，在以高尔夫项目为主的度假饭店中，最具价值的顾客可能是饭店的顶级会员，而他们只向饭店支付最低的房价，但他们的附加消费会给饭店带来丰厚的回报，关于容量控制的详细内容将在本书第六章中论述。

2.6.5 合理控制价格种类和数量，团队价格应形成单独的价格体系

从理论上讲，饭店的价格种类越多，越有益于饭店客房收入的增长。然而每位顾客支付意愿是很难精确测定的，所以存在着不完全市场细分。由于过多的价格种类不仅难以管理，而且无法应用于有限的细分市场当中，还会被顾客认为缺少公正性而引发不满。因此，从收益管理的角度讲，同一饭店产品同一细分市场的价格种类不宜过多，特别是没有实施收益管理的饭店更应该如此。同时，过多价格种类也会给饭店预测工作带来不便，不仅费时，还会降低预测的准确性。相应地，每个价格种类也应该有一个合理的不同价格等级的数量，以便监控这个种类的业务量。业务量监控的主要目的是如果发现其中的一个价格种类很少使用，则需要考虑重新划分价格等级。

团队业务价格应该有单独的价格等级，以便饭店管理者跟踪团队客房销售的情况。如果团队预订与散客预订混在一起，容易在收集价格种类客史资料时混淆

历史记录，降低预测的准确性。因此，多数饭店在实施收益管理中会单独考虑团队业务的定价，从而形成独立的团队价格体系。

2.7 小结

（1）饭店产品是指饭店向市场提供能够满足人们某种需要和利益的物质产品和非物质形态的服务，一般可划分为五个层次，即核心产品、形式产品、期望产品、延伸产品和潜在产品，统称为饭店的整体产品。

（2）饭店在规划和产品设计中，应考虑和融入收益管理要素，以便在饭店经营中最大限度地挖掘产品的价值，并为向市场推出组合产品奠定基础。产品是饭店获得收入的基石，饭店产品只有蕴藏着丰富的卖点，才能作为合适的产品出售给顾客。

（3）饭店客房定价的基本原理通常是应用成本定价法来确定下限价格，用无限制市场需求定价法来确定上限价格。而实际交易价格会因竞争者的存在而上下浮动。因此，饭店客房的价格一般由基本价格、市场需求价格和市场成交价格构成。

（4）饭店常用的定价方法有成本导向定价法、需求导向定价法和竞争导向定价法三种方法。从理论上讲，成本导向定价法多用来制定产品的基本价格，需求导向定价法则用来制定产品的最高价格，竞争导向定价法用来制定每个交易价格。而从收益管理的角度，饭店每个交易价格的制定不仅要考虑竞争的因素，更重要的是要遵循市场的需求情况。

（5）饭店客房产品的价格种类主要有挂牌价格（门市价）、折扣价格、追加价格和包价价格。价格分类的主要目的是满足不同细分市场顾客的需求。

（6）收益管理定价策略与传统的定价方法有所不同，其主要区别在于借助预测技术来对未来市场中的产品进行先行定价，推行价格最优化、动态化和差异化，并通过保留客房来规避传统的“先来先得”的做法，从而实现收益最大化。

【练习题】

1. 饭店整体产品由哪五个层次构成？请简述饭店五个层次产品之间的关系。

2. 饭店产品设计中有哪些增收要素？为什么说增收要素是饭店提高收益的基础？

3. 饭店客房常用的定价法有哪些？为什么说竞争态势决定市场成交价格？

4. 一些饭店把上门散客（Walk-In）价格作为客房出售的最高价格，取消了挂牌价格，你如何评价这一做法？为什么？

5. 某饭店有客房200间，全年客房固定成本为1580万元，客房平均单位变动成本为98元，保本价格为480元/间天，请问全年保本平均客房出租率是多少？

6. 饭店客房底价定为578元/间天，这意味着：

（1）允许分销商出售的价格高于或低于578元/间天；

（2）在高需求时期内，房价必须高于578元/间天；

（3）饭店愿意提供的最低价格是578元/间天；

（4）最高房价是578元/间天；

（5）出租一间客房的可变成本是578元/间天。

7. 影响饭店客房预订进度的主要因素有以下那几项？

（1）新冠肺炎疫情导致外宾客源减少；

（2）新冠肺炎疫情导致客房价格下降；

（3）团队业务预订起始日的延长；

（4）团队预订进度成为散客预订进度的晴雨表；

（5）散客市场预订起始日的缩短。

第三章　饭店市场细分与销售渠道管理

【本章概述】

本章分别对现代饭店市场细分的概念和方法以及销售渠道的类型和管理方式进行了论述，并着重阐述了饭店细分市场和销售渠道在收益管理策略实施中的重要性。

3.1　饭店市场细分的概念和方法

3.1.1　饭店市场细分的概念

由于消费者的需求和欲望存在着“异质性”，而企业的生产存在着局限性，因此需要进行市场细分，以满足不同消费者的需求。市场可划分为“同质市场”和“异质市场”。所谓“同质市场”，是指消费者的需求、欲望、购买行为对企业的经营策略的反应存在着一定的一致性。例如，蔬菜瓜果市场、食盐市场、粮油市场等，生产和销售此类商品就不需要进行市场细分。然而，现代市场中绝大部分消费者的需求都存在着很大的差异，也就是所谓的“异质市场”，饭店市场便属于“异质市场”。因此，我们把饭店管理者通过市场调研分析，依据消费者的需要和欲望、购买行为和购买习惯等方面的差异，把饭店同一类产品的市场整体划分为若干个消费者需求相同的亚市场，从而使饭店有效地分配和使用有限的资源和确定饭店目标市场的行为称为饭店市场细分。

3.1.2　饭店市场细分的原则

饭店市场是“异质市场”的典型代表，饭店在市场细分之前需要对所属地市场进行调查、分析和研究。这是因为饭店所处的地理区位不同，经济发展水平不同以及饭店的类型不同，都会导致细分市场的不同。每个饭店的细分市场都会存在着一定的差异，即使是同区域饭店竞争对手之间也会因饭店微观环境的不同而存在着差异。但无论存在差异的大小，饭店市场细分是为了最终确定目标市场，有针对性地开展营销工作。所以，在市场细分过程中应共同遵循以下原则。

3.1.2.1 可衡量性原则

可衡量性原则是指饭店能够对细分市场的规模和消费者行为用一些数据指标来衡量，以便准确掌握该细分市场的特性。例如，如果饭店对商务散客群体进行了归类和划分，将其视为一个细分市场，那么每年该细分市场中来饭店入住的顾客数量、平均房价、每客平均入住天数、人均消费以及顾客的情趣爱好等数据就可以作为衡量指标。通过对这些数据的记录、归纳和统计分析，便可以对该细分市场的特性进行综合评价，以便饭店有针对性地开展营销工作。

3.1.2.2 可进入性原则

饭店在市场细分中要认真分析自身优劣势，对要划分的市场作出正确的评估，充分考虑自身的条件是否与该细分市场相匹配，从而决定是否应该进入该市场。否则，盲目地进入，花费了大量的资金、人力和物力，达不到预期的效果，只会给饭店带来不必要的损失。例如，位于景区的旅游度假型饭店，距市区较远，交通不是很便利。如果想要进入商务散客细分市场就会有很大的难度，因为用于满足商务顾客的饭店产品与度假型饭店提供的产品一般存在着较大的差异，并与饭店自身的条件不相匹配，即使饭店投入大量的人力和物力去拓展该市场，也会很难进入，其结果往往是事倍功半。

3.1.2.3 稳定性原则

稳定性原则是指饭店细分后的市场应具有相对应的时间稳定性。饭店一般投资回报周期较长，细分后的市场能否在一定时间内保持相对稳定，直接关系到饭店营销市场的稳定性。如果细分后的市场不能够使饭店长期获利，就会导致饭店不断需要投入资金去开发新的细分市场，从而影响到饭店的正常经营，给饭店带来成本费用的增加。

3.1.2.4 获利性原则

饭店细分后的市场应具有一定的规模和容量，足以使饭店获利。饭店如果没有进入一个有一定规模和容量的市场，就难以获利。例如，某饭店位于三线城市，饭店客源以商旅散客和旅行团体为主，当地很少举办具有一定规模的大型会议。本地政府或企业的大型会议多在异地举办，偶然举办一些会议也是较小规模的，会议市场在当地并没有形成规模。如果饭店仍把会议这一细分市场作为主要客源市场的话，要想从该市场获利是非常困难的。

3.1.2.5 差异化原则

饭店在确定细分市场中应结合自身的产品优势来寻找有别于竞争对手的差异化市场。这种差异化市场很容易被消费者识别，便于制定相应的营销组合策略，从而来提高市场竞争力。例如，某饭店所提供的智能化服务明显强于竞争对手，对具有现代消费观念的年轻一族来说极具吸引力。那么，饭店可以按年龄因素来细分市场，寻求能满足年轻一族消费需求的差异化市场，有别于竞争对手，以此提高饭店的盈利能力。

3.1.3 饭店市场细分的方法

市场细分是饭店收益管理的一项重要的基础性工作，通常有多种细分方法。从市场营销学的角度看，常用的有地理因素细分法、人口因素细分法、收入因素细分法、心理因素细分法和行为因素细分法五种方法，我们把其中每一个不同的因素称为一个变量。饭店在市场细分中一般会选择多个变量作为依据，以便能够满足不同消费者的消费行为和购买能力。饭店市场的细分可分为 7 个步骤，如图 3-1所示。

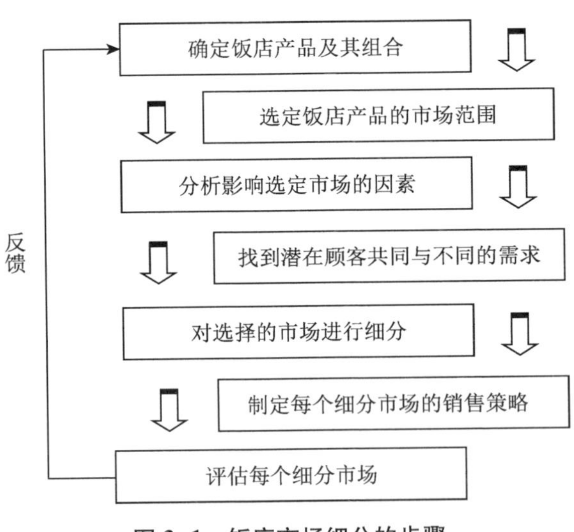

图 3-1 饭店市场细分的步骤

3.1.3.1 确定饭店产品及其组合

确定饭店产品及其组合，是饭店市场细分的基础。在对饭店市场进行细分之前，首先要对饭店产品进行选定。尽管饭店硬件产品尤其是客房产品在饭店建造之初就已经确定了，但在日常经营中需要饭店管理者来进行合理分类和优化组合。这种优化组合不只是在硬件方面，软件服务也应该纳入进来。特别是在饭店文化体系和品牌价值的构建方面，都需要投入更多的精力。只有饭店产品及其组合确定了，才能够去寻找与其相适应的细分市场，挖掘潜在的顾客群体，确定产品的销售对象。例如，饭店一般会有不同类型的客房，如标准双人房、大床房，商务大床房等。标准双人房多用于满足旅行团体和会议市场的需求，大床房多用于满足商旅散客或家庭成员的需要，而商务大床房则是用来满足中高端商务出差客人的需求。为此，饭店需要分析产品与顾客需求之间的匹配关系，以便满足其相互之间的适应性。因此，在进行市场细分之前，管理者首先要对饭店产品按类型进行划分和归类，才能达到以不同类型的产品满足不同细分市场顾客需求的目标。否则，没有进行产品定位的细分市场是毫无意义的。

3.1.3.2 选定饭店产品的市场范围

饭店为消费者提供的主要是服务产品，相对有形商品（如汽车、电视机等）有着市场覆盖面广、通用性强等特点，这就为饭店进行市场选择提供了更加广阔的空间。在饭店产品确定之后，需要根据产品的属性来合理选定产品供给的市场范围。例如，地处北京市的某高星级旅游涉外饭店，其产品不仅能够满足国内宾客的需求，也能够满足外国宾客的需要。那么，饭店在选定产品销售市场范围时就不应仅局限于北京地区，还应该面向全国乃至全世界的市场。如果是一家经济型酒店，从硬件设施到对客服务都不具备接待外国宾客的条件，服务人员因受到外语水平的限制也无法满足外宾的服务要求。那么，该酒店在选择市场时就应该主要面对国内市场，把主要的销售精力投入对国内宾客的招徕上。因此，饭店在对市场细分之前首先要准确选定饭店产品可供给的市场范围，在此基础上进行选择与划分。否则，如果市场范围选定的不准确甚至错误，即便是细分了市场，也很难进入。

3.1.3.3 分析影响选定市场的因素

对饭店的市场选择与定位后，就要分析该市场的抑制和驱动因素。知道影响这个市场的环境因素、抑制因素和驱动因素，并对抑制或驱动因素的时间长短进行分析，就能更快地进入细分市场。例如，饭店会议市场通常受当地社会环境、政治环境和经济环境的影响较大，在经济发达地区，商业活动频繁，政府支持力度大，会议市场就会兴旺，同时，经济发展的可持续性也会推动会议市场得以长期的存续。相应地，如果饭店处于经济落后地区，会议市场就可能因受到经济环境的影响而呈现衰弱态势，如果经济形式不能在短期内好转，会议市场就会因受到长期抑制而难以发展。因此，饭店需要对选定的市场相关因素进行分析，看这些因素是有助于驱动该市场的长期发展，还是抑制市场的发展，才能够正确地对市场进行选择和划分。

3.1.3.4 找到潜在顾客共同与不同的需求

分析并找到潜在顾客对饭店产品共同与不同的需求点，是进行市场细分的前提。缺少了这个前提，就无法正确区分潜在顾客存在的不同消费属性，容易导致市场细分出现偏差。通常，这些属性主要体现在顾客因居住地不同、职业和年龄不同、经济收入不同以及消费动机不同所表现出的不同购买行为，从而形成了差异化市场。所以，管理者在选定市场范围之后，很重要的一项工作就是分析和找到潜在顾客对饭店产品的需求要素。例如，如果饭店选定的是面向来自世界各地消费者的市场，不难理解，其共同需求主要体现在住宿、洗浴和就餐方面，这也是消费者生理上的基本需求。而不同需求则更多体现在旅行散客多需要舒适的景观大床房和美味可口的早餐，商务散客多需要商务大床房并配有可供放置电脑或书写的写字桌，旅行团或会议客人则更喜欢标准双人房，一定面积的会议室和可供会议或团体就餐的餐厅，年轻一族喜欢带有主题文化色彩或智能化程度较高的客房，而老年人则更喜欢安静和简朴易行的房间等。对接待外宾而言，除了注重服务人员的外语程度外，还需要尊重其宗教信仰、文化习俗和生活习惯等。所以，饭店只有把握住消费者需求的脉搏，并根据这些需求来进行市场细分，才能避免市场细分中可能出现的偏差。

3.1.3.5 对选择的市场进行细分

从市场细分的定义中我们知道，饭店市场属于“异质市场”，即整个市场中存在着潜在顾客的共同和不同需求。因此，在市场选定之后，需要根据顾客的不同需求对市场进行细分。饭店细分市场的主要目的是使其产品和价格能最大限度地满足顾客群体的各种需求，从而奠定坚实的客源基础。对饭店而言，如何准确地进行市场细分并非易事，需要结合饭店及其产品的具体情况来进行确定。从地理、人口、收入、心理和行为五个要素方面看，不同饭店所处的地理区位、经济环境，以及饭店本身规模的大小、类型档次和供给的产品不同，细分市场的结果也会不同。譬如，位于景区的度假型饭店主要的细分市场一般为旅行度假团体市场和旅游散客市场，而位于市中心的经济型饭店细分市场则主要是商旅散客和会员客人，一般没有团体细分市场；有涉外资格的饭店划分有外宾这一细分市场，而不具备涉外资格的饭店则只会有内宾细分市场等。

不同的国家由于政治体制、经济环境和风俗文化不同，顾客的消费行为和习惯也会存在较大的差异，市场细分的方式也不尽相同。再者，由于饭店的客源主要来自直销和分销渠道，多数饭店在从顾客的收入、心理和行为因素角度考虑市场细分的同时，也会充分考虑销售渠道因素。例如，在饭店商务散客细分市场中，通常还需要划分为Walk-In客人、OTA客人和会员客人等细分子市场，而这些细分子市场的形成与销售渠道密不可分。譬如，OTA客人来自第三方分销渠道，而会员客人则来自饭店中央预订系统等直销渠道。另外，随着近年来市场多元化的发展，以主题化和智能化为代表的精品饭店发展迅速，由于这些饭店多含有文化和科技智能元素，主要面向有特殊需求的客源群体，因此，细分市场一般会从人口因素的角度来考虑划分。例如，上海卓美亚喜马拉雅酒店、桔子水晶酒店、亚朵酒店等凸显有较好的文化主题内涵的酒店，受到年轻一族和偏好于文化艺术人士等客源群体的青睐，细分市场的划分便会从这些客源群体中切入。因此，饭店在进行市场细分时要结合市场环境和产品供给情况，因地制宜，才能使细分的市场更加奏效。

3.1.3.6 制定每个细分市场的销售策略

饭店在细分市场确定之后，需要针对每个细分市场制定相应的销售策略，其目的是使饭店产品最大限度地满足不同细分市场中顾客的各种需求，最终把产品销售出去。销售策略的制定非常必要，因为，无论市场细分得多么科学，如果没有选择合适的销售渠道，制定正确的销售策略，就犹如失去了通达彼岸的路径，以致饭店产品无法被顾客认知，更无法直接或间接地触及潜在的顾客。所以，在有了细分市场之后，饭店管理者需要对每个细分市场的特殊属性和顾客的兴趣偏好有更多的了解，并针对每个细分市场的特殊属性和顾客的兴趣偏好，制定相应的销售策略，才能最大限度地将饭店产品销售出去。

3.1.3.7 评估每个细分市场

评估每个细分市场是指对每个细分市场的运行效果进行分析、评价和反馈。饭店市场的细分是一项系统工程，受到诸多因素的制约。例如，政治、经济和文化环境的改变都可能导致饭店细分市场的结构发生变化，竞争对手营销策略的变化和未来市场事件的发生，也会对细分市场的运行产生一定的影响。因此，饭店管理者要时刻关注每个细分市场的运行情况，定期对运行效果进行分析和评价；尤其是新兴细分市场，需要投入更多的关注，这样，才能保证每个细分市场中顾客的贡献率逐步提高。一般来讲，饭店都非常重视会员客人这一细分市场，这就需要管理者对饭店会员的增长率、贡献率、回头率、结构比率、会员收入以及服务点评等指标进行定期的评价和分析，关注每一项指标的动态变化情况；如果其中某项指标存在着持续下滑趋势，则需要及时找到下降的原因，制定相应的措施来阻止这一下滑趋势。否则，如果持续恶化的指标没有得到及时的关注和评估，等到发现时可能因木已成舟而无法挽救，最终造成顾客的流失。另外，如果市场环境或市场结构发生变化，造成某一细分市场贡献率急剧下降甚至变成真空市场，饭店则要及时调整市场结构，寻求新的细分市场来代替这一细分市场。因此，定期评估每个细分市场，及时采取有效措施来调整市场结构，关注每个细分市场的贡献率，对保证饭店收益的稳定增长非常重要。

3.2 饭店常见的细分市场

我国地域广阔，分布于全国各地的饭店数量众多，且档次类型各异。上至一线大中城市，下到地县乡镇，都坐落有大大小小的饭店、旅馆或招待所。由于各个地区的政治、经济和文化环境不同，饭店的细分市场也呈现出多样化。在我国，多数饭店采用的是按购买方式来进行市场细分的，其目的是便于进行差别定价和制定产品销售策略。一般表现为零散客人和团体客人两个细分市场和若干个细分子市场，如表 3-1 所示。

表 3-1 饭店常见细分市场一览表

细分市场	细分子市场	饭店类别			主要销售渠道
		高端	中端	经济	
零散客人	会员客人	●	●	●	中央预订系统（CRS）、饭店官网、预订电话、手机APP、网络店铺、微信公众号或小程序等
	直销散客	●	●	●	预订部、销售部、电话、传真、邮件、搜索引擎、社交媒体等

续表

细分市场	细分子市场	饭店类别			主要销售渠道
		高端	中端	经济	
零散客人	中间商散客	●	●	●	在线旅游服务商（OTA）、全球旅游分销商（GDS）等
	上门散客（Walk-In）	●	●	●	广告宣传、大众传播、回头客等
	特惠客人	●	●		投资商、同行业、职工家属等
团体客人	旅行团体	●	●	●	旅行社、旅游批发商等
	商务团体	●	●	●	政府、公司、订房组织等
	会议团体	●	●		政府、公司、科研机构、学校等
	民航客人	●	●		民航公司、民航旅行社

3.2.1 零散客人

零散客人简称散客，原本是指相对于预约客户的约定性和规律性而言，表现为没有预约和没有规律的零散顾客，旅游行业通常以住宿人数不超过 9 人为散客。

作为饭店中重要细分市场之一的散客市场，通常又可划分为若干个细分子市场，这些细分子市场通常是基于销售渠道类型来划分的，其目的是促使同一类型的客房产品能以不同的价格出售给不同的细分市场，采取差别定价策略来提高饭店的收益。同时，按销售渠道类型来细分子市场还有助于饭店区分顾客不同的购买方式，对制定有针对性的销售策略，为每个细分市场选择合适的销售渠道都会有所帮助。值得注意的是，这里所说的差别定价是以不同的细分市场为对象，而非以销售渠道为对象。对于同类型销售渠道，应实行价格相同政策，避免因渠道价格存在差异而给渠道商或顾客带来不公平的感受。例如，饭店同一类型客房产品在携程（包括艺龙和去哪儿网）、美团、飞猪和 Booking. com 等主要在线旅游服务商的房价都应该是相同的，不应有任何的差异；如果饭店给予其中任何一家的价格高于或低于其他两家，都会成为不公平竞争的导火索，最终给饭店带来信誉损失或发生不必要的纠纷。

散客细分子市场通常可划分为饭店会员客人、直销散客、中间商散客、上门散客和特惠客人五类。

3.2.1.1 会员客人

会员客人通常分为线上电子会员和线下持卡会员两类。作为饭店直销客源群体，会员客人不仅为稳固饭店客源市场提供着重要保障，而且便于饭店建立忠诚客户体系，提高回头客入住率和贡献率。会员客人主要来自饭店中央预订系统（CRS）、官网、预订电话、手机APP、网络店铺、微信公众号以及小程序等销售渠道和平台，是饭店直销渠道客源的重要组成部分。近年来，随着移动互联网和电子商务的迅猛发展，为饭店会员体系的建设和发展起到了推进作用。尤其是线上电子会员（也称：E会员）的诞生，为顾客加入会员提供了非常便利的条件。顾客不用再去饭店前台注册和购买会员卡，而是在饭店的官网、微信公众号或小程序上轻松注册便可成为电子会员，同样尊享着饭店会员的各类优惠礼遇。目前，会员客人越来越受到饭店管理者的重视，尤其在经济型连锁酒店中，会员对酒店的贡献率正逐年攀升；一些国内头部酒店连锁集团约80%以上的客源来自饭店会员，有些饭店集团的会员数量已超过1亿人，成为酒店收入来源的主要客源市场。

3.2.1.2 直销散客

直销散客是指主要通过饭店预订部、销售部、电话、传真、邮件、搜索引擎和社交媒体等直销渠道订房的非会员客人，其中包括公司协议散客、旅行社协议散客和随机性散客等。公司协议散客的价格一般会高于或等于饭店给予在线旅游服务商（OTA）剔除佣金后的底价，但低于饭店会员的价格。通常，对于高星级饭店来说，公司协议散客相比会员显得更加重要，尽管其价格低于会员，但相比会员其客源量较大且市场比较稳定。从收益管理角度讲，除公司协议散客外，随机性散客也非常重要，因为饭店通常可以把其中一部分顾客转变为会员或公司协议散客，成为饭店的忠诚顾客；在市场过度需求期，饭店可以通过容量控制的方法促使他们以更高的价格购买饭店的产品，从而提高饭店的收入。

3.2.1.3 中间商散客

中间商散客是指通过在线旅游服务商（OTA）、全球旅游分销商（GDS）等中间商销售渠道输送来的客人。随着近年来移动互联网和电子商务的发展，在线旅游服务商越来越受到饭店的重视，如：Priceline、Expedia、Booking.com、携程、美团、飞猪等。它们不仅能够通过互联网平台让饭店接触到世界各地的顾客，为饭店提供客房预订服务，而且还能够提供移动信息和移动支付服务。现今，饭店中来自在线旅游服务商的散客占比多数在 10%～30%，也有的饭店甚至高达 50% 以上。可见，来自在线旅游服务商的散客正逐渐成为大多数饭店主要的客源之一。全球旅游分销商是早期从航空公司订票系统中分离出来的计算机分销系统，由 Sabre、Galileo、Amadeus 和 Worldspan 四大分销系统组成，主要服务于国际上知名饭店集团，并凭借其多年积淀的客户资源为这些饭店集团提供顾客订房服务。在理论层面，中间商散客剔除佣金后的底价应低于饭店会员和公司协议散客的价格。但有些饭店为了巩固直销客源，也可能会使其会员和公司协议散客价格等于或低于其给予中间商散客在剔除佣金后的底价。

3.2.1.4 上门散客

上门散客（Walk-In）也称过境散客，是指既没有与饭店签订订房协议，也没有提前预订而直接到饭店前台办理入住的非中间商渠道客人。上门散客一般具有较大的随机性，有可能是受饭店宣传广告或住客大众传播的驱使而至，也可能是回头客或随机路过饭店并有住宿需求的顾客。上门散客因消费行为相近通常被饭店划分为同一细分市场，也是饭店最有价值的客源市场之一。因为这类顾客一般愿意以较高的价格来购买饭店产品，使饭店可以获得更高的收益。在收益管理工作中，饭店会通过预测和超订的方法来最大限度地保证上门散客的用房，并以较高的价格向他们出售产品。

3.2.1.5 特惠客人

特惠客人一般是指饭店董事会、同业协议单位或职工家属等客人。这类客人主要是因协调工作关系需要或为饭店职工提供福利而划分的。特惠客人的价格会因客人的身份不同而不同，但一般都会有较大的折扣。

3.2.2 团体客人

团体是指由一定数量人群组成的具有一定规模的社会群体或社会组织。就饭店而言，团体客人主要是指旅游团体、商务团体和公司会议等，人数一般需要在 10 人以上。

团体客人作为饭店的主要细分市场一般也划分为若干个子市场。通常划分为旅行团体、商务团体、公司会议和民航客人 4 个子市场。团体子市场主要是按照购买行为因素来划分的。因为不同购买行为的团体对价格的敏感度存在着较大的差异，又因来自不同的销售渠道，从收益管理角度讲，更便于实行差别定价。差别定价的作用在于给予对价格敏感度高的旅游休闲度假团体较大的折扣，以薄利多销的手段招徕更多的客人，从而提高客房出租率；给予对价格敏感度较低的商务或会议团体较低的折扣，以此来获得更高的客房收入。从市场营销的角度看，按不同购买行为方式来细分市场，更便于管理者分析顾客的消费趣向和偏好，对销售人员的任务核定和销售区域的合理划分都有很大的帮助。团体客人市场由于具有订房量大、综合消费能力强以及客源供给的可持续性等特点而受到诸多饭店管理者的重视。尤其是旅游饭店、会议型饭店和度假型饭店更适合接待团体客人。相应地，由于团体客人市场同时存在着季节交替性明显，供需不均衡的特点，有时也会给饭店带来季节性的供需矛盾。

3.2.2.1 旅行团体

旅行团体也称旅游团体或旅行团，多由以休闲度假为目的客人组成，是饭店的主要客源群体之一。旅行团体因具有以下特点而通常被饭店划分为独立的细分市场。一是客人出行目的相近，主要是以休闲度假和旅游为目的；二是购买方式相同，客人都是以团购形式向旅行社或旅游批发商购买旅游产品；三是来源渠道具有统一性，大多数旅行团来自旅行社或旅游批发商；四是价格体系相一致，无论是国际旅行社还是国内旅行社，它们要求饭店提供的价格均为团体折扣价，该折扣价通常会低于商务团体或会议团体的价格。

旅行团对以接待游客为主的旅游型饭店或位于景区的度假型饭店非常重要，是这些饭店的主要客源。即使是位于市中心的综合型饭店甚至是商务型饭店在客源不足时也会接待旅行团。尽管旅行团存在着季节交替性强，淡旺季明显，价格偏低的特点，但由于其每次订房数量较大，协议有效期长且可持续性好，多年来一直被饭店视为不可或缺的主要客源。近年来，随着互联网和电子商务的发展，在线旅行社或旅游批发商也发展成为饭店旅行团客源的新兴销售渠道。在饭店收益管理工作中，收益经理如何做好旅行团用房的存量优化分配是创造更高客房收益的关键所在，对饭店现有资源的充分利用起着重要的作用。

3.2.2.2 商务团体

商务团体是指以商务考察、洽谈、参加会议或交流学习等为目的的团体客人。具有以下特点：一是客人出行的主要目的是从事商务活动，而非休闲度假或旅游；二是组织者一般为地方政府、行业协会、公司单位或专门从事订房业务的组织机构，而非旅行社或旅游批发商；三是商务团体对价格的敏感度相对较低，有着与之相适应的价格体系，饭店一般都会给予较小的价格折扣，相对于普通旅行团，商务团体可使饭店获得更高的收入；四是其来源渠道主要为政府、公司或协会等部门机构，多采用预付或现付制，结账及时；五是综合消费能力强，除客房外，客人还会因业务需要在饭店餐厅、酒吧及其他场所消费，为饭店带来综合的收益。因此，饭店通常把商务团体划分为独立的细分市场，以便有针对性地开展销售和收益管理工作。

适合接待商务团体的饭店并非仅限于商务型饭店，该团体对其他类型的饭店诸如综合性、会议型以及度假型等饭店也会有相应的住宿需求，例如，有些小型商务洽谈会就会在景色宜人的度假型饭店召开；如某城市举办展会，一些参加展会的商务团体也会在综合性或会议型的饭店入住。

3.2.2.3 会议团体

会议团体通常是指在饭店举办召开各类会议的组织或机构，会议团体客人是对前来参加会议的各类代表的统称。会议团体与商务团体有着相类似的特点，因此有些饭店也将两类团体划分为同一细分市场。但笔者认为两者之间还是存在着一定的差别，特别是从收益管理角度看，会议团体与商务团体有着不同的价格体系，而且消费行为也存在着差异。相比之下，会议团体有着更强的综合消费能力；会议团体的价格一般会高于商务团体，便于对二者实行差别定价；另外，会议团体除了租用饭店的会议室外，还会在饭店就餐或举办大型宴会、组织客人康体活动等，都会为饭店带来很好的综合收益。因此，将会议团体划分为单一的细分市场，更有益于饭店针对这一市场制定销售策略，从中获得更高的收益。

会议团体这一传统的细分市场对饭店十分重要，多数饭店尤其是会议型、综合型或商务型饭店的主要客源来自会议团体。而这一渠道又主要来自政府、公司、行业协会、科研机构和学校等机构，是饭店不可忽视的主要客源群体之一。

3.2.2.4 民航客人

民航客人也称机组成员，是指与饭店签订年度或长期合同的航空公司机组客人。民航客人按理应归类于商务团体，但因具有的以下特征而通常被划分为独立的细分市场。主要特征为：一是民航客人与饭店签订有长期合同，定期入住并且逗留时间较长，相当于饭店的常住客源，对保持客房出租率和稳定收入起到一定的保障作用；二是民航客人相对于商务团体有着更低的价格，因为其可长期和持续购买饭店产品，饭店一般会给予较大的折扣；三是由于航班抵达的时间不同，不少是在深夜，因此民航客人到店后需要有餐食提供或 24 小时酒吧开放等，对饭店提供的产品服务有着特殊的要求，并可为饭店带来额外的收入。

由于民航客人这类市场具有长期性和稳定性的特点，从而受到饭店的重视。对位于机场或附近的饭店来讲，民航客人通常是饭店重要的客源市场之一，其主要渠道来源是各航空公司或一些代理商。

除以上团体客人的细分子市场外，一些饭店也会把“体育团体”“宗教团体”等划分为独立的细分市场，并结合饭店自身的市场特点加以运用。

3.3 市场细分在收益管理中的作用

饭店市场细分是收益管理工作的基石，可以说没有市场细分，既无法针对不同的目标市场制定差异化营销策略，也无法分析和了解不同客源群体消费行为和去向，从而导致价格优化、容量控制和差别定价等收益管理策略无法得到有效实施。综合来讲，饭店市场细分在收益管理中的作用可归纳为以下三个方面：

3.3.1 满足了饭店实施差异化市场策略的需求

饭店收益管理的主要方法是通过需求预测、价格优化、动态与差别定价和季节性管理等手段，来挖掘市场潜在收入，从而提高饭店收益，都是基于每一个不同的目标市场来开展的。饭店要选择和确立目标市场，前提是要对市场进行细分，有了细分市场，才能为寻找目标市场提供条件，让实施差异化市场策略成为现实。例如，饭店收益管理中的需求预测是对未来 90 天乃至更长期的客房预订量和最佳可用房价等指标进行预测运算，找到有价值的目标值。若要准确地预测出饭店未来某一天客房的预订量或房价，就必须知道饭店相关目标群体的消费行为和购买力等情况，需要收集和分析饭店历年经营的相关客史数据，利用这些数据来实施预测。而不同类型目标群体的消费行为和购买力是不同的，甚至存在很大的差别。如果没有细分市场，就难以区分这些消费群体之间存在的差异，预测工作面对的将是一个综合性的大市场。不难理解，面对这样一个大市场，预测出的结果只能是一个平均值或理论值，缺乏针对性，精准度会大大降低，无法满足饭店对不同类型消费者行为和购买力预测的需求。只有针对每一个不同的细分市场来进行预测，才能得到不同类型消费者的差异化数据，对饭店才有使用价值。同理，价格优化、动态定价与差别定价等工作都需要基于不同的细分市场来开展，否则，不仅无法实现不同细分市场之间的差别定价，对饭店而言，一个综合性大市场的价格优化是毫无意义的。

由此看出，饭店收益管理的核心工作之一是通过价格杠杆来调节市场的供需平衡，分析和研究不同目标市场客人的消费行为，制定不同细分市场中的差异化价格，通过分析敏感度来优化这些价格，才能最终实现收益最大化的目标。所以说，市场的细分不仅满足了饭店收益管理工作对差异化市场的需求，而且对饭店收益管理工作的有效开展具有战略性的意义。

3.3.2 有利于把部分产品留给最有价值客人策略的实施

饭店作为一个公共场所，每天接待来自四面八方的顾客，而每一位顾客的兴趣、爱好、消费取向和消费能力又千差万别。饭店收益管理的控制策略就是把部分客房以折扣价格出售给对价格敏感度较高或支付能力受限的顾客，从而提高客房出租率，减少客房的虚耗；同时把一部分客房保留起来，在合适的时间出售给愿意出高价购买的顾客，从中获得更高的收益。如果没有细分市场，无法进行差别定价，以上策略就成了无源之水，无法得以实现。

下面，让我们来举例说明一家处于市场过度需求期的饭店，是如何通过对客房存量的优化分配来提高收益的。假如一家饭店某一天有可出售的标准双人房100间，根据这一天的预订计划，旅行团预订客房40间，OTA渠道预订客房35间，公司协议单位预订客房20间，饭店会员需要预订客房10间，总需求量为105间。假若以上客源的预订时间是按此排序的，让我们分两种不同的情况来分别计算一下这家饭店客房的收入。一是假若饭店没有进行市场细分，也没有差别定价，而客房对市场的统一售价为200元/间天。那么，饭店接受预订的方式只能是“先来先得”，亦即只能获得20000元的客房收入；二是如果饭店对客源进行了市场细分并实施了差别定价，假如旅行团预订客房40间，价格180元/间天，OTA渠道预订客房35间，价格280元/间天（含佣金40元/间天），公司协议单位预订客房20间，价格250元/间天，饭店会员需要预订客房10间，价格260元/间天，上门散客的价格为300元/间天。那么，饭店通过实施市场预测、预订控制和客房存量优化分配等策略，就可获得客房收入24900元，相比没有市场细分，仅一天就多收入房费4900元。由此看出，饭店市场细分对客房容量控制和优化分配起着十分重要的作用，只有进行了市场的细分，才能实现把部分客房产品留给最有价值客人的目标，为饭店实现收益最大化奠定基础。

3.3.3 有利于制定组合营销策略来提高饭店收益

现代饭店市场瞬息万变，饭店要想在市场竞争压力下降低自身的风险，就必须对市场有一个充分的了解，才能洞察出微小的变化可能会给饭店带来的风险。对市场进行细分，是饭店了解该市场容量和期望收益，明确进入该市场的途径、风险和压力的前提，也才能制定出有效的营销组合策略，及时调整产品和价格，最大限度来满足市场需求。另外，有助于饭店集中人力、物力和财力投入到某个有价值的目标市场中去，使饭店获得更高的收益。

3.4 饭店销售渠道的概念和类型

3.4.1 饭店销售渠道的概念

对饭店企业而言，无论是从市场营销还是从收益管理的角度讲，销售渠道都是需要研究的主要课题之一，它对饭店产品从企业向顾客转移起着重要的载体作用。销售渠道是指为顾客和商业用户的使用或消费提供产品或服务的过程相关的一整套相互依存机构。[①] 换言之，饭店销售渠道是指饭店的产品或服务从饭店向顾客转移时取得这种产品使用权的个人或机构。选择正确或合适的销售渠道，能够加强饭店与顾客之间的沟通，增加饭店与顾客之间的黏性，提高市场竞争力和占有率，降低销售成本和掌握广泛市场信息，从而对缩短产品向顾客转移的时间，使产品价值尽快转化为收益起着重要的促进作用。

3.4.2 饭店销售渠道的类型

饭店销售渠道一般可划分为两种类型，即直接销售渠道和间接销售渠道。直接销售渠道是指饭店的产品在向顾客转移过程中不经过任何中间环节的销售渠道。直销渠道的优点在于便于管理、易于控制、运用灵活、容易构建自己的客源群体和没有佣金支出等；缺点在于运行成本高，宣传力度不强，产品市场面窄，难以被顾客认知等。例如，饭店的预订部、销售部、分支机构、中央预订系统、官网、手机 APP 或微信公众号等都属于直销渠道。它们隶属于饭店，在工作安排、价格调整、客户沟通等方面都能够自行管理和控制，不受外界因素限制。并且顾客是直接向饭店预订，与饭店形成直接的合同关系，便于构建自己的客户群体，发展忠诚客户。但其成本较高，一般中等规模以上的饭店需要若干名销售人员，而这些人员的工资和福利等人工成本较高，再加上销售奖励提成，需要付出

① （美）菲利普·科特勒等．科特勒市场营销学教程［M］．俞利军译．北京：华夏出版社，2006：1.

较大的人工成本。饭店有时为了拓宽异地或国际市场，在异地甚至国外设立区域销售机构，成本将会更高，甚至让饭店不堪重负。间接销售渠道是指饭店的产品在向顾客转移过程中需要通过一层或多层的中间环节，构成这些中间环节的组织或机构被称为间接渠道。其优点是运行成本低、宣传力度大、市场面宽、能够使饭店产品快速进入市场并被顾客所认知等，并且可触及饭店自身无法触及的客户；缺点是难以掌控、运用不够灵活、难以形成自己稳定的客户群体和需要支付高额的佣金等。例如，随着互联网和电子商务的迅速发展，人类已经进入了大数据的时代。这个时代不仅改变着人们的生活和消费方式，同时也给饭店传统的市场营销模式带来冲击。目前，除旅行社和全球分销系统等传统的间接渠道外，新兴在线旅游服务商已发展成为饭店业不可缺少的间接销售渠道。饭店直接渠道和间接渠道如图 3-2 所示。

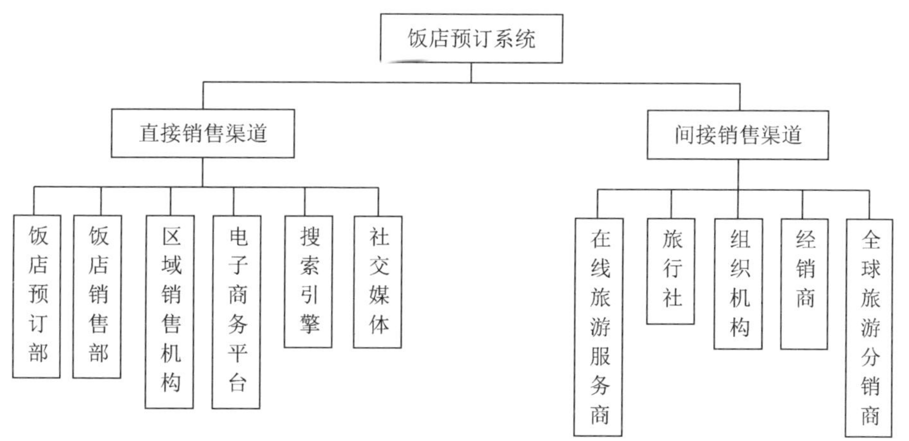

图 3-2　饭店直接渠道与间接渠道

3.5　饭店常用的销售渠道

3.5.1　直接销售渠道

饭店的直接销售渠道又称饭店销售的零渠道，一般有预订部、销售部、区域销售机构和电子商务平台。大型饭店集团一般还设有中央预订中心和销售中心，并配有中央预订系统，为各成员饭店提供预订服务。

3.5.1.1 **预订部**

预订部（Reservation Department）的主要职能是接受顾客对饭店产品购买前的预订和确认，并负责与顾客的沟通，处理确认取消或没有按预订抵达入住的（No-Show）顾客的订单。在顾客与前台接待中起着桥梁纽带作用。由于预订部是饭店与顾客直接沟通并建立合同关系的部门，因此肩负着对饭店产品进行宣传、推介和出售职能，是饭店主要的直销渠道之一。预订部与销售部人员的区别在于不会亲自上门与顾客面对面地沟通，主要是通过电话、传真、邮件、短信或微信等方式来处理顾客的预订和订单，并负责建立和管理顾客预订档案。由于预订部门面对的顾客群体主要是商旅散客，如个人电话订房、在线旅游服务商或中央预订系统等，而饭店给予商旅散客的房价通常又高于组织机构团体，能够为饭店带来更高的收益，所以预订部历来都是受到饭店重视的直销渠道。过去，预订部一般隶属于前厅部管理，主要是便于与前台人员的沟通和协作。大型饭店一般都设有独立预订部办公室，中小型饭店多在前台设立预订处。在设有收益管理部门的饭店中，预订部的职能都会隶属于收益管理部门，除设有预订岗位外，还设有收益经理等岗位，主要是便于预订和加强与价格部门的协作，对提高饭店产品的收益有着现实的意义。

3.5.1.2 **销售部**

长期以来，销售部（Sales Department）是饭店最主要的直销渠道，也是传统的销售方式。其主要职能是出售饭店的各类产品，诸如客房、餐饮、康乐及其附属产品等。出售的方式是通过销售人员上门拜访，与顾客面对面地沟通，最终建立合同关系。大中型饭店一般都设有独立的销售部门并配备有专门的销售人员，销售人员的数量依饭店规模大小或客房数量多少而定。销售部面对的顾客群体主要是会议或旅行团体，一般不针对散客出售产品，如旅行社、政府、公司、学校和企事业单位等。小型饭店为简化管理职能，节省成本，可不设立销售部门，而是在前厅部或客房部设立专职的销售人员，实行统一管理。目前，由于受到市场结构的限制，商旅散客还远不能满足饭店的客源需求，多数饭店尤其是大中型饭店在很大程度上还要依赖团体客源，一般会占到饭店总客源数量的50%以上。因此，饭店销售部门作为直销渠道，在饭店中起着非常重要的作用；尽管随着互联网时代的来临和电子商务的迅速发展，各类电子商务分销渠道蜂拥而至，使饭店的分销渠道变得复杂而重要，但饭店销售部门作为饭店重要的直销渠道，未来仍将起着不可替代的作用。

3.5.1.3 区域销售机构

区域销售机构（Regional Sales Organization）是指饭店在本地区以外或者是境外设立的分支销售机构，也是饭店在特定时期常见的直销渠道之一。由于饭店的主要功能是食宿，因此来饭店消费的顾客多数为外地客人，就直销而言，饭店预订部和销售部门招徕外地客源的方式要么是坐等上门客，要么是通过电话或邮件来沟通，如果想要面对面地沟通就只能乘坐交通工具长途跋涉地去面见客户了。这样，饭店不仅要支出销售人员昂贵的交通和食宿费用，而且也不便于与客户进行经常性的情感沟通，如果想要进入境外某个区域的客源市场，成本费用的开支就可想而知了。因此，为满足对外埠或境外某区域客源的招徕需要，又能把成本费用降到最低，一些饭店便在当地设立区域销售机构，通过在当地设立办公室和招聘销售人员来开展销售工作。其主要职能是扩大饭店在当地的品牌知名度，进行营销和策划宣传，发展当地的客源群体，为饭店输送当地客人等。例如，北京建国国际酒店管理公司曾在美国旧金山、日本东京和中国香港设立办事处，在当地从事客源的招徕工作，为其成员饭店输送客源。西安建国饭店也曾在北京设有销售办公室，为饭店组织和输送北京地区的客人。这类区域销售机构作为饭店在外埠的直销渠道，曾为扩大饭店的品牌知名度，进入当地客源市场，满足饭店客源需求起到重要的作用。如今，随着互联网技术的发展，人们通过电脑或手机视频便可以实现异地面对面的交流和沟通，既方便又快捷，区域销售机构因其高昂的成本费用也将逐步被在线电子销售渠道所代替。

3.5.1.4 电子商务平台

(1) 饭店官方网站

随着互联网技术的发展和饭店管理信息化的需要，电子商务平台（Electronic Commerce）已发展成为饭店主要的直接销售渠道，被广泛应用于饭店的品牌宣传和产品预订中。主要由饭店的官方网站（中央预订系统）、饭店手机客户端（APP）和微信平台等组成。官方网站是饭店最早使用的电子商务平台窗口，随着电子技术的发展，现代饭店官方网站也在不断创新和发展，一般都嵌入中央预订系统，可以快速便捷地实现网上直接订房，顾客的订单经预订部门审核后会被直接传送至饭店 PMS 中，由前台人员根据顾客的预订要求进行派房。由于饭店官方网站能有效地实现顾客的直接预订并且没有佣金支出，一直以来受到饭店的普遍重视。许多饭店都在积极开发能为顾客提供良好体验的官方网站，不仅可以为顾客提供简单便捷的产品预订，而且还可以通过注册使顾客不需要支付任何费用便成为饭店会员，享受在网上更改或取消订单，查询订单情况，查看历史订单记录，查询积分，兑换奖品和发表客评意见等待遇，并通过线上预订、支付和线下体验，实现了全方位的电子商务服务模式。

（2）手机客户端

移动互联网时代的来临，使智能手机进入到繁荣期，中国2016年智能手机终端出货量达4.65亿部，环比增长6%。手机上网已成为人们生活中不可缺少的组成部分。手机客户端（即手机APP）也由此被大众消费者所熟悉和应用，为大众的生活和工作带来了便利。当前，由于手机APP可以通过软件技术把饭店的产品和服务安装在顾客的手机上，为饭店开辟了全新的营销模式和推广手段，因此成为现代饭店市场营销中主要的直接销售渠道之一。手机APP相当于把饭店的产品和服务一次性派发给顾客，这些宣传不仅花费很低廉，顾客还会主动地保留它们，使用次数也不受限制，而且成本也不会随着顾客下载次数的增加而提高。手机APP因具有可在移动中使用的特点，打破了地域、时间和电脑终端设备的限制，并能够实现信息同步和互动参与，受到消费者的青睐。手机客户端作为销售渠道，呈现出以下几个方面的特征：一是有利于抢占先机。通过抢占商机，超越竞争对手，争取更多的商业机会，实现跨平台渠道传播，增强饭店品牌传播速度和效率，达到宣传和顾客购买产品和服务的目的。二是顾客忠诚度高。由于多数用户都不会主动卸载手机APP软件，便可为饭店创造更多的盈利机会。可以实现对客户资源的移动化管理，避免客户资源的流失和客户管理盲区的产生；同时还可以全面整合客户的动态信息和挖掘客户价值。三是可为用户带来超强的线上体验。根据顾客需求制作出的饭店手机客户端，一般具有多项操作功能，人性化程度高并且操作简单，对作为直销渠道开展营销服务非常适合。四是便于移动和精准化营销。手机APP可缩短交易环节，清晰化营销效果，实现获得更多有效商机的营销目标。五是宣传效果好。以用户为核心，重视用户体验，通过定制移动化服务可以满足不同价值客户的个性化需求。近年来，手机APP以其具有的特点受到饭店管理者的广泛重视，很多饭店都开发了自己的手机APP软件，成为饭店不可缺少的可移动产品直销渠道。但手机客户端同时也因存在着需要下载安装、增加使用人群（或粉丝）周期长、更新和维护成本高等缺点，一些饭店便借助微信公众号平台来代替手机APP所具有的直销渠道功能。

（3）微营销

以市场需求为导向的经济时代，消费者的需求呈现着精细化和多样化的特点；传统的营销模式已不能完全满足精细化市场的营销需求，市场亟待出现一种更为快捷高效的营销途径。随着移动互联网技术的迅速发展和智能手机市场的繁荣，“微营销”的概念也应运而生。微营销是以营销战略转型为基础，注重每一个细节的实现，是传统营销与现代网络营销的结合体。微博、微信、微网站、微电影等都成为实现微营销的有效工具和方法。微营销是一种低成本和高性价比的营销手段，是互联网经济时代诞生的一种新型营销模式，其特点是打破了商家与消费者之间距离的限制，充分实现顾客与饭店之间的线上远距离互动。以微信公共营销平台为例，用户通过注册微信后，可与同样注册的用户形成“朋友”关系。用户可订阅自己所需的信息，商家则通过提供用户需要的信息来推广自己的产品，从而实现点对点的营销。微信营销的优势在于一对一的互动交流方式，形成良好的互动性和信息推送的精准性。近年来，饭店基于微信的种种优势，借助微信平台开展客户服务营销，成为继微博之后的又一新兴直接销售渠道，布丁、开元等酒店都率先推行了微信订房功能，为饭店确立微信公共平台这一直销渠道开了先河。据中国互联网络信息中心（CNNIC）调查数据显示，截至 2020 年 3 月，我国手机网民规模达 8.97 亿，占总网民数的 99.3%，微信月活跃用户数已经突破 11 亿人。可以看出，微营销在移动互联网快速发展的今天，将以其低成本和高性价比的特点成为饭店主要的直销渠道之一。

除以上直销渠道外，如今，社交媒体、搜索引擎、社交网站等诸多互联网平台也为饭店宣传和销售产品提供着途径。这些网站大多数并不具有中间商或代理商的属性，也不会向饭店收取佣金或服务费，其目的是借助平台的功效来增加网民的浏览量，以此来提高网站的品牌价值。如果饭店能够利用好这些互联网平台来从事产品直销，便可降低销售成本，取得更大的收益。

3.5.2 间接销售渠道

饭店的间接销售渠道又称饭店销售的中间商，是位于饭店和消费者之间，参与销售饭店产品的组织或个人。饭店的间接渠道主要有在线旅游分销商、旅行社、机构组织及全球分销系统等。

3.5.2.1 在线旅游服务商（OTA）

在线旅游服务商，也称在线旅行社或在线旅游分销商（Online Travel Agent，简称 OTA），其核心模式是旅游中介服务，为消费者提供一站式和全方位的旅行分销或代理服务，盈利模式主要来自代理佣金和增值服务。比较典型的有 Priceline、Expedia、Booking.com、携程（Ctrip）、美团（Meituan）和飞猪（Fliggy）等，都是国内外知名的在线旅游服务商。

随着全球旅游业快速发展，互联网技术的日臻成熟，在线旅游市场得以快速扩张。从宏观层面讲，中国旅游业正在步入转型期，产业融合进一步加速，尤其是移动互联网时代的来临，在线旅游已开始向旅游市场的主体转变，成为与之相适应的商业模式。现今，在线旅游服务商因具有价格透明度高、应用灵活、信息对称、便于操作以及优质的客服等特点，受到消费者的普遍青睐。其无论是在机票、饭店客房、景点门票还是其他旅游产品方面都能给受众以良好的在线体验，手机客户端和微信公共平台的诞生，打破了传统订房中消费者受到的地域、时间和电脑终端设备的限制，使在线订房变得更加方便、灵活和快捷。近年来，在线旅游服务商为饭店提供的客人数量在饭店客源中的占比呈逐年上升趋势，成为饭店产品销售主要的中间渠道。这些渠道已具有很强市场影响力和较高的知名度，而且通过互联网面向全球市场，可将饭店产品快速投入市场并被消费者所认知，极大地拓宽了饭店产品销售的市场。饭店只需要支付佣金就可以使其产品通过互联网进入异地乃至世界各地的市场，不用再去花费高昂的成本设立区域销售机构，就可达到面向全球市场销售产品的目的。相应地，由于这些在线旅游服务商具有独立性，不受饭店的管理和控制，与他们的协作需要建立合同关系，因此，也面临着管理难度大，定价的话语权发生转移，产品销售自由度受到限制等问题，再加上在线旅游服务商通常要求饭店给予他们的散客销售价格不能高于饭店的直销价格，对饭店建立自有客户体系形成一定的制约。这就需要饭店在日常工作中与他们建立良好的协作关系，处理好直销与分销渠道的客源比例关系，扬长避短，实现双赢的局面。

3.5.2.2 旅行社

作为我国旅游三大产业支柱之一的旅行社（Travel Agency），担负着组合旅游产品，直接向旅游消费者推介和销售饭店产品的职能；同时，还承担着将市场需求信息及时反馈给旅游产品供应商的职能。世界旅游组织将旅行社定义为零售代理并向公众提供关于可能的旅行、居住和相关服务的行业机构。我国《旅行社管理条例》中指出，旅行社是指从事招徕、组织、接待旅游者等活动，为旅游者提供相关旅游服务，开展国内旅游业务、入境旅游业务或者出境旅游业务的企业法人。旅行社从资质上划分为国际旅行社和国内旅行社两类，国际旅行社又分为有出境权旅行社和无出境权旅行社两种；从业务上划分为组团社和地接社，组团社是指在出发地并与客人签订旅游合同的旅行社，地接社是指在旅游目的地接待组团社游客并组织旅游的旅行社。

多年来，对饭店而言，旅行社始终扮演着中间商的重要角色，是饭店重要的团体客人来源渠道，显得不可或缺。旅行社的优点主要体现在：一是能够批量购买饭店的客房、餐饮或娱乐等产品，减少饭店客房的空置率和增加饭店的附加产品收入；二是面向国际市场，为饭店带来外宾客源，提高饭店在全球的品牌知名度；三是可以向饭店提供市场信息，便于饭店掌握市场动态，了解市场中顾客的需求情况；四是房间的预订一般较早，便于饭店及早制定营销策略；五是协作关系相对稳定。如果饭店与一家旅行社多年长期协作，一般来讲，旅行社每年会给饭店带来稳定持续的客源。但因受到盈利模式的限制，旅行社也存在着以下缺点：一是旅行社一般要求饭店给予优惠幅度较大的团体折扣价格，价格通常为公共价格的六折或七折，甚至为三折或四折。由于旅行社的盈利模式之一是从饭店获得较低的客房价格后，以较高的价格冉转卖给顾客，从中获得房差收入，从某种意义上讲，旅行社对饭店的利益存在着一定程度的侵蚀；二是旅行团客人的出行季节性较强，淡旺季明显，在旅游市场淡季期容易导致饭店客房的闲置；三是旅行社与饭店之间的结算周期一般较长，短的一周或数周，长的一个月或数月，容易造成对饭店账款的拖欠或坏账，给饭店带来经济损失。目前，随着在线旅游分销商的快速发展，传统旅行社也正面临着前所未有的市场危机，固有的客源正在被在线旅游分销商所瓜分；寻求市场与服务模式转型，发展线上销售渠道，是传统旅行社着重要思考的课题。尽管如此，传统旅行社因其具有在线旅游服务商不可替代的线下旅游服务特性，未来仍将是饭店获得团体客源的重要中间渠道。只要饭店能够准确了解市场信息，通过实施收益管理来做好市场预测，对旅行社进行合理定价，这一渠道仍将长期对饭店产品的批量销售起着重要的作用。

3.5.2.3 机构组织

机构组织（Organization）主要是指政府、公司、学校及其他企事业单位组织。这些机构主要为饭店提供团体会议和商务散客，是饭店最主要的间接渠道之一。尤其是对位于城市商圈中的综合性饭店或商务饭店来讲，该渠道的作用显得更加重要。有些综合性饭店或商务饭店每年60%以上的客源主要依赖这些机构的供给，也是饭店销售人员直销的主要对象。近年来，随着中国市场经济的快速发展，商务活动更加频繁，机构组织渠道对饭店来讲也更加重要，成为饭店团体会议客源的主要招徕渠道。机构组织渠道以其具有的特殊属性，主要体现出以下优势；一是能够满足饭店团体会议市场的需求。由于团体会议不仅客房需求量大，价格高于旅行社客人，而且还会在饭店用餐、租用会议室和从事康体娱乐活动，综合消费能力强，能为饭店带来可观的收益；二是会议账款的结算周期较短，甚至有的会议还会预付或现付，不易造成账款拖欠或坏账；三是参加会议的客人多来自不同的政府机构、公司、学校及其他企事业单位，影响面较大，有益于饭店品牌的推广；如果饭店能以优质的服务接待好某个会议，会议客人将会通过正面信息的传播为饭店招徕客源提供帮助。但该渠道也存在一些缺陷：一是受宏观市场环境影响较大，市场存在较大的脆弱性，一旦市场环境发生改变，很容易造成市场需求的急剧下滑，给饭店带来经营风险；二是会议客人通常不会像旅行社客人一样同时抵达和离店，便于饭店安排客房。而是一般都会有一天或以上的报到期限，客人抵达或离店时间也不一致，如果掌握不好，容易给饭店造成空房损失。所以，饭店应根据当地市场环境情况，合理确定机构组织渠道的客源占比，降低因市场因环境变化带来的经营风险。

3.5.2.4 经销商

经销商是指在某一地区和领域只拥有销售或服务的单位或个人。经销商具有独立的经营机构，通过买断制造商的产品或服务而拥有商品的所有权，获得经营利润，多品种经营，经营活动过程不受或很少受供货商限制，与供货商责权对等。饭店经销商是指将饭店客房买进以后再卖出的中间商，它的利润来源于饭店客房购进价格与销售价格之间的差额，并与饭店共同承担市场风险。

传统的饭店经销商大多数诞生在没有互联网的年代。在当时，饭店与消费者之间的触及和通达都非常困难，信息也很不对称。一些旅游公司、旅行社或独立的经营机构便利用自己的资源优势或特殊人际关系，取得某一个或若干个饭店的客房经销权，专门做饭店客房的零售或批发业务，从而成为饭店客房的经销商。它们利用自有资金，采取提前零散订房、包楼层或大批量购房等方式获得饭店客房可观的折扣，然后利用自己的分销网络分销给外地或本地的订房公司、订房网络和旅行社，通过客房购进价格与销售价格之间的差额来获得利润。在那个年代，经销商被视为饭店主要的间接销售渠道之一，尤其在一些饭店市场竞争非常激烈的地区，与经销商合作的饭店往往能以较低的价格提前将房间批量售出，减少了客房的虚耗，并通过薄利多销来获得现金流和收入。近年来，由于互联网的迅猛发展，在线旅游服务商、饭店官网、新媒体等在线订房平台对传统的经销商构成了很大的威胁，成为它们强有力的替代品，削弱了经销商这一间接销售渠道的功能。多数饭店已经放弃与经销商的合作而转向与在线旅游服务商和新媒体等渠道的合作。尽管如此，经销商作为传统的间接销售渠道并没有因此消失，它们在与在线旅游服务商、饭店官网和新媒体等渠道角逐的同时，也在寻求转型和探索新的商业模式，以求生存和发展。在 2020 年新冠肺炎疫情肆虐的一年里，深圳市捷旅国际旅行社有限公司便利用其资金和资源优势，与国内多家饭店合作开展了以包房形式的经销业务，成为当时这些饭店主要的销售渠道之一，为饭店在疫情期间对现金流的需求提供了一定的保障。

3.5.2.5 全球分销系统

全球分销系统（Global Distribution System，简称 GDS），作为应用于旅游业的大型计算机信息服务代理人的分销系统，专门为国际航空、旅游、饭店产品的预订和销售提供服务。其功能是通过在全球设立的旅游销售机构可以及时地从航空公司、饭店、租车公司、旅行社获取大量与旅游相关的信息，从而为顾客提供快捷、便利、可靠的服务。例如，旅行社、饭店可通过获得 GDS 产品的分销权接入 GDS 终端，消费者便通过 GDS 平台直接预订和购买旅行社或饭店的旅游产品。

纵观全球分销系统的发展历史，在全球旅游业迅猛发展的形势下，GDS 是从航空公司订座系统中分离出来并面向旅游市场提供服务的系统。最初的 GDS 只是航空公司机票预订的一种简单应用，其目的是通过计算机技术来提高订票效率、减少人工差错，为旅客带来方便和降低航空公司的成本。随着全球旅游业的快速发展，这些预订系统渐渐地从航空公司订座系统中分离出来并逐渐向整个服务产业链扩张，除了原有的航空公司外，饭店、租车、铁路公司等也纷纷加入 GDS 中来。经过技术与商务平台的不断更新、整合与发展，GDS 不仅能够为旅行社提供及时、准确和全面的信息服务，而且可以满足消费者旅行中包括交通、住宿、娱乐、支付及其他全方位的后续服务需求。如今，GDS 已经发展成为服务于整个旅游业的一个信息化服务系统；并在激烈的市场竞争中，形成以 Sabre、Galileo、Amadeus 和 Worldspan 为巨头的四大全球分销系统（GDS）。多年来，GDS 凭借着自己巨额的研发资金投入和功能强大的核心系统功能难以被其他对手所超越，始终保持着持续性的高额盈利和高市场占有率，也成为饭店尤其是饭店集团销售产品的重要间接渠道。

在中国饭店业，由于 GDS 在销售饭店产品中收取的服务费较为昂贵，多应用于国际知名饭店集团和大型国内饭店集团，在中小型连锁饭店或单体饭店中使用得较少。近年来，随着互联网技术的快速发展，在线旅游服务商已完全具备为饭店进行全球分销产品的功能，而且相对于 GDS 来说收费较为低廉。例如，Priceline、Expedia、Booking. com、携程、美团、飞猪等都已成为国内饭店销售产品的主要渠道；同时，互联网与移动互联网的发展给消费者的出行带来了更多可供选择的渠道，GDS 也因此正面临着严峻的市场挑战。随着移动互联网时代的来临和大众消费行为的转变，互联网对传统产业经营模式的淘汰也在加速，这些都在影响着 GDS 未来发展的脚步与方向。但是，我们相信，GDS 凭借多年的科技能力和市场资源积蓄也必将会顺应时代潮流，与移动互联网、大数据或云技术互融共进，未来仍将是航空、饭店和旅行社等旅游服务企业销售产品的重要渠道。

以上对饭店主要的四个间接销售渠道进行了阐述。除此之外，随着市场经济的发展，饭店还有不少中间商渠道可以利用，如购物网站、电信运营商的电话服务中心等。注重分析顾客的消费行为和渠道的选择途径，正确选择适合自己的销售渠道，是饭店实现收益最大化的必经之路。

3. 6　饭店销售渠道的管理方法

3. 6. 1　饭店应如何选择合适的销售渠道

在上一节中，我们对饭店的直接销售渠道和间接销售渠道进行了详细的阐述，那么，饭店究竟应该如何选择适合自己的销售渠道呢？我们知道，互联网时代的来临，改变了人们的工作和生活方式；移动互联网的发展和 5G 网络的出现，又一次使智能手机、iPad、微信、手机客户端、在线移动支付以及新媒体平台服务走进了人们的生活，可以说，是又一次新的互联网技术革命。这种新的技术革命改变的不仅是人们的阅读和社交方式，更重要的是改变着人们消费的商业模式，必然会导致饭店的分销渠道变得越来越复杂，边界越来越不清晰，使我们应接不暇，难以选择。诚然，移动互联网时代新的营销模式和销售渠道的出现，为饭店产品销售提供了更加广阔的空间，构建了更多的平台，总的来说是好事。但在好的同时，这个渠道多元化的时代也给饭店如何管理好渠道带来了新的挑战。

我们知道，世上没有免费的午餐，无论是建立直接销售渠道还是间接销售渠道，饭店都要付出成本。渠道选择不足，会限制产品的出售；渠道选择过多，会增加成本支出；渠道选择不当，既没有达到产品出售的目标，还有可能会事倍功半。那么，如何来选择合适的销售渠道以适应饭店的运营需求呢？从收益管理角度看，应重点考虑以下几个因素。

3.6.1.1 科学地进行市场细分，为每个细分市场选择合适的渠道

每家饭店所处的区域不同，地理位置不同，出售的产品不同，其细分市场结构也不相同，而不同的细分市场客源又来自不同的渠道。例如，商旅散客主要来自饭店官网、饭店预订部、集团中央预订系统、在线旅游服务商或手机 APP 等；旅行团体主要来自旅行社、旅游批发商和全球旅游分销商（如 GDS）等；会议团体主要来自政府、公司和学校等。就内外宾这两个细分市场来讲，内宾订房更倾向国内的携程、美团、飞猪等在线旅游服务商；而外宾则倾向 Booking.com 和 Agoda.com 等网站。因此，饭店在选择销售渠道时首先要考虑细分市场要素，为每个细分市场选择合适的渠道，使销售渠道与细分市场相对应，并进行筛选和取舍，做到有的放矢，增强产品出售效能，从而提高销售收入。

3.6.1.2 分析顾客的消费行为，了解顾客选择购买渠道的趣向

现今是顾客消费行为多样化与销售渠道多元化共存的时代。不同类型销售渠道或同类型不同商家的销售渠道都各有其特性和相应区域的客户群体，这些客户群体即便是同一细分市场的客人，也会因消费习惯或兴趣偏好不同而始终选择他们信赖的渠道分销商。如果饭店平时善于积累和分析住店客人的消费行为和住客选择渠道分销商的兴趣偏好，认识和掌握不同渠道分销商特性，在销售渠道选择中就容易筛选出与饭店客源需求相适应的渠道分销商，通过筛选来实现渠道结构的优化。例如，旅游度假散客可能更倾向在同程网订房，因为他们在订饭店的同时还可以享受更多景点门票的网上预订，对位于景区的旅游度假饭店来说，同程网与其他 OTA 网站相比可能是首选的销售渠道，因为该渠道分销商的客源群体与度假饭店的客源市场需求更相适应。

3.6.1.3 尽量选择便于沟通管理和支付成本相对低的渠道

无论是直销渠道还是间接渠道，都需要有专人管理和支付一定的成本费用，不少饭店在销售工作中都设有专门的渠道经理来负责渠道的管理和产品销售工作，这都需要饭店付出相应的人工成本。由于每一位渠道经理的精力是有限的，饭店选择的销售渠道越多，需要的渠道管理人员越多，付出的管理成本也就越高。除此之外，还要考虑佣金支付和折扣优惠的因素。除饭店直销渠道外，间接销售渠道都需要饭店支付一定比例的佣金或给予相应的折扣优惠，如果饭店对间接渠道的依赖性过大，容易导致成本的增加。譬如，在线旅游服务商为饭店每卖掉一间客房，就需要饭店支付一定比例的佣金，不同的服务商收取的佣金不尽相

同。就同一地区而言，有的服务商佣金是收取客房销售价格的10%，而有的服务商则收取12%或18%。因此，饭店在渠道选择时既要考虑管理成本因素，也要考虑佣金的支付额度，最大限度地保证饭店的收益不被侵蚀。

3.6.1.4 **尽量选择转换率高的渠道，以提高房间的售卖能力**

对饭店而言，渠道转换率是衡量在线旅游服务商对饭店客源供给能力的一项重要指标。转换率是指在线浏览过饭店的人数与预订饭店产品人数的比率，如图3-3所示。譬如，某饭店在线分销渠道拥有3%的转换率，就意味着每100名浏览过该渠道网页的访客中，有3位访客预订了该饭店的客房。在浏览量相同的前提下，转换率越高，意味着饭店产品在该分销渠道的售卖能力越强；相应地，转换率越低，意味着产品售卖能力越弱。也就是说，转换率为4%的销售渠道要比3%的销售渠道对饭店来说更为有效。因此，饭店在销售渠道的选择中还应考虑转换率这一指标要素，尽量选择转换率相对较高的销售渠道，鉴于影响转换率指标的因素较多，所以需要具体分析比较和综合考虑。

Visitors

	2月 2015	3月 2015	4月 2015	5月 2015	6月 2015	7月 2015	8月 2015	9月 2015	10月 2015	11月 2015	12月 2015	1月 2016	2月 2016	3月 2016	4月 2016	5月 2016
Visitors	3552	4845	5290	5272	4928	5483	5615	10591	10503	9523	5188	5062	5101	5340	5839	1634

Visitors: (data generated on Mon May 9 07:59:27 2016)

Conversions

	11月 2015	12月 2015	1月 2016	2月 2016	3月 2016	4月 2016	5月 2016
Conversions	59 / 9523 0.6%	35 / 5188 0.7%	56 / 5062 1.1%	46 / 5101 0.9%	68 / 5340 1.3%	52 / 5839 0.9%	11 / 1646 0.7%

Conversions: (data generated on Mon May 9 07:52:01 2016)

图3-3 顾客订房转换率示意图①

3.6.1.5 **合理确定销售渠道的数量，以降低管理成本**

无论饭店规模大小，其产品资源都是有限的。因此，从管理成本的角度讲，并非销售渠道越多越好。在选择销售渠道的数量上，要充分考虑饭店产品数量因素，使饭店产品供应量与渠道数量相匹配。当然，渠道的数量多少也不是一成不变的，一般会随着市场需求或客源结构的变化而发生变化。但是，最有效的做法是在能满足饭店产品供应量的前提下来控制销售渠道数量，从而降低管理成本。

① 数据来源：Booking.com（缤客网）。

有些饭店在选择销售渠道时不进行分析和筛选，没有考虑到数量要素，建立合同关系的渠道商少则十几家，多则几十家，只要有新型渠道的出现，不管是否与饭店客源需求相适应，都纳入囊中，结果搞得管理者很累，管理成本增加，最终能给饭店带来收益的渠道只有那么几家，可谓事倍功半。当然，对销售渠道数量的控制并不意味着不去关注和选择新兴销售渠道，主要是指要因地制宜，分析和选择适合自己的有效渠道，通过合理控制渠道数量，既降低管理成本，同时也达到满足产品销售的目的。

综上所述，饭店销售渠道的选择是一项系统工程，需要对影响销售渠道的因素进行综合考虑、分析和权衡。在能够充分满足饭店客源供给量的前提下，通过正确的市场细分、分析顾客的消费行为、提高转换率、确定合理的渠道数量和降低管理成本来选择适合饭店的销售渠道。当然，除了以上选择要素外，还有其他的一些要素，如饭店特有的区域渠道、宏观环境渠道等，饭店在日常工作中都应加以考虑。

3.6.2　饭店销售渠道的有效管理

要使饭店销售渠道的效能得到最大限度的发挥，就需要相应的管理体系来提供保证。日常经营中，除了需要制定管理制度和工作流程外，还应做好以下几方面的工作。

3.6.2.1　设立专门的在线分销渠道经理

在传统的饭店营销管理中，渠道多是由销售人员共同兼管或是销售部内勤来管理的。销售人员在跟踪客户的同时也肩负着对该渠道的维护和管理，主要的精力分布在政府、公司、旅行社等直销渠道上。即使饭店有自己的官网，也主要作为宣传和推广的平台使用，含有订房功能的很少。在上面的章节中我们曾经阐述，随着互联网和电子商务的发展，尤其是移动互联网的诞生，除饭店官网外，在线旅游服务商已发展成为饭店重要的销售渠道。这些在线分销渠道以其便捷、信息渗透率强、价格透明、辐射区域广和可触及饭店无法接触到的顾客等特点而受到饭店管理者的重视。同时，它们作为饭店对外的窗口源源不断地向饭店输送着客源，对饭店提高客房出租率和收益都起着重要的作用。相关数据显示，不少饭店50%左右甚至更多的客源来自在线旅游服务商，对饭店产品销售的可持续性起着十分重要的作用。因此，在现代饭店渠道管理中，由专门的渠道经理来维护和管理在线分销渠道已势在必行。在渠道维护与管理过程中，他们可以时时关注竞争对手的价格动态、促销信息、饭店排位和顾客网评等；还需要与对方管理人员经常沟通，及时解决出现的问题，并建立长期友好的协作关系，保障渠道正常有序地运行和健康地发展。

3.6.2.2 关注直接与间接销售渠道的比例

饭店直接与间接销售渠道的比例，主要是指来自两个不同类型渠道客人的数量分别占饭店客人总数的比例，而并非指直接和间接销售渠道数量之间的比例。那么，饭店为什么需要关注直接与间接销售的比例呢？这是因为来自两个渠道客人的比例不同，将会对饭店市场运行产生以下影响：一是影响着饭店基本客源市场的稳定性。一般来讲，饭店的直接渠道也称为饭店的自有渠道，而来自该渠道的客源全部是饭店的自有客源；自有客源比例高，意味着饭店基本市场稳定性好，不宜受到外界环境的干扰和影响，便于建立忠诚客户体系，从而降低市场风险。反之，如果饭店间接销售渠道的客源占比较高，意味着饭店客源市场主要依赖于第三方渠道，饭店或多或少地会受到第三方渠道的一些制约，客源稳固性也会下降，增加了市场风险。二是对饭店成本支出产生影响。我们知道，尽管间接销售渠道有着直接销售渠道不可替代的特性，并对饭店客源供给起着重要的作用。但是，天下没有免费的午餐，对于任何一类间接销售渠道，饭店都要支付一定的佣金或服务费成本。如果间接销售的比例过大，将会造成饭店的佣金或服务费成本支出过高，导致饭店的利润下降。

时刻关注直接与间接销售渠道的比例构成，使之处于平衡的状态，是饭店管理者的责任。一般来讲，刚开业或营业时间较短的饭店，因市场处于拓展和培育阶段，需要借助间接销售渠道的力量来完成原始客源的积累，此时间接销售渠道的客源比例应高于直接销售渠道，以确保客源能够得到及时的供给，满足饭店日常经营的需要。对已进入正常经营状态的饭店，如开业两年或三年以上的饭店，直接销售渠道的客源比例应高于间接销售渠道，以此来降低市场风险和减少饭店成本的开支。当然，由于饭店区位、类型或产品不同，对销售渠道类型的需求也会有一定的差异，这就要求饭店管理者在日常工作中掌握好尺度，合理平衡直接与间接销售渠道的客源比例。

3.6.2.3 保持直接与间接销售渠道价格的一致性

在饭店中，直接销售渠道客源群体主要来自饭店预订部、销售部、官方网站、微信、手机 APP 等；而间接销售渠道客源群体则主要来自在线旅游服务商、旅行社、组织机构和全球分销系统等。就散客或团体客人而言，无论是饭店的直接销售渠道和间接销售渠道，还是与饭店建立合同关系的各间接销售渠道之间，对饭店同一产品来说，价格应具有一致性，而不应该存在差异，以保证市场竞争的公平和公正性。例如，饭店官方网站中的散客价格与在线旅游服务商中的散客价格应该是相一致的，而不能因为官方网站是饭店直接销售渠道就可以给予更低的折扣价格；否则，相当于剥夺了在线旅游服务商在市场中销售饭店产品公平竞争的权利，在线旅游服务商也会因失去了公平竞争的权利而与饭店解除合同，导致不良后果。同样，假如饭店与携程、美团、飞猪都建立有产品销售的合同关系，则应保证饭店产品在以上网站中的销售价格是一致的。否则，不仅存在着非公正性的价格歧视，也不利于饭店价格体系的完整建立，还会有损于相互之间合作的健康发展。

保持直接与间接销售渠道之间价格的一致性，并不意味着饭店在不同的销售渠道中不能从事各类产品促销活动。饭店在不同渠道上推出的促销活动可能会呈现出不同的促销价格，这一现象并不意味着价格的不一致，因为促销价格是某一特定产品在特殊的市场周期中的特卖价格，而非标准价格。例如，团购价格、限时抢购价格和连住价格等，都属于促销价格。只要饭店同一产品的标准价格在直接与间接销售渠道之间保持一致，就可以说存在着价格一致性。

3.6.2.4 应用大数据思维分析渠道顾客消费行为

大数据思维，作为近年来网络“时髦”的关键词而红遍大江南北，被大家所熟悉。大数据原本的含义是通过海量数据的挖掘来找到我们所需要的可用数据，从而用于分析事物的本质。在对渠道数据的挖掘中，我们通常会从预订量、转换率和顾客消费行为等方面来分析。预订量的分析可用来衡量饭店产品的性价比和渠道的价值；转换率可用来分析饭店的品牌效应和产品性能；顾客消费行为分析可用来挖掘顾客对饭店产品的需求和偏好等。运用大数据思维来挖掘和分析这些可用的数据，对饭店掌握和了解市场需求、渠道价值和顾客兴趣偏好非常重要，也会对饭店开发适合市场需求的产品起到量化作用。

3.6.2.5 重视在线渠道中的顾客点评

在线渠道中的顾客点评也称客评或网评，最早源自互联网论坛，原本是供网友闲暇之余相互交流的网络社交平台。过去，顾客住店后对饭店在互联网上的评价并没有引起饭店管理者的足够重视，针对顾客反映的硬软件质量问题，多数饭店没有做到及时回复或者是不回复，对客评中反映出的问题是否得到及时解决更是不得而知。这不仅疏远了饭店与顾客之间的感情，给顾客造成失望的情绪，而且顾客与饭店之间的信息也显得更加不对称，失去了饭店与顾客进行情感互动和交流的机会。

随着移动互联网和电子商务的发展，现今的饭店客评已不再是过去简单意义上网络评论，而是发生了质的转变。这一转变由过去顾客对饭店服务简单的表扬和批评演变为多渠道、多类型和多维度的客观真实评价，顾客的点评内容更趋于专业化和理性化，发布的渠道也更加广泛。有市场调查显示，约超过70%的客人在订房前都会事先浏览该饭店的客评，在某种程度上决定着顾客是否会预订这家饭店的思维。从产品价值的角度看，与互联网平台融为一体的客评已成为衡量饭店产品价值的重要元素，从某种意义上说是量化了饭店产品的价值。多渠道和多维度地对客评数据进行收集、统计和分析，将会有助于饭店深入了解顾客的消费行为、价值取向和产品在顾客心目中价值。对改进和创新产品，量化产品价值指标，制订合理的价格以及提高服务质量都具有现实的意义。因此，重视客评，管理好客评，及时收集、统计和分析客评数据，从中发现有价值的结论，不断改进和完善产品，已成为饭店提高竞争力的重要手段。例如，北京众荟信息技术股份有限公司专业开发的客评智能分析系统，从在线声誉管理、运营质检、酒店名片及收益管理的角度，多维度和多类型地对客评进行归纳和分析，已成为帮助饭店预测市场需求、分析消费者行为和评估产品价值的有效分析工具。

3.7 小结

（1）由于消费者的需求和欲望存在着“异质性”，而饭店市场又是“异质市场”的典型代表。因此，只有对市场进行细分，才能确定相应的目标市场，既能使饭店产品满足不同消费者的需求，也可以制定有效的营销组合策略来开展目标营销工作。

（2）饭店在市场细分中应遵循五项原则和正确的方法，以保证细分市场的有效性。偏离了原则轨道或采用方法不当的细分市场都会对目标市场的确立和准确的市场定位产生负面影响，最终取得事倍功半的效果。饭店因国界、区位、类型、档次等诸多因素的不同而存在着不相同的细分市场，这就要求饭店管理者在市场细分中做到因地制宜，具体分析，使细分后的市场能够有效地满足市场营销和收益管理工作的需要。

（3）饭店市场细分是收益管理工作的基石，如果没有市场细分，就无法针对不同的目标市场制定差异化营销策略。分析和了解不同类型消费者的消费行为和趣向，更有利于收益管理策略的实施。

（4）饭店销售渠道一般可划分为直接销售渠道和间接销售渠道。直接销售渠道是指饭店的产品在向顾客转移过程中不经过任何中间环节的销售渠道；间接销售渠道是指饭店的产品在向顾客转移过程中需要通过一层或多层的中间环节，构成这些中间环节的组织或机构被称为间接渠道。

（5）饭店常用的直接销售渠道一般有预订部、销售部、区域销售机构和饭店电子商务平台；间接销售渠道主要有在线旅游服务商（OTA）、旅行社、机构组织及全球分销系统（GDS）等。不同的饭店，由于其所处的市场环境不同，销售渠道也会存在一定的差别。

（6）日常工作中，饭店应选择和管理好销售渠道，制定合理的直接与间接销售渠道比例。随着市场环境的变化，销售渠道的结构也会发生相应的变化，需要饭店管理者时刻关注市场的动态变化，最大限度地发挥销售渠道的效能。

【练习题】

1. 什么是饭店市场细分？饭店在市场细分中应遵循哪些原则？

2. 为什么说饭店市场细分是收益管理工作的基础？

3. “亲子市场”是饭店近年来呈现出的新细分市场之一，按照其属性应划归饭店哪一类子市场管理？为什么？

4. 饭店常用的销售渠道有哪些？请简述它们的职能。

5. 饭店在选择销售渠道中应着重考虑哪几个因素？为什么？

6. 饭店销售渠道有效管理的要素有哪些？请简述这些要素对提高收益的重要性。

7. 某饭店 2019 年 8 月在 A 渠道顾客对客房产品的访问量为 29760 人，预订转换率为 2.5%，在 B 渠道顾客对客房产品的访问量为 23250 人，预订转换率为 3.2%。请问，是否意味着 A 渠道的销售能力低于 B 渠道，为什么？

8. 以下哪几项属于按购买行为划分细分市场的内容？

（1）价格敏感性；

（2）购买时机；

（3）个人收入；

（4）购买习惯；

（5）生活方式。

9. 以下哪些做法不属于饭店的直销行为？

（1）饭店在某网络平台由专业主播直播带货销售客房；

（2）饭店销售代表杨小姐与某旅行社签订了一份团体合同；

（3）来自OTA的客人当日预订了饭店客房68间；

（4）有56位会员客人通过饭店微信公众号预订了当日客房；

（5）饭店销售人员预订了10月2日的20桌婚宴并收取了订金。

第四章　收益管理的市场预测

【本章概述】

市场预测是饭店开展收益管理工作的基础。收益管理工作的核心任务之一就是要掌握和了解未来市场的供需情况，能够提前把握未来市场的脉搏，从而制定出能够满足未来市场需求的资源利用和产品价格策略，为饭店获得更高的收益。本章着重论述了市场预测的概念、内容和方法，并就市场预测在饭店收益管理中所起的作用进行了阐述。

4.1　市场预测的概念

预测是对客观事实历史和现状，通过科学的调查和分析，由过去和现在去推测未来，由已知去推测未知，从而揭示客观事实未来发展的趋势和规律。市场预测则是在市场调查基础上，运用预测理论与方法，预先对所关心的市场未来变化趋势与可能的水平做出估计与测算，为决策提供科学依据的过程。①

古人曰："人无远虑，必有近忧""凡事预则立，不预则废"，都是古代运用预测思想的写照。在远古时期，由于受到知识和认识手段的限制，预测主要是依靠主观经验以及直观分析，借助一些先兆信息来加以推断，并非科学技术，只能说是一种文化。随着人类科学技术的发展，认识手段的不断进步，人们越来越重视把现代知识、先进的认识手段与预测过程结合起来；把预测的前提、预测的过程和预测的结论都建立在科学认识的基础之上。当今，预测已逐渐成为一门独立的应用性学科，在经济、社会、科技等各个领域都得到了广泛的应用，并得以迅速的发展。例如，国家的发展规划、计划经济以及天气预报等领域都包含有预测

① 简明、胡玉立．市场预测与管理决策［M］．北京：中国人民大学出版社，2013：1.

技术的应用，为社会的进步和发展发挥着重要的作用，受到人们的广泛重视。

收益管理中的市场预测主要是指通过对饭店未来市场的供需情况进行估计、测算和认识，为决策提供依据，最终帮助饭店管理者及早掌握未来市场的情况，从而为制定正确的市场战略奠定基础。

4.2 市场预测在收益管理中的作用

为便于读者对市场预测作用的理解，首先，让我们来看一个案例。该案例生动地描述了沃尔玛是如何通过运用大数据分析来预测飓风来临之前顾客的消费行为模式，并通过预测结果来促销产品的。

【案例 4-1】

沃尔玛，请把蛋挞与飓风用品摆在一起

沃尔玛是世界上最大的零售商，拥有超过 200 万的员工，销售额约 4500 亿美元，比大多数国家的国内生产总值还多。在网络带来巨多数据之前，沃尔玛在美国企业中拥有的数据资源应该是最多的。

20 世纪 90 年代，零售链通过把每一个产品记录为数据而彻底改变了零售行业。沃尔玛可以让供应商监控销售速率、数量以及存货的情况。沃尔玛通过打造透明度来迫使供应商照顾好自己的物流。在许多情况下，沃尔玛不接受产品的“所有权”，除非产品已经开始销售，这样就避免了存货的风险也降低了成本。实际上，沃尔玛运用这些数据使其成为世界上最大的“寄售店”。倘若得到正确分析，历史数据能够解释什么呢？零售商与天睿咨讯（Teradata）专业的数字统计员一起研究发现了有趣的相关关系。2004 年，沃尔玛对历史交易记录这个庞大的数据库进行了观察，这个数据库记录的不仅包括每一个顾客的购物清单以及消费额，还包括购物篮中的物品、具体购买时间，甚至购买当日的天气。

沃尔玛公司注意到，每当在季节性飓风来临之前，不仅手电筒销售量增加了，而且 POP-Tarts 蛋挞（美式含糖早餐零食）的销量也增加了。因此，当季节性风暴来临时，沃尔玛会把库存的蛋挞放在靠近飓风用品的位置，以方便行色匆

匆的顾客，从而增加销量。①

4.2.1 市场预测是实施收益管理策略的基础

收益管理工作的核心任务主要体现在两个方面：一是当饭店市场处于供过于求时，其主要任务是最大限度地减少现有存量资源的闲置；二是当饭店市场处于过度需求时，则需要有效地进行资源分配和运用价格杠杆调节市场，从而来实现收益最大化。其运用方法主要体现在价格优化、动态定价、容量控制和超额预订（也称超订）等方面。因此，不仅需要分析当前的各类信息，更重要的是要注重对未来市场需求情况的研究、分析和掌握，及早制定产品预订、定价和销售等策略，从而最大限度地提高饭店的收益。例如，饭店管理者只有事先掌握未来某一天的市场需求情况，即首先要对这一天顾客的预订量进行预测，才可能为这一天实现客房收入最大化做出正确的决策。另外，通过需求预测还能够事先知道未来某一天有多少顾客愿意以更高的价格购买客房产品，就可以通过预订控制为这些高价顾客保留部分客房，从而获得更高的客房收入。在市场出现过度需求时，饭店通常都会采取超订策略来减少因 No-Show 或预订取消给饭店造成的空房损失。不难理解，只有通过预测提前知道未来某一天 No-Show 的顾客数量和预订取消的数量，才能事先计算出准确的超订量，最大限度地避免因超订量计算的不准确而导致客房闲置或超售情况的发生。因此，市场预测是饭店实施收益管理策略的基础和前提条件，如果没有市场预测作基础，要顺利开展收益管理工作是非常困难的。

4.2.2 市场预测为收益管理活动提供有用的信息

收益管理工作不仅需要对特定的市场指标进行预测，而且还需要收集、归纳和分析大量现在和未来的市场信息。诸如，本地区旅游市场的发展态势、未来市场事件、竞争对手的情况以及饭店未来经营目标等，通过对以上信息的预测和分析，可为饭店正确掌握竞争对手情况，未来市场事件，制定饭店经营预算等提供准确的信息依据；同时还能作为饭店确定最优销售力量配置，制订销售目标和促销计划的可靠依据。此外，销售预测也是饭店财务经理对资金需求做出合理安排

① （英）维克托·迈尔—舍恩伯格，肯尼思·库克耶．大数据时代［M］．盛杨燕、周涛译．杭州：浙江人民出版社，2013：1.

的重要信息依据。

4.2.3 市场预测有益于饭店管理者作出正确决策

在饭店收益管理工作中，定价、客房分配和超订等策略最终是由收益经理来制定的。而预测则有益于收益经理在决策工作中趋利避害，减少决策中的不确定性。政治、经济、环境、市场、心理及自然等构成因素是处于运动和变化之中的，多数饭店在经营管理决策中都会存在一定程度的不确定性。为避免在市场风险中失利，减少经营管理的盲目性，就需要通过市场预测，对未来影响饭店收益的各类因素做出准确的预见和判断，以便收益经理根据预测做出正确的市场决策。

4.3 收益管理预测的内容和步骤

4.3.1 市场预测的主要内容

4.3.1.1 市场需求预测

饭店收益管理中的市场需求预测是指对特定的顾客群体在一定的时期内和一定的市场环境下所购买的饭店产品总量的预测。其中包括需求量和需求产品的品牌、种类和时间等变动趋势的预测。预测的目标是一定地理区域饭店总市场潜量、竞争群体的总市场潜量或某一饭店的总市场潜量。

市场需求预测的主要目的是饭店收益经理既要弄清未来本地区市场的总需求量到底有多大，又要掌握本饭店产品未来的市场的总需求量是多少，从而来估计本饭店未来产品的销售量、销售额以及市场占有率等。

4.3.1.2 市场供应预测

饭店收益管理的市场供应预测主要是指对在一定时期内可以投放到特定市场中的饭店产品资源的预测。例如，某饭店收益经理需要预测明年本地区或饭店周边将要增加或减少的饭店数量、床位数量或餐位数量以及增加或减少后的存量等，都属于对市场供应的预测。

市场供应预测的主要目的是要掌握和了解本地区未来市场的竞争态势，从而根据市场可供量的预测来制定合理的产品价格。在收益管理工作中，通常需要把市场需求预测和供应预测结合起来，用以预见未来市场供求矛盾的变化趋势，合理应用价格杠杆来平衡矛盾。

4.3.1.3　**环境意外事件的预测**

市场环境是影响饭店日常经营的主要因素，有利市场环境的事件有助于饭店增加需求，提高收益。而不利市场事件会对饭店的经营带来较大的负面影响。例如，2008 年北京奥运会给北京旅游和饭店市场带来很大的商机，这是因为奥运会期间市场对饭店客房及餐饮产品的需求量急剧上升，甚至出现一房难求的局面。饭店的房价也因此大幅度上涨，有的甚至上涨了数倍。可以说，不少饭店在此期间赚得盆满钵满，收入成倍地增长，属于有利的市场事件。再如，2014 年 2 月暴发于西非的埃博拉病毒疫情，给非洲的旅游业带来较大的影响，多数人由于存在着恐慌的心理，取消了原有的行程或改变了旅游目的地，这一影响波及当地的饭店市场，由于市场需求的快速下降从而导致当地饭店业收入的大幅度减少，是典型的不利市场事件。

对环境意外事件的预测，收益经理应该定期分析市场环境的变化趋势，善于从中找到对饭店市场有利的因素，规避不利因素，从而对未来市场做出更加准确的预测，降低饭店的经营风险。

4.3.2　市场预测的步骤

市场预测是一项系统工程，不仅要对相关市场数据进行收集和运算，而且需要对运算结果进行分析和决策。市场预测过程主要包括两个阶段：第一个阶段为归纳阶段，包括预测目标的确定、收集饭店的历史数据和对数据从事分析与提炼工作；第二个阶段为推断阶段，包括选择预测方法、实施预测和对预测结果进行比较、分析和评价。我们一般把预测分为确定预测目标、收集数据、选择预测方法和分析预测误差四个步骤，并参照以上两个阶段的思路来分步实施。

4.3.2.1　**确定预测指标**

预测指标（也称预测变量）的确定，是预测工作开展的基础。只有确定了清晰的预测指标，才能有目的地收集与指标相关的数据，选择对应的预测方法并建立预测模型进行预测。

在饭店经营管理工作中，预测指标通常是根据收益管理工作需要来确定的。常用的指标主要有市场潜在总需求量、客房预订量、客房销售价格、客房超订量、客房容量分配和饭店市场占有率等。指标确定流程是一般先由收益经理根据饭店未来要实现的收益目标提出预测指标，通过饭店收益管理例会讨论、分析和评价后，最终由饭店收益总监或总经理决定。指标预测的主要目的是对未来市场态势提早进行估计，降低由于市场存在的不确定性而带来的经营风险，为管理者对饭店市场作出正确决策提供依据。例如，为能使饭店在直接或间接销售渠道中公布的未来 90 天的房价最大限度满足市场需求，收益经理需要把客房的预订量和销售价格（通常为 BAR）作为需要预测的指标，定期分别进行预测，从而减少因房价过高或过低给饭店造成的潜在经营损失。正是因为有了未来 90 天客房预订量和销售价格的预测，才能正确处理好客房出租率和平均房价之间的平衡关系，实现客房收入最大化。

4.3.2.2　**收集数据**

要进行市场预测，必须要有充足的数据资料。市场预测一般需要收集的数据资料有两类。一类是饭店历年经营和现在的客史资料，这类资料的收集可以从饭店客史档案或相关计算机管理系统中（如 CRS、PMS 等）获得。例如，饭店每日客房的预订量、每日各类客房的销售价格、顾客的入住天数、每日宴会预订量以及每日超订量等，都属于这一类资料。另一类是市场资料，包括历史、现在和未来的数据资料。资料的内容包括市场供需情况、竞争对手的经营资料以及市场环境意外事件等。譬如，未来 90 天是否有宏观经济政策的调整，新饭店开业或老饭店关门，竞争对手是否有新产品或营销策略推出以及有无突发的意外市场事件等。

第一类资料的收集相对比较容易，因为所需要的资料全部来自饭店内部。特别是使用收益管理系统的饭店通过与 CRS 或 PMS 对接后可自动提取指定的数据资料，不需要收益经理通过人工收集而付出繁重的劳动。第二类资料的收集相对比较困难，收益经理不仅需要及时关注宏观经济动态和相关行业信息，利用各种渠道来获得该类资料，还需要组织一定力量进行市场调查，通过市场调查来获得竞争对手的资料和环境事件资料。饭店在收集资料中应注意做到广泛性和适用性的结合，如果收集的资料数量不足，会因样本量不够影响到预测的质量；但资料过多，则会耗费很大的人力和资金；而且资料过多，面面俱到，缺乏重点也同样会影响预测质量。

资料收集完成后，并不意味着这一阶段的工作告一段落，而是需要收益经理对收集到的资料进行过滤，即通过对数据资料和相关事件的分析和鉴别，去掉存在市场特殊性或不真实并与预测关系不密切的数据，以免给预测结果带来较大的误差。例如，2012 年 7 月 21 日，北京遭遇 60 年来最大的暴雨袭击，地面交通几乎瘫痪，首都机场500架次航班取消，给北京的饭店业造成很大的影响。其带来的结果是市场需求急剧下滑，客房预订量大幅度减少，饭店收入普遍下降。那么，在资料整理期间就应该剔除或修订在此期间的客房预订量数据，因为该数据被视为特殊市场条件下的历史数据，不具有普遍性，可能会导致预测数据出现偏差，需要剔除或修订。再如，2020 年新冠肺炎疫情的暴发，导致国内大量饭店暂停营业或惨淡经营，时间短的半年，长的持续达一年之久。2021 年年初，受境外疫情影响，国内饭店业市场仍然没有得到完全的恢复。在此期间从事市场预测，适合应用市场需求相近的前期经营数据，以尽量提高预测的精准度。但未来若干年后，如果疫情得到控制，市场恢复正常，预测中应剔除疫情期间的经营数据，使用疫情发生前或市场恢复正常后的经营数据从事预测。在对所收集的数据资料经分析、鉴别和遴选完成后，便可作为预测数据留存使用。

4.3.2.3 **选择预测方法**

选择合适的预测方法，对收益管理中的预测工作来说十分重要，它关系到预测结果能否对饭店管理者的决策起到指导作用。在预测中，我们经常会遇到一些棘手的问题。例如：有些预测方法操作简单，便于掌握，但预测误差大，精准度低；而误差小，精准度高的预测方法往往又不好掌握，且计算过程复杂，花费的时间较长，降低了工作效率。再者，一些预测方法没有考虑时间等因素变化而引起的市场环境改变，而是用所有观察值不论新旧一律同等对待的方式来进行预测，如简单算数平均法等；而多数预测方法却考虑了时间等因素变化所引起的市场环境改变，如：指数平滑法等。尽管如此，并不能说明类似简单算数平均法这样的预测方法就应该被淘汰。因为，当预测对象无显著长期趋势变动和季节变动时，采用类似的预测方法依然可以满足工作要求。它毕竟计算简单，既节省了预测的时间，又提高了工作效率。由此可见，预测方法的选择具有一定的复杂性，需要饭店在选择时结合实际情况，因地制宜，有针对性地进行选择。一般来讲，选择预测方法可从以下几个方面来综合考虑。

（1）简单易懂，便于使用。据统计，目前预测方法有几百种，本章仅介绍了最为常用的一些预测方法。预测方法从易到难，各具特点。在选择中，首先是要选择简单易懂，便于掌握和使用的。只有这样，才能够快速掌握预测方法，降低使用成本，尽快使预测工作开展起来。

（2）预测精度在允许的合理范围内。选择预测方法，除考虑便于掌握和使用的要素外，还要考虑预测精度。其目的是尽量减小预测误差，使预测精度在允许的合理范围内，以满足预测工作的需求。例如：某饭店每天平均有 200 间客房可以出售，而假如需求量的预测偏差在±5%之内才不会对客房定价产生影响，这就需要饭店尽量选择预测精度在±5%之内预测方法或者预测模型，以保证能够给予客房更加精准的定价。

（3）符合饭店实践工作需要。位于不同地域或者类型各异的饭店，其外部市场环境、客源结构以及顾客的消费习惯都会存在一定的差别。这些差别要求饭店在选择预测方法上既要考虑到预测人员对预测方法的把控能力，又要考虑到外部市场环境、客源结构以及顾客消费习惯等因素对预测产生的影响，最终是要与饭店的预测工作需求相吻合。

（4）应用 Excel 进行预测。Excel 作为非常好的一款办公软件，在数据处理、统计分析、图标设计等方面都具有强大的功能，广泛应用于经济管理、财经金融等各个领域。在 Excel“数据分析”工具中，有移动平均法、指数平滑法、回归等预测功能，为饭店开展预测工作提供了技术保障。需要说明的是，在默认情况下，Excel 中没有自动加载“数据分析”工具，单击 Excel“数据”按钮后会发现没有“数据分析”工具；若要进行数据分析操作，需要通过人工操作来“加载”添加“数据分析”工具，具体添加方法可参考 Excel 使用相关专业书籍介绍。添加好“数据分析”后，预测人员只要点击“数据分析”按钮，把收集到的历史数据输入系统指定位置并在弹出的“对话框”中选择好预测方法（如：指数平滑法），按指令操作，Excel 就能够在很短的时间内完成预测并为我们提供预测值，不再需要人工去从事复杂的数据计算。Excel 不仅能够满足饭店对预测工作的需求，而且大大提高了预测工作的效率。除此之外，Excel 还具有强大的运算功能，像加权平均法、集合意见法和增量预测法等预测方法等都可以应用 Excel 表格工具来进行运算，能够为预测人员节省大量的工作时间。

（5）使用收益管理系统。饭店管理集团或有投资能力的饭店可以通过使用收益管理系统来选择预测方法。不同的收益管理系统会使用不同的预测方法，如增量预测法就是收益管理系统中经常使用的预测方法，饭店可以结合工作实践需要来选用。

总之，在选择预测方法时除了需要考虑以上因素外，还要对预测指标或对象进行观察和综合分析，找到其运行和发展的规律，使实践工作经验与预测理论相结合，才能获得满足工作需求的预测的结果。

4.3.2.4 做出预测

对选定的指标做出预测，是预测工作的重要环节，也是预测的最后一个阶段。一般来讲，应遵循以下两个方面的原则。

（1）选择合适的预测模型

预测的方法是多种多样的，即使是同样的预测方法，也可以有不同类型的预测模型供我们选择。例如，时间序列分析法中的简易平均法和移动平均法就有着不同的预测模型，而不同的预测模型预测出的结果也会不同，这就需要预测人员在选择中要做出正确的分析和判断。

（2）测量预测误差

通过预测模型计算得出的预测结果只是预测的初始值，由于市场存在着系统的复杂性和随机性，而且也会因受到资料收集不全、信息不完整、预测经验不足等方面的影响，使预测结果存在着一定的误差。需要收益经理根据相关知识和工作经验来分析判断预测结果的可行性，并经常性地对预测结果进行验证，找到存在的误差并加以修正。

4.3.2.5 修正预测

修订预测存在的误差，是对预测结果进行决策的最后环节。对于每次的预测，都需要进行误差分析，对超出误差范围的预测值进行修正和调整。在饭店收益管理工作中，通常需要从预测人员到收益经理乃至饭店高级管理人员来共同对预测的结果加以判断、分析和调整，最终确定预测值。

4.3.3 收益管理中预测方法的精度评价

预测精度一般是指预测结果与实际情况相一致的程度，误差越小，精度就越高；反之，误差越大，精度就越低。因此，通常由误差指标的大小来反映预测精度的高低。对于每一次的预测，我们总是期望预测误差是在允许的合理范围内。为此，评价预测精度十分必要，它有助于我们了解预测方法的功效，并通过改善预测方法或修订预测值来进一步提高预测精度。以下介绍几个常用的预测精度评价指标。

由于预测精度是由误差指标来反映的，就需要对误差指标进行量化，用数据结果来进行评价。假设某一项预测指标的实际值为 Y_1，Y_2，Y_3，…，Y_n，预测计算得到的相应预测值为 $\widehat{Y_1}$，$\widehat{Y_2}$，$\widehat{Y_3}$，… $\widehat{Y_n}$，则单个误差为 $e_i = Y_i - \widehat{Y_i}$（$i = 1$，2，3…，$n$），单项预测值的绝对误差值为 $|e_i|$，以下几个误差指标常被用来评价预测精度。

4.3.3.1 平均误差（ME）

平均误差是指 n 个预测误差的平均值，由于 e_i 可能为正值，也可能为负值，在求代数和时这些取正负值的 e_i 将会相互抵消一部分，故平均误差（ME）无法真正反映预测误差的大小，但却反映了预测值的偏差情况，可以作为修正预测值的依据。ME 为正，说明预测值平均比实际值低；ME 为负，说明预测值平均比实际值高。因此，在求得预测值后，可以用加上 ME 值的方法来修正预测值。

$$ME = \frac{1}{n}\sum_{i=1}^{n} e_i = \frac{1}{n}\sum_{i=1}^{n}(Y_i - \widehat{Y}_i) \tag{4-1}$$

4.3.3.2 平均绝对误差 MAE

平均绝对误差是指 n 个绝对预测误差值的平均值。由于 MAE 为 e_i 绝对值的代数和，不会出现正负抵消的情况，通常可用来评价预测精度。

$$MAE = \frac{1}{n}\sum_{i=1}^{n} |e_i| = \frac{1}{n}\sum_{i=1}^{n} | Y_i - \widehat{Y}_i | \tag{4-2}$$

4.3.3.3 平均百分比误差 MPE

平均百分比误差是指 n 个预测值的相对误差的平均值。有时候用相对百分比表示误差比绝对数据表示误差更有优势。与平均误差类似，MPE 可用来评价某种预测方法所产生预测结果是不是持续高于或低于实际值。

$$MPE = \frac{1}{n}\sum_{i=1}^{n} \frac{Y_i - \widehat{Y}_i}{Y_i} \tag{4-3}$$

以上三个误差评价指标常用来比较不同预测方法的平均误差（或 MAE 或 MPE）或不同时期的平均误差（或 MAE 或 MPE），以便修订预测值或更换预测方法。例如：饭店在预测以后几周每一天的客房需求量时，如果连续几周的平均误差（ME 或 MPE）都是负值，说明预测值高于实际值，需要对预测值进行修正。如果连续几周的平均绝对误差（MAE）均在允许的合理范围内，则意味着预测方法合适，可以继续使用。

4.3.4 常用的市场预测指标

在饭店收益管理中，预测工作是确定未来主要市场指标的基础。要掌握和了解未来市场发展态势，合理制定饭店产品价格和为不同细分市场分配客房数量，都需要对相关经营指标进行预测和分析。只有通过预测，收益经理才能确定未来饭店产品应该以什么价格出售，为不同细分市场保留多少房间，采用什么样的差别定价策略等，为饭店实现收益最大化奠定基础。饭店常用的预测指标主要有无限制需求量、客房预订量、客房销售价格、客房超订量、客房分配数量和市场份额等。

4.3.4.1 无限制需求量

收益管理策略中的一个重要市场概念就是在没有任何限制条件的情况下，市场对饭店客房的总需求量是多少，这个总需求量被称为无限制需求量。确定无限制需求量对提高饭店收益至关重要。我们知道，在市场需求旺盛期，实施预订控制，即接受哪些预订和拒绝哪些预订是收益管理的一项重要策略，这一策略可通过为高价顾客保留部分客房而使饭店获得更高的收益，但前提是需要对饭店某一天或某一个时段的无限制需求量有一个正确的预测和估计。无限制需求量是指顾客在一个特定的时期内，在没有任何限制条件的情况下对饭店产品的需求总量，主要包括饭店已确认的需求数量和有购买意愿的潜在需求数量两大类。通常，我们会针对不同类型饭店产品的无限制需求量分别进行预测分析，如客房、宴会和康乐等产品。

饭店预测无限制需求量的目的是要掌握和了解未来某一个特定时期内饭店的市场蛋糕到底有多大，以此来分析和判断未来市场的竞争态势，从而制定有效的营销策略和价格策略。例如，当总需求量高时，饭店可通过增加直销渠道的订房、适当提高不同细分市场的房价、减少折扣价格的数量或增加 Walk-In 客人的保留房数量等方式来获得更高的收入；当总需求量低时，饭店可通过推出优惠促销活动、降低价格等级、增加折扣房数量等方式来招徕顾客，以达到薄利多销的目的。预测的次数或频率可根据饭店经营需要来具体决定，没有一个严格的界限规定。如果是人工预测，通常每天至少需要预测一次；如果运用收益管理系统，系统将在人工对相关参数设置后，根据市场的波动情况进行自动预测，每天可能会进行一次或多次预测，预测的周期一般为当天多个时段或长至未来三个月。

无限制需求量的预测模型是基于已确认的需求和潜在需求的总和这一思维建立的，其公式如下：

无限制需求量=已确认的需求量+潜在的需求量

式中，“已确认的需求量”是指饭店某时段内剔除无故未到（No-Show）和取消预订的客房数量后的实际客房入住数量，再加上因过度超订安排到其他饭店的客房数量。“潜在的需求量”包括以下三种情况。一是因饭店住宿时间控制政策导致的顾客放弃订房。如饭店某日某种类型的客房必须连住两晚才能够订房，而顾客只需住一晚，因而放弃订房。二是因价格的限制导致顾客放弃订房。如顾客最高能承受的房价为 400 元/间天，而当日房价为 500 元/间天，价格过高，顾客只好放弃订房。三是因房间数量限制导致的顾客订不到房。如顾客订房时饭店房间已经卖满，没有剩余的客房可预订，顾客只能放弃订房。

饭店在预测无限制需求量中常常会遇到如何获得“潜在的需求量”的历史数据问题。一般来讲，饭店 PMS 中储存的只是顾客实际入住客房数量的历史数据，潜在的需求数据在当日发生后如果没有及时记载，过时便会消失。因此，饭店在预测无限制需求量中如果力求应用潜在的需求数据，就要每日通过人工或其他方式来记载以上三种情况下被拒绝的预订数据，以保证这些数据被完整保留。通常，很少有饭店能够完整保留这些潜在的需求量数据，因为这需要有足够的耐心和坚持不懈的恒心。一般来讲，在饭店没有保留潜在的需求量数据的情况下，我们在预测无限制需求量中可以忽略这些数据，只应用已确认的需求量数据作为历史数据来从事预测。尽管这样做对预测精准度会产生一定的影响，但实践证明它对确定正确的价格等级依然是有效的。

4.3.4.2 客房预订量

客房预订量是饭店收益管理预测中最常用的市场指标之一。它关系到未来某一个时期饭店客房的出租率情况，是决定饭店客房收入高低的主要指标。这里所说的客房预订量是指饭店最终出租出去的客房数量，没有包含被拒绝的预订、无故未到和取消预订的客房数。客房预订量的预测是在对历史经营数据分析、归纳和提炼的基础上，结合所掌握的竞争对手情况以及相关市场事件，通过选择合适的预测模型来进行预测的。饭店应每日对客房预订量进行预测，预测的频率或次数根据工作需要而定；预测的时间可以是当天的某些时段、某一天或第二天以后的某个时期，通常，需要对未来 7 天至 90 天的客房预订量进行预测。

预测客房预订量的目的是使饭店管理者及早掌握和了解未来 90 天甚至更长时期内每天饭店客房的出租率情况，以便制定出合适的房价。因为市场需求每时每刻都在发生着变化，所以每隔一段时间就需要进行一次预测，而每次的预测结果可能会有所不同，预订量的变化为饭店实行动态定价提供了条件。

4.3.4.3 客房销售价格

客房销售价格的预测与客房预订量一样同等重要，因为它也是决定客房收入高低的重要因素之一。客房销售价格通常是指经过需求的价格弹性分析后所得到的最佳可用房价，也称 BAR。在客房的价格体系中，同一类型的客房对不同的细分市场有着不同的 BAR，用以满足不同顾客群体的需求。而且，随着市场需求的波动变化，这些 BAR 还将作为标准价格衍生出不同的超值价格或折扣价格，从而形成价格的动态变化。客房销售价格的预测主要是指对饭店客房在未来某一个周期内 BAR 的预测。这一预测十分重要，它为饭店及早在不同销售渠道的定价提供着重要的参考依据。对客房未来市场销售价格的预测，可提高饭店管理者对价格决策的前瞻性，通过准确的定价来使客房收入获得最大化。由于客房销售价格与客房预订量是相互影响和作用的两个变化要素，一般会同时进行预测。

4.3.4.4 客房超订数量

客房超订数量是指饭店在客房全部订满的情况下，再增加一定数量订房的行为，所增加的订房数量通常称为超订数量。饭店采取客房超订的目的是最大限度地减少因无故未到和预订取消现象的发生而给饭店带来的客房虚耗损失。那么，要事先知道客房的超订数量，就需要进行预测。如果超订数量过高即出现过度超订，会导致预订客人被拒绝入住，饭店因需要额外安置被拒绝入住的客人而增加成本；同时，也会引起客人对饭店的不满，潜藏着失去忠诚顾客的风险，严重的还会导致法律纠纷；如果超订数量过低，会使饭店客房在市场过度需求时出现闲置，给饭店造成经济损失。因此，准确地预测客房超订数量对饭店降低客房闲置损失，提高潜在收益十分重要。超订数量可用以下模型来进行预测：

$$O=\frac{(T-C)\times(r_1+r_2)+C\times f-D\times k}{1-(r_1+r_2)} \tag{4-4}$$

式中：用 O 表示超订数量；T 表示饭店可供出租客房总数；C 表示续住客房数；r_1 表示预订取消率；r_2 表示预订未到率；D 表示预期离店的客房数；f 表示提前退房率；k 表示延期住店率。

饭店管理者在日常经营中要注重记录和留存以上自变量的历史数据资料，从而为客房超订数量的计算奠定基础。

4.3.4.5 客房分配量

饭店在经营中经常会遇到客房分配的问题，尤其是在市场需求旺季，如何为不同的细分市场来优化分配客房，实现客房收入最大化，是饭店收益管理中的难题。一般情况下，休闲度假客人对价格比较敏感，会较早地预订客房，以求享受到较大的客房折扣价；而商务客人会因工作时间的限制，预订客房较晚，对价格不敏感，通常愿意以高价格来预订客房，首先考虑的是保障出行计划和时间。如果饭店对客房不提前进行分配和控制，而是采取“先来先得”的订房策略，那么，就会存在着饭店客房提早被折扣客人全部占用，高价的商务客人订不到房的情况，潜藏着收入损失风险；反之，如果留给商务客人的房间量过大，也可能会产生空房损失。因此，处理好接受的预订和被拒绝的预订之间的数量关系，对提高饭店收益十分重要，客房分配量的预测正是以此为目的。

客房分配量的预测是指根据预测的结果提前为不同细分市场的顾客分配客房。由于多数饭店的细分市场并不是简单地由休闲度假客人和商务客人组成，而是来自不同渠道的，诸如饭店会员、OTA 散客、公司协议、会议团体、旅行团体以及 Walk-In 散客等细分市场，这些细分市场通常都享有不同的房价，所以，客房分配量的预测相对比较复杂，除了饭店收益经理依据经验数据来判断和估算外，大多数情况下需要借助饭店收益管理系统建立客房分配决策模型来进行预测。

4.3.4.6 市场份额

市场份额的预测主要是为了使饭店管理者能及早掌握和了解饭店未来的市场份额情况，以便及早制定相应的营销策略来提高市场份额。市场份额的预测通常会与无限制需求量的预测结合起来，可得到更加全面和准确的预测结果。市场份额的预测不仅需要收集和归纳饭店历年的相关数据，更重要的是需要调查和掌握竞争对手的相关信息资料以及本地区市场的变化态势。特别是饭店周边竞争对手数量、价格以及营销策略的变化，这些变化都会对饭店的市场份额产生影响，在预测中要充分考虑这些因素。

市场份额的预测周期因饭店所处的市场环境不同而异，由于新的市场事件发生会导致饭店市场份额发生变化，所以饭店收益管理系统会根据这些事件的发生定期作出预测，但预测的结果需要收益经理进行分析和判断，对存在较大误差的要进行及时调整和修订。

4.4 收益管理中的预测方法

4.4.1 市场预测的方法

预测科学是在广泛运用运筹学、管理科学、数理统计学、信息科学以及数学等学科理论的基础上发展起来的。随着科学与互联网技术的发展，尤其是现今大数据概念的出现，更加促进了预测科学的进步与发展。预测科学通过多年的实践与发展，已广泛应用于国民经济和社会生活的各个领域，归纳和总结出百余种不同的预测方法，成为诸多行业和领域不可或缺的一门学科。

在众多的预测方法中，常用的预测方法有十几种，主要划分为定性预测方法和定量预测方法两大类。

4.4.1.1 定性预测方法

定性预测方法是指通过社会调查，采用已有的历史资料和现实资料，结合人们的经验加以综合分析，做出判断和预测，是以市场调研为基础的判断分析法。

定性预测法主要适合于在缺少量化数据或存在难以量化要素的情况下使用。譬如，要投资兴建一家饭店，首先需要做前期投资规划、可行性分析、市场定位以及未来若干年的经营预算等，其主要目的是对项目未来发展状况、经营业绩以及投资回报情况做出估计和判断。实际上，估计和判断就是对项目未来发展情况的一种预测，而此时饭店尚在筹建规划中，没有任何的历史经营数据可供参考，只有依靠市场调研和同行业饭店的数据来作为预测的依据。在此基础上，只能通过定性的预测方法，依靠专家的经验和综合分析做出判断和预测。定性预测方法常用的有市场调查法、集合意见法、类比法、专家意见法（德尔菲法）和预警分析法等。本节着重阐述饭店中常用的市场调查法、集合意见法和类比法三种预测方法。

4.4.1.2 定量预测方法

定量预测方法通常分为时间序列预测法和因果关系分析法，也是预测工作中常用的两种方法。

时间序列预测法是以预测对象的时间序列数据为基础，通过相应的数学运算方法或建立数学模型来进行预测，从而描述其发展规律和趋势的一种预测方法。其前提是假设预测对象未来的发展规律和趋势与过去和现在具有相同的延续，不去考虑事物在发展过程中的因果关系。时间序列预测法比较直观，逻辑性强，容易被预测人员理解和掌握。常用的有加权平均法、移动平均法和指数平滑法等。

因果关系分析法是从预测对象之间的因果关系入手，以经济理论和实际统计资料为依据，运用数学、统计学方法和计算机技术，建立回归分析模型来进行预测的一种预测方法。因果关系分析法综合运用了经济学、统计学和数学，通常需要借助 Excel 表格工具、预测分析软件（如 EVIEWS 软件）或饭店收益管理系统来进行预测。常用的有线性回归预测法、非线性回归预测法等。

时间序列预测法和因果关系分析法是两类不同的定量预测方法，时间序列预测法根据预测对象（饭店市场指标）本身的历史数据去预测未来，因果关系分析法注重分析影响预测对象的各因素所造成的影响。相对而言，时间序列预测法在短期的外推预测中应用较为频繁，因果关系分析法在长期预测中对预测精度更为有效。常用的定性与定量预测方法如图 4-1 所示。

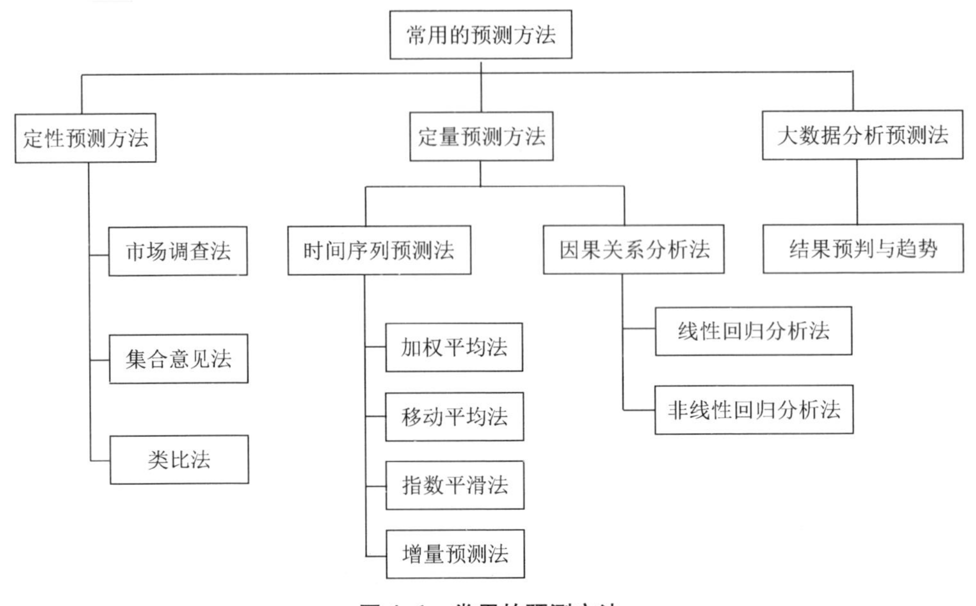

图 4-1　常用的预测方法

4.4.2　收益管理常用的预测方法

在饭店收益管理工作中，无论采用哪种预测方法，都存在着人工和计算机软件两种预测方式。预测的期限可划分为长期预测、中期预测和短期预测；长期预测一般为三个月至九个月，中期预测一般为七天至三个月，短期预测为当天的多个时段至以后的七天。

人工预测是指管理人员依据实际工作经验或借助专业预测工具来进行预测的方式。其优点在于凝结了管理人员或相关岗位专家的实战经验和业务知识，比较适合从事定性方面的预测，尤其在判断未来趋势和延伸性方面，有时会预测的非常准确。即使没有收益管理系统的帮助，仍可开展市场预测工作，为饭店收益管理策略的实施提供保障。缺点是如果采用定量预测法进行预测，需要借助专业的预测工具（如 Excel 表格工具等），花费的时间较长，预测效率较低。相较于收益管理系统，预测的精准度也会偏低。计算机软件预测是指管理人员借助计算机专业软件系统来进行预测的方式。计算机软件主要是指收益管理系统（RMS）或一些专业的预测软件（如 EVIEWS、SPSS、R 软件等）。计算机软件预测的原理是应用事先建立好的复杂数学模型，通过人工对预测参数进行设定后，经过计算机的运算最终得出要预测的指标值，经过误差分析和修订后可投入应用。其优点是能够自动提取饭店管理系统（PMS）或中央预订系统中的历史数据，不仅运算速度快，而且预测精准度高，能够运算非常复杂的预测模型，可为预测人员节省大量的时间，把他们从繁重的数据运算中解脱出来，从而提高预测的工作效率。例如，需求的价格弹性模型、客房分配决策模型、客房多期预订决策模型、客房超订期望损失模型和客房价格决策模型等复杂的随机性预测模型，在植入计算机系统后，都会对提高预测精准度有很大的帮助。缺点是需要支付一定的成本费用，尤其是饭店收益管理系统需要饭店投入一定的资金购买或定期支付管理费用，而且系统也需要专人进行维护。饭店收益管理系统主要应用于指标的定量预测，其预测模型需要由专业的软件工程师根据系统工作环境的需要来建立。

4.4.2.1 市场调查法

市场调查法是饭店最常用的预测方法之一，通常由收益管理部门或销售部门来完成。主要用于饭店市场中期或长期预测，预测步骤为：

（1）确定需要预测的指标。收益管理部门根据工作内容要事先确定需要预测的指标，如无限制需求量、客房预订量、销售价格以及市场份额等。

（2）确定需要调查的内容。由于调查是为了对选定的指标进行预测，因此，调查的内容与要预测的指标具有相关性。例如，如果预测的指标是客房预订量，那么调查的内容应是消费者的购买行为、客户的满意度或竞争对手的预订情况等相关信息；如果预测的指标是销售价格，那么调查的内容是竞争对手的价格、商务活动或市场环境事件等信息，具体应以选择与预测指标相关度高的市场要素为原则来确定调查内容。

（3）设计调查方案。在需要调查的内容确定之后，便可着手设计调查方案，其中包括调查人员的确定、问卷的设计、调查的对象主体、调查进度安排以及费用预算等。

（4）采集并分析数据。这个阶段是调查实施的全过程。调查人员可以采取与选定对象的访谈调查、电话调查、邮寄调查以及网络调查等方式来收集所需要的市场信息。收集信息的原则是力求准确并具有参考价值；调查结束后，调查人员需要将收集到的数据信息和问卷交给饭店收益管理部门进行归纳、统计和分析。

（5）实施预测。收益管理部门对调查数据统计和分析完成后，就需要选择合适的方法对相关指标进行预测，并对所获得的预测值进行误差分析和修订。

（6）对预测结果做出评价。在获得预测结果后，需要通过收益管理会议对预测的结果进行评估，最终做出决策。预测结果的评价是市场调查法的最后一个阶段，必要时应请销售部和前厅部人员参加，对提高预测结果的准确性会有很大帮助。

市场调查法的优点是通过市场调查获得的市场数据具有较高的实用价值，特别是收集到的实时数据和市场信息，通过与饭店历史数据和管理人员实战经验的结合，往往会使预测结果的精准度大大提高。缺点是只适合用来进行中期或长期的预测，不适合波动频率较高的短期预测。因为市场调查、收集数据和归纳整理都需要花费一定量的时间，用这种方法进行短期预测，其结果往往滞后于实际发生值，不具有时效性。市场调查法在饭店中通常用于接待人数、预订总量、平均房价和市场份额等中长期指标的预测。

4.4.2.2 集合意见法

集合意见法是指将饭店高层管理人员、部门管理人员和市场销售代表（也称相关人员）的意见集合起来，根据他们的实践经验和分析判断对市场指标进行预测的一种方法。集合意见法由于综合了饭店不同岗位人员的意见，对事物的认识比较全面，所以是饭店常用的预测方法之一。该方法与市场调查法类似，一般也适用于饭店对市场进行中长期指标的预测。预测步骤如下：

（1）由饭店收益管理部门根据需要预测的市场指标，向参加预测的饭店高层管理人员、部门管理人员和市场销售代表说明预测的目的，对需要预测的市场指标和期限提出要求，同时提供必要的历史资料。

（2）参加预测的相关人员根据预测要求，凭个人所掌握的专业知识、经验以及相关历史资料对要预测的指标进行分析和判断，提出各自的预测结果。在预测过程中，相关人员应采用定性预测与定量预测相结合的方法，使预测结果既考虑到管理人员的知识和实践经验，同时也要兼顾量化指标的使用。

一般来讲，参加预测的相关人员应至少提出两种或两种以上可能出现的预测结果，并提出与每一个预测结果相对应的主观概率和两种不同状态下的估计值。

（3）饭店收益管理部门将收回的相关预测人员的预测结果进行归纳和整理，并分别计算出期望值。期望值的计算方法等于各种状态下的主观概率与对应估计值的乘积之和。

例如，饭店销售部经理预测下个月饭店客房两种状态下的预订量（假设预订不存在 No-Show 或取消的情况）分别为 4800 间和 4200 间，而每种状态下对应的主观概率分别为 70%和 30%。那么，该经理预测的期望值为两种状态下的主观概率与对应估计值的乘积之和，即 4620 间（4800×70%+4200×30%）。

（4）计算参加预测的各相关人员的综合期望值。综合期望值的计算方法是对各相关人员通过预测得到的期望值再进行综合计算，最终确定预测值。综合计算方法多采用平均数法、加权平均数法或中位数法等统计方法。

（5）作出预测。在通过综合计算得到对各相关人员的综合预测值后，还需要结合市场的变化趋势进行判断分析，根据市场的变化情况来作相应的调整和修订，并通过收益管理会议最终进行确定。

下面，举例说明集合意见法的运用方法，见案例4-2。

【案例4-2】

假设一家四星级饭店共有200间客房，今天是3月15日，饭店收益管理部计划采用集合意见法预测当年6月的订房量，分别请饭店主管副总经理、收益与销售两位总监，前厅部、客房部与财务部三位经理和销售部六位销售人员参加预测，假设不考虑No-Show或预订取消的因素，要求在3月18日前完成预测。

解：预测方法与步骤如下：

①将总监以上人员，部门经理及销售人员按岗位不同分为三个组，并要求他们根据收益管理部提供的相关资料依据其实践经验进行分析和判断，并作出预测。假设他们的预测结果如表4-1至表4-3所示。

表4-1　总监以上人员的预测结果

岗位	预测值（间）						期望值	权数
	最高值	概率（%）	中等值	概率（%）	最低值	概率（%）		
副总经理	5100	0.3	4800	0.5	4500	0.2	4830	0.4
收益总监	5280	0.2	4980	0.6	4800	0.2	5004	0.3
销售总监	5160	0.3	4860	0.6	4680	0.1	4932	0.3

表4-2　部门经理的预测结果

岗位	预测值（间）						期望值	权数
	最高值	概率（%）	中等值	概率（%）	最低值	概率（%）		
前厅部经理	5160	0.1	4860	0.7	4500	0.2	4818	0.5
客房部经理	5100	0.2	4800	0.5	4680	0.3	4824	0.3
财务部经理	5220	0.3	4980	0.6	4800	0.1	5034	0.2

表 4-3 销售人员的预测结果

销售人员	预测值（间）						期望值	权数
	最高值	概率（%）	中等值	概率（%）	最低值	概率（%）		
甲	4920	0.2	4800	0.6	4680	0.2	4800	0.2
乙	4980	0.3	4860	0.5	4800	0.2	4884	0.1
丙	4800	0.1	4680	0.7	4380	0.2	4632	0.1
丁	4740	0.1	4620	0.6	4380	0.3	4560	0.2
戊	4680	0.3	4500	0.5	4320	0.2	4518	0.3
己	4860	0.2	4680	0.6	4500	0.2	4680	0.1

②饭店收益管理部门在收到以上人员的预测结果后，需要对所获得的预测结果进行综合归类。依据预测人员的知识和经验丰富的程度给出不同的权数，并对所得到的期望值用加权平均法进行综合计算，计算公式如下：

$$\widehat{X}_j = \sum_{i=1}^{n} X_i F_i$$

式中：$0 \leqslant F_i \leqslant 1$，$\sum_{i=1}^{n} F_i = 1$；$\widehat{X}_j$ 为 j 组人员的综合期望值，j 为不同的组数；$i = 1$，2，3 分别表示总监以上人员组类，部门经理组类和销售人员组类；X_i 为第 j 组中第 i 位人员预测的期望值，F_i 为第 j 组中第 i 位人员预测期望值相对应的权重或权数，n 为 j 组人员的总人数。

假设总监以上人员，部门经理及销售人员三个组的预测期望值和权数如表 4-1 至表 4-3 所示，代入以上公式，则各组的综合期望值为：

总监以上组，$j = 1$，则：

$$\widehat{X}_1 = 4830 \times 0.4 + 5004 \times 0.3 + 4932 \times 0.3 = 4913 \text{（间）}$$

部门经理组，$j = 2$，则：

$$\widehat{X}_2 = 4818 \times 0.5 + 4824 \times 0.3 + 5034 \times 0.2 = 4863 \text{（间）}$$

销售人员组，$j = 3$，则：

$$\widehat{X}_3 = 4880 \times 0.2 + 4884 \times 0.1 + 4632 \times 0.1 + 4560 \times 0.2 + 4518 \times 0.3 + 4680 \times 0.1 = 4663 \text{（间）}$$

③对三组综合期望值进行综合计算，得出综合预测值。在计算过程中，由于

以上三组人员对市场掌握和了解的程度不同，应有不同的侧重，给予不同的权数。总监以上人员需要把握全局，视角范围广，应给予较大的权重；部门经理在饭店中起着承上启下的作用，实际工作经验丰富，一般对事物的认知比较客观，给予居中的权数；销售人员因指标考核原因一般会多从个人角度出发来审视市场，存在局限性，给予较小的权数。计算公式如下：

$$\hat{X} = \frac{\sum_{j=1}^{m} \hat{X}_j P_j}{\sum_{j=1}^{m} P_j}, P_j \geqslant 0$$

式中：P_j 为根据重要程度给予三组人员的权重，m 为预测人员的类型总数。

假设给予总监以上组预测结果的权重数为 3，给予部门经理组预测结果的权重数为 2，给予销售人员组预测结果的权重数为 1，则：

$$\hat{X} = \frac{4913 \times 3 + 4863 \times 2 + 4663 \times 1}{3 + 2 + 1} = 4855（间）$$

④对以上预测结果进行分析调整。根据最终的预测结果，需要分别与每一组的综合预测值进行比较分析，通过召开饭店收益管理会议讨论，进行调整和修订，最终做出决策。从以上结果看，预测值既低于总监以上人员的预测值，也低于部门经理的综合预测值，主要是受到销售人员预测值普遍偏低的影响。如果按照这个预测结果执行，可能会低于市场预期，使收益受到一定的影响，需要调整和修订。

集合意见法的优点是汇集了饭店不同岗位管理人员和销售人员的知识和经验，是饭店相关人员集体智慧的结晶；预测中既综合了相关人员的实践经验，又采用了数理统计方法进行计算，往往使偏差修订后的预测结果较为准确。缺点是预测时间较长，花费的人力物力较大，适合于饭店对市场进行中长期预测，不适合用于波动周期短和次数频繁的市场指标预测。

4.4.2.3 类比法

类比法也称为“比较类推法”，是将预测目标与其同类或相似的先前已发生的事物加以对比分析，按照发展规律相一致的原则，来推断预测目标未来发展趋向与可能水平的一种预测方法。类比法有多种应用形式，如由点类推面、由局部类推整体以及由类似产品类推新产品等。类比法通常适用于预测客户潜在的购买力、产品的需求量以及市场的变化规律等。一般来讲，类比对象间共同的属性越多，类比结论的可靠性就越大。

在饭店中，类比法的应用非常普遍。收益管理或营销部门会经常应用类比法来对未来某一个时期的产品需求量或房价进行预测，也是饭店最常用的定性预测方法之一。收益管理系统中也多应用类比法来建立数学模型，尤其在客房预订量方面，预订轨迹分析预测即为类比法的一种，多用于对客房预订量的预测。同时，饭店通常还采用由点推算点、由点推算面或由局部类推整体的方式来预测指标。在饭店收益管理工作中，一般多采用由点推算点的方法来预测某一天的预订量或客房销售价格。

例如，某饭店有 100 间客房，已知 2016 年至 2018 年 6 月第一周周三的预订量分别为 48 间、52 间和 47 间，假设不考虑权重因素，可用类比法来预测 2019 年 6 月第一周周三的预订量。首先，通过计算可得到 2016 年至 2018 年 6 月第一周周三的平均预订量为 49 间。假设该饭店收益经理通过相关信息得知 2019 年 6 月初在本地将举办一个大型服装展会，届时饭店市场的需求量将会增加 5%。根据类比推断，估计饭店的需求量也会在原有预订量的基础上相应提高 5%。那么，应用类比法预测即可得到 2019 年 6 月第一周周三的预订量为 54 间（即：49+100×5%=54）。下面，通过案例 4-3 来说明。

【案例 4-3】

某饭店有客房 200 间，在客房出租率相同的前提下，其平均房价如表 4-4 所示。假设在同等出租率的前提下，请用类比法预测 2019 年 8 月该饭店的平均房价是多少？

表 4-4 2013 年至 2018 年 8 月平均房价

年份	2013	2014	2015	2016	2017	2018
平均房价（元/间天）	245	267	321	377	415	452
环比指数	1. 00	1. 09	1. 20	1. 17	1. 10	1. 09

解：首先，根据 2013 年至 2018 年 8 月平均房价的变化情况，可计算得到上表中的环比指数，并绘出客房平均房价变动，如图 4-2 所示。

图 4-2　2013 年至 2018 年 8 月平均房价变动图

从图中看出，2013 年至 2018 年 8 月的平均房价在逐年上升，客房出租率保持稳定，说明该饭店所在地区不仅客源市场具有较大的潜力，而且消费水平也在逐年上升。从环比指数的变化情况可以看出，2015 年以前价格提高的幅度在逐年递增，环比指数分别为 1.09 和 1.20，价格增长空间较大，而后开始出现递增幅度下降的趋势，说明价格增长的空间在逐年减少，分别为 1.17、1.10 和 1.09，地区消费水平虽有提高，但呈减弱趋势。因此，根据类比法由点推算点的预测原理，类比 2017 年和 2018 年环比指数下降 0.01 的原则，可将 2019 年环比指数设定为 1.08。那么，便可得出 2019 年 8 月的平均房价为 488 元/间天，如图 4-3 所示。

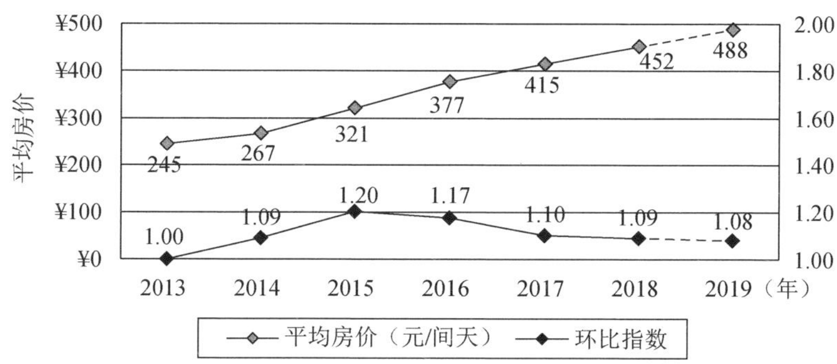

图 4-3　2019 年 8 月平均房价预测图

一般来讲，饭店多用类比法来预测客房产品的需求量和销售价格，适合于中长期的预测。其优点是预测周期短、简单易懂、比较直观，应用简单的数据便可进行推断和分析预测；缺点是没有考虑市场的波动性、竞争要素以及饭店自身的产品和环境因素。因此，预测结果往往会存在一定的偏差，需要修订。

4.4.2.4 时间序列预测法

时间序列预测法是根据市场过去的变化规律，把历史数据按照时间的先后顺序，通过一定的统计分析方法来预测未来发展趋势的预测方法。在饭店收益管理预测中，多采用的是时间序列的乘法模型，主要用于对饭店的需求情况进行中长期预测，其公式为：

$$Y_i = T_i \times S_i \times C_i \times I_i \tag{4-5}$$

其中：Y_i 为预测值，T_i 为趋势变动因素，S_i 为季节变动因素，C_i 为循环变动因素，I_i 为不规则波动因素。

以上公式中，充分考虑了趋势、季节、循环和不规则变动四个要素的相互作用，这些要素均为影响饭店市场需求的主要元素。趋势变动是随着时间的推移逐渐发生变动的；季节变动一般呈现为有规律的变动；循环变动不同于季节变动，没有固定的规律，多呈现出交替的波动；而不规则变动则是由突发或偶然事件引起的无规律变动。在饭店市场需求预测中，所采用时间序列的一些方法和模型中都涵盖有趋势、季节、循环和不规则变动的因素，并根据市场存在的具体特性来全面考虑或部分考虑以上因素的影响，减小预测值的偏差。本章主要介绍饭店市场需求预测中常用的时间序列预测法中的加权平均法、移动平均法、指数平滑法和增量预测法四种预测方法。

（1）加权平均法

加权平均法是简易平均法中一种常用的方法。加权平均法中，我们把所收集到历史数据的应用数值通常称为观察值，而每个观察值对未来预测的结果都会产生影响。随着时间的推移，每个观察值因受到诸多因素的影响而发生变化，距预测期越近，对预测值的影响越大；距预测期越远，对预测值的影响越小。因此，我们会根据观察值距预测期的远近不同而给予不同的权重，距预测期远的观察值给予较小的权重值，距预测期较近的观察值，给予较大的权重值。把这种给予观察值以不同权重值后，通过计算加权平均数而获得预测值的方法称为加权平均法。其公式表示为：

$$\hat{X}_{n+1} = \overline{X}_F = \frac{X_1F_1 + X_2F_2 + \cdots + X_nF_n}{F_1 + F_2 + \cdots + F_n} = \frac{\sum_{i=1}^{n} X_iF_i}{\sum_{i=1}^{n} F_i} \tag{4-6}$$

式中：$\widehat{X}_{n+1}$ 为预测值；$\overline{X}_F$ 为观察期内预测指标的加权平均值；F_i 为与 X_i 相对应的权重数；X_i 为观察期内的实际数值即观察值；n 为数值的个数。

在权数的取值中，一般取权重数为小数，按照 $\sum_{i}^{n} F_i = 1$ 的原则来取值。权数的取值正确与否，关系到预测结果的准确性，具有非常关键的作用。由于目前尚没有科学的方法来计算权数的取值，所以一般需要收益经理在工作实践中善于积累和总结，找到本饭店权数取值的规律，更好地应用于预测工作中。根据预测的需要，权重的取值也可以是等比数列或等差数列。下面来举例说明。

【案例 4-4】

假设某饭店有客房 300 间，2014 年至 2018 年每年 5 月 18 日出售的房间量如表 4-5 所示。今天是 2019 年 4 月 18 日，已确认预订该饭店 2019 年 5 月 18 日的客房为 58 间，假设不考虑预订取消和 No-Show 因素，请用加权平均法计算该饭店 2019 年 5 月 18 日还能卖出多少间客房？

表 4-5　2014 年至 2018 年饭店客房的预订量

日　期	卖出的房间量（间）
2014 年 5 月 18 日	293
2015 年 5 月 18 日	287
2016 年 5 月 18 日	300
2017 年 5 月 18 日	291
2018 年 5 月 18 日	289

解：首先，根据加权平均的概念，本例中的观察值为该饭店 2014 年 5 月 18 日至 2018 年 5 月 18 日卖出的房间量。即：$X_1 = 293$；$X_2 = 287$；$X_3 = 300$；$X_4 = 291$；$X_5 = 289$。

根据实践经验，按照距预测期较远的观察值给予较小权重，距预测期较近的观察值给予较大权数的原则。假设 2014 年的权数 $F_1 = 0.02$；2015 年的权数 $F_2 = 0.03$；2016 年的权数 $F_3 = 0.1$；2017 年的权数 $F_4 = 0.15$；由于 2018 年距 2019 年最近，因此取较大的权数 $F_5 = 0.7$。

又：由于本例中的观察值为 5 年中的实际值，因此，$n=5$。

代入公式（4-3）：

$$\hat{X}_{2019}=\overline{F}_{2019}=\frac{X_1F_1+X_2F_2+\cdots X_5F_5}{F_1+F_2\cdots F_5}$$

$$=\frac{293\times0.02+287\times0.03+300\times0.1+291\times0.15+289\times0.7}{0.02+0.03+0.1+0.15+0.7}$$

$$=290(\text{间})$$

通过以上计算得到的预测值 290 间意味着该饭店在 2019 年 5 月 18 日有 290 间的客房需求量，而题中已知该日期已确认预订的客房数为 58 间。则：该饭店 2019 年 5 月 18 日还能出售的房间量为：290−58=232 间。

加权平均预测法因存在通俗易懂、操作简单以及运算方便等优点，所以成为饭店最常用的预测方法之一。缺点是预测中只将实际值作为计算依据，没有考虑市场需求不规则的波动因素，而且预测值也存在着一定的滞后性，因此，预测的结果会存在一定的误差，需要饭店收益经理根据市场环境情况来进行修订。

（2）移动平均法

在我们使用加权平均法时，由于没有考虑市场需求的波动因素，给预测的准确性带来了一定的影响。这是因为随着时间的推移，过去的数据距预测期越来越远，而新的数据又在不断产生，这就使得过去的数据随着时间的推移在逐渐失去功效，对预测结果的影响逐渐减小以至于最终为零。而移动平均法正是规避了以上存在的不合理因素，其主导思想是在预测过程中，新产生的数据要比距预测期较远的旧数据作用大得多。因此，移动平均法是按时间序列将观察值由远到近进行排列，并按一定跨越期来计算平均值的一种预测方法。移动平均法并不需要对所有的历史数据进行平均计算，而是一般选取 5～15 个观察值用于平均值的计算。随着时间的向后推移，按照选定跨越期的平均值也在向后移动，便可形成由新的平均值组成的时间序列，从而使预测的结果随着新的观察值的产生而不断更新，最后一个预测值是预测计算的依据。

移动平均法的特点体现在两个方面。一是在相对较长的观察期内，时间序列的观察值因受到随机因素的影响，呈波动状变化。因此，移动平均法能够消除历史数据不规则变动和季节波动所带来的影响，弥补了加权平均法的缺陷，较好地修匀了时间序列。二是移动平均法所需历史数据的观察值比较少，因为随着时间的移动，远期的观察值对预测期数值的确定几乎不再产生影响，这使得移动平均法可被长期用于对饭店某一目标值的预测，而无论延续多长时间，所保留的观察值都在不断更新，无须增加，只需保留跨越期内观察值的数据即可。移动平均法通常被用来测算饭店产品市场需求量和收入的预测，尤其是客房需求量和收入的预测。通过对未来某一个时期客房需求量的预测，可以及早掌握客房的需求情况，从而来合理地分配客房和制定该时期内的房价，避免定价或客房分配出现偏差。

移动平均预测法既适合于有趋势变动又有波动的时间序列，也适合于存在季节变动现象的预测，能够较好地消除随机因素引起的不规则变动对市场现象时间序列的影响。移动平均法主要有一次移动平均法、二次移动平均法和加权移动平均法。

①一次移动平均法。一次移动平均法是按照确定的跨越期将观察值分为若干组数据，通过计算出各组数据的算数移动平均值，并将其作为下一期的预测值的预测方法。其公式可表示为：

$$\widehat{X}_{t+1} = M_t^{(1)} = \frac{Y_t + Y_{t-1} + Y_{t-2} + \cdots + Y_{t-n+1}}{n} \tag{4-7}$$

式中：$\widehat{X}_{t+1}$ 为第 $t+1$ 期的预测值；$M_t^{(1)}$ 为第 t 期的一次移动平均值；Y_t 为第 t 期的观察值；n 为跨越期数。

【案例 4-5】

假如某饭店有 300 间客房，表 4-6 是前 15 周每个星期一的客房销售量，请用移动平均法预测第 16 周星期一（2019 年 7 月 15 日）的客房销量是多少？

表 4-6　饭店前 15 周每个星期一客房销售量

序号	日期（星期一）	客房销售量（间）
1	2019 年 4 月 1 日	273
2	2019 年 4 月 8 日	286
3	2019 年 4 月 15 日	281
4	2019 年 4 月 22 日	275
5	2019 年 4 月 29 日	284
6	2019 年 5 月 6 日	269

续表

序号	日期（星期一）	客房销售量（间）
7	2019 年 5 月 13 日	272
8	2019 年 5 月 20 日	276
9	2019 年 5 月 27 日	273
10	2019 年 6 月 3 日	282
11	2019 年 6 月 10 日	271
12	2019 年 6 月 17 日	281
13	2019 年 6 月 24 日	275
14	2019 年 7 月 1 日	284
15	2019 年 7 月 8 日	271

解：从表 4-6 看出，该饭店 15 周中每个星期一的客房销售量因存在着随机性变化而导致的不规则波动，但没有明显的趋势性态势。我们用一次移动平均法来进行预测，能够较好地修复因随机性变化产生的波动并获得预测值。

首先，我们把表中每个星期一的客房销售量作为此次预测的 15 个观察值，下面的关键是如何来确定跨越期 n 的数量。在跨越期 n 的取值中，尚无科学的方法来确定，需要根据实践经验选择两个或更多的跨越期来进行计算比较，最终选取误差较小的跨越期作为预测的计算依据。通常，取 2~3 个跨越期数就可以满足预测的需求。如果设定的跨越期太多，不仅需要的观察值数量多，而且花费时间长；再者，距预测期较远的数据因对预测结果影响很小，忽略后不会对预测结果产生影响。因此，一般选取 6~15 个左右的观察值，2~3 个跨越期便能够满足预测的需求。此处分别选择跨越期 n=3 和 n=5 来进行预测，以便通过计算误差的大小最后来进行取舍。

① 计算一次移动平均值

当 n=3 时：

$$\widehat{X}_4 = M_3^{(1)} = \frac{Y_3 + Y_2 + Y_1}{n} = \frac{281 + 286 + 273}{3} = 280(\text{间})$$

$$\widehat{X}_5 = M_4^{(1)} = \frac{Y_4 + Y_3 + Y_2}{n} = \frac{275 + 281 + 286}{3} = 281(\text{间})$$

…………

$$\widehat{X}_{15}=M_{14}^{(1)}=\frac{Y_{14}+Y_{13}+Y_{12}}{n}=\frac{284+275+281}{3}=280(\text{间})$$

当 n=5 时：

$$\widehat{X}_{6}=M_{5}^{(1)}=\frac{Y_{5}+Y_{4}+Y_{3}+Y_{2}+Y_{1}}{n}=\frac{284+275+281+286+273}{5}$$
$$=280(\text{间})$$

$$\widehat{X}_{7}=M_{6}^{(1)}=\frac{Y_{6}+Y_{5}+Y_{4}+Y_{3}+Y_{2}}{n}=\frac{269+284+275+281+286}{5}$$
$$=279(\text{间})$$

…………

$$\widehat{X}_{15}=M_{14}^{(1)}=\frac{Y_{14}+Y_{13}+Y_{12}+Y_{11}+Y_{10}}{n}=\frac{284+275+281+271+282}{5}$$
$$=279(\text{间})$$

通过一次移动平均计算所获得的每期移动平均值如表 4-7 所示。

② 计算每期移动平均值与每期实际观察值之间的平均绝对误差，见表 4-7。在预测中，我们通常用 MAE 来表示平均绝对误差（详见 4.4.3），则：

当 n=3 时的平均绝对误差

$$MAE=\frac{1}{12}\sum_{t=4}^{15}|Y_t-\widehat{X}_t|=\frac{65}{12}=5.42(\text{间})$$

当 n=5 时的平均绝对误差

$$MAE=\frac{1}{10}\sum_{t=6}^{15}|Y_t-\widehat{X}_t|=\frac{54}{10}=5.4(\text{间})$$

显然，n=3 时所产生的平均绝对误差大于 n=5 时的误差。因此，舍去 n=3，取跨越期数 n=5 来预测第 16 周星期一的房间销售量。

③代入公式 4—4，第 16 周星期一（2019 年 7 月 15 日）客房销售量的预测值为：

$$\widehat{X}_{16}=M_{15}^{(1)}=\frac{Y_{15}+Y_{14}+Y_{13}+Y_{12}+Y_{11}}{5}=\frac{271+284+275+281+271}{5}$$
$$=276\ (\text{间})$$

通过应用一次移动平均法预测，我们得到该饭店第 16 周星期一的客房销售量为 276 间，并从图 4—4 中看出，该饭店的客房需求发展呈增长趋势。一次移动平均法较好地消除或减少了随机因素对客房需求的影响，具有快速反应需求变化的能力，使预测结果能及时跟上实际需求的变化。

表 4–7　一次移动平均法预测值列表

观察期（年）	观察值（Y_t）	n=3		n=5	
		$M_t^{(1)}$	$\lvert Y_t - \widehat{X}_t \rvert$	$M_t^{(1)}$	$\lvert Y_t - \widehat{X}_t \rvert$
2019 年 4 月 1 日	273	—	—	—	—
2019 年 4 月 8 日	286	—	—	—	—
2019 年 4 月 15 日	281	—	—	—	—
2019 年 4 月 22 日	275	280	5	—	—
2019 年 4 月 29 日	284	281	3	—	—
2019 年 5 月 6 日	269	280	11	280	11
2019 年 5 月 13 日	272	276	4	279	7
2019 年 5 月 20 日	276	275	1	276	0
2019 年 5 月 27 日	273	272	1	275	2
2019 年 6 月 3 日	282	274	8	275	7
2019 年 6 月 10 日	271	277	6	274	3
2019 年 6 月 17 日	281	275	6	275	6
2019 年 6 月 24 日	275	278	3	277	2
2019 年 7 月 1 日	284	276	8	276	8
2019 年 7 月 8 日	271	280	9	279	8
平均绝对误差（MAE）	—	—	5.42	—	5.40

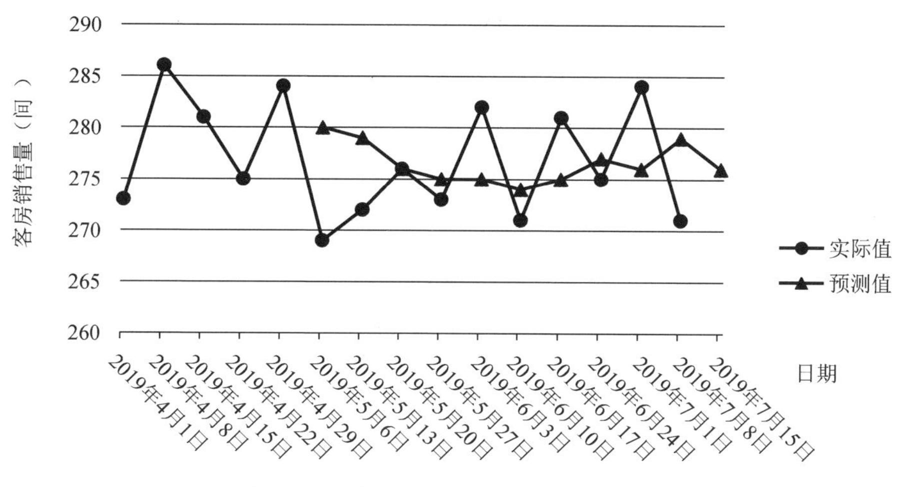

图 4-4　一次移动平均客房销售量趋势图

一次移动平均法的优点在于弥补了加权平均法的缺陷，可以消除由随机性因素导致的不规则变动和波动，使预测结果更加准确可行。缺点是预测值滞后于实际观察值，并以事物变化没有明显趋势性为前提，而且每次只能预测一期的目标。对于有明显趋势变化的时间序列，需要进行二次移动平均。

②二次移动平均法。二次移动平均法主要是用来解决有明显趋势变化的市场事物时间序列问题，同时也能够消除用一次移动平均法计算出的平均值滞后于实际观察值的现象。二次移动平均法是通过计算出一次移动平均和二次移动平均的最后数值，并以此数值为依据通过建立预测模型来求得预测值的一种方法。二次移动平均法相对一次移动平均法来说比较复杂，需要初学者掌握一定的数学知识，才能更好地加以运用。

二次移动平均法的公式为：

$$M_t^{(1)}=\frac{Y_t+Y_{t-1}+Y_{t-2}+...+Y_{t-n+1}}{n}$$

$$M_t^{(2)}=\frac{M_t^{(1)}+M_{t-1}^{(1)}+M_{t-2}^{(1)}+...+M_{t-n+1}^{(1)}}{n} \tag{4-8}$$

式中：$M_t^{(1)}$ 为第 t 期的一次移动平均值；$M_t^{(2)}$ 为第 t 期的二次移动平均值；n 为跨越期数。

经过诸多专家和学者的研究与实践，建立了二次移动平均法预测模型，其公式为：

$$F_{t+T}=a_t+b_tT \tag{4-9}$$

式中：F_{t+T} 为第 $t+T$ 期的预测值；a_t 为第 t 期的基础值，也称为截距；b_t 为第 t 期单位时间的变化量，也称为斜率；T 是未来要预测的期数。a_t 、b_t 的计算公式为：

$$a_t = 2M_t^{(1)} - M_t^{(2)} \tag{4-10}$$

$$b_t = \frac{2}{n-1}(M_t^{(1)} - M_t^{(2)}) \tag{4-11}$$

由公式中看出，通过一次移动平均值和二次移动平均值的计算便可以得到截距 a_t 和斜率 b_t，而由于移动平均值是在不断变化的，所以截距和斜率也是在不断变化的。但在预测期内的各预测值的 a_t 和 b_t 是固定不变的，即为最后观察期内的 a_t 和 b_t 值。

为了便于对二次移动平均预测法的理解和掌握，下面举例说明。

【案例 4-6】

某饭店有客房 120 间，表 4-8 是该饭店 2005 年至 2016 年每年的客房收入，请用移动平均法预测 2017 年、2018 年和 2019 年的客房收入各是多少？

表 4-8　饭店 2005 年至 2016 年客房收入

序号	年份（年）	客房收入（万元）
1	2005	1280
2	2006	1310
3	2007	1370
4	2008	1420
5	2009	1450
6	2010	1460
7	2011	1490
8	2012	1510
9	2013	1480
10	2014	1530
11	2015	1550
12	2016	1580

解：

首先，从题中看出，该饭店自 2005 年至 2016 年客房收入除 2013 年外，其余年份同比都在增长，时间序列呈明显的线性增长趋势。如果仅用一次移动平均法来预测，将无法把线性增长趋势的因素考虑进去，最终会导致预测结果存在较大偏差。因此，对于本案例，应该运用二次移动平均法来进行预测，通过对 a_t、b_t 的确定来掌握趋势变化，更加符合有明显趋势变动的时间序列。本题以跨越期数 n=3 为例进行计算，由于对应的是同一时间序列，因此两次的移动跨越期数是相同的。

① 分别计算一次和二次的移动平均值

代入公式 4-4，计算一次移动平均值

$$M_3^{(1)} = \frac{Y_3 + Y_2 + Y_1}{n} = \frac{1370 + 1310 + 1280}{3} = 1320(\text{万元})$$

$$M_4^{(1)} = \frac{Y_4 + Y_3 + Y_2}{n} = \frac{1420 + 1370 + 1310}{3} = 1366.67(\text{万元})$$

…………

$$M_{12}^{(1)} = \frac{Y_{12} + Y_{11} + Y_{10}}{n} = \frac{1580 + 1550 + 1530}{3} = 1553.33(\text{万元})$$

代入公式 4-5，计算二次移动平均值

$$M_5^{(2)} = \frac{M_5^{(1)} + M_4^{(1)} + M_3^{(1)}}{n} = \frac{1413.33 + 1366.67 + 1320.00}{3} = 1366.67(\text{万元})$$

$$M_6^{(2)} = \frac{M_6^{(1)} + M_5^{(1)} + M_4^{(1)}}{n} = \frac{1443.33 + 1413.33 + 1366.67}{3} = 1407.78(\text{万元})$$

…………

$$M_{12}^{(2)} = \frac{M_{12}^{(1)} + M_{11}^{(1)} + M_{10}^{(1)}}{n} = \frac{1553.33 + 1520.00 + 1506.67}{3} = 1526.67(\text{万元})$$

②代入公式 4-7 和 4-8，分别计算各期中的截距 a 和斜率 b 的值

$a_5 = 2M_5^{(1)} - M_5^{(2)} = 2 \times 1413.33 - 1366.67 = 1459.99(\text{万元})$

$a_6 = 2M_6^{(1)} - M_6^{(2)} = 2 \times 1443.33 - 1407.78 = 1478.88(\text{万元})$

…………

$a_{12} = 2M_{12}^{(1)} - M_{12}^{(2)} = 2 \times 1553.33 - 1526.67 = 1579.99(\text{万元})$

同理得：

$$b_5 = \frac{2}{n-1}(M_5^{(1)} - M_5^{(2)}) = \frac{2}{3-1}(1413.33 - 1366.67) = 46.66(\text{万元})$$

…………

$$b_{12} = \frac{2}{n-1}(M_{12}^{(1)} - M_{12}^{(2)}) = \frac{2}{3-1}(1553.33 - 1526.67) = 26.66(\text{万元})$$

③代入公式 4-6，计算各观察期内的预测值

$F_6 = a_5 + b_5 T = 1459.99 + 46.66 \times 1 = 1506.65$(万元)

$F_7 = a_6 + b_6 T = 1478.88 + 35.55 \times 1 = 1514.43$(万元)

…………

$F_{12} = a_{11} + b_{11} T = 1533.33 + 13.33 \times 1 = 1546.66$(万元)

通过一次和二次移动平均计算所获得的每期移动平均值如表 4-9 所示。

表 4-9　二次移动平均值列表

观察期（年）	观察值（Y_t）	$M_t^{(1)}$ n=3	$M_t^{(2)}$ n=3	a_t	b_t	F_{t+T}	$\lvert Y_t - F_t \rvert$
2005	1280	—	—	—	—	—	—
2006	1310	—	—	—	—	—	—
2007	1370	1320.00	—	—	—	—	—
2008	1420	1366.67	—	—	—	—	—
2009	1450	1413.33	1366.67	1459.99	46.66	—	—
2010	1460	1443.33	1407.78	1478.88	35.55	1506.65	46.65
2011	1490	1466.67	1441.11	1492.23	25.56	1514.43	24.43
2012	1510	1486.67	1465.56	1507.78	21.11	1517.79	7.79
2013	1480	1493.33	1482.22	1504.44	11.11	1528.89	48.89
2014	1530	1506.67	1495.56	1517.78	11.11	1515.55	14.45
2015	1550	1520.00	1506.67	1533.33	13.33	1528.89	21.11
2016	1580	1553.33	1526.67	1579.99	26.66	1546.66	33.34
平均绝对误差（MAE）							28.09

④ 建立预测模型，其表达式为：

$$F_{12+T} = 1579.99 + 26.66T$$

⑤代入预测模型分别计算预测值。因在预测期内 a_{12} 和 b_{12} 的值是固定不变的，则 T=1、T=2 和 T=3 分别代表 2017 年、2018 年和 2019 年的期数，则：

$$F_{2017} = a_{12} + b_{12}T = 1579.99 + 26.66 \times 1 = 1606.65(\text{万元})$$

$$F_{2018} = a_{12} + b_{12}T = 1579.99 + 26.66 \times 2 = 1633.31(\text{万元})$$

$$F_{2019} = a_{12} + b_{12}T = 1579.99 + 26.66 \times 3 = 1659.97(\text{万元})$$

⑥ 对预测的误差进行测算。选用平均绝对误差 MAE 对二次移动平均法进行误差测算，代入平均绝对误差公式：

$$MAE = \frac{1}{7}\sum_{t=6}^{12} | Y_t - F_t | = \frac{196.66}{7} = 28.09(\text{万元})$$

由公式知，平均绝对误差 MAE 为 28.09 万元，相比观察值较小，预测结果可以采用。

那么，根据预测得到该饭店 2017 年客房收入为 1606.65 万元，2018 年为 1633.31 万元，2019 年为 1659.97 万元，其发展趋势如图 4-5 所示。

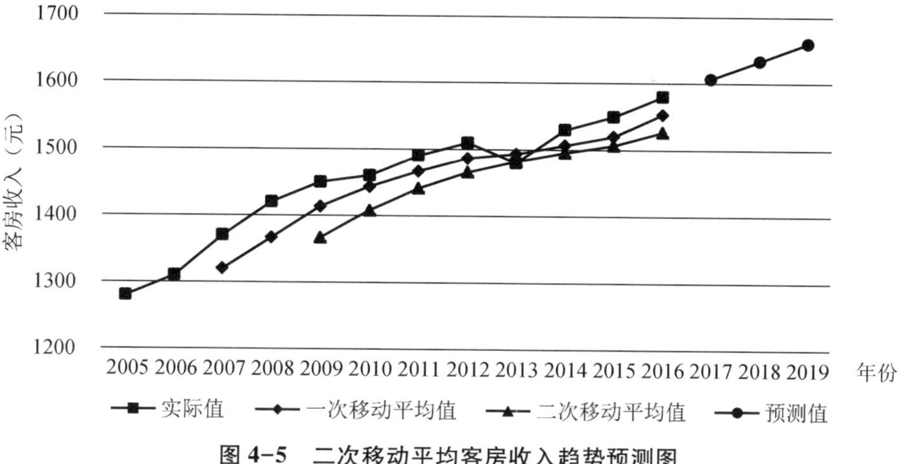

图 4-5 二次移动平均客房收入趋势预测图

移动平均预测法作为常用的预测方法之一，适合饭店收益管理部门通过人工预测分析使用，该方法除对饭店的某些市场目标值可以进行预测外，还可以用来进行趋势分析，以确定某些市场目标值的发展趋向。尤其是二次移动平均预测法，更适合于既有随机性波动，又有上升趋势的数据序列。因在观察期内，预测

所用各观察期内 a_t 、b_t 值不是固定的，而是不断变化的，只有最后一个 a_t 、b_t 值是固定的。因此，二次移动平均法涵盖了市场的波动和趋势因素，不仅可以用于短近期预测，还可以用于中期预测。

（3）指数平滑法

指数平滑法是饭店收益管理中常用的一种预测方法，通常认为其时间序列的发展态势具有一定的规律性，也就是说时间序列的发展趋向存在着可按序推延的合理性，即在一定时间段内过去的态势，在某种程度上会持续到最近的未来。指数平滑法与加权平均法和移动平均法相比较，加权平均法是对时间数列的过去数据全部加以同等利用，移动平均法则是舍弃了较远期的数据，主要采用的是与预测期较近的数据，而指数平滑法则兼容了加权平均法和移动平均法所具有的长处，既没有完全舍弃过去的远期数据，也考虑到给予距预测期较近数据更大的权重。

指数平滑法也可称为是一种特殊的加权移动平均预测法，其主导思想是随着距预测期由近及远，给予每个观察值相应的权数，权数随着观察值距预测期由近及远呈递减趋势，距预测期最近的观察值给予最大的权数，最远的观察值给予最小的权数。在应用指数平滑法预测中，有一个重要的常数 α ，称为平滑常数。随着观察值由近及远，平滑常数 α 以指数形式递减，其值在 0～1 之间变动。预测中，可通过对 α 大小的调节来决定远期观察值和近期观察值对预测值的影响程度，从而使预测的结果更加科学。

指数平滑法在实践运用中有一次指数平滑法、二次指数平滑法和多次指数平滑法。而在饭店收益管理工作中，多用一次指数平滑法和二次指数平滑法来进行预测，并能够满足预测工作的需要。因此，本章只介绍一次指数平滑法和二次指数平滑法。

①一次指数平滑法。一次指数平滑法主要应用于没有明显趋势变化的时间序列，是采用前一期预测值加上前期预测值中所产生离差的修正值的预测方法。其预测模型为：

$$\widehat{Y}_{t+1} = S_{t+1}^{(1)} = \alpha Y_t + (1 - \alpha) S_t^{(1)} \tag{4-12}$$

式中：$\widehat{Y}_{t+1}$ 为第 $t+1$ 期的一次指数平滑值即预测值；$S_t^{(1)}$ 为第 t 期的一次指数平滑值；Y_t 为第 t 期的实际观察值；α 为平滑常数（$0 \leqslant \alpha \leqslant 1$）。

由以上公式可以看出，一次指数平滑法既不需要存储全部历史数据，也不需要存储一组数据，从而可以大大减少数据存储问题。预测中，只需储存上期的观察值和预测值就可以了。运用一次指数平滑法进行预测首先要选择第一个指数平滑值 $S_t^{(1)}$ 和确定平滑常数 α 。选择 $S_t^{(1)}$ 的值有两种办法，一是以第一期实际值 Y_1 来表示，即采用第一期实际观察值 Y_1 作为第一个指数平滑值；二是以距预测期最远的若干个观察值的平均值作为 $S_t^{(1)}$ 的值。平滑常数 α 的确定，需要对由观察值组成的时间序列进行观察分析，当时间序列观察值呈现较为剧烈的波动时，适宜选择较大的 α 值，使预测结果能满足市场波动剧烈的需求；当时间序列观察值呈现平稳的态势时，适宜选择较小的 α 值。通常在预测中会选择若干个 α 值，计算出应用不同 α 值获得预测结果而得到的预测误差，最终选择误差较小的 α 值的预测值作为预测结果。

在饭店中，收益管理部门通常运用一次指数平滑法来对未来某一个时期的客房销售量和销售价格进行预测，这是因为在正常的市场状态下，二者在一定的周期内具有相对稳定的特点，不会呈现出明显的趋势性，所以适合用一次性指数平滑法来进行预测。

【案例 4-7】

用一次指数平滑法来对案例 4-5 进行预测，并与一次移动平均法预测的结果进行比较，以加深理解和运用。

解：从表 4-6 看出，该饭店 15 周中每个星期一的客房销售量存在着因随机性变化而导致的不规则波动，没有明显的趋势性态势，适合用一次指数平滑法来实施预测。

① 确定平滑常数 α

该饭店前 15 周每个星期一的客房销售量存在着不规则的波动，因此，分别取 α 等于 0.3、0.5 和 0.7 三个值进行预测，并通过预测结果来判断以上日期内客房销售量波动的剧烈程度。

② 选取第一个指数平滑值 $S_1^{(1)}$

在此选取实际观察值 Y_1 作为第一个指数平滑值，即：

$S_1^{(1)} = Y_1 = 273$(间)

③ 计算一次指数平滑值

以下按三种不同 α 取值的情况下来分别计算一次指数平滑值，代入公式 4-9：

当 $\alpha = 0.3$ 时

$\widehat{Y}_2 = S_2^{(1)} = \alpha Y_1 + (1-\alpha) S_1^{(1)} = 0.3 \times 273 + 0.7 \times 273 = 273$(间)

…………

$\widehat{Y}_8 = S_8^{(1)} = \alpha Y_7 + (1-\alpha) S_7^{(1)} = 0.3 \times 272 + 0.7 \times 276 = 275$（间）

…………

$\widehat{Y}_{15} = S_{15}^{(1)} = \alpha Y_{14} + (1-\alpha) S_{14}^{(1)} = 0.3 \times 284 + 0.7 \times 276 = 278$（间）

同理：当 $\alpha = 0.5$ 和 $\alpha = 0.7$ 时，获得的预测值如表 4-10 所示。

表 4-10　一次指数平滑法预测值与误差列表

观察期（年）	观察值（Y_t）	$\alpha=0.3$		$\alpha=0.5$		$\alpha=0.7$	
		$S_t^{(1)}$	$\lvert Y_t-\widehat{Y}_t \rvert$	$S_t^{(1)}$	$\lvert Y_t-\widehat{Y}_t \rvert$	$S_t^{(1)}$	$\lvert Y_t-\widehat{Y}_t \rvert$
2019 年 4 月 1 日	273	273	0	273	0	273	0
2019 年 4 月 8 日	286	273	13	273	13	273	13
2019 年 4 月 15 日	281	277	4	280	1	282	1
2019 年 4 月 22 日	275	278	3	281	6	281	6
2019 年 4 月 29 日	284	277	7	278	6	277	7
2019 年 5 月 6 日	269	279	10	281	12	282	13
2019 年 5 月 13 日	272	276	4	275	3	273	1
2019 年 5 月 20 日	276	275	1	274	2	272	4
2019 年 5 月 27 日	273	275	2	275	2	275	2
2019 年 6 月 3 日	282	274	8	274	8	274	8
2019 年 6 月 10 日	271	276	5	278	7	280	9
2019 年 6 月 17 日	281	275	6	275	6	274	7
2019 年 6 月 24 日	275	277	2	278	3	279	4
2019 年 7 月 1 日	284	276	8	277	7	276	8
2019 年 7 月 8 日	271	278	7	281	10	282	11
平均绝对误差（MAE）			5.33		5.73		6.27

④ 进行误差分析测算。选取预测误差最小的 α 值

对于一次指数平滑法预测，适宜采用平均绝对误差（MAE）来进行误差分析。代入平均绝对误差公式：

当 $\alpha = 0.3$ 时的平均绝对误差

$$MAE = \frac{1}{15}\sum_{t=1}^{15} | Y_t - \widehat{Y}_t | = \frac{80}{15} = 5.33(\text{间})$$

当 $\alpha = 0.5$ 时的平均绝对误差 $MAE = \frac{1}{15}\sum_{t=1}^{15} | Y_t - \widehat{Y}_t | = \frac{86}{15} = 5.73(\text{间})$

当 $\alpha = 0.7$ 时的平均绝对误差

$$MAE = \frac{1}{15}\sum_{t=1}^{15} | Y_t - \widehat{Y}_t | = \frac{94}{15} = 6.27(\text{间})$$

显然，当 $\alpha = 0.3$ 时所产生的平均绝对误差最小。因此，舍去 $\alpha = 0.5$ 和 $\alpha = 0.7$，选取 $\alpha = 0.3$ 作为一次指数平滑预测模型的平滑常数，可建立以下预测模型：

$$\widehat{Y}_{t+1} = S_{t+1}^{(1)} = 0.3\,Y_t + (1 - 0.3)\,S_t^{(1)}$$

⑤ 计算预测值，即第 16 周星期一（2019 年 7 月 15 日）的客房销量为：

$$\widehat{Y}_{16} = S_{15+1}^{(1)} = 0.3\,Y_{15} + (1 - 0.3)\,S_{15}^{(1)} = 0.3 \times 271 + 0.7 \times 278 = 276(\text{间})$$

由上看出，应用一次移动平均法和一次指数平滑法在对案例 4-5 的预测中，得到第 16 周星期一客房销售量的预测结果相同，均为 276 间。在饭店房间销售量的预测中，以上两种方法均可采用。从图 4-6 可以看出，该饭店的客房需求波动性较小且发展呈增长趋势。

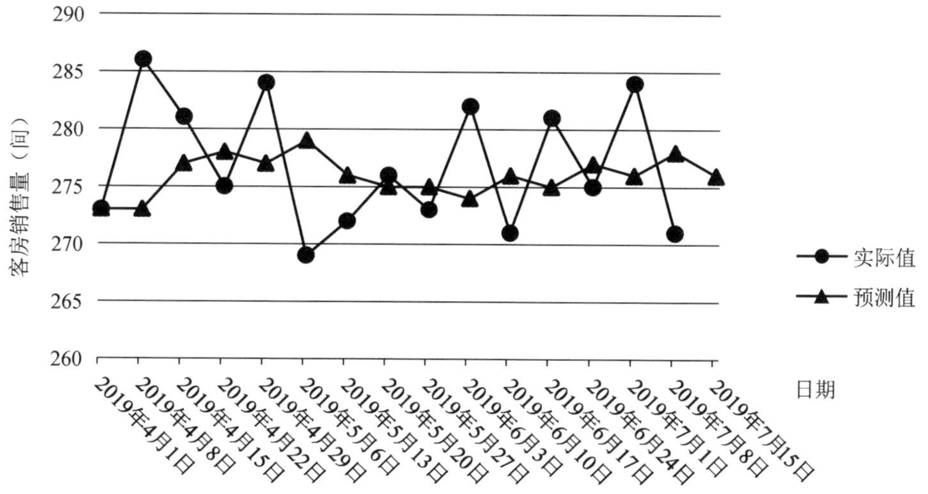

图 4-6 一次指数平滑客房销售量趋势图

一次指数平滑法作为一种特殊的加权移动平均法，具有以下特征：一是运用预测期前一期市场现象实际观察值与平滑值的离差，对前一期的平滑值进行修正，得到新的一次平滑值。其修正数值的大小幅度在很大程度上取决于 α 值的大小；二是一次指数平滑法在计算每个平滑值时，只需用一个实际观察值和一个上期平滑值即可，需要存储的数据量较少；三是一次指数平滑法只能预测未来一期的平滑值，使预测存在局限性，不能完全满足饭店市场预测的需要；四是一次指数平滑预测模型中的第一个指数平滑值 $S_t^{(1)}$ 和平滑常数 α 的取值是依靠预测者的实践经验来确定的，还没有科学的方法能够加以证明。

②二次指数平滑法。二次指数平滑法是指在对实际观察值一次平滑的基础上，再进行一次平滑计算，并在此基础上建立预测模型，来对市场现象来进行预测的方法。要注意的是，二次指数平滑法是在一次平滑值的基础上进行的，而不是以实际观察值为基础，这一点与二次移动平均法相类似。二次指数平滑法解决了一次指数平滑法无法解决的两个问题：一是解决了一次指数平滑法不能适用于有明显趋势变化的市场现象的预测；二是解决了一次指数平滑法只能预测未来一期的不足，可以对未来多期市场现象进行预测。在统计学原理上，二次指数平滑法有两种，一种是布朗单一参数线性指数平滑模型，另一种是霍特双参数线性指数平滑模型，这里主要讲布朗单一参数线性指数平滑模型。因此，二次指数平滑法的计算公式为；

$$S_t^{(1)} = \alpha Y_t + (1-\alpha) S_{t-1}^{(1)}$$
$$S_t^{(2)} = \alpha S_t^{(1)} + (1-\alpha) S_{t-1}^{(2)} \quad (4\text{-}13)$$

式中：$S_t^{(1)}$ 为第 t 期的一次指数平滑值；：$S_t^{(2)}$ 为第 t 期的二次指数平滑值；Y_t 为第 t 期的实际观察值；α 为平滑常数（$0 \leqslant \alpha \leqslant 1$）。

二次指数平滑法的预测模型为：

$$F_{t+T} = a_t + b_t T \quad (4\text{-}14)$$

式中：F_{t+T} 为第 $t+T$ 期的预测值；a_t 为第 t 期的基础值，也称为截距；b_t 为第 t 期单位时间的变化量，也称为斜率；T 是未来要预测的期数。

a_t 、b_t 的计算公式为：

$$a_t = 2S_t^{(1)} - S_t^{(2)} \quad (4\text{-}15)$$

$$b_t = \frac{\alpha}{1-\alpha}(S_t^{(1)} - S_t^{(2)}) \quad (4\text{-}16)$$

在二次指数平滑法的预测模型中，a_t 和 b_t 在观察期内是随着实际观察值 Y_t 和平滑值的变动而变动的，这样在预测中就保留了市场波动的现象。只有观察期内

最后一期的 a_t 和 b_t 是固定不变的，作为预测期内模型的参数值。二次指数平滑法的优点在于不仅能够预测未来一期的值，而且能够预测未来两期或多期的值，很适用于饭店市场目标的近期或中期预测。在运用二次指数平滑法预测时，其第一期的值 $S_t^{(2)}$ 和 α 的取值与一次指数平滑法相同。

【案例 4-8】

为加深对二次指数平滑法的理解，仍以案例 4-6 来举例说明。

解：从题中可知，该饭店的客房收入是逐年呈递增趋势的，也就是说该市场现象的观察值序列是呈现递增趋势的。因此，要预测未来三期的值，不适宜采用一次指数平滑法，而采用二次指数平滑法比较适合。

① 确定平滑常数 α

从各观察值的增长幅度和波动程度看，饭店客房收入增幅存在一定的波动，在此取 $\alpha = 0.7$ 来计算。

② 选取第一个指数平滑值 $S_1^{(1)}$ 和 $S_1^{(2)}$

在此选取实际观察值前三个值的平均值作为第一个指数平滑值，即：

$$S_1^{(1)} = S_1^{(2)} = \frac{1280 + 1310 + 1370}{3} = 1320(\text{万元})$$

③ 分别代入公式 4-9 和 4-10，计算一次和二次指数平滑值

代入公式得：

$$S_2^{(1)} = \alpha Y_2 + (1 - \alpha) S_1^{(1)} = 0.7 \times 1310 + 0.3 \times 1320 = 1313(\text{万元})$$

$$S_3^{(1)} = \alpha Y_3 + (1 - \alpha) S_2^{(1)} = 0.7 \times 1370 + 0.3 \times 1313 = 1352.9(\text{万元})$$

……

$$S_2^{(2)} = \alpha S_2^{(1)} + (1 - \alpha) S_1^{(2)} = 0.7 \times 1313 + 0.3 \times 1320 = 1315.1(\text{万元})$$

$$S_3^{(2)} = \alpha S_3^{(1)} + (1 - \alpha) S_2^{(2)} = 0.7 \times 1352.9 + 0.3 \times 1315.1 = 1341.56(\text{万元})$$

……

同理，所获得的一次和二次指数平滑值如表 4-11 所示：

④ 计算各期 a_t 和 b_t 的值，如表 4-11 所示，则同时获得 a_{12} 和 b_{12} 的值，如下：

$$a_{12} = 2S_{12}^{(1)} - S_{12}^{(2)} = 2 \times 1568.02 - 1556.76 = 1579.28(\text{万元})$$

$$b_{12} = \frac{\alpha}{1 - \alpha}(S_{12}^{(1)} - S_{12}^{(2)}) = \frac{0.7}{0.3}(1568.02 - 1556.76) = 26.27(\text{万元})$$

表 4-11　二次指数平滑法预测值列表

观察期（年）	观察值（Y_t）	$S_t^{(1)}$	$S_t^{(2)}$	a_t	b_t	F_{t+T}	$\|Y_t - F_t\|$
2005	1280	1320.00	1320.00	1320.00	0.00	—	—
2006	1310	1313.00	1315.10	1310.90	-4.90	1320.00	10.00
2007	1370	1352.90	1341.56	1364.24	26.46	1306.00	64.00
2008	1420	1399.87	1382.38	1417.36	40.81	1390.70	29.30
2009	1450	1434.96	1419.19	1450.73	36.80	1458.17	8.17
2010	1460	1452.49	1442.50	1462.48	23.31	1487.53	27.53
2011	1490	1478.75	1467.88	1489.62	25.36	1485.79	4.21
2012	1510	1500.63	1490.81	1510.45	22.91	1514.98	4.98
2013	1480	1486.19	1487.58	1484.80	-3.24	1533.36	53.36
2014	1530	1516.86	1508.08	1525.64	20.49	1481.56	48.44
2015	1550	1540.06	1530.47	1549.65	22.38	1546.13	3.87
2016	1580	1568.02	1556.76	1579.28	26.27	1572.03	7.97
平均绝对误差（MAE）							23.80

⑤ 建立预测模型，其表达式为：

$$F_{12+T} = 1579.28 + 26.27T$$

⑥ 计算 2017 年、2018 年和 2019 年的预测值，代入预测模型：

$$F_{2017} = 1579.28 + 26.27 \times 1 = 1605.55(\text{万元})$$

$$F_{2018} = 1579.28 + 26.27 \times 2 = 1631.82(\text{万元})$$

$$F_{2019} = 1579.28 + 26.27 \times 3 = 1658.09(\text{万元})$$

⑦ 对预测的误差进行测算。选用平均绝对误差 MAE 对二次指数平滑法进行误差测算，代入平均绝对误差公式：

$$MAE = \frac{1}{11}\sum_{t=2}^{12} | Y_t - F_t | = \frac{261.83}{11} = 23.8(\text{万元})$$

由公式知，平均绝对误差 MAE 为 23.8 万元，相比观察值较小，预测结果可以采用。

那么，根据预测得到该饭店 2017 年客房收入为 1605.55 万元，2018 年为

1631.82万元，2019年为1658.09万元，其发展趋势如图4-7所示。

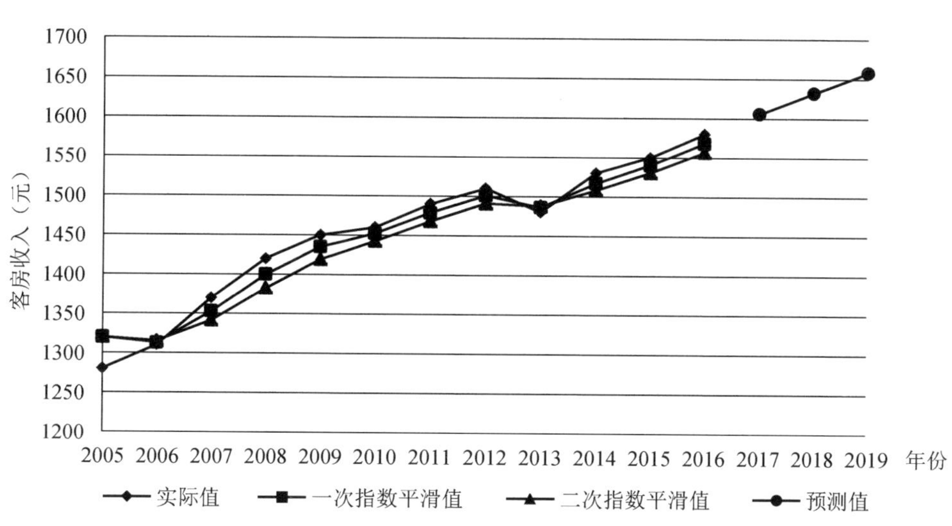

图4-7 二次指数平滑客房收入预测趋势图

二次指数平滑法能够较好地修复市场现象所产生的波动，从图4-7可以看出其同时能够较好地延续市场现象中观察值的发展趋势。二次指数平滑法的优点一是弥补了一次指数平滑法存在的只能向未来预测一期的不足，可以预测未来两期或多期；二是通过模型参数的不断变换能够使客观存在的市场现象得到有效的延续，提高了预测结果的精确度；三是兼顾了简易平均法和移动平均法的优点，通过给予不同市场时期相应权重的方式来平衡对数据的应用程度。缺点是预测模型中的第一个指数平滑值和平滑常数的取值是依靠预测者的实践经验来确定的，尚无科学的方法能够加以证明，因此带有经验值的痕迹。

（4）增量预测法

增量预测法是指应用饭店已有的房间销售量与剩余销售量的估计之和作为结果的预测方法。其算法模型为：

$$最终销售量=已有销售量+剩余销售量估计 \tag{4-17}$$

销售量是指饭店在某个时刻被占用的客房数量，由已有预订量和续住量两部分组成。随着时间向入住日的推移，预订量和续住量同时在发生着增减变化，剩余销售量估计的计算中也同时含有这两个部分的数据。增量预测法可通过采集历史环期数据或同期数据来计算剩余销售量，因为无论是环期还是同期数据，我们都可以从饭店管理系统（PMS）中收集得到。环期数据是指环比同期对应的饭店的历史销售量数据，同期数据是指同比同期对应的饭店的历史销售量数据。一般来讲，饭店在预测中多以星期几来对比同期数据而不使用公历日期，因为顾客的出行更习惯于用星期几来做计划安排。另外，由于增量预测法可以利用环期数据来计算剩余销售量，对新开业的饭店来说，可以应用当年的环期数据来进行预测，解决了其他预测方法中要求应用多年同期历史数据的问题。但要说明的是，无论是环期数据还是同期数据，由于其在饭店 PMS 系统中储存的时间都比较短，当有一定量新的数据进入后，这些数据将会被替换掉。因此，需要预测人员定期来备份和保留这些数据，以便作为今后的预测使用。增量预测法的步骤如下：

①确定要使用的数据为环期数据还是同期数据以及数据日期；

②从饭店管理系统（PMS）中收集环期或同期销售量数据并加以整理，剔除异常数据；

③预测饭店客房的最终销售量。

增量预测法的优点是方法简单、便于操作。并且由于预测结果含有部分已有的预订和续住数据，而不是完全依赖对历史数据的估算，因此预测的精准度相对较高。缺点是需要定期备份历史数据，并且在利用已有的历史数据预测中，对历史数据都是同等对待，没有考虑历史数据受市场需求变化等诸多因素的干扰，对预测结果会产生一定的影响。增量预测法适合于收益管理中的中短期预测，实践证明其不仅能够满足饭店收益管理预测工作的需要，而且应用 Excel 工具来进行计算使预测工作变得更加快捷和高效。案例 4-8 展示了饭店是如何应用增量预测法来预测未来客房出租率的。

【案例 4-8】

某饭店共有客房 200 间，下表为该饭店 2019 年 6 月至 8 月每个星期一的历史与现有销售量。今天是 7 月 30 日，请用增量预测法求得 8 月每个星期一（8 月 5 日、12 日、19 日、26 日）的客房出租率。

表 4-12　历史与现有客房销售量　　单位：间

日期	最终销售量	前 7 天	前 14 天	前 21 天	前 28 天
6 月 24 日	168	102	58	38	25
7 月 1 日	172	107	62	40	28
7 月 8 日	181	109	63	43	23

续表

日期	最终销售量	前 7 天	前 14 天	前 21 天	前 28 天
7 月 15 日	188	112	70	45	31
7 月 22 日	179	106	60	43	28
7 月 29 日	185	118	69	49	33
8 月 5 日		109	61	45	30
8 月 12 日			65	39	29
8 月 19 日				48	27
8 月 26 日					23

解：首先，设 7 天至入住日的增量为“增量 0”，14 天至 7 天为“增量 1”，21 天至 14 天为“增量 2”，28 天至 21 天为“增量 3”，计算各个时间客房销售量的增量，如表 4–13 所示。

表 4–13　历史与现有客房销售量增量　　单位：间

日期	增量 0	最终销售量	增量 1	前 7 天	增量 2	前 14 天	增量 3	前 21 天	前 28 天
6 月 24 日	66	168	44	102	20	58	13	38	25
7 月 1 日	65	172	45	107	22	62	12	40	28
7 月 8 日	72	181	46	109	20	63	20	43	23
7 月 15 日	76	188	42	112	25	70	14	45	31
7 月 22 日	73	179	46	106	17	60	15	43	28
7 月 29 日	67	185	49	118	20	69	16	49	33
8 月 5 日		179	48	109	16	61	15	45	30
8 月 12 日		181			26	65	10	39	29
8 月 19 日		185					21	48	27
8 月 26 日		175							23
平均增量	70		46		21		15		

由以上看出，平均增量即为剩余销售量估计，代入算法公式得：

8 月 5 日销售量 = 已有销售量 + 增量 0 = 109+70 = 179（间）

8 月 12 日销售量 = 已有销售量 + 增量 0+ 增量 1 = 65+70+46 = 181（间）

8月19日销售量=已有销售量+增量0+增量1+增量2=48 +70+46+21=185（间）

8月26日销售量=已有销售量+增量0+增量1+增量2+增量3=23+70+46+21+15=175（间）

通过预测，该饭店在2019年7月30日便得知8月5日、12日、19日、26日的客房出租率分别为89.5%、90.5%、92.5%和87.5%。

由以上看出，增量预测法通过分析随着入住日的临近销售量的增量变化情况，使用了未来最新销售量数据来预测入住日的剩余需求，最后利用当前的在手销售量加上剩余需求来预测最终的客房销售量。

时间序列分析法作为预测科学中的一种常用方法，以其简单、易懂和便于操作等特点多年来在国民经济中已得到普遍的应用。时间序列分析法除加权平均法、移动平均法、指数平滑法和增量预测法外，还有趋势延伸法和季节变动法等许多种预测方法，由于篇幅的限制，在此不做讨论。加权平均法、移动平均法、指数平滑法和增量预测法不仅是时间序列分析法中最常用的方法，而且也是饭店市场预测中最适用的主要方法，从事饭店收益管理工作的人员或饭店收益经理都应该能够掌握和运用这些最基本的预测方法。

4.4.2.5 因果分析法

因果分析法是指在市场活动中，所发生的现象与现象之间存在着相互关联和相互依存关系。我们把这种通过分析市场现象与现象之间的关联和依存关系，从中找到其相关性的预测方法称为因果分析法。因果分析法分为定性分析法和定量分析法两种方法，在饭店中，应用较为普遍的是定量分析法，而定量分析法中最常用的又有简单线性回归分析法、多元线性回归分析法以及非线性回归分析法等。

在应用因果分析法中，因其具有所需要建立的数学模型较为复杂，涉及需要应用最小二乘法及微积分原理来进行计算等特点，通常作为饭店收益管理系统中建立数学模型的主要工具使用，很少用于人工来直接分析运算。这是因为复杂的线性回归数学模型如果通过人工来运算不仅要花费大量的时间，而且还需要预测人员具备一定的高等数学理论知识和实践经验，从而增加了饭店的管理成本。因此，本章只选择了因果分析法中最基本的简单线性回归分析原理进行介绍，以增加读者对回归分析方法的理解。多元线性回归分析法和非线性回归分析法原理相似，但是数学推导过程复杂，而且在饭店实践工作中不经常使用，故在此不作介绍。

“回归”，是指回到条件均值。简单线性回归是指在因变量的条件均值和单个自变量之间呈直线趋势。但并不是所有的数据点都落在一条直线上，而是分布在直线的附近并有向直线回归集中的趋势。回归直线是反映自变量和因变量条件均值的确定性函数关系，因而是可以做外推预测的；数据点与回归直线的偏离，代表的是其他随机因素的影响，是难以预测的。在市场经济活动中，分析一个自变量和一个因变量之间线性关系的统计研究方法称为一元线性回归分析法。而这种分析方法又是回归分析中最基本、最简单的一种分析方法，故又称为简单线性回归分析法。通过简单线性回归分析法便可以对一些市场指标依据其相互关联和依存关系进行分析预测。

（1）预测的步骤

在应用简单线性回归分析法进行预测时，其步骤如下：

①根据饭店收益管理工作需要，首先要确定预测对象和影响预测对象的主要因素，分析并确定其相关性。

②根据确定的预测对象相关影响因素，收集饭店经营的相关历史统计数据，选择其中与自变量和因变量相关的历史数据作为样本统计资料。

③结合收集的饭店历史样本统计资料和因变量与自变量之间的关联形态，依照简单线性回归分析方程，计算相关模型参数，确定回归分析预测模型。

④对确定的回归分析预测模型进行相关分析、结构分析和经济学检验。相关分析是通过样本统计资料来计算自变量和因变量的相关系数，从而来衡量自变量和因变量之间的线性关联程度。结构分析是分析自变量与因变量之间的线性相关关系对因变量发生变化的影响程度。经济学检验是用来检验所建立的简单线性回归方程预测模型是否具有现实意义。

⑤在对建立的简单线性回归方程预测模型进行检验后，便可对需要预测的市场对象进行预测。

（2）简单线性回归方程

假设自变量为 X，预测对象因变量为 Y，则简单线性回归方程表示为：

$$\hat{Y} = a + bX \qquad (4-18)$$

式中：X 为自变量；$\hat{Y}$ 为 Y 的总体均数的回归估计值；a 为线性回归方程中的截距；b 为线性回归方程中的回归系数即回归直线的斜率。即当 X 每增加或减少一个单位时，Y 平均改变 b 个单位。

截距 a 的实际意义为：当 $a>0$ 时，表示直线与纵坐标轴的交点在原点的上方；当 $a<0$ 时，表示交点在原点的下方；当 $a=0$ 时，表示直线通过原点。

斜率 b 的实际意义为：当 $b>0$ 时，因变量 Y 随自变量 X 的增大而增大；当 $b<0$时，因变量 Y 随自变量 X 的增大而减小；当 $b=0$ 时，因变量 Y 与自变量 X 无线性相关关系；

运用普通最小二乘法和微积分极值原理可得到使观察值与估计值之间离差最小的 a 和 b 的计算公式为：

$$a=\overline{Y}-b\overline{X} \tag{4-19}$$

$$b=\frac{\sum(X_i-\overline{X})(Y_i-\overline{Y})}{\sum(X_i-\overline{X})^2} \tag{4-20}$$

式中：X_i 为观察样本中的自变量；Y_i 为观察样本中的因变量；$\overline{X}=\frac{\sum X_i}{n}$，$\overline{Y}=\frac{\sum Y_i}{n}$，n 为样本量个数。

（3）相关系数 r

在预测中，自变量与因变量之间的相关密切程度高低关系到二者依存关系的相关程度。也就是说自变量的变化对因变量影响程度是大还是小，决定着未来预测结果的精准性。相关系数 r 正是用来衡量因变量与自变量之间密切程度高低的重要参数。其计算公式为：

$$r=\frac{n\sum X_iY_i-\left(\sum X_i\right)\left(\sum Y_i\right)}{\sqrt{\left[n\sum X_i^2-\left(\sum X_i\right)^2\right]\left[n\sum Y_i^2-\left(\sum Y_i\right)^2\right]}} \tag{4-21}$$

式中相关系数 r 的意义表现为：当 $r>0$ 时，为正线性相关，因变量 Y 有随着自变量 X 增长而呈线性增长的趋势；当 $r<0$ 时，为负相关，因变量 Y 有随着自变量 X 减小而呈线性减小的趋势；$|r|$ 的值越大，两个自变量之间的线性相关程度越高；$|r|$ 的值越小，两个自变量之间的线性相关程度越低。

相关系数的取值范围为：$-1\leqslant r\leqslant 1$，通常当 $r=0$ 时，说明自变量 X 与因变量 Y 之间无线性相关关系，即因变量 Y 的取值与自变量 X 无关；当 $|r|=1$ 时，说明自变量 X 与因变量 Y 完全线性相关。

由以上看出，通过应用简单线性回归原理建立的预测模型，在进行预测之前首先要看两个变量之间是否存在相关关系。如果两个变量之间不存在相关关系，对这些变量应用回归分析法预测就会得出错误的结果。如果存在相关关系，也不能说回归预测模型就可以用于预测了，预测之前还需要对其相关关系密切度及拟合度进行分析和检验，主要方法是对确定的回归分析预测模型进行相关分析、方差分析和显著性检验。为便于读者理解，以下举例说明。

【案例 4-9】

某饭店欲知每年广告宣传费用的支出是否会对饭店营业收入产生影响，表 4-14为饭店收集的历年相关统计资料。请用简单回归分析该饭店每年广告宣传费用的支出对饭店营业收入的提高是否会起到显著性作用。

表 4-14 饭店宣传广告费支出统计资料

年份（年）	2010	2011	2012	2013	2014	2015	2016	2017	2018	2019
宣传广告费（万元）X_i	27	31	34	41	49	58	47	55	51	53
营业收入（万元）Y_i	3900	4100	4600	4900	5200	5600	5100	5400	5300	5200

解：① 首先，根据表 4-14 中的统计数据，设宣传广告费为自变量 X，设饭店营业收入为因变量 Y，作点散图，见图 4-8。从点散图中可以看出，饭店宣传广告费与营业收入之间呈线性增长趋势，可以应用简单线性回归分析法来进行分析，其简单线性回归方程为 $\hat{Y} = a + bX$。

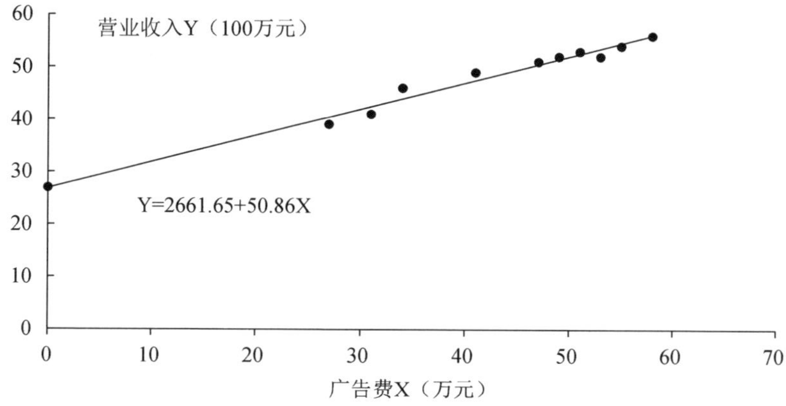

图 4-8 饭店宣传广告费与营业收入线性关系图

②求线性回归方程模型

要求解线性回归方程，首先需要求出回归方程中的参数的 a 和 b 。表 4-14 中已分别给出了各期的 X_i 和 Y_i 值，其中：$n = 10$，分别代入公式（4-16）和（4-17）得：

$$b = \frac{n\sum X_iY_i - \left(\sum X_i\right)\left(\sum Y_i\right)}{n\sum X_i^2 - \left(\sum X_i\right)^2} = \frac{10 \times 2251900 - 446 \times 49300}{10 \times 20936 - 446^2} = 50.86$$

$$a = \frac{\sum Y_i}{n} - b\frac{\sum X_i}{n} = \frac{49300}{10} - 50.86 \times \frac{446}{10} = 2661.65$$

由此得到简单线性回归方程模型：

$$\hat{Y} = 2661.65 + 50.86X$$

③ 进行相关性及模型的拟合优度分析

将通过表 4-14 中的数据代入公式（4-18）可得到饭店宣传广告费用支出与营业收入的相关关系。

$$r = \frac{n\sum X_iY_i - \left(\sum X_i\right)\left(\sum Y_i\right)}{\sqrt{\left[n\sum X_i^2 - \left(\sum X_i\right)^2\right]\left[n\sum Y_i^2 - \left(\sum Y_i\right)^2\right]}}$$

$$= \frac{10 \times 2251900 - 446 \times 49300}{\sqrt{\left[10 \times 20936 - 446^2\right]\left[10 \times 245890000 - 49300^2\right]}} = 0.9752$$

则：决定系数 $R^2 = r^2 = 0.9510$。

从相关性分析可以看出相关系数为 0.9752，属于正相关关系，而且相关的密切性很好。同时决定系数为 0.9510，说明该模型的拟合优度佳，可用于两个自变量之间依存分析。就该饭店而言，可解释为饭店宣传广告费支出的增加，对营业收入的提高是有所帮助的；至少说明了饭店宣传广告费用的支出，对其营业收入的增长是起到推进作用的。

在饭店收益管理工作中，回归分析法通常不直接用于人工运算，但需要收益经理通晓其原理和使用方法。因为不仅饭店收益管理系统中会经常应用到回归分析，加深收益经理对系统运行原理的了解，而且在工作实践中也可以使用一些现成的统计软件（如 EVIEWS、SPSS、R 软件等）来帮助收益经理进行回归分析和运算，可以节省大量的时间。

4.4.2.6 大数据分析预测法

“大数据”，这一富有时代感和颠覆性的词汇，大约从2009年开始，便成为互联网信息技术行业的流行关键词。可以说，大数据时代的来临，给我们带来了思维的变革、商业的变革和管理的变革。维克托·迈尔将大数据归纳为“所谓大数据思维，是指一种意识，认为公开的数据一旦处理得当就能为成千上万人急需解决的问题提供答案，而大数据的核心正是预测。实际上，大数据与三个重大的思维转变有关，这三个转变是相互联系和相互作用的。首先，要分析与某事物相关的所有数据，而不是依靠分析少量的数据样本。其次，我们乐于接受数据的纷繁复杂，而不再追求精确性。最后，我们的思想发生了转变，不再探求难以捉摸的因果关系，转而关注事物的相关关系”①。换句话说，大数据思维就是让原本杂乱无章的数据变得井然有序，让数以万计沉睡的数据变得富有活力，让原本无声的数据“发声”，变得会“说话”，以此来为我们探寻问题的答案提供充分的依据。

就饭店市场预测工作来讲，大数据思维的出现，为我们展现了一个新的预测思维空间，使我们用传统预测方法难以找到的一些市场问题答案通过运用大数据思维方法找到成为可能，而这些问题的答案需要对数以万计甚至更多的海量数据分析才能得到，仅依靠饭店客史中的有限数据是无法得到的。而能否得到这些问题的答案，正确的市场决策显得非常重要。可以说，大数据思维不仅为饭店市场预测工作领域的拓宽，探寻一些新问题的答案提供着很大的帮助，而且也对饭店收益管理工作未来进行社会化和行业化协作提出了要求。饭店在市场预测中可运用大数据思维和方法，以获得应用传统预测方法难以得到的答案。

（1）大数据有助于提高市场无限制需求量预测的精准度

在预测无限制需求量中，潜在需求量历史数据的获得是比较困难的，主要是很少有饭店能够完整保留这些数据。因此，在预测中饭店便会忽略潜在的需求量数据，只应用已确认的需求量数据作为历史数据来从事预测。大数据的出现，为饭店获得这些潜在的需求量数据提供了便利。我们知道，潜在的需求量主要是因为饭店住宿时间控制、客房价格限制和客房数量限制所导致的顾客放弃的订房量。如今，通过在线大数据平台，饭店已经能够获得一定量的潜在需求量数据，并将这些数据应用到无限制需求量预测当中，以此来提高预测的精准度。例如：

---

① （英）维克托·迈尔肯尼思·库克耶．大数据时代［M］．盛杨燕、周涛译．杭州：浙江人民出版社，2013：1.

一些数据公司与 OTA 平台合作，把饭店流失的订房数据挖掘出来并加以清洗，提供给饭店预测使用，而这些被挖掘出来的数据正是由数以万计顾客放弃订房行为所构成的潜在需求量的大数据。再如，在携程 eBooking 平台的数据中心里，流量分析栏目中就可以免费查询到某一时段内饭店客房订单的流失量数据，而这一数据正是无限制需求量中所包含的潜在的需求量数据。另外，饭店收益管理系统通过与数据平台、OTA 和饭店 PMS 的多渠道对接，也能够通过抓取潜在需求量的数据并自动完成无限制需求量的预测。

在饭店客房定价和容量控制工作中，需求预测必不可少，预测精准度的高低对以上两个方面的工作效果也将产生一定的影响。预测的精准度越高，意味着预测结果与未来实际发生的情况越接近，定价也会越准确，容量控制也会做得越好。在客房定价中，销售价格需要从已有的价格体系中选取；对于不同的客房产品和细分市场，价格的确定，最终取决于预测结果、竞争环境和市场事件的综合评估。由于预测结果是选取价格的基础，因此精准度的高低便显得十分重要。在容量控制方面，预测结果主要用来提前掌握各个细分市场的需求情况，从而为制定出预订组合的最优方案提供依据，大数据平台正是能够为饭店提供预测使用的潜在需求量数据而使预测的精准度得到进一步的提高。

（2）用大数据修订预测和从事运行诊断

在市场预测工作中，大数据分析的主要作用体现在修订预测结果和从事运行诊断两个方面，以此来提高饭店的市场竞争力和营业收入。

首先，修订预测是指饭店在对市场指标预测后，并不是直接使用，而是与大数据分析结果进行对比，通过评估和预判，最终决定是否需要对前期的预测结果进行修订。如果需要修订，则要结合大数据给出的结论来修订现有的预测结果。例如，饭店对未来某天客房产品的市场需求量进行了预测，预测所用的观察值均为饭店过去客房需求量的历史数据，也就是我们常说的饭店小数据。在获得预测结果后，需要与 OTA 后台显示的饭店所在区域的市场需求热度数据（或曲线）进行对比分析。在需求热度数据中，如果这一天呈现出需求的增幅较大，则需要引起饭店的重视，找到需求增加的原因。如果经过调查，饭店得知这一天将要举办的足球比赛是导致需求增加的主要原因的话，而饭店在预测中应用的历史数据又没有包含类似足球比赛这样的市场事件，那么，就需要对这一天的预测结果加以修订，最终依据修订结果来选择合适的房价。不难理解，如果没有市场需求热度大数据的帮助，饭店很难及早发现类似足球赛事这样的市场事件，预测的需求量将会低于实际市场需求量，从而失去通过提高房价来增加收入的机会。在 OTA 后台，携程的市场热度曲线、美团的商圈热度曲线等都能够有效地反映出饭店所在区域已有预订大数据的情况。其次，在运行诊断方面，数据公司和 OTA 通过对顾客订房大数据的分析，从曝光率、浏览量、流失率和转换率等方面来诊断饭店存在的运营问题并提出改进建议。有了大数据平台对这些指标的诊断，饭店至少能够从以下三个方面获得运营改进的帮助。一是通过曝光率、浏览量、流失率和转换率的自我比对，可以判断出饭店客房在线销售业绩是在提升还是在下降，从而来进一步提高或改进。例如：如果饭店连续三周订房转换率持续下降，就需要从曝光率、房价和顾客点评等方面查找原因，提出改进方案。二是通过实时排名、同行对比、竞争圈排名、订单量和流失率等与竞争圈中的饭店进行比较，以此来评估饭店竞争能力的高低，从中找到提高竞争能力的要素。例如，饭店所在竞争圈共有 21 家竞争对手，以销售量指标衡量，饭店排在第 13 位，如果要跻身到前 10 位以内，就需要从曝光率、浏览量、房价和顾客点评等方面来找到需要改进的要素。三是实时掌握竞争对手房价的变化情况，通过优化动态定价来提升房价的竞争力。例如，饭店可以通过观察某竞争对手房价的变化情况来判断其客源的变化情况，从而来优化销售策略和调整自己的房价。目前，携程的数据中心、美团的公明收益等大数据平台都能够为饭店在这些方面提供相关的服务。

（3）运用大数据对顾客的消费行为进行分析，可为饭店找到有价值的新兴细分市场

饭店市场的细分是收益管理工作的基石，可以说没有市场细分，既无法对不同的目标市场制定差异化营销策略，也无法分析和了解不同客源群体的消费行为和价值趣向，从而使客房差别定价、价格优化和存量分配方面的工作无法得到顺利的开展。这是因为每一项工作都是基于不同的目标市场来进行的，而目标市场的确立，恰恰来自不同的细分市场。

不断寻求有价值的新兴细分市场，把饭店有限的客房资源以更高的价格出售给这一市场，是饭店提高客房收入的有效手段之一。过去，多数饭店的细分市场都是按传统的方法来细分的，固定不变的客源群体结构很难使饭店的客房收入得到提高。随着时代的进步和消费者观念的转变，消费者的需求行为和消费取向已开始裂变，呈现出个性化和多样化。在现有细分市场的基础上，善于去发现和挖掘更具价值潜力的新兴细分市场，是饭店提高客房收入的有效途径。例如，某饭店有着来自 OTA 的商旅散客、公司会议和旅行团等传统细分市场，由于客源结

构长期不变，每一个细分市场又需要分得一杯羹，提高价格也得不到这些顾客的认同，饭店的客房资源又有限，如何来提高客房收入，便成为困扰饭店管理者的一大难题。在这个城市的外来商旅人群中，有不少的“新派一族”，这是一群年龄为 30~35 岁，与互联网共同成长起来的一代人，有着互联网思维和依赖移动互联网消费的习惯。对新生事物充满激情和活力，追求时尚和创新，喜欢交友、互动和尝试新事物，更主要的是他们对价格不敏感，只要饭店产品能满足他们的需求，他们愿意以更高的价格来购买饭店的客房产品。对于传统的饭店来讲，这是一个新兴的细分市场。如果这家饭店管理者能先于竞争对手一步发现并抓住这个市场，通过优化饭店服务和产品来满足他们的需求，那么这一新兴细分市场将会给饭店带来更高的收益，一些对饭店贡献率低的细分市场也将被这一新兴市场所替代。

挖掘和发现潜在的新兴细分市场，对饭店在现有客房资源的情况下提高收益十分重要，而大数据的思维模式和方法正可以帮助饭店管理者来获得这些信息。因为，在互联网迅速发展的今天，在线旅游服务商、搜索引擎、购物网站、社交媒体以及为饭店提供服务的 PMS 供应商中都蕴含了大量顾客消费行为模式的数据，只要把这些数据的能量充分释放出来，应用大数据的思维方式来为饭店提供预测服务，通过大数据对顾客的消费行为进行分析，能够为饭店找到有价值的新兴细分市场。

（4）大数据可为饭店提供更多的竞争市场信息，有助于饭店制定正确的营销战略

饭店在市场营销和收益管理当中，非常需要及时掌握未来将要发生的市场事件，如政府会议、各类展会、体育赛事等，还有竞争市场的态势和竞争对手的活动等信息。因为这些信息更有益于帮助饭店管理者来制定准确的营销和收益战略，为饭店抢得市场先机，从而抓住市场机遇而获利。但是，要获得这些信息并非易事。就竞争对手的信息而言，一般都有严格的保密制度和措施，相互之间很难准确地了解和掌握这些信息。目前，饭店之间能够掌握和了解到的多是对方的客房销售价格，因为无论是在饭店的官方网站，还是各个 OTA 渠道上，每家饭店的客房销售价格都是非常透明的。但是，我们需要的并不只是价格和一些相关的市场及财务指标，如客房出租率、平均房价、每间可供出租客房收入（RevPAR）、营业毛利（GOP）、息税前利润（EBIT）等，更重要的是需要了解竞争对手的心理活动和每一个市场动机。诸如，竞争对手最近在策划哪些营销活动；是否获得了新兴的细分市场；针对未来将要发生的市场事件，准备采取哪些措施

来抢占市场先机；顾客喜欢通过哪些渠道来向他们订房，而这些渠道是否与我们的渠道相同；如果饭店一位忠诚顾客转向了竞争对手，流失的原因是什么，对方采取了哪些更好的措施来吸引顾客等。要获得这些信息，仅靠饭店已有的有限数据是远远不够的，还需要借助其他渠道来获取更多的相关数据，如搜索引擎、社交媒体、包括 OTA 在内的分销渠道、PMS 软件供应商、数据公司以及咨询机构等，以便从中获得竞争对手更有价值的行为数据。

大数据思维和方法正是可以帮助饭店来获得这些答案的。它可以从各个渠道来收集这些数以万计而且杂乱无章的碎片式数据，通过整理和归纳，让这些数据变得井然有序，并通过这些数据来分析一些现象，从中找到我们想要的答案。不难理解，这些竞争对手的信息也会存在于这些数据当中，它们可能是数据，也可能是文字记载，甚至可能是一段声音等。但最终，它们都会被整理成数据，由预测或分析专家告诉我们想要知道的结果。通过这种大数据思维方法获得的结果远比饭店管理者通过观察和经验判断得出的结论要精确得多。这种利用大数据思维来分析预测的方法，从前是难以想象的，而在今天，通过这种方法来掌握竞争对手的信息已成为现实，它将为饭店制定准确的市场营销和收益管理战略提供重要的参考依据。

总之，大数据时代的来临，为饭店收益管理市场预测带来了新的思维模式，同时也为饭店收益管理工作带来更为广阔的空间。值得注意的是，如今的消费者更加注重服务品质、品牌文化，追求时尚、创新和个性化服务，饭店在收益管理工作中不仅只是关注自己的数据，还需要关注诸如搜索引擎、社交媒体、分销渠道以及数据公司等渠道中更多的数据。只有这样，才能更加清晰地掌握和了解消费者的购买需求、消费取向以及心理活动等，为饭店实施有效的收益策略提供保障。

4.5 小结

（1）预测是对客观事实历史和现状通过科学的调查和分析，由过去和现在去推测未来，由已知去推测未知，从而揭示客观事实未来发展的趋势和规律的一种方法。

（2）预测是饭店收益管理工作的基础，可以说如果没有预测，收益管理工作就无法得以顺利开展。只有通过预测，对未来市场现象提早做出判断，收集更多的未来市场信息，才能为实现收益最大化作出正确的决策。

（3）预测的种类主要分为定性预测法和定量预测法两种类型，期限分为长期预测、中期预测和短期预测。在饭店收益管理工作中，长期预测一般指三个月至九个月，中期预测一般指七天至三个月，短期预测则为当天的多个时段至以后的七天。预测有人工预测和计算机软件系统预测两种方式，为使预测达到满意的效果，通常需要把二者结合起来，由计算机进行复杂的数学模型运算，得出要预测目标的参考值，由人工来根据市场经验来进行修订和判断，最终做出决策。

（4）通常需要对无限制需求量、客房预订量（或销售量）、客房销售价格、客房超订量、客房分配量以及市场份额等市场指标进行预测，其目的是实行价格优化、动态定价、容量控制以及市场竞争分析，最终实现收益最大化提供可参考的依据。

（5）常用的预测方法有市场调查法、集合意见法、类比法、时间序列分析法、因果关系分析法等。饭店管理人员或收益经理需要掌握和学会运用这些方法。

（6）预测方法的选择应以满足饭店工作实践要求为标准，并可根据外部市场环境等因素的变化进行调整。对预测精度的评价十分必要，它有助于饭店了解预测方法的功效，并通过改善预测方法或修订预测值来使预测结果始终保持在允许的合理范围内。

（7）大数据作为一种新型的预测思维模式和方法，借助云技术的发展，未来将对饭店收益管理分析与预测产生深远的影响。因为，借助对海量数据的分析，预测结果将会更加符合客观事实和发展规律。从某种角度讲，其颠覆了统计学中对数据随机抽样预测分析的模式，未来将对饭店分析顾客消费行、购买力以及兴趣偏好等起到重要的作用。

【练习题】

1. 什么是市场预测？市场预测的步骤是什么？
2. 什么是定性预测法和定量预测法？
3. 为什么说预测在收益管理中起着重要的作用？
4. 请简述大数据分析预测对收益管理工作的重要性。
5. 集合意见法预测的步骤是什么？
6. 什么是时间序列预测法？它有哪些特点？请阐述时间序列预测法在市场预测中运用的基本思路。

7. 什么是增量预测法？它具有什么特点？

8. 何谓一元线性回归分析法？以一元线性回归分析法为例简述回归分析法进行预测的基本步骤。

9. 选择预测方法应从哪几个方面考虑？为什么？

10. 假如某饭店有200间客房，下表是该饭店2009年至2018年每年9月第一个星期一的客房销售量，请用一次指数平滑法预测2019年9月第一个星期一（2019年9月2日）的客房销量是多少？发展趋势如何？

日期（星期一）	客房销售量（间）
2009年9月7日	158
2010年9月6日	171
2011年9月5日	165
2012年9月3日	159
2013年9月2日	167
2014年9月1日	176
2015年9月7日	160
2016年9月5日	183
2017年9月4日	172
2018年9月3日	191

11. 某饭店有300间客房，下表是该饭店2018年每月住宿人数与住宿人员在餐厅用晚餐的人数统计表：

月份（月）	住宿人数（人）	住宿人员用晚餐人数（人）
1	9486	2656
2	8775	3071
3	10602	3499
4	10530	3791
5	11439	4690

续表

月份（月）	住宿人数（人）	住宿人员用晚餐人数（人）
6	9855	3646
7	12695	5713
8	13392	5759
9	11070	4428
10	10463	3662
11	9585	3546
12	9626	3273

（1）建立一元线性回归方程模型。

（2）计算相关系数 r 和决定系数 R^2，并对相关性和拟合效果做出分析。

（3）假设在显著水平上检验通过，住宿人数与用餐人数相关关系显著。如果 2019 年 3 月将有 10980 人住宿，请预测该月住宿人员在餐厅用晚餐的人数。

第五章 价格优化与动态定价

【本章概述】

在第二章中我们着重阐述了饭店客房定价的基本原理和常用的定价方法。但从优化客房收益的角度讲，仅有这些基本的原理和方法是不够的。因为单一和固定的客房价格不仅无法满足饭店收益最大化的需求，还会给饭店带来潜在收入和利润的流失，而解决这一问题的有效方法是实行价格优化和动态定价。本章对饭店客房价格优化和动态定价的基本原理和实施方法进行了详细的论述，同时对如何运用价格优化和动态定价来实现客房收入最大化进行了阐述。

5.1 饭店客房的价格优化

5.1.1 饭店客房的价格优化

在饭店日常工作中，我们通常关注的是客房价格的制定和价格体系的建立，但仅有这些是不够的。因为饭店在经营中不仅需要制定价格，还需要关心所制定的价格是否符合市场需求并给饭店带来最大的收益，亦即通过定价来实现客房收入的最大化。要做到这一点，就需要对价格进行优化。那么，什么是客房的价格优化呢？客房的价格优化是指通过市场预测和需求弹性分析，建立客房价格与需求量的函数关系，制定出某个时点或时段内的最佳可用客房价格，从而实现客房收入最大化的过程。由此得知，最佳可用客房价格是指在某个时点或时段内能够使饭店客房获得最大收入的价格，通常称为最佳可用房价（Best Available Rate，简称：BAR）。最佳可用房价可以是一个时间点上的价格，也可以是一个时段内的价格，饭店通常以时段为单位来制定最佳可用房价。

饭店在制定价格体系时，一般会在Walk-in、OTA或会员价格中制定最佳可用房价，并将其作为标准价格衍生出其他细分市场的价格。最佳可用房价与饭店客房产品、细分市场以及执行时间有着密不可分的关系。也就是说，对于不同的客房产品、不同的细分市场和在不同的市场时段，最佳可用房价都会有所不同，价格优化的作用在于通过使客房收入实现最大化来驱动利润的最大化。

5.1.2 饭店客房价格优化的基本方法

饭店客房价格优化，是一项系统性工作，需要以经济学理论为基础，并通过市场预测和需求的价格弹性分析来进行定价，下面介绍两种饭店中可参考使用的价格优化方法：

5.1.2.1 通过建立需求函数模型来优化价格

在经济学中，把需求量与影响需求量的所有因素之间的关系用一种数学公式来表达，这一数学表达式被称为需求函数，可表达为：

$$Q = f(X_1, X_2, X_3, ... X_n) \tag{5-1}$$

其中，需求量 Q 是因变量，影响因素 Xi 是自变量。在市场运行中，影响需求量的因素较多，除产品价格以外，诸如消费者的行为、消费者的收入水平、竞争者的产品价格以及交通、天气等，都会对需求量产生着影响。相比较而言，价格的高低是影响顾客购买动机的重要因素，顾客在做出购买决定前首先会重点考虑对价格的承受能力。尽管饭店管理者可以选择和确定自己的房价，但对于影响需求量的其他变量因素，诸如顾客的消费行为、收入水平、竞争者的产品价格以及交通、天气等，都是无法选择和控制的。因此，在确定需求函数模型时通常会假设在其他因素不变的情况下，只把价格作为自变量，来找到价格的变动对需求量产生影响的规律，以此建立需求量与价格之间的需求函数关系，用需求函数模型来表示。

在饭店价格优化中，通过分析顾客对某一客房的需求情况随着房价的变动而发生的变化，找到两者之间存在的关系，从而确立需求量与价格之间所形成的需求函数模型。只有确立了客房产品的需求函数模型，才能运用数学法则计算出使客房收入最大化的价格即最佳可用房价，从而实现对客房价格的优化。也可以说，确立客房产品的需求函数模型，是应用计算方法对客房价格进行优化的必经之路。需求函数模型的建立，需要通过以下两个步骤来完成。

（1）确定客房类型和出售的细分市场

制定最佳可用房价，首先要确定客房的类型。饭店中多存在着不同类型的客房，如普通大床房，标准双床房、豪华大床房、套房及海景房等。正是因为客房类型的不同其出售的价格也不相同。所以，要首先确定将要制定最佳可用房价的客房类型，以便区别于其他类型的客房价格。其次是要确定这一类型客房准备出售的细分市场。也就是说，该类型客房的最佳可用房价是为哪个细分市场制定的，即便是同一类型的客房，出售给不同的细分市场，价格也可能不同。例如：某饭店计划制定2019年11月标准双床房对OTA散客的最佳可用房价，其中就包含了客房类型和细分市场两个元素，即客房类型为标准双床房，要出售的细分市场为OTA散客市场。

（2）运用历史数据建立价格反应函数关系，确定函数模型

在确定了客房类型和出售的细分市场后，需要通过收集饭店的相关历史数据，并对这些数据进行归纳、整理和分析，从中找到两者之间的相关关系即需求函数关系，从而确定价格反应函数模型。价格反应函数与需求函数的不同之处在于前者具体说明了单个销售商的产品需求是该销售商提供的价格的一个函数，而后者指的是整个市场如何应对价格的变动。然而，在实际工作中，完全依照这些有限的数据来确立价格反应函数模型是十分困难的。通常，管理者会选用已有成熟的函数模型作为饭店客房产品的价格反应函数模型来使用，但前提是需要使用相关历史数据来对模型进行模拟验证，以保证所选定的模型计算结果与饭店历史数据的误差在合理的范围内。以下是常用的线性价格反应函数的模型：

$$d(p) = D - mp \tag{5-2}$$

其中：p 为产品价格、D为市场需求，m为价格反应函数的斜率。图5-1显示了一般线性反应函数。

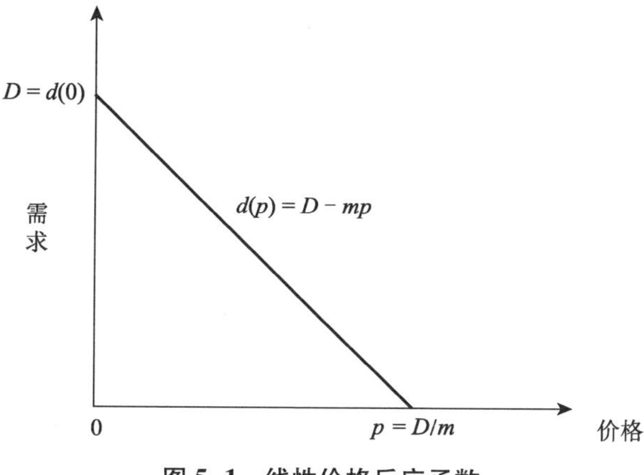

图5-1　线性价格反应函数

一般来讲，选择成熟的函数模型来优化价格并不是一件容易的事，从事这项工作不仅需要收集大量的历史经营数据，而且还要长时间依赖人工进行验证运算，需要付出很高的人工成本。因此，这一方法在饭店中并不常用，多用在收益管理系统模型的建立中。系统通过这种方式建立价格的优化模型后，可从 PMS 中自动抓取饭店历史所需要的经营数据，对价格进行优化。

5.1.2.2　**通过需求弹性分析来优化价格**

要优化房价，对需求的价格弹性进行分析是十分必要的，它为我们提供了在某一市场时期随着价格的变化而导致市场需求量变化的情况，我们可以从历史数据中获得在某一特定时段内使客房收入获得最大化的价格。

在经济学理论中，市场需求的价格弹性也被称为价格敏感度，通常用斜率和弹性来衡量。本节将重点讨论通过需求的价格弹性分析来确定最佳可用房价的方法。首先，让我们来认识一下什么是需求的价格弹性。需求的价格弹性通常也称为需求弹性或价格弹性。是用来表示在一定时期内一种商品的需求量的相对变动对于该商品的价格的相对变动的反应程度；或者说，当价格变动百分之一时会使需求量变动百分之几。根据需求定律，价格上升导致需求下降，所有产品的价格弹性都是负值。依照习惯，通常用正数来表示价格弹性，所以在等号后面加了负号。其公式表示为：

$$E_p = -\frac{(Q\text{ 变动的百分比})}{(P\text{ 变动的百分比})} = -\frac{\Delta Q/Q}{\Delta P/P} = -\frac{\Delta Q}{\Delta P}\cdot\frac{P}{Q} \tag{5-3}$$

式中：E_p 表示需求的价格弹性或需求弹性，Q 表示一种商品的需求量；P 表示该商品的价格；$\triangle Q$ 表示需求量变动值；$\triangle P$ 表示价格变动值。

在饭店价格优化中，为便于计算，我们通常用弧弹性来分析需求量变动对于价格变动的反应程度，见图 5-2。运用弧弹性的概念可以近似地求出需求曲线上任何两点之间的需求弹性 E_p，用来表示在特定的时间段内需求量变动对于价格变动的反应程度。

其公式为：

$$E_p = \frac{(Q_2 - Q_1)/\dfrac{(Q_1 + Q_2)}{2}}{(P_2 - P_1)/\dfrac{(P_1 + P_2)}{2}} = -\frac{Q_2 - Q_1}{P_2 - P_1}\cdot\frac{P_1 + P_2}{Q_1 + Q_2} \tag{5-4}$$

当 $E_p=0$ 时，称为完全无弹性，即无论价格如何变动，需求量都固定不变；当 $E_p<1$ 时，称为缺乏弹性，即价格变动 1%，需求量的变动<1%；当 $E_p=1$ 时，

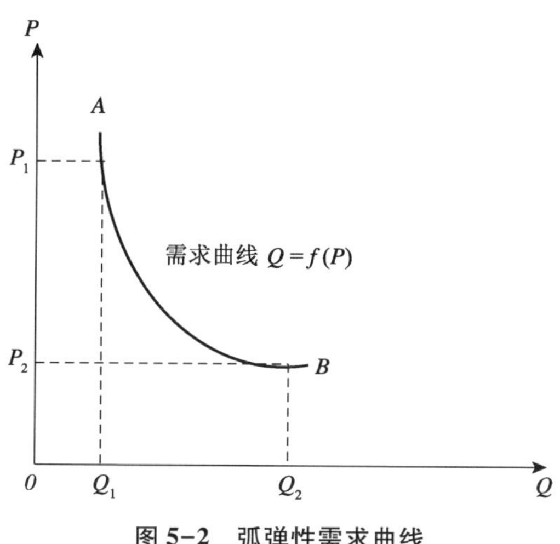

图 5-2　弧弹性需求曲线

称为单位弹性，即价格变动 1%，需求量也变动 1%；当 $E_p>1$ 时，称为富有弹性，即价格变动 1%，需求量的变动>1%；当 $E_p=\infty$ 时，称为完全弹性，即价格变动 1%，需求量变动无穷大。

饭店在经营中，在欲提高或降低房价时，应该对前期市场需求弹性进行计算和分析，从而来推断未来要提高或降低房价时段的需求弹性是处于缺乏弹性、富有弹性还是单位弹性。依据经济学理论，当 $Ep<1$ 时，饭店适合通过提高价格来增加收入，即适合采取提价的竞争策略；当 $Ep>1$ 时，饭店适合通过降低价格来提高收入，即适合采取薄利多销的竞争策略；当 $Ep=1$ 时，饭店可针对不同情况，采取灵活的价格策略。如为提高市场占有率，可适当降价；为树立品牌价值形象，可适当提价。日常经营中，无论是提价还是降价，饭店都不应该采取完全跟随竞争对手价格的策略，而是要依照饭店自身需求弹性的情况做出提价还是降价的决策。因为竞争对手在出租率高的情况下，可出租的客房量少，顾客对其房价的敏感度较低，市场需求处于缺乏弹性环境，适合通过提高房价来增加收入。而若此时饭店的出租率较低，可出租的客房量较大，顾客对房价的敏感度较高，市场需求处于富有弹性的环境，适合通过降低价格来增加收入。如果饭店跟随竞争对手的价格策略，反而提价，则会因房价过高导致顾客流失，最终降低了收入。下面举例说明。

【案例 5-1】

某饭店标准大床房前一周在 OTA 平台出售的平均预付价格为 690 元/间天，平均每日销售量为 100 间；后一周平均预付价格调整为 790 元/间天，平均每日销售量为 85 间。假若这两周标准大床房的供应量相同且外部市场环境未发生变化，请问该饭店这两周内的需求弹性 *Ep* 是多少？适合提价还是降价？为什么？

解：首先，求 Ep 值。依照题意，得到已知条件 $P_1 = 690$ 元 / 间天，$Q_1 = 100$ 间，$P_2 = 790$ 元 / 间天，$Q_2 = 85$ 间，代入公式（5-4）得：

$$E_p = -\frac{Q_2 - Q_1}{P_2 - P_1} \cdot \frac{P_1 + P_2}{Q_1 + Q_2} = -\frac{85 - 100}{790 - 690} \cdot \frac{690 + 790}{100 + 85}$$

$$= -\frac{-15}{100} \cdot \frac{1480}{185} = 1.2 > 1$$

由以上得出，$E_p > 1$，饭店市场需求在该两周内处于富有弹性环境，适合降价。饭店前一周标准大床房平均每日收入为 690 元/间天 × 100 间 = 69000 元，而调价后收入为 790 元/间天 × 85 间 = 67150 元，平均每日减少了 1850 元，由于饭店在市场需求处于富有弹性的环境下提高了价格，导致收入减少。因此，饭店应该通过降价来提高收入，而不是提价。

价格优化是一个非常复杂的问题，不同类型的企业、企业对市场的控制力以及市场竞争的态势等都会对价格优化产生影响。经济理论认为，当边际收入等于边际成本时的价格和产量的组合能使企业的利润达到最大。边际收入是指需求量的单位变动所带来的总收入的变动量。边际成本是单位产量的变化所引起的总成本的变化。因此，管理者应当把价格定在边际收入等于边际成本处。然而，现实中管理者通常不知道需求曲线和边际收入曲线的信息，因此很难用这一方法来确定最优的价格。饭店因具有高固定成本和低变动成本的特点，增量成本很低，可以用实现客房收入最大化的方式来优化房价。如图 5-3 所示，在需求缺乏弹性的情况下，价格上涨引起的总收入增加，超过了需求的减少；但在需求富有弹性的情况下，价格的进一步上涨将导致需求的下降更快，从而降低了收入。通常，在饭店外部市场环境未发生变化的情况下，使客房收入趋于最大化的价格往往出现在缺乏弹性和富有弹性区域的交界处，管理者可以通过对过去房价和客房销售量数据的分析，找到不同时段内使收入趋于最大化的房价和客房销售量，以此来估计未来某一时段的实现客房收入最大化的价格即最佳可用房价。图 5-3 显示了一家饭店根据历史数据估计出的某种类型客房在 OTA 平台某个时段的最佳可用房价。由图中看出，当房价为 100 元/间天时，饭店可售出 300 间客房，能够获得 30000 元的客房收入；当房价为 300 元/间天时，饭店只能售出 100 间客房，同样获得了 30000 元的客房收入；但如果饭店把房价定为 200 元/间天，则可售出 200 间客房，则能获得 40000 元的收入，比定价为 100 元/间天和 300 元/间天时多获得了 10000 元的收入。可以看出，200 元/间天的房价便是该时段内的最佳可用房价，该价格出现在收入曲线顶点的缺乏弹性和富有弹性区域的交界处，此处的需求弹性 $Ep = 1$。

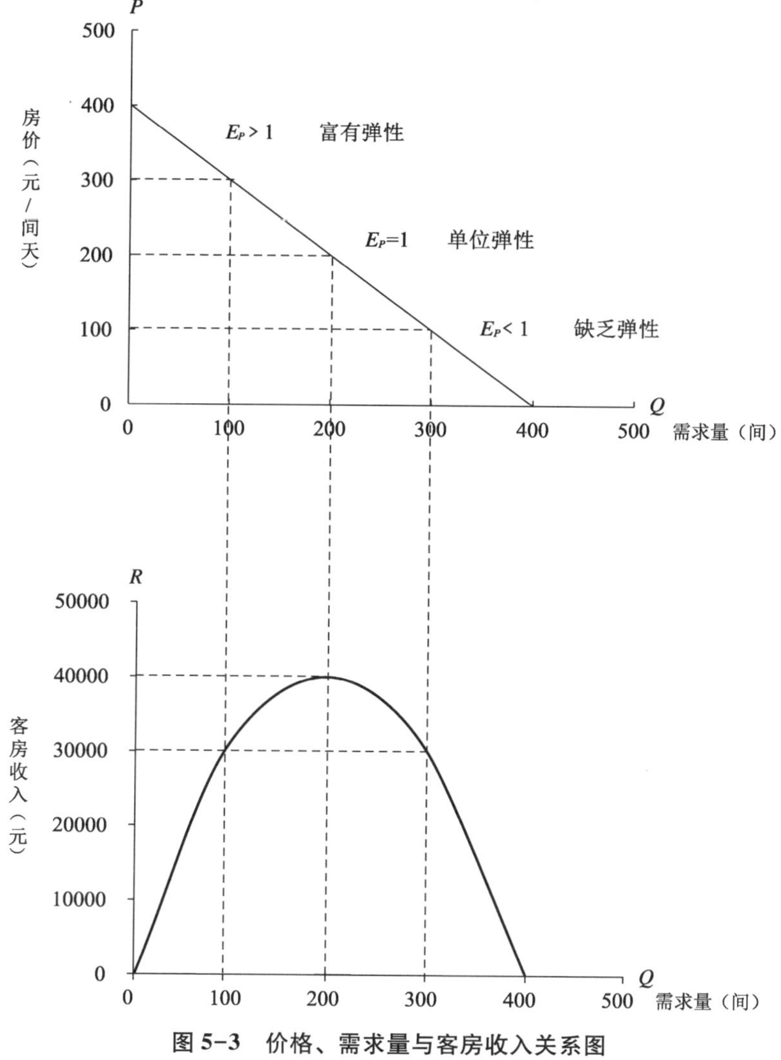

图 5-3 价格、需求量与客房收入关系图

基于以上分析，饭店可以通过需求弹性分析来确定最佳可用房价。但是，由于房价与销售量两个指标是同时变化的，而且还会受到外部市场变化、饭店对市场的控制力等因素的影响，要求饭店平时应注重对历史经营数据的收集和保存，并及时了解外部市场的变化情况，以便对制定的最佳可用房价进行修订。

以下举例说明：

【案例 5-2】

某酒店有标准大床房 300 间，表 5-1 为 2019 年 8 月前两周会员在酒店官网购买标准大床房的情况，假设外部市场环境未发生变化，请确定这两周内标准大床房的最佳可用房价是多少？

表 5-1　酒店前两周会员购买标准大床房情况表

日期	客房销售价格（元/间）	客房销售量（间）	客房收入（元）
1 日	730	100	73000
2 日	750	99	74250
3 日	770	98	75460
4 日	790	97	76630
5 日	805	96	77280
6 日	820	95	77900
7 日	835	94	78490
8 日	845	92	77740
9 日	855	90	76950
10 日	865	88	76120
11 日	870	86	74820
12 日	875	84	73500
13 日	880	82	72160
14 日	885	79	69915

解：饭店标准大床房在两周内每天销售价格不同的主要原因是因需求不同进行的动态定价或促销打折活动。首先，根据表 5-1 所收集到的数据绘制出销售价格与客房收入的函数曲线，如图 5-4 所示。

由图 5-4 可以看出，顾客对客房的需求存在着弹性。随着价格由 730 元/间

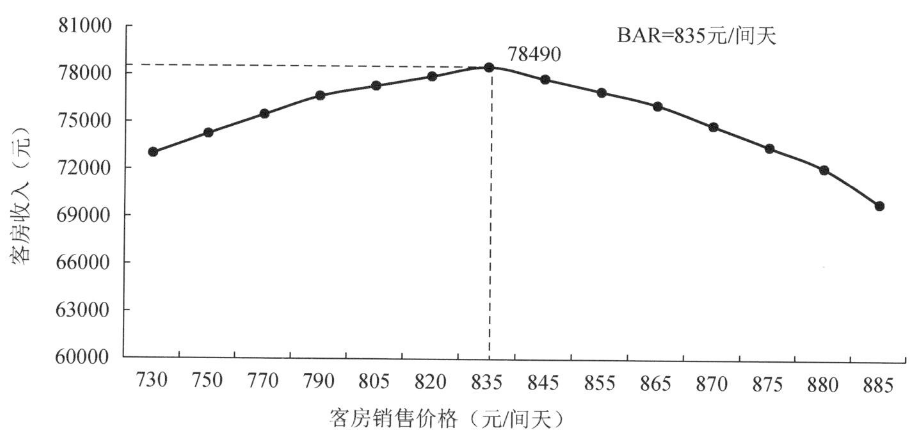

图 5-4　饭店客房销售价格与收入的函数曲线

天的逐渐提高，客房收入也随之增加，需求呈现缺乏弹性态势，此时的价格弹性系数 $E_p<1$。当价格为 835 元/间天时，客房收入达到 78490 元，为两周中客房日最高收入，位于函数曲线的顶点。该点即是需求缺乏弹性与富有弹性区域的交点，也是函数曲线中的单位弹性点，即 $E_p=1$。而在此点过后，随着价格的继续提高，收入开始呈现下降趋势，需求表现为富有弹性，在此区间内，价格弹性系数 $E_p>1$。

由此，通过对两周的历史数据分析，该两周内的 835 元/间天房价即为最佳可用房价。如未来市场需求没有季节性波动或环境发生变化，该价格也可作为官网会员标准大床间的最佳可用房价。

通过需求弹性分析来优化价格，对饭店优化定价十分重要。在以上介绍的优化方法中，为了便于分析和理解，是以假设不考虑价格以外因素的影响为前提的。现实中，这些因素对最佳可用房价的制定都会产生影响。因此，饭店在通过分析获得最佳可用房价后，还需要考虑季节性、市场环境变化以及饭店对市场的控制能力等因素，以此来对所获得的最佳可用房价进行修订。

5.1.3　价格优化对提高饭店收益的意义

5.1.3.1　价格优化是饭店实现收益最大化的重要途径之一

饭店实施收益管理的主要目的是实现收益最大化，而在饭店的生产能力和营业时间相对固定的情况下，通过对价格的调整来提高客房收入已成为饭店的主要策略。客房价格的优化正是在基于这一思维的基础上，充分利用市场需求存在的周期性变化和短期波动的特点，通过找到和确定在某一时间段里能够使客房获得最高收益的最佳可用房价，作为销售价格而推向市场，从而保证客房收益最大化目标的实现。同时，价格优化不仅可以通过提高饭店收益来增加饭店的资金实力，而且相对竞争对手，优化后的价格更能满足市场中顾客的需求，便于成为竞争市场中价格的领军者，从而提高市场竞争力。

5.1.3.2 价格优化能够避免饭店失去潜在的客房收入

饭店潜在的收入来自潜在顾客，而潜在顾客往往注重的是饭店客房产品的性价比。要提高性价比，避免潜在顾客的流失，饭店除了需要不断提高其客房产品的质量外，还需要为顾客提供合适的房价即优化价格。就价格因素而言，潜在顾客放弃购买动机的主要原因有两个：一是具有购买能力，但认为产品性价比不高，从而转向竞争对手；二是没有购买能力，只能放弃而选择价格相对偏低的产品。概括地讲，房价过高或过低都会使饭店失去潜在的收入，而优化后的价格更符合市场的需求，以合适的价格出售产品，最大限度地减少潜在顾客的流失。

5.1.3.3 价格优化是实施客房动态定价的基础保障

与传统定价相比，动态定价集中体现在房价随着市场需求和时间的变化而变化，不是固定不变的价格。要确定每一个时段的不同房价，则需要有 BAR 作为基础价格来提供保障；否则，动态定价就会失去定价的基础和依据，容易偏离市场的轨道。因此，价格优化与动态定价通常密不可分，价格优化是动态定价的前奏，而动态定价是价格优化的表现形式，二者缺一不可。

5.2 饭店客房价格体系的制定方法

饭店对价格的控制能力取决于饭店在竞争市场中所处的地位，而影响饭店竞争市场地位的因素又与饭店的品牌知名度、产品与服务的价值以及优秀的管理文化等息息相关。如果饭店在竞争市场中处于领袖的地位，那么其对价格的控制能力就会较强；如果处于跟随者的地位，能力就会相对较弱。饭店对价格控制能力的强弱决定着饭店在市场需求发生变化而改变价格时顾客的接受程度，同时也意味着饭店通过调整价格来提高收入能力的高低。BAR 作为优化后的价格，是制定价格体系的基础，代表着客房价格水平的高低，对保持价格体系的完整性起着保障作用，况且，各个细分市场的价格也都是在 BAR 的基础上衍生出来的。在饭店中，BAR 通常表现为公共价格或标准价格，有的饭店也将其视为门市价格。目前，国内还有一定数量的饭店没有建立价格优化制度，现有价格体系也多为零散式的，不同类型客房或每个细分市场之间的价格各自独立，相互之间既没有关联，也没有制约，不仅给价格管理带来困难，而且也会因价格杂乱无章或相互矛盾给顾客带来歧义，从而降低了顾客的购买量。因此，要提高饭店在竞争市场中对价格的控制能力，满足客房精准定价的需求，提高客房销售收入，就需要制定好客房价格体系。客房价格体系（简称价格体系）是指把与客房定价相关联的要素有机地组合在一起而形成的价格集合，如表 5-2 所示。这些价格既有差别，又相互关联，体现着不同价格之间联系和相互制约的内在关系。由于价格体系是在价格优化后的 BAR 基础上形成的，其核心价值在于每个定价的精准度是经过理论和实践测量的，而不是管理者依照经验或拍脑门来进行定价，因而规避了经营中价格出现混乱和倒挂的风险，为实现客房收入的最大化奠定了基础。以下从价格体系制定的流程、内容和使用三个方面来阐述。

表 5-2　饭店客房价格体系总表　　单位：元/间天

<table>
<tr><th rowspan="3">客房类型</th><th rowspan="3">细分市场代码</th><th rowspan="3" colspan="3">细分市场</th><th rowspan="3">价格代码</th><th>执行时间（时段）</th><th rowspan="3">价格说明</th></tr>
<tr><th>月份</th></tr>
<tr><th>BAR</th></tr>
<tr><td rowspan="10">单人房（DR）</td><td></td><td rowspan="7">散客</td><td colspan="2">门市价格</td><td>RRS</td><td>568</td><td>不可变化</td></tr>
<tr><td>XF01</td><td colspan="2">Walk In 客人</td><td>W1</td><td>511</td><td>BAR 标准价，可根据市场变化</td></tr>
<tr><td>XF02</td><td colspan="2">OTA 渠道客人</td><td>ET1</td><td>409</td><td rowspan="4">随 W1 变化</td></tr>
<tr><td rowspan="3">XF03</td><td rowspan="3">饭店会员</td><td>普通会员 XF031</td><td>VS1</td><td>399</td></tr>
<tr><td>银卡会员 XF032</td><td>VS2</td><td>388</td></tr>
<tr><td>金卡会员 XF033</td><td>VS3</td><td>368</td></tr>
<tr><td>XF04</td><td colspan="2">公司协议散客</td><td>CT1</td><td>383</td><td rowspan="3">随 W1 变化或按协议价格</td></tr>
<tr><td>XF05</td><td rowspan="2">团体</td><td colspan="2">公司会议团体</td><td>CG1</td><td>332</td></tr>
<tr><td>XF06</td><td colspan="2">旅行社团体</td><td>TG1</td><td>281</td></tr>
</table>

续表

客房类型	细分市场代码	细分市场			价格代码	执行时间（时段） 月份 BAR	价格说明
标准大床房（DC）		散客	门市价格		RRD	998	不可变化
	XF01		Walk In 客人		W2	898	BAR 标准价，可根据市场变化
	XF02		OTA 渠道客人		ET2	718	随 W2 变化
	XF03		饭店会员	普通会员 XF031	VD1	701	
				银卡会员 XF032	VD2	683	
				金卡会员 XF033	VD3	647	
	XF04		公司协议散客		CT2	674	随 W2 变化或按协议价格
	XF05	团体	公司会议团体		CG2	584	
	XF06		旅行社团体		TG2	494	
标准双床房（BS）		散客	门市价格		RRT	1008	不可变化
	XF01		Walk In 客人		W3	908	BAR 标准价，可根据市场变化
	XF02		OTA 渠道客人		ET3	726	随 W3 变化
	XF03		饭店会员	普通会员 XF031	VT1	708	
				银卡会员 XF032	VT2	690	
				金卡会员 XF033	VT3	654	
	XF04		公司协议散客		CT3	681	随 W3 变化或按协议价格
	XF05	团体	公司会议团体		CG3	590	
	XF06		旅行社团体		TG3	499	

续表

客房类型	细分市场代码	细分市场			价格代码	执行时间（时段）/月份/BAR	价格说明
豪华行政房（XZ）		散客	门市价格		RRE1	1678	不可变化
	XF01		Walk In 客人		W4	1510	BAR 标准价，可根据市场变化
	XF02		OTA 渠道客人		ET4	1208	随 W4 变化
	XF03		饭店会员	普通会员	VE1	1178	
				银卡会员	VE2	1148	
				金卡会员	VE3	1087	
	XF04		公司协议散客		CT4	1133	随 W4 变化或按协议价格
	XF05	团体	公司会议团体		CG4	982	
	XF06		旅行社团体		TG4	831	
豪华行政套房（TF）		散客	门市价格		RRE2	2768	不可变化
	XF01		Walk In 客人		W5	2491	BAR 标准价，可根据市场变化
	XF02		OTA 渠道客人		ET5	1993	随 W5 变化
	XF03		饭店会员	普通会员	VR1	1943	
				银卡会员	VR2	1893	
				金卡会员	VR3	1794	
	XF04		公司协议散客		CT5	1868	随 W5 变化或按协议价格
	XF05	团体	公司会议团体		CG5	1619	
	XF06		旅行社团体		TG5	1370	

注：表中时段指市场分割时段。

5.2.1　制定的流程

要制定好价格体系，就需要掌握正确的制定流程，并按流程规范来有序地开展工作。由于价格体系是由市场时段、产品类型、细分市场和产品价格四个基本要素构成，所以，制定流程主要是围绕着这四个基本要素的确定来进行的，并把它们相互关联在一起，组合成一个有机整体的价格集合，如图 5-5 所示。

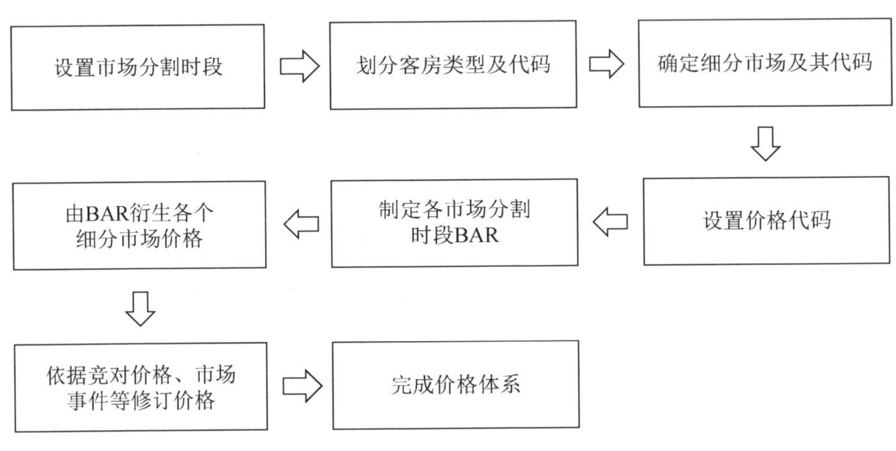

图 5-5　客房价格体系制定流程图

5.2.2　制定的内容

价格体系制定的内容包括设置市场分割时段、划分客房类型及代码、确定细分市场及其代码、设置价格代码、制定各市场分割时段 BAR、由 BAR 衍生各个细分市场价格、依据竞对价格、市场事件修订价格等方面的内容。

（1）设置市场分割时段

随着移动互联网的发展和人们生活方式的改变，市场需求变化的频率也在不断加快，用传统淡、旺两季来分割市场的方式已不能够满足现今客房定价的需求。因此，饭店在制定价格体系时需要对市场进行细化分割，以满足对客房精准定价的需要。市场分割一般以年为单位，以客房销售量为标准进行分割。具体做法是收集前几年客房销售量的历史数据进行预测，得到要定价年份的客房销售量后，以自然月作为最小单位，通过合并销售量相同的月份把市场分割成若干个时段，并根据各个时段销售量的大小在表中由低到高排序，同时与时段内的月份相对应。例如，某饭店 4 月、9 月和 11 月的客房销售量相同，那么这三个月就可以组成一个市场时段，如表 5-3 中的时段三。分割时段数量的多少，取决于饭店所处的市场需求环境，没有统一性的标准。一般来讲，以最多不超过 5 个或 6 个时段为宜。这样，既能够达到对客房精准定价的目的，又不会因价格体系过于庞大而难于管理。

（2）划分客房类型及代码

划分客房产品类型，主要是指饭店需要把已有的客房按照类型划分为每一个单位产品，按照销售价格的高低自上而下排序并标注代码，以便于为这些产品定价，如标准大床房（DC）、豪华行政房（XZ）等。由于客房产品是价格体系中最基本的元素，划分中要以满足市场对产品的购买需求为标准。

（3）确定细分市场及其代码

确定细分市场是指饭店在制定价格体系时对已有细分市场依照差别定价的需要进行再一次的划分，以便合理确定细分市场在价格体系中的数量和种类，充分满足市场中消费者购买的需求。如表 5-2 中，“民航机组”细分市场如果有着与其他细分市场不同的独立房价，那么它在价格体系中就要单独划分出来；但如果它的房价不是独立的，而是与“长住客人”或“旅行团体”的房价相同，就不需要单独划分而是并入“长住客人”或“旅行团体”当中。当然，如果是因为销售工作需要而非差别定价，则可在销售计划中单独划分出来，以便有针对性地对其销售产品。另外，为使计算机管理信息系统能够正确识别不同的细分市场，还需要为每个细分市场设置代码，代码通常用英文字母或数字表示，并将其列入价格体系中。

（4）设置价格代码

价格代码是为方便对房价进行识别和操作而设定的具有唯一性的价格标识，通常用英文字母或数字来表示。如表 5-2 中，金卡会员标准大床房的价格代码用“VD3”表示、旅行团体标准双床房的价格代码用“TG3”表示等。由于每个代码对应着唯一的价格，对于识别和操作价格带来很大的方便。特别是计算机管理信息系统对价格的识别主要依靠代码而不是价格数据本身，所以在应用饭店管理系统（PMS）或收益管理系统（RMS）时价格代码更是必不可少，也因此成为价格体系中不可缺少的组成部分。

（5）制定各市场分割时段 BAR

市场被分割成若干个时段后，由于每个时段的市场需求不同，客房也需要分别定价。一般来讲，市场被分割为几个时段，就需要制定几个 BAR。各时段的

BAR 需要通过价格优化的方法来分别确定，通常用 BAR1、BAR2 等来表示，被分割的时段用时段一、时段二等来表示。表 5-3 中显示了市场被分割为五个时段，每个时段对应有不同的月份并设有不同的 BAR。

表 5-3　饭店标准大床房价格体系表　　单位：元/间天

<table>
<tr><th rowspan="2">产品</th><th rowspan="2">细分市场代码</th><th rowspan="2" colspan="2">细分市场</th><th rowspan="2">价格代码</th><th>时段一（BAR1）</th><th>时段二（BAR2）</th><th>时段三（BAR3）</th><th>时段四（BAR4）</th><th>时段五（BAR5）</th><th rowspan="2">价格说明</th></tr>
<tr><th>2 月</th><th>1 月、12 月</th><th>4 月、9 月、11 月</th><th>3 月、5 月、6 月</th><th>7 月、8 月、10 月</th></tr>
<tr><td rowspan="9">标准大床房（DC）</td><td></td><td colspan="2">门市价格</td><td>RRD</td><td>998</td><td>998</td><td>998</td><td>998</td><td>998</td><td>不可变化</td></tr>
<tr><td>XF01</td><td colspan="2">Walk In 客人</td><td>W2</td><td>848</td><td>868</td><td>898</td><td>928</td><td>948</td><td>BAR标准价，可根据市场变化</td></tr>
<tr><td>XF02</td><td colspan="2">OTA 渠道客人</td><td>ET2</td><td>678</td><td>694</td><td>718</td><td>742</td><td>758</td><td rowspan="4">随 W2 变化</td></tr>
<tr><td rowspan="3">XF03</td><td rowspan="3">饭店会员</td><td>普通会员 XF031</td><td>VD1</td><td>662</td><td>678</td><td>701</td><td>725</td><td>740</td></tr>
<tr><td>银卡会员 XF032</td><td>VD2</td><td>645</td><td>661</td><td>683</td><td>706</td><td>721</td></tr>
<tr><td>金卡会员 XF033</td><td>VD3</td><td>611</td><td>625</td><td>647</td><td>668</td><td>683</td></tr>
<tr><td>XF04</td><td colspan="2">公司协议散客</td><td>CT2</td><td>637</td><td>652</td><td>674</td><td>697</td><td>712</td><td rowspan="3">随 W2 变化或按协议价格</td></tr>
<tr><td>XF05</td><td colspan="2">公司会议团体</td><td>CG2</td><td>551</td><td>564</td><td>584</td><td>603</td><td>616</td></tr>
<tr><td>XF06</td><td colspan="2">旅行社团体</td><td>TG2</td><td>466</td><td>477</td><td>494</td><td>510</td><td>521</td></tr>
</table>

（6）由 BAR 衍生各个细分市场价格

各个市场阶段的 BAR 价格确定后，需要制定各个细分市场的价格。从 OTA 散客到旅行团体，每一个细分市场的客房价格都应该以 BAR 为基价衍生出来，各细分市场价格既相互关联，又相互制约，降低了价格倒挂的风险。那么，如何来衍生各细分市场的价格呢？常用的是折扣的方法。即以 BAR 为基价，根据各细分市场价格的高低排序，给予不同的折扣，并按照折扣计算出所需要的价格。如表 5-3 所示，标准大床房时段三的 BAR 为 898 元/间天，OTA 散客价格为 718 元/间天，是 BAR 的 8 折；而公司协议散客价格为 674 元/间天，是 BAR 的 7.5 折；公司协议散客价格低于 OTA 散客价格，符合高低排序标准。在各细分市场的价格制定中，由于折扣大小没有统一的标准，需要饭店根据经营需要来设定，但价格的高低应该符合高低排序标准，不能出现倒挂现象。

（7）依据竞对价格、市场事件等修订价格

各细分市场价格确定后，可以说价格体系表初步完成，但并不意味着这个价格表就能够用来为客房定价了。因为表中的价格是依据历史数据分析和估算得到的，而饭店外部市场环境是随着时间的变化而变化的。因此，还需要比对竞争对手的价格，并结合未来可能发生的市场事件对价格进行修订。价格修订工作非常重要，它决定着最终客房销售价格是否具有市场竞争力。价格修订应以饭店房价在竞争群中所处位置的高低为定位标准，并结合市场需求预测结果来确定。

（8）完成价格体系

在确定了市场时段、产品类型、细分市场和产品价格四个基本要素以及客房类型、细分市场和价格代码后，通过表格把这些要素有序地组合在一起，就完成了饭店客房价格体系表，如表5-2和表5-3所示。由此看出，在客房价格体系的制定过程中，主要经历了三个阶段，即价格优化、价格修订和价格确定阶段，如图5-6所示。

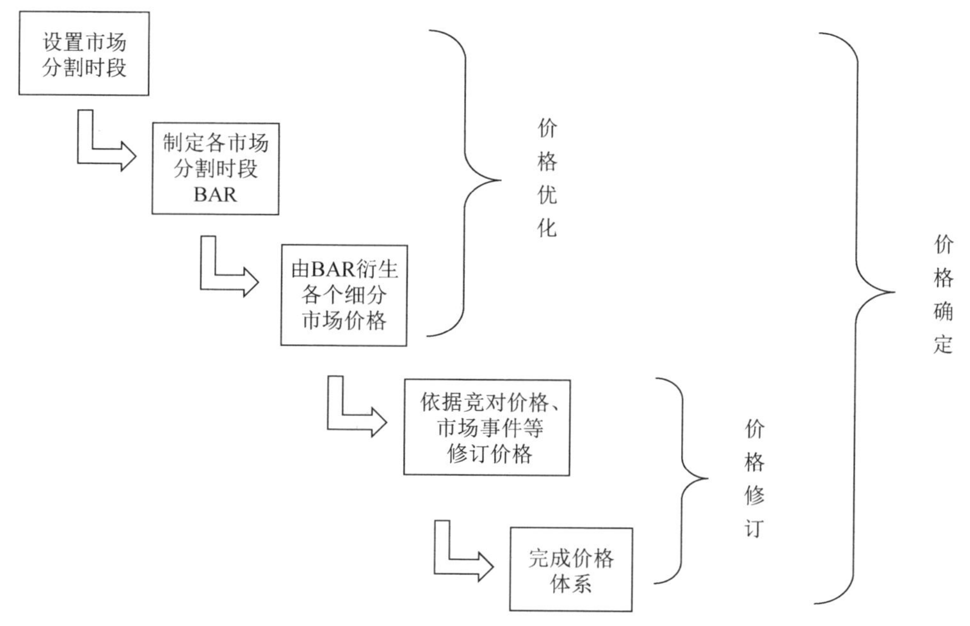

图5-6　客房价格的确定过程

5.2.3 价格体系应用的注意事项

价格体系制定完成后，为饭店客房的精准定价提供了基本保障。但是，由于市场和竞争环境是不断变化的，饭店还需要能够用活和用好价格体系，既不要使客房定价背离了价格体系，又不要用价格生搬硬套而捆住了手脚。以下列举了几个常见问题的解决方法，饭店可参考使用。一是应在价格体系总表的基础上，再分解出一些子价格来为动态定价奠定基础。如表 5-5 所示，某个时段的 BAR 对于同一细分市场可再衍生出 300 元/间天至 400 元/间天 6 个子价格，以便在不同的市场需求环境下定价使用。二是动态定价应以价格体系为基价实施。日常工作中，由于需求的变化和波动，需要我们通过动态定价来应对。但市场需求是瞬息万变的，价格体系中不可能包含所有市场需求情况下的房价，这就需要以价格体系为基础价格，结合饭店具体市场需求变化实施动态定价，最大限度地来优化客房收入。三是公司散客协议可设立固定和动态两种价格模式，并以动态价格模式为主。对与饭店长期协作，贡献大的公司客户可采取固定价格模式，一般客户可采取动态价格模式。当然，价格的动态频率应低于 OTA 或会员散客，一般以3~5个价格为宜。四是会议团体定价不能背离价格体系。由于会议团体在饭店的消费除了用房以外，还会租用会议室、用餐和使用康体项目等，为饭店带来的是综合效益。因此，给会议团体客房定价就会显得比较复杂，还需要兼顾到其他方面的消费来综合考虑。尽管如此，饭店也不应使会议房价与价格体系中的基价偏离过大，以免因出现与其他细分市场间的价格失衡而导致定价的不公平。

5.3 饭店客房动态定价的基本概念

为便于读者对动态定价概念的掌握和理解，首先，让我们来分析一下案例 5-3。该案例阐述了卡洛尔太太如何利用价格杠杆调节市场供需平衡的原理，通过实施动态定价策略来为理发店提高收益。

【案例 5-3】

卡洛尔太太的理发店

卡洛尔太太在乡下小镇上经营一家小小的理发店，由于手艺精湛，很受当地人欢迎。但是，这家小店没有其他理发师，周末的时候常常要排两小时队才能等到服务，因此许多人并不愿意光顾她的理发店。罗伯特先生就是其中的一位，由于工作在外，他只有周六上午的时间可以理发，虽然很欣赏卡洛尔太太的手艺，但紧张的时间安排让他无法接受长时间的等待。罗伯特先生也曾劝说卡洛尔太太接受预约安排，但卡洛尔太太担心这样会疏远顾客，不愿意改变目前的经营状况，罗伯特先生同她一起分析了理发店面临的问题：

1. 理发店在星期六过于拥挤，但星期二却很少有顾客来；

2. 一些工作繁忙的顾客只会在星期六来，而其他退休的或上学的顾客可以在一周的任何一天理发；

3. 卡洛尔太太在星期六损失了不少顾客；

4. 理发店租金等费用在增长，但许多顾客不认可价格应因此而提高；

5. 卡洛尔太太考虑过再增加一张椅子和一个兼职理发师，但是她不知道这样要花费多少钱，又能增加多少收入。

根据上面的分析，罗伯特先生提出，应当提高周六的价格而降低周二的价格。原因是有些顾客情愿多花点钱换取周六的便利；而另一些顾客为了节省点钱也会乐意在周二来理发，用收益管理的术语来讲，叫认清细分市场上顾客对价格和便利的取舍。

开始，卡洛尔太太不太情愿这样做。她认为自己提供了相同的服务，不应根据服务时间不同来设定不同的价格。但后来的一件事让她改变了自己的想法。有个周六，卡洛尔太太正在为罗伯特先生理发，有一个人站在门口不断张望，当他看到等候室里坐满人时，摇摇头走开了。罗伯特先生问，“他是你的老顾客吗?”“不是。”卡洛尔太太回答。“那么，”罗伯特先生说，“他今天将找到另外一位理发师，如果不是手艺特别糟，他将再也不会到你这里来。你不是只是今天失去了一位顾客，而是永远失去了这位顾客。”听到这里，卡洛尔太太决定实行改革。

卡洛尔太太将周六的价格调高了 20%，同时把周二的价格降低了 20%。结果，原来喜欢在周六等候聊天的退休老人和带小孩的母亲大都改成了在周二理发，周二生意不再清淡；匀出周六时间，可以服务更多情愿多花点钱换取时间便利的顾客，那些摇头离去的顾客又被吸引回来了。一年后，卡洛尔太太惊喜地发现，理发店收入增长了 20%。[①]

---

① 周晶，杨慧．收益管理方法与应用［M］．北京：科学出版社，2009：6.

从以上案例看出，由于卡洛尔太太理发店出售的产品是她精湛的手艺，是无形的易逝性产品，存在着不可储存性。因此，周六和平时理发人数的不均衡使卡洛尔太太失去了获得更多收入的机会。这就是为什么卡洛尔太太听到罗伯特先生说你不只是今天失去了一位顾客，而是永远失去了这位顾客后，决定实行改革的主要原因，下面从三个不同的角度来对案例进行分析。

首先，从市场供求关系角度看，卡洛尔太太在提高生产能力、延长劳动时间和利用价格杠杆调节供求关系三个提高企业收入的途径中选择了后者。卡洛尔太太也曾考虑过再增加一张椅子和一名理发师，通过提高生产能力来增加收入，但增加的收入能否足以支付增加的劳务成本，是卡洛尔太太最担心的问题。因为人工劳动成本不仅高，而且随着时间的推移还会不断增长，也是理发店需要支出的主要成本之一。延长劳动时间对理发店来说会受到一定的限制，因为很多顾客并不愿意在太晚的时间来理发，这样不仅会占用他们与家人共享快乐和宝贵的休息时间，而且对卡洛尔太太来说劳动强度过大，无力为之。而采取用价格杠杆来调节供求平衡的做法，使原来喜欢在周六等候聊天的退休老人和带小孩的母亲大多都改成了在周二理发，不仅周二生意不再清淡，而且留住了情愿多花点钱来换取周六时间理发的上班族顾客。其次，从市场细分角度来看，前来理发的顾客从性别上可划分为男顾客和女顾客；从年龄上可划分为老年人、中年人和青少年；从职业上可划分为退休人士、全职太太、在校学生和上班一族等。可以看出，来卡洛尔太太理发店的顾客群体结构清晰，具备市场细分的条件。卡洛尔太太正是听从了罗伯特先生的建议，对这些顾客群体按照职业的不同进行了细分。例如，退休老人、带小孩的母亲和部分有时间的学生被细分为休闲群体，他们有相对充足的时间，可以在周六以外的任何一天来理发；而平时没有时间理发的上班族被细分为商务群体，他们只有在周六休息的时间来理发。最后，从产品定价的角度来看，卡洛尔太太将周六的价格调高了20%，同时把周二的价格降低了20%。既满足了上班族这一细分市场周六来理发的需求，减少了顾客在周六的流失，也留住了可以在周二或一周其他时间来理发的退休人士或带小孩的母亲这一细分市场的顾客，那些摇头离去的顾客也被吸引回来了。

因此，尽管卡洛尔太太出售的是同样的产品，但因周六和周二的价格不同，满足了不同细分市场顾客的需求。虽然繁忙的上班族在周六理发多花了20%的钱，但同时为他们节省了宝贵的时间，是物有所值的；而赋闲在家的退休老人和带小孩的母亲则有大量的空闲时间，在周二或一周其他时间来理发可以减少他们的支出，一样也是物有所值；对理发店和顾客来讲，都可以说是获利的。卡洛尔太太运用收益管理的思维和方法，在既没有增加其他的理发师，也没有延长营业时间的情况下，而是通过实施动态定价策略使年收入增加了 20%。

5.3.1 市场季节性与波动性的合理运用

在通常的概念中，时间是一种尺度，用于衡量过去、现在和未来的某一时刻和所发生事件之间间隔的长短。从饭店收益管理角度讲，时间有两个层次的含义，即季节性与波动性。收益管理定义中所阐述的合适的时间则是相对市场季节性和波动性而言的，正因为有了市场的季节性和波动性，为饭店在不同的市场季节和波动周期实行动态和差别定价创造了条件，而动态定价和差别定价正是饭店通过价格杠杆调节市场供需平衡，从而来实现收益最大化的主要途径。因此，合适的时间指的正是在合适价格的前提下，在这个时间段或时间点出售产品可使饭店获得最大的收益。

首先，看季节性。我们知道，饭店顾客主要来自外埠，多为离家外出的商旅顾客。饭店市场的季节性通常与春夏秋冬四季密不可分，因为季节是人们外出商旅活动重点要考虑的因素，自然也就形成了饭店业市场中的淡旺季。饭店所处的地理区域不同，市场所呈现的淡旺季时间也不相同。例如，甘肃丝绸之路上的敦煌市，因拥有世界文化遗产莫高窟而闻名，而每年到莫高窟的最佳旅游季节是 6 月至 10 月之间，其他时间因敦煌地处高原，天气寒冷，空气稀薄、干燥，不适宜游玩，很少会有游客去，自然就形成了敦煌市饭店的淡旺季市场。而海南三亚市饭店市场却恰恰相反，由于 6~10 月炎热、潮湿，游客比较少，饭店市场呈现淡季；但其他时间特别是春节期间却气候宜人，植被茂密，很多游人愿意在这个时节去三亚度假和旅游，饭店市场呈现旺季。因此，饭店管理人员如果能充分利用饭店市场季节性的差异，把握好时机，制定与市场需求相适应的价格，便可从中获得更大的收益。其次，看市场的波动性，饭店在呈现市场季节性的同时，还具有波动性，如图 5-7 所示。市场的波动，一般会呈现出不规律的周期性，我们也称之为周期性波动。所谓周期性波动，是指市场由供需平衡到不平衡，又由不平衡到新的平衡的周期性运动。这种周期性运动不仅微观市场存在，宏观市场也依然存在。从市场运动规律讲，市场处于平衡状态是暂时的、偶然的和相对的，而处于不平衡状态则是经常的、必然的和绝对的。正是因为市场的周期性波动，为饭店实施收益管理策略创造了条件。与季节性相比，市场波动周期的时间长短变化更加频繁，长的可能与季节性同步，短的可能是一周、某一天或某一个时段。饭店可以在某个波动周期内市场需求旺盛时提高价格，以获得更高的收入；在市场疲软，需求下降时多卖折扣价格，以提高客房出租率，通过薄利多销来获利。因此，市场的季节性和波动性为饭店实行动态定价创造了条件，只要我们把握住良好的时机，在合适的时间将产品销售出去，就能够获得更高的利润。

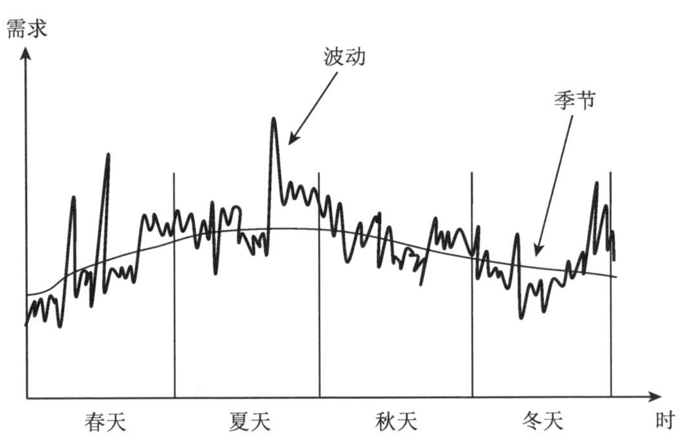

图 5-7　饭店市场季节性与波动性曲线

5.3.2　饭店客房的动态定价

在第二章中，我们对饭店客房定价的基本原理、定价方法以及价格类型进行了阐述，并着重讨论了成本导向定价法、需求导向定价法和竞争导向定价法。可以说，这些定价方法为饭店实行动态定价奠定了基础。动态定价是指企业根据市场需求的变化和产品的供应能力，将同一产品依据市场需求的变化以不同的价格出售给顾客或细分市场，从而实现收入最大化的一种定价方法。饭店客房的动态定价是指由于顾客对饭店产品的需求存在着周期性或随机性波动变化，依据这一属性，运用价格杠杆来调节供需平衡的原理，我们将同一客房产品在不同的时间以不同的价格出售给顾客或细分市场，从而实现客房收入最大化的一种以市场为中心的定价方法。动态定价方法与传统定价方法的区别主要在于饭店客房的价格是随着市场需求的变化而变化的，而不是单一的、固定不变的。

5.3.3 实施饭店客房动态定价的基本原理和条件

5.3.3.1 运用价格杠杆来调节市场供需平衡的原理

在经济学中，需求法则是这样来描述市场供求关系的，即需求量与需求价格呈反向变动关系。在一般情况下，当市场价格上升时，需求的数量将会下降；而当市场价格下降时，需求的数量则会增加，这就为运用价格杠杆来调节市场供需平衡创造了条件。而动态定价正是运用这一原理，通过寻求不同市场周期中的供需平衡点，来最大限度地挖掘饭店潜在的客房收入，同时减少因客房闲置而造成的资源浪费，从而实现饭店客房收入的最大化。

饭店企业的特点之一就是生产能力固定。在这一点上，与制造业有着很大的不同。例如，生产电视机的企业在市场需求旺季，可采取延长劳动时间或增加生产设备来扩大生产能力的方式，完成这一目标所需要的周期较短，从而可达到提高收入的目的。而饭店企业则无法做到这一点，因为饭店建成后，其接待能力就已经固定，在短时间内是无法提高的。因此，在市场需求旺季，能够提高饭店收入的最有效方法就是对价格的调节，而不是扩大生产能力。

5.3.3.2 实施动态定价应具备三个基本条件

实施动态定价应具备三个基本条件。一是市场需求随着时间的变化而变化或波动。其中，时间概念既包括季节性，也包括每一天或不同的时段。一般来讲，饭店的市场需求都会因季节的不同而呈现周期性变化，或在每一天不同的时段呈现波动性。例如，地处市中心的商务或会议型饭店，其季节性是由自然、经济以及商务等环境因素决定的。环境不同，市场需求也会不同，便呈现出淡旺季。如果某城市商务活动频繁，在每年不同的季节都会有一定数量的展会或体育赛事举办。那么，在这些季节，这个城市饭店的市场需求量就会增加，市场需求呈现出周期性变化。再如，位于旅游城市的度假型饭店，每年也会因季节的不同和各类假期的存在而呈现出市场的淡旺季。因此，绝大多数饭店的市场需求都存在着周期性的变化，恒定不变的饭店市场需求几乎是不存在的，除非是完全用于内部接待，而不对大众市场开放的饭店，而这类饭店只能说是特例。不难理解，饭店只有在市场需求有变化或波动的情况下，提高或降低价格才能被市场所接受。如果市场需求是恒定不变的，提高或降低价格只会给饭店带来不必要的损失。二是饭店的市场可以细分。不同的细分市场，客源类型不同，其消费方式和需求模式也不尽相同。对不同的细分市场，实施动态定价需要区别对待。不同类型的客源，由于需求变化或支付方式的不同，价格变化的频率和幅度都不尽相同，有的客源类型甚至不适宜采用动态定价。例如，饭店在官网或第三方分销渠道（OTA）上对散客细分市场销售客房产品时，可随时根据市场需求变化对价格进行调整，甚至每一天的不同时段价格都可以不同。但饭店在与旅行社或公司签订协议时，旅行社或公司往往都会要求与饭店一次确定好全年各个季节的价格，在协议有效期内，无论市场需求如何变化，价格都不会再发生变化。这就要求饭店在协议签订前对未来的市场需求情况有一个准确的预测和正确的判断，以免因价格制定的过高或过低而给饭店带来不必要的损失。如果饭店在协议中体现出了不同季节的价格，可以说该饭店对旅行社或公司实行了动态定价。而有些政府接待的客人因严格的消费标准限制则希望饭店能在一年中或更长时间内保持不变的价格，如果饭店希望接待这些客人的话，则不适宜实行动态定价。因此，在实施动态定价时，首先要对饭店的客源市场进行细分，针对不同的细分市场采取不同的动态定价策略，才能为饭店获得更高的收益。否则，还可能给饭店带来不必要的损失。三是需要对市场进行预测。在市场动态定价过程中，主要面对的是未来市场，也就是说，制定出的价格是未来市场中销售产品使用的。因此，要实行动态定价，首先要了解未来市场的需求情况，依据市场需求的变化来制定不同的价格，而要提前知晓未来市场的需求情况，就必须进行市场需求预测，而市场需求预测结果的精准度，又决定着价格制定的准确程度。因此，实施动态定价策略，市场预测是前提和保障。

5.3.4 饭店客房动态定价的基本要素

饭店在进行动态定价中，应掌握好三个基本要素，即客房产品、市场需求和执行价格。这三个基本要素既相互作用，又相互关联。只有充分处理好三者的关系，才能把握时机，正确地实施动态定价。

5.3.4.1 客房产品

就饭店客房产品而言，在实施动态定价前，首先要对饭店不同类型的客房产品进行分类。这是因为不同细分市场中的顾客对饭店客房产品存在着不同的使用偏好，同一客房产品针对不同的细分市场将呈现出不同的产品价值认知、需求情况以及价格敏感度，实施动态定价中要区别对待。并且同一客房产品针对不同的细分市场应采取不同的动态定价策略，才能满足市场中不同顾客的需求。例如，对商务散客来讲，饭店的标准大床房对他们有较高的使用价值，因为一张宽大而舒适的床，能让为繁忙事务而奔波一天的顾客睡上一个好觉。商务散客一般订房较晚，随机性大，对价格不够敏感。因此，针对这一细分市场进行动态定价时，可在需求预测的基础上，适当提高价格的变化幅度和变动频率，更有利于市场供需趋于平衡。对旅游散客而言，标准大床房的使用价值与标准双床房或家庭房相比，要根据旅游者的人数和兴趣偏好而定。旅游散客一般会较早地制订出行计划并预订客房，随机性相对商务散客较小，并对价格的高低较为敏感。因此，在对旅游散客市场进行动态定价时，可适当降低价格的变化幅度和变动频率，以免因幅度和频率过高而导致顾客的流失。

因此，在实行动态定价策略时，应对饭店不同类型的客房产品针对不同细分市场的属性进行分析和判断，控制好价格变化幅度和频率，使价格的变化与顾客需求相适应，使定价更加准确。

5.3.4.2 市场需求

动态定价法具有三个明显的特征：一是动态定价是一种以市场为中心的定价法，而不是以成本费用为中心。因此，价格的高低是由市场需求和竞争环境来决定的，而不是饭店本身。当客房的价格低于或等于顾客的支付意愿时，顾客就会购买，客房就可以销售出去；而当客房的价格高于顾客的支付意愿时，就会存在客房因销售不出去而产生虚耗的风险。二是动态定价面对的是饭店不同的细分市场，而每个细分市场中顾客的支付意愿和支付能力是不同的，需要饭店制定不同等级的价格，以满足不同顾客的消费需求，单一的价格是无法满足不同细分市场需求的。三是饭店市场需求是随着时间变化而变化的，并非恒定不变。一般来讲，在市场需求旺盛时期，对同一种产品，顾客的支付意愿会相对提高；在市场需求衰弱时期，顾客的支付意愿也会相应地降低。因此，动态定价的主要特征就是价格随着市场需求的变化而变动。

动态定价与市场需求密不可分，我们应实时关注和分析市场需求的变化情况，掌握市场需求的变化态势，以便做出正确的判断。

5.3.4.3 最佳可用房价

在动态定价中，最佳可用房价的作用主要表现在以下几个方面：一是在产品定价中起着基础价格的作用。一般饭店客房价格的提高或打折都是以标准价格为基础的，而不是每次都要制定一个新的价格，而标准价格一般表现为最佳可用房价。二是在某个市场时期或时段内其代表着饭店房价水平的高低，便于用来与竞争者的价格进行比较，也常被用于竞争分析中的价格比较。三是有助于饭店建立清晰的价格层级和体系，避免饭店价格体系因缺少基础价格而显得无序，或出现价格之间的交叉和矛盾。最佳可用房价是通过应用市场需求预测和需求的价格弹性分析方法来确定的，在不同的市场时期，最佳可用房价可能会不同，具体应根据市场需求的变化情况而定。

5.3.5 进行动态定价的原因

动态定价的特点主要体现在需求导向定价和竞争导向定价的基础上，以市场需求为中心来进行定价。

从图 5-8 可以看出，如果饭店客房价格单一且恒定不变，而市场需求每时每刻都在发生着变化，便会出现需求与价格的背离。在需求旺盛期，价格相对偏低，一些可以出高价来购买饭店产品的顾客支付了较低的价格，饭店损失了潜在应得的收入；在需求衰弱期，价格又显得相对偏高，把部分本可以支付折扣价格入住的顾客拒之在门外，同样损失了本可以通过薄利多销来获得的潜在收入。因此，在需求波动变化的市场中，单一和恒定的价格都会使饭店损失掉应得的潜在收入，无法满足饭店客房效益的提升和收入最大化。

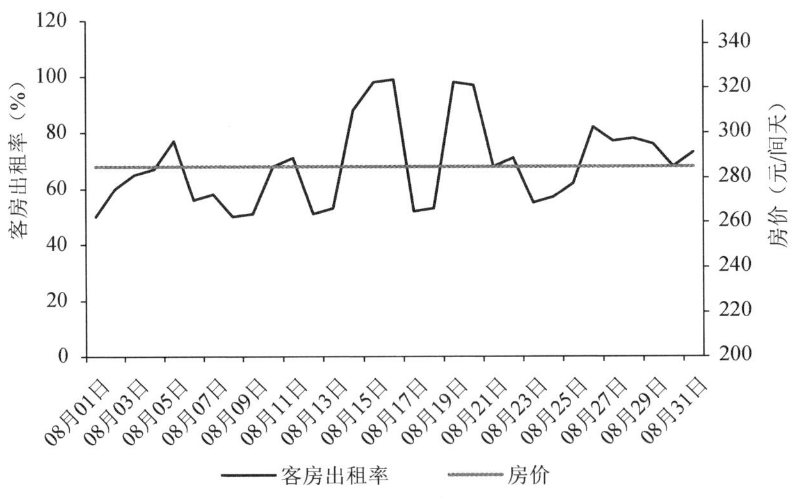

图 5-8　市场需求与固定价格关系

如果客房的价格是依据市场需求的变化而动态变化的，如图 5-9 所示，可以看出，上述存在的缺陷则可以避免。当市场需求旺盛时，顾客的购买力增强，如果此时饭店客房的价格随之提高，顾客依然有能力购买，便不会失去应得的收入；而当需求下降，市场处于衰弱期时，饭店可推出较低的折扣价格，来吸引顾客入住，便可通过薄利多销的方式来获得更多的收入。这样，饭店客房的价格始终是随着市场需求的变化而动态变动的，饭店通过价格的杠杆调节市场供需关系，市场可以始终处于平衡的状态，从而使饭店客房在每个市场波动时期都获得应得的收入。

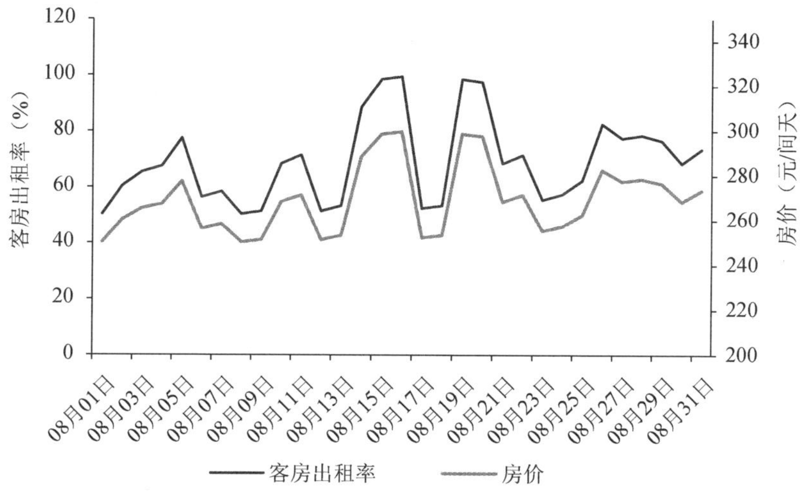

图 5-9 市场需求与动态价格关系

表 5-4 中列出了在不同市场需求情况下的价格变化情况，使得客房销售价格和客房出租率保持在最佳的平衡状态，从而使每间可供出租房收入（RevPAR）获得最大化。如果客房出租率发生变化，甚至满房的情况下价格仍然是恒定不变的，那么 RevPAR 值将无法获得最大，从而损失了应得的潜在客房收入。

表 5-4 客房动态价格结构

价格水平	客房出租率水平（%）	BAR（元）	10%增值价格（元）	10%折扣价格（元）
1	>99	500	550	450
2	95~99	490	539	441
3	90~94	480	528	432
4	85~89	470	517	423
5	80~84	460	506	414

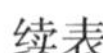
续表

价格水平	客房出租率水平（%）	BAR（元）	10%增值价格（元）	10%折扣价格（元）
6	75~79	450	495	405
7	70~74	440	484	396
8	65~69	430	473	387
9	60~64	420	462	378
10	55~59	410	451	369
11	50~54	400	440	360
12	< 50	390	429	351

饭店客房的动态定价，作为以市场为中心的一种定价方法，可为饭店在不增加任何成本的情况下提高客房收入，由于客房产品存在着边际成本低的特点，增加的收入又多转化为饭店的利润，有效地提高着饭店的收益。但这一方法也存在着一定的风险，主要来自饭店是否能够准确地对未来市场需求做出预测，如果预测结果出现过大的偏差，可能会使饭店制定出的价格因偏离市场需求轨道而导致收入损失。

5.4 饭店客房动态定价的方法

5.4.1 建立饭店合适的客房价格体系，为实施动态定价提供依据

饭店价格体系构建的合理与否，实施动态定价十分重要。对消费者而言，如果认为饭店的价格体系存在着不合理性，就会失去公平感，从而产生放弃购买饭店产品的念头。

饭店价格体系构建的是否合理，主要体现在以下几个方面。一是需要构建饭店客房总的价格体系（如表 5-2 所示），而每一不同类型的客房又有着自己独立的价格体系分支。二是标准价格表现为最佳可用房价 BAR。通常，饭店会以 Walk-In 散客价格作为标准价格，并以此衍生出其他细分市场的价格。例如，表 5-2 中标准大床房的标准价格 W2 为 898 元/间天即为标准价格。三是同一类型客

房不同细分市场之间的价格存在着相关性，而并非相互独立或互不相关。例如，表 5-2 中标准大床房的标准价格 W2 为 898 元/间天，而公司会议团体价格 CG2 为 584 元/间天，是在标准价格 W2 的基础上按六五折来定价的；而旅行社团体价格 TG2 为 494 元/间天，是在标准价格 W2 的基础上按五五折定价的。这样，可使不同细分市场之间价格的相关性一目了然，避免因逻辑或层次关系错位而出现价格矛盾和混乱。四是不同类型客房之间的价格存在着逻辑关系，而不是绝对的独立。例如，表 5-2 中单人房的公司协议散客价格 CT1 为 383 元/间天，而标准双人房的公司协议散客价格 CT3 为 681 元/间天。显然，两位顾客入住两个单人房每天需要花费 766 元/间天，而入住一间标准双人房只需要花费 681 元/间天，价格存在合理性。如果饭店在定价时没有考虑到单人房和标准双床房价格之间存在的价格逻辑关系，顾客支付两间单人房的房费低于一间标准双人房的房费，那么，大多数顾客都会首先选择两间单人房入住，而不去选择标准双人房，在非市场过度需求时期，就会导致标准双人房的过剩，从而给饭店造成成本费用的上升。五是公司会议或旅行团体的价格是在 W 代码中 BAR 的基础上给予相应折扣得到的，一般来讲，已经考虑了需求的价格弹性的因素。但饭店在与客户协商价格时往往会遇到客户砍价的情况，这就需要饭店要对未来市场进行充分的预测，并参照价格体系来具体确定，做到胸中有数，不失价格底限，以避免因给予协议客户过低的价格而导致潜在的收入损失。

5.4.2 客房动态定价的形成

饭店客房的动态定价更多地应用在直销或分销渠道散客价格中，这部分客源通常占有饭店客源较大的比重，而且也是饭店客房收入的主要来源。公司会议或旅行团体等团体客源价格动态情况一般体现在饭店与客户的协议中。由于团体客源存在着特殊性，饭店在与客户商议定价时一般有固定价格和浮动价格两种方式。如果饭店与客户签订的是固定价格合同，即在合同期内无论市场需求发生什么样的变化，价格都是固定不变的，这就对饭店在定价中提出了更高的要求，即饭店给出的价格应该是经过市场预测和需求弹性分析后的团体最佳可用房价。同时，还需要商定对市场周期的划分，因为不同的市场周期价格不同。例如，某饭店在与旅行社签订来年订房合同前，需要根据饭店所在区域的市场需求情况，将来年的市场划分为若干个存在不同需求的市场周期。在此之前，假如饭店经过市场预测得知来年存在五个不同需求的市场周期，分别是 2 月；1 月、12 月；4 月、

9月、11月；3月、5月、6月和7月、8月、10月。那么，在这五个时间段里，饭店需要针旅行社常用的标准双床房按照五个市场周期分别制定最佳可用房价，以此来提高客房收入。相应地，如果饭店与客户签订的是浮动价格合同，那么问题会变得更加简单。饭店只需要制定该客源的基础价格，在合同执行中依据市场需求变化进行浮动即可。

一般来讲，团体客源价格的动态定价由于受到客源属性的限制，价格变化的频率相对散客来讲会比较低，而散客灵活多变的购买行为决定了其市场需求存在的随机性和波动性。因此，饭店的动态定价多应用于来自不同渠道的散客，而这也是饭店客房收入的重要来源。为此，以下将着重阐述饭店散客的动态定价方法。

5.4.2.1 根据市场需求变化关闭和开放不同等级的价格

客房价格的动态化主要体现在根据市场需求的变化来关闭和开放不同等级的价格上，如表5-5所示。从表中可以看出，当饭店平均客房出租率小于或等于50%时，客房销售价格为300元/间天；当平均客房出租率处于50%与60%之间时，关闭300元/间天的销售价格，开放320元/间天的销售价格。同理，当平均客房出租率大于90%时，关闭380元/间天的销售价格，开放400元/间天的销售价格，反之亦然。这样，饭店客房的销售价格将会随着市场需求的变化而变动，由此形成了价格的动态化。值得注意的是，这里所说的销售价格为BAR价格，并非其他方式的定价。图5-10为饭店收益管理系统中的价格变动，从中不难发现，房价是随着客房预订率的变化而变动的，呈现出动态定价趋势。

表5-5　某饭店标准大床房散客动态定价结构表

市场需求	超值价格10%↑（元/间天）	最佳可用房价BAR（元/间天）	折扣价格10%↓（元/间天）	折扣价格20%↓（元/间天）	折扣价格30%↓（元/间天）
≤50%	330	300	270	240	210
50%～60%	352	320	288	256	224
60%～70%	374	340	306	272	238
70%～80%	396	360	324	288	252

续表

市场需求	超值价格 10%↑（元/间天）	最佳可用房价 BAR（元/间天）	折扣价格 10%↓（元/间天）	折扣价格 20%↓（元/间天）	折扣价格 30%↓（元/间天）
80%~90%	418	380	342	304	266
≥90%	440	400	360	320	280

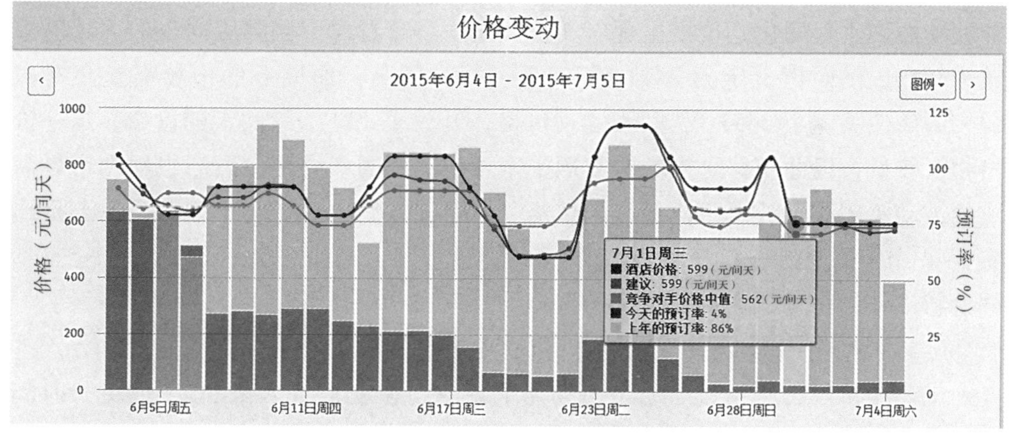

图 5-10　动态定价趋势图

饭店在实施动态定价中需要注意以下几个问题。动态定价制定的是未来价格而不是过去和现在的价格。因此，首先需要有充分的市场预测作为基础，才能把握未来市场需求变化的脉搏，从而制定出能够满足市场需求的价格；在动态价格实施过程中，饭店可根据产品预订或促销的需要，在最佳可用房价的基础上推出超值或折扣价格，以满足不同顾客的需求，如表 5-5 所示。超值价格一般可体现为房价中包含早餐或景点门票等，无须设置限制条件；折扣价格则需要设置一定的限制条件，以体现对所有顾客的公平性。例如，在平均客房出租率为 60% 至 70%之间时，标准价格 BAR 为 320 元/间天。若顾客以折扣价格 256 元/间天来购买饭店产品的话，则限制条件可设置为“顾客最迟可以在入住前一天下午六点前取消和更改预订，如果此后取消和更改预订，需要支付一晚房费”；若顾客以更低的折扣价格 224 元/间天来购买饭店产品的话，则限制条件可设置为“顾客需要预付费，并且顾客一旦订了房，就不允许取消和更改预订，如果顾客取消预订，预付费用将不能退回”等。同理，其他的折扣价格同样需要设置不同的限制条件。一般来讲，对以上同一客房产品制定的BAR增值或折扣价格数量不宜过多，以3~5个为宜。如果数量过多，不仅增加了管理的难度，而且还会降低顾客的认同感。

图5-11所示为来自Booking.com中纽约时代广场W酒店（W New York - Times Square）2015年6月3日（周三）至6月7日（周日）精彩客房的每日售价。从图中可以看出，该精彩客房在同等条件下，每日售价分别为人民币3471元/间天、2726元/间天、2291元/间天和2415元/间天。房价随着每日市场需求的波动而发生着变化，价格呈现着动态变化。不难看出，该酒店周三的市场需求较为旺盛，因而售价定为3471元/间天，相对较高；而周五的市场需求相对减弱，酒店便关闭了3471元/间天这一价格，开放了2291元/间天的价格，这一价格相对较低，以此招徕更多的顾客周末来入住；周四和周六，酒店也根据市场需求的波动关闭和开放了不同等级的价格。同时，该酒店对于精彩客房产品还推出有3~6个不同限制条件（特殊条款）的销售价格，而每一销售价格都对应有不同的特殊条款，为顾客提供更多的选择。

5.4.2.2 依据市场需求预测，建立动态定价日历

动态定价日历是指饭店通过市场需求预测，在获得了未来90天或更长时间客房出租率或订房量预测数据的基础上，将每日市场需求程度的高低和销售价格以日历形式表现出来的一种价格与市场需求的组合界面，如图5-12所示。动态定价日历的优点在于能够直观地呈现出饭店每日不同的市场需求情况和应该执行的客房价格，从而使收益经理可根据需求的变化情况来开放和关闭不同的价格等级，从而实现动态定价。

动态定价日历可使用Excel表格工具来制作，用不同颜色来表示不同的市场需求，可更加直观地反映出未来每一天饭店客房的出租情况。由于市场需求是不断变化的，新的市场事件随时都可能发生。因此，动态定价日历也需要实时更新，从而来决定开放和关闭不同的价格等级。一般来讲，饭店收益管理系统都设有动态定价日历功能，为饭店提供动态定价服务。在没有收益管理系统的情况下，也可借助Excel表格工具，通过人工来完成对动态定价日历的功能设计和制作，可达到同样的使用效果。图5-12所示为借助Excel表格工具制作的动态定价日历，其中涵盖了未来一定时期内的客房出租率、客房价格、市场事件以及竞争对手价格等信息，为饭店实施动态定价提供帮助。

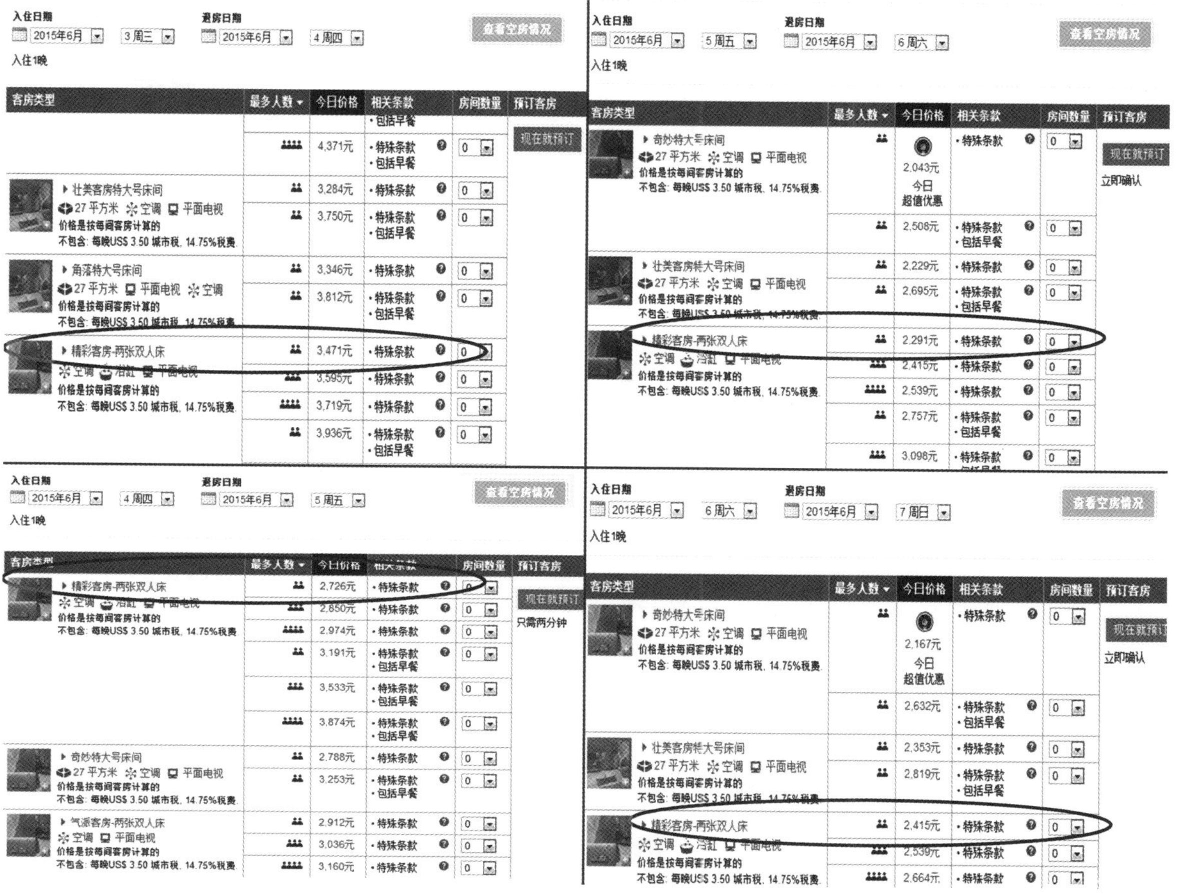

图 5-11 W New York-Times Square 动态定价

资料来源：Booking. com

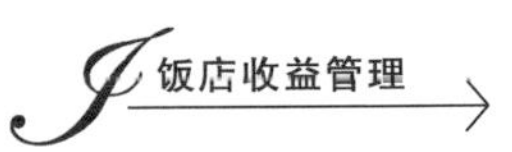

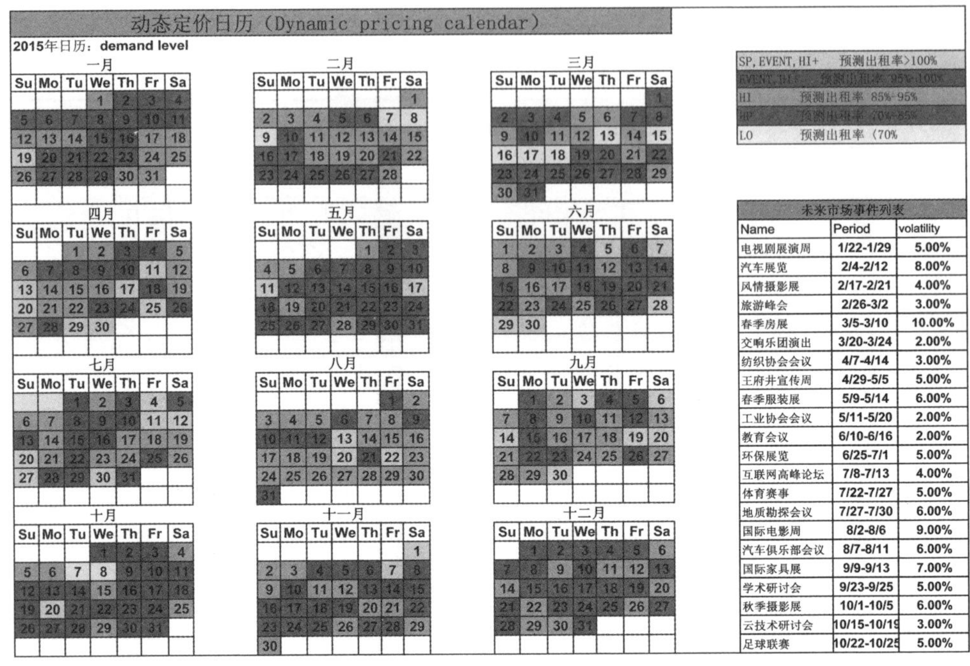

未来市场事件列表		
Name	Period	volatility
电视剧展演周	1/22-1/29	5.00%
汽车展览	2/4-2/12	8.00%
风情摄影展	2/17-2/21	4.00%
旅游峰会	2/26-3/2	3.00%
春季房展	3/5-3/10	10.00%
交响乐团演出	3/20-3/24	2.00%
纺织协会会议	4/7-4/14	3.00%
王府井宣传周	4/29-5/5	5.00%
春季服装展	5/9-5/14	6.00%
工业协会会议	5/11-5/20	2.00%
教育会议	6/10-6/16	2.00%
环保展览	6/25-7/1	5.00%
互联网高峰论坛	7/8-7/13	4.00%
体育赛事	7/22-7/27	5.00%
地质勘探会议	7/27-7/30	6.00%
国际电影周	8/2-8/6	9.00%
汽车俱乐部会议	8/7-8/11	6.00%
国际家具展	9/9-9/13	7.00%
学术研讨会	9/23-9/25	5.00%
秋季摄影展	10/1-10/5	6.00%
云技术研讨会	10/15-10/19	3.00%
足球联赛	10/22-10/25	5.00%

图 5-12　动态定价日历

5.4.2.3　及时关注和收集未来将要发生的相关市场事件

未来市场事件的发生，将会对价格的变动产生一定的影响。饭店应该及时关注和收集未来将要发生并对饭店客源产生影响的市场事件，以便及时调整价格。未来市场事件主要是指相关经济政策、各类会议、展会、体育赛事、大型演出、特殊的天气情况以及竞争对手营销策略和价格的变化等。这些事件的发生，都会对饭店的市场环境产生影响。例如，中国艺术节将在某饭店所在的城市举办，届时将有来自世界各地和国内众多的艺术团体和观众参加这一活动。在此期间，市场对饭店客房产品的需求量会呈现快速增长。饭店在关注到这一信息后，便可通过提高房价的方式来获得更多的客房收入。反之，如果饭店所在城市未来某几日会出现暴雨天气，交通受到一定的限制，顾客将会减少出行。届时，饭店可适当地降低房价，采取薄利多销的竞争方式来吸引有限的顾客入住，从而减少空房损失。

除此之外，顾客消费行为的变化也会导致需求发生改变。只要饭店注重关注这些事件和变化，及时收集相关市场信息，掌握市场需求变化的趋势，及时根据需求变化调整房价，使房价实时与市场需求变化相适应，就会抓住每一个获利的市场机会，充分挖掘潜在的收入，实现客房收入最大化的目标。

5.4.3 跟踪价格的执行情况，做到及时反馈和修正

跟踪价格的执行情况，主要是指对各类房价投入市场后的执行效果进行定期分析和评价，并及时反馈和修正。饭店通常按以下方式来开展此项工作：一是定期分析和评价已实现的主要市场指标和客房收入，通过比较分析的方式来评价价格的执行情况。饭店通常采取与预算指标的比较分析、与前三年指标的比较分析和与竞争群体比较分析三种方式来综合评价实现市场指标的效果，与竞争群体的比较分析主要来自对 MPI、ARI 和 RGI 等收益指标数据的衡量。二是通过市场反馈对存在偏差的价格进行及时修正。价格偏差主要体现在某一市场时期价格制定的过高或过低，或优化效果不明显；通过对市场指标的分析比较，可以及时发现存在的价格偏差，并进行及时修正。

近年来，动态定价在我国饭店业正逐步得到应用，对挖掘市场潜力，实现收益最大化起着十分重要的作用。然而，动态定价也存在着一定的风险性，需要我们认识和规避。主要体现在，一是收益管理的动态定价策略作为新生事物，近年来才逐渐被部分饭店所采用，而国内多数饭店还沿用着传统的定价方法，即价格的变动基本是以自然季节为周期，变动周期较长。动态定价策略还没有被市场中多数顾客所了解和认同，如果宣传和引导工作做得不够充足，频繁的房价变动很容易引起顾客的不满，从而放弃对饭店产品的购买。二是动态定价策略是基于市场需求预测的基础上执行的，而预测结果不可能是百分之百的准确，总会存在着一定的误差，这也给动态定价策略的实施带来风险。因此，饭店在实施动态定价中应充分考虑市场环境，提高市场预测精准率，制定合理的价格体系，把握好价格变动的频率，因地制宜地开展工作。

5.5 影响饭店客房动态定价的因素

为能够有效地实施客房动态定价策略，饭店管理者除了需要掌握以上动态定价的基本方法外，还应了解影响客房动态定价的相关因素，以便定价策略既能够满足市场需求，也能够规避市场风险。下面，我们就影响客房动态定价的主要因素进行阐述。

5.5.1 政策法规与经济环境

从经济学角度看，政策法规和经济环境对企业的经营都将产生着直接或间接的影响，饭店企业也不例外。如前所述，实施动态定价的前提是市场需求随着时间的变化而变化，而正是因为市场需求的变化，才使饭店得以利用需求的变化来变动价格，从中获得更高的收益。一般来讲，市场需求的变化频率越高，也就意味着消费市场的活跃度越高，而消费市场的活跃度与政策法规和经济环境都有着密切的关系并且呈正相关。例如，政府任何一项刺激消费的政策出台，其目的都是要提高消费市场的活跃度，推动大众消费，从而促进经济的发展。如果某一项政策法规有利于饭店行业的发展，那么就会为饭店带来良好的经济和市场环境，从而推动市场需求的增长，激发市场的活跃度，对饭店实施动态定价策略就更为有利，反之亦然。因此，饭店管理者应及时关注国家宏观政策和经济环境变化，为掌握和分析饭店市场需求变化提供帮助。

5.5.2 市场波动的幅度与频率

在饭店客房动态定价中，市场需求波动幅度和频率的高低，都是影响定价的主要因素。通过价格的杠杆来调节市场的供需平衡，程度的高低是由需求波动幅度和频率来决定的。波动幅度越大，价格的变动区间越大；波动幅度越小，价格的变动区间也就越小。而波动频率越高，价格变化的次数越多；波动频率越低，价格变化的次数也就越少。通常，市场供给量变化是引起市场波动的主要原因，并对其波动幅度和频率产生着影响。因此，市场供给量、波动幅度和频率与动态定价策略的实施具有较大的相关性。

5.5.3 饭店品牌的价值表现

饭店品牌价值是品牌资产的重要组成部分，从顾客消费行为的角度分析，对动态定价策略也会产生一定的影响。一般来讲，如果一家饭店或饭店集团的品牌知名度越高，信誉度越好，顾客对该品牌的忠诚度和依赖性也就越强，价格敏感度也会越低，有助于饭店推行动态定价策略，反之亦然。因此，饭店应注重自身品牌价值的表现和提升，除了积极打造优质服务产品外，还应该积极投身于社会公益活动。同时，更需要注重来自不同渠道的顾客点评（也称客评），做到对每一项客评有专人维护和做到及时的回复，建立客评分析制度和流程，定期召开由相关部门管理人员参加的客评分析会议，及时解决顾客提出的意见和问题，不留遗憾，以此来增加客户的黏性，提高顾客的忠诚度。因此，不断提升饭店的品牌价值，培养更多的忠诚客户，提高客户对饭店品牌的黏性，对饭店实施动态定价策略是十分必要的。

5.5.4 饭店对价格的管理能力

饭店对价格的管理能力主要是指饭店在定价、制定价格体系、对价格进行控制和话语权等方面的能力，这些能力对动态定价工作的效果都将产生一定的影响。饭店对价格的管理能力越强，动态定价的执行力也会越强，实施的效果就会越好。这样，不仅可使饭店获得更多的潜在收入，而且也会提高市场竞争力。反之，饭店对价格的管理能力越弱，特别是如果缺乏相应的市场需求预测和价格敏感度分析手段，动态定价的执行力也会越弱，执行的效果就会大打折扣。然而，要提高饭店对价格的管理和控制能力，也并非易事，需要饭店从设立收益管理部门或专业化管理人员入手，通过市场需求预测来判断未来市场，应用价格敏感度分析来制定最佳可用房价；通过构建能够满足市场需求的价格体系来关注每一个 BAR 的实施效果；并根据市场需求的变化开放和关闭不同的价格等级，做到有尺度、有依据地对房价进行适时的调控。只有这样，最终才能增强饭店对价格的管理能力。

5.5.5 竞争者的策略

我们在研究和实施动态定价中，如果没有竞争者，事情会变得非常简单。饭店只需要考虑自身客房产品的供给和顾客的需求情况，通过敏感度分析来制定价格就可以了。然而，现实经营中竞争者是存在的，正是因为竞争者的存在，其所推行的各种销售策略和价格都会对饭店实施动态定价策略产生较大的影响。因此，饭店在实施动态定价中要充分考虑竞争对手的策略和价格，并将其作为影响动态定价的主要因素，从提高市场竞争力的角度定价，以免使价格偏离市场轨道。

5.5.6 新冠肺炎疫情的影响

2020 年发生的新冠肺炎疫情，导致市场需求大幅度减少，给全球饭店业带来了灾难性的影响。据有关机构预测，饭店业市场的完全恢复还需要较长的时间。由于新冠肺炎疫情存在着季节性的反复，疫情期间或后疫情市场时期如何为客房定价便成为饭店管理者的新课题。动态定价是以市场季节性和波动性需求变化为基础的定价方式，疫情期间很多地区饭店市场的需求大幅度减少或处于断供的状态，后疫情市场时期的需求也多呈现逐步爬坡的情况，没有出现井喷式的需求增长态势。除了少量的季节性变化外，需求也比较平稳，很少出现波动。另外，疫情的传播让消费者更依赖线上消费，收入的减少也使消费者对出门旅行更加理性，他们对价格的敏感度也有一定程度的提高，增加了实施动态定价的风险。因此，疫情期间动态定价应该以季节性需求的变化为基础，小幅度和低频率的动态化为宜。在客房定价方面，疫情期间或后疫情市场时期可从三个方面入手。一是参照饭店所在地区市场的恢复水平，选择一个低于饭店在竞争群中常规价格等级的价格作为初级房价，利用价格竞争优势，提高获客能力，并随着市场需求的增加逐步提高；二是参加 OTA 平台推出的促销活动，如携程的优享会、天天特价，美团的优美会、今夜特价等，充分利用线上销售渠道来提高获客能力；三是通过市场需求和预订进度变化来逐步调整房价，使动态定价由小幅度和低频率向常态化转变。

5.6 饭店客房动态定价的实际意义

5.6.1 应用价格杠杆调节供需平衡是饭店提高客房收益的最佳途径

饭店实施收益管理策略的目的是实现收入最大化。从经济学的角度讲，提高企业收入的途径有三个：一是扩大劳动生产能力（或提高产量）；二是延长劳动时间；三是利用价格的杠杆来调节市场供需平衡。对饭店企业而言，即使在市场需求旺季，由于存在着生产能力相对固定和无法延长劳动时间的特点，利用价格的杠杆来调节市场供需平衡成为饭店提高收入的唯一途径，动态定价正是实现这一价格杠杆理论的必要策略。即在以市场需求为中心的基础上，价格随着市场需求的变化而变动，从而使饭店最大限度地获得潜在的收入，最终实现收益最大化。

5.6.2 通过实现收入最大化来驱使利润最大化

由于饭店客房存在着高固定成本和低增量成本的特点，因此，每多售出一间客房，由于增量成本很低，固定成本不变，所获得的收入多转化为客房利润。例如，饭店与汽车生产企业存在着不同，饭店建造完成后，其客房产品的数量已经固定，无法在短时间内通过增加客房产品数量来提高收入；而汽车生产企业则可以在市场需求增加时，通过增添生产设备或延长劳动时间来提高产量，从而达到提高收入的目的。加之，饭店客房产品的增量成本不会像汽车生产企业一样，随着产量的持续增加会产生规模经济效应，最终导致增量成本的大幅度提高。因此，饭店在有限客房资源的前提下，通过市场动态定价来增加产品销售量，便可实现通过收入最大化来驱使利润最大化的目标。

5.6.3 动态定价可减少饭店客房闲置，避免资源虚耗

在饭店传统定价方式中，固定房价一般会持续较长的时间。即使市场需求发生变化，房价也可能依然是固定不变的。这种固定不变的定价策略，极易导致客房的闲置，造成资源虚耗。动态定价克服了以上传统定价方式存在的缺陷，通过价格的敏感度分析，使价格实时保持与市场需求变化相一致，最大限度地满足顾客的需求，从而提高了客房出租率，减少因客房闲置和虚耗给饭店造成的收入损失。

5.6.4 动态定价有助于饭店提高市场竞争力

饭店产品的普遍同质化，使价格成为竞争对手之间交锋的利器。特别是随着互联网技术的迅速发展，饭店的房价已不再是可以保守的秘密，每一家在线旅游分销商的网站上，都实时显示着各家饭店真实的房价信息。产品性价比已成为顾客购买产品时首要考虑的因素。从营销学的角度讲，符合顾客心理预期的价格更易激活其心中的黑匣子，从而使其产生购买动机。动态定价是基于顾客的需求来定价的，并力求使每个不同市场需求时期的价格都能够满足顾客的心理价位，既以合适的价格来最大限度地招徕顾客，又避免因削价竞争而导致的收入损失，是饭店提高市场竞争力的必要手段。

5.7 小结

（1）价格优化是指在对未来市场进行预测的基础上，通过价格敏感度分析，建立房价与市场需求之间的函数关系，制定出某个市场时期或时间段内的最佳可用房价，从而实现客房收入最大化的一种价格优化方法。最佳可用房价在动态定

价中作为公共或标准价格，可衍生出一定数量的增值价格和折扣促销价格。

（2）客房价格体系是指把与客房定价相关联的要素有机地组合在一起而形成的价格集合，由市场时段、产品类型、细分市场和产品价格四个要素组成。客房价格制定过程中，主要经历了价格优化、价格修订和价格决策阶段。

（3）饭店客房的动态定价是指将同一客房产品在不同的时间以不同的价格出售给顾客或细分市场，从而实现客房收入最大化的一种以市场为中心的定价方法。动态定价应具备三个前提条件：一是市场需求随着时间的变化而变化或波动；二是市场可以细分；三是市场需求可以预测。

（4）实施客房动态定价的目的是最大限度地为饭店挖掘潜在的收入，提高产品的性价比，减少饭店客房虚耗和提高市场竞争力。动态定价是饭店实现收益最大化的有效途径之一。

（5）动态定价的形成是在对未来市场预测的基础上，根据市场需求的波动通过开放和关闭不同的价格等级来实现的。动态定价需要合理的价格体系作为保障，在竞争市场中，需要考虑竞争对手价格策略所带来的影响。

（6）影响动态定价的主要因素有政策法规、经济环境、市场波动的幅度与频率、饭店品牌的价值表现、饭店对价格的管理能力、竞争对手的策略以及疫情等。

【练习题】

1. 什么是饭店客房的价格优化？价格优化的作用是什么？
2. 什么是价格敏感度？它的衡量标准是什么？
3. 什么是客房价格体系？请简述价格体系制定的方法。
4. 什么是饭店客房的动态定价？实施动态定价应具备哪三个基本条件？
5. 为什么说饭店客房的动态定价能够刺激市场消费？
6. 实施饭店客房动态定价的步骤是什么？其中包含哪些内容？
7. 以下内容是饭店客房动态定价应考虑的要素，请简述理由。
   （1）垄断市场或完全竞争市场；
   （2）确定型或随机型需求；
   （3）无限或有限型的潜在购买力；
   （4）短视型或策略型顾客。
8. 一家有260间客房的饭店预计连续3天的客房出租率为90%左右，销售部又预订了一个超过一般团队目标价格，餐饮及综合消费高并在此期间入住的公司团队。饭店客房出租率预计会上升到120%左右。针对这样的市场需求，收益经理应该做些什么？

9. 乙饭店所在的竞争市场群中，甲饭店位于市场领导者地位，其营销策略经常被其他饭店所效仿。乙饭店在客房产品定价方面也是甲饭店的跟随者，即甲饭店提价，乙饭店也提价；甲饭店降价，乙饭店也跟着降价。请问，乙饭店这种做法对吗？为什么？请阐述理由。

10. 一家位于市中心的商务型饭店周三和周四生意最好，周二和周五较好，周六、周日和周一较差，存在着市场供需波动的问题。市场供需的波动，经常导致该饭店的客房产品被虚耗，餐厅、康乐等场所客人也会随之上下波动。针对这一市场现象，饭店应采取什么样的策略来实现增收？

第六章　差别定价与容量控制

【本章概述】

容量控制方法在民航业常被用来预留或保留一些飞机座位，以便在合适的时间以高价出售给预订较晚并且价格敏感度较低的商务客人，以此来提高收入。本章着重阐述了饭店客房容量控制的基本概念、应用方法和主要作用，并就客房差别定价在容量控制中的作用进行了阐述。

6.1　饭店客房的差别定价

6.1.1　差别定价的基本原理及其作用

6.1.1.1　差别定价的基本原理

在第一章中我们阐述了价格歧视的概念，饭店客房的差别定价正是基于三级价格歧视理论来实施的。差别定价是指同一种饭店产品（如同一类型的客房、餐食、康体或娱乐项目等）对不同的顾客或细分市场制定不同价格的行为和方法。即相同的客房产品，对不同的消费者群体出售着不同的价格。与二级价格歧视不同的是，三级价格歧视不仅需要饭店熟知消费者情况，而且需要将消费者群体市场细分化，即把单一的大众市场根据不同消费群体行为划分为若干个细分市场，而不是借划分自己的产品来间接区分消费者，并通过对不同消费群体的划分，按各个细分市场的支付意愿来定价。

图 6-1 反映了差别定价下的客房收益情况。可以看出，如果饭店某种类型客房的增量成本为 VC，假若该类型客房只有 P_1 一种价格，所有支付意愿为 P_1 的顾客就会购买饭店的产品，饭店所能获得的总收益为 A 区域部分。但除价格 P_1 外，如果饭店还设置了低于 P_1 和高于 P_1 的多级价格，分别对应有不同支付意愿

的顾客群体，那么饭店除可获得 A 区域收益外，还能获得 B 和 C 区域的收益，所获得的总收益为 A、B、C 三个区域之和，比只有 P_1 一种价格时多获得了 B 和 C 区域的收益。因此，寻求不同的细分市场，实行多级价格下的差别定价，可使饭店获得更高的收益。当然，对不同价格等级需要设置有相应的限制条件，从而体现出对顾客的公平性并增加顾客遴选的概率。

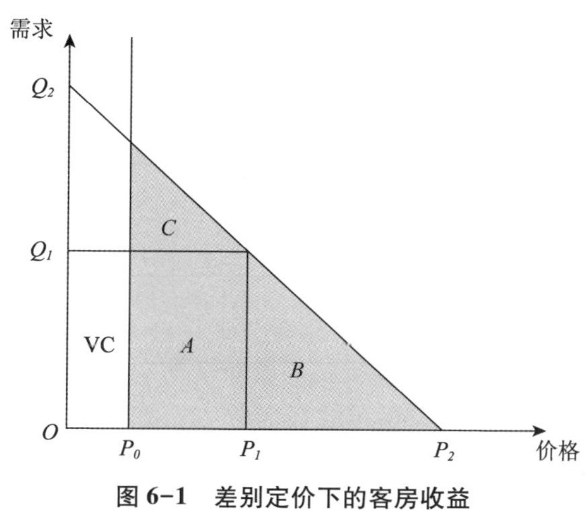

图 6-1　差别定价下的客房收益

6.1.1.2　差别定价在饭店经营中的作用

在饭店经营中，针对不同细分市场对客房产品实施差别定价，是本节讨论的重点。那么，差别定价在饭店经营中的主要作用是什么呢？实践证明，主要有以下几个方面。一是客房容量控制策略是在差别定价的基础上实施的，可有效地提高饭店客房的收益。以上我们从经济学的角度阐述了差别定价的原理，其核心是通过多级价格的并存给饭店带来更高的客房收益。在市场细分的前提下，依据每个细分市场对价格敏感度各不相同的特点，制定出符合其支付意愿的价格，达到优化客房收益的目的。二是单一固定的价格不仅容易错失掉高支付意愿的顾客，流失潜在的收益，而且容易造成房间的闲置虚耗，导致资源浪费。差别定价规避了单一固定价格存在的缺陷，从而减少了高支付意愿顾客的流失，最大限度地避免了客房的闲置。三是市场供需的平衡点每天都在发生着变化，单一固定的价格无法准确掌握这一平衡点，而多级价格共存则更有益于调节饭店市场供需平衡，为饭店实现客房收益最大化奠定基础。四是单一价格的销售，限制了销售部门能力的发挥。差别性定价可促使销售部门尽情发挥自己的促销能力，提高市场竞争力。案例 6-1 阐述了如何通过多级价格共存的策略来提高饭店客房的收益。

【案例 6-1】

假设某饭店共有房间 150 间，其中大床间 90 间，某日对大床间的市场需求如表 6-1 所示，请分别对采取高价格、高客房出租率、单一固定价格和差别定价四个不同策略下的收益进行分析。

表 6-1　饭店某日客房市场需求一览表

细分市场	A（全价）	B（9 折）	C（8 折）	D（7 折）
销售价格（元/间天）	300	270	240	210
某日实际市场需求（间）	9	18	72	90

首先，让我们来做一下收益分析。如表 6-2 所示，在经营决策上，如果饭店片面追求高房价，仅能获得 7560 元的饭店收入；如果单纯追求高客房出租率，可获得 18900 元的客房收入；而采取单一的八折固定价格策略，获得的客房收入为 17280 元，低于高客房出租率情况下的收入。那么，在饭店现有同等条件下，有没有使饭店可获得更高收入的方法呢？答案是肯定的。这就是在市场细分的基础上采取差别定价的策略，即饭店需要根据每个不同细分市场顾客的支付意愿来定价，并通过优化组合分配的方式将现有 90 间大床房以相应数量出售给不同的细分市场，而不是仅满足于某一类细分市场，便可获得更高的收益。假如，饭店针对该日不同价格下的顾客需求量按如下方式来接受订房，即 300 元/间天的全价房需求量为 9 间，饭店只接受 7 间订房；270 元/间天的折扣房需求量为 18 间，饭店只接受 16 间订房；240 元/间天的折扣房需求量为 72 间，饭店只接受 35 间订房；210 元/间天的折扣房需求量为 90 间，饭店只接受 32 间订房。这种采取预订控制的策略摒弃了传统的"先来先得"方式或片面追求某一高出租率市场指标的思路，并且在对不同细分市场实行差别定价的基础上对饭店现有 90 间大床房进行优化组合和分配，最终使饭店获得了 21540 元的收入（如表 6-2 所示），分别比在追求高房价、高客房出租率和单一固定价格策略下多增收 184.92%、13.97%和 24.65%，有效地提高了该饭店的客房收益。

表 6-2 饭店不同定价方式收益分析表

定价方法	追求高 平均价格	追求高 客房出租率	单一固定价格	差别定价
选择定价（元/间天）	全价（300） 9 折（270）	7 折（210）	8 折（240）	定价优化理合
实际入住间数（间）	27	90	72	90
大床间出租率（%）	30	100	80	100
平均房价（元/间天）	280	210	240	239
实际客房收入（元）	7560	18900	17280	21540
RevPAR（元/间天）	84	210	192	239

6.1.2 差别定价的基本特征

在上一节中阐述了差别定价的基本原理和作用，在讨论差别定价的方法之前，先来了解一下差别定价存在的以下三个基本特征，以便饭店在对不同细分市场进行差别定价时更有效地计划和管理，保证定价的准确性。

6.1.2.1 差别定价法可有效提高客房收益

差别定价理论对饭店根据顾客的不同支付意愿制定不同的客房价格从而获得更高的收益给予了支持。在上一节详细阐述了差别定价能够有效提高饭店客房收益的基本原理、作用和途径，使饭店对这一定价方法的使用有了坚实的理论基础和方法保证。

6.1.2.2 差别定价受到不完全市场细分的局限

完全细分是指市场中的每一位消费者都独立构成一个子市场，企业可根据每位消费者的不同需求和支付意愿来为其提供不同的产品和进行定价。从理论上讲，如果存在这样的完全市场细分，饭店可根据每位顾客的不同需求和支付意愿来进行定价，将会获得非常可观的收益。然而，在现实市场环境中，完全细分市场是不存在的。这是因为我们无法对每一位顾客的消费需求和支付意愿进行测量，更无法针对每一位顾客来划分成一个子市场。所以，差别定价只能针对某一顾客群体划分的细分市场来进行，而不是针对完全的市场细分来定价。因此，差别定价将会受到不完全市场细分的局限，只能为某一市场细分群体定价。

6.1.2.3 差别定价为侵蚀和套利者提供了机会

对饭店而言，尽管差别定价是提高客房收益的一种有效方法。但差别定价的出现，也给一些顾客或第三方销售组织或机构（如旅游批发商、代理商或营销机构等）提供了侵蚀和套利的机会。所谓侵蚀，是指那些处在高价位细分市场中的顾客总是想方设法以较低的价格来购买饭店的产品，我们把这些“假装”成低支付意愿行为的高价顾客视为对饭店利益构成了侵蚀。例如，某饭店的门市价格为 800 元/间天，Walk-in 价格为 720 元/间天，即顾客可以在门市价格的基础上享受九折的优惠。一些顾客并没有提前订房，而是以 Walk-In 客人的身份到店入住，他们完全有能力支付 720 元/间天的优惠房价，但他们并没有这么做，而是在抵达饭店大堂后用手机 APP 通过在线旅游服务商来订房。他们知道，通过 OTA 这一渠道订房可以享受该饭店 670 元/间天的价格，无形中使饭店损失了 50 元/间天的客房收入。而套利则是指一些第三方销售组织或机构以批量或打包购买等方式，用较低的协议价取得了饭店客房的销售或代理权，并在不同的渠道以高于协议价的价格销售，从中获取价差利润。

不完全市场细分、侵蚀和套利情况的存在，都会减少饭店差别定价所创造的收益。这就要求饭店在实施差别定价中，准确地进行市场细分和最大限度防范侵蚀和套利情况的发生，并通过认真规划和管理价格来提高差别定价收益率。

6.1.3 饭店客房差别定价的方法

日常经营中，客房的差别定价既要考虑到对定价方式的划分，也要掌握合理的定价方法，以使差异化价格能分别满足与其相适应顾客群体的需求，以下为饭店常用的几种差别定价方法。

6.1.3.1 按细分市场进行差别定价

我们知道，饭店市场的细分因受到种族文化、地理区位、经济环境以及消费者行为等诸多因素的影响，不同的市场细分方式对定价产生一定的影响。我国饭店多数采用的是按购买方式来细分市场的，主要划分为零散客人和团体客人两个主要细分市场。而零散客人一般又划分为饭店会员客人、直销散客、中间商散客、上门散客和特惠客人五个子市场。团体客人划分为旅行团体、商务团体、会议团体、民航团体、体育团体、宗教团体、学生团体以及老年团体等若干个子市场。饭店在差别定价时，并不是简单地分别对零散客人和团体客人定价，而是要根据饭店所处的市场环境，结合不同细分子市场中顾客的支付意愿来合并同类项，进行归类和集合，并对不同类型的集合细分子市场进行分别定价。例如，在表 5-2 中，饭店标准大床房的散客价格与团体价格有着明显的差别，而不同的细分子市场之间的价格也不相同，体现出该饭店的客房价格体系针对不同的细分市场采取了差别定价的策略。

对细分市场的差别定价，既要具备识别不同支付意愿顾客群体的能力，也要具备对两个顾客群体分别定价的能力。然而，仅仅能够识别不同支付意愿的顾客群体是不够的，还需要将这些群体划分为若干个细分市场，确保同一个细分市场的顾客具有相同的支付意愿，而不同的细分市场则支付意愿不同。差别定价正是针对每一个具有不同支付意愿的细分市场来分别定价的，其目的是使定价能分别与每个细分市场的需求相吻合，以此来提高顾客的购买力。通常，要最大化每个细分市场的收益，是将标准价格确定为最大的支付意愿 W，如果饭店需要对另外三个细分市场分别定价，假设这三个细分市场对应的价格分别为 P_1、P_2 和 P_3。那么，这三个细分市场的价格 P_1、P_2 和 P_3 均应小于支付意愿 W，这样便得到以下条件：

$$W \geqslant P_1 \geqslant 0 \qquad W \geqslant P_2 \geqslant 0 \qquad W \geqslant P_3 \geqslant 0 \qquad P_1 \neq P_2 \neq P_3$$

理论上，P_1、P_2 和 P_3 的计算方法需要分别针对三个不同的细分市场建立需求函数模型，通过数学法则和价格敏感度分析来最终确定。然而，在没有计算机系统软件的帮助下，要实现以上的做法是非常困难的。因此，实际工作中，饭店管理者通常会在对历史经营数据分析的基础上，借鉴实际工作经验来进行定价；定价的方式多为在标准价格的基础上给予不同折扣的做法来确定每个细分市场的价格。一般来讲，这种定价方法会存在一定的误差。因为，定价前的市场需求预测和定价中的敏感度分析是非常必要的，有效的数学法则运算和模拟分析可以避免由于过度依赖人工经验而带来的定价误差。

按照细分市场进行差别定价是饭店普遍采用的方式，但前提是饭店应对市场中不同顾客群体的消费行为有充分的认识和了解。同时，市场细分要力求准确，边际清晰，并保证同一细分市场中顾客群体的支付意愿是相近或相同的。因为，细分市场的差别定价主要以不同的支付意愿为基础，而不同的支付意愿又决定着每个细分市场之间价格的差别。与此同时，饭店还应针对不同的定价设置有相对应的限制条件，即体现出对顾客的公平性，又可减少第三方套利行为的发生。

6.1.3.2 按销售渠道进行差别定价

按不同销售渠道进行差别定价，也是饭店常用的差别定价方法之一。按销售渠道差别定价是指饭店同一类型客房产品通过不同的销渠道以不同的价格出售的行为。例如，就散客而言，顾客在饭店官网预订客房产品要比在OTA上预订价格更便宜，但前提是顾客必须注册成为饭店的会员。与饭店会员相比，公司协议散客的价格会更低，因为协议期饭店对顾客预订客房的间夜量会有一定的最低限度要求，以保证获得期望的客房收入。除此之外，一些饭店还会在互联网平台上设立店铺，为顾客提供客房预订服务。为了促销，其客房的预订价格也可能会低于公司协议散客。另外，代理商通过包房或购买房量的方式预先购买饭店的客房，他们会享受到饭店给予的非常优惠的价格，顾客从他们的渠道也能够预订到价格很便宜的客房。就团体客人而言，同样是来自旅行社的顾客，不同的旅行社，预订到的客房价格也不相同。譬如，顾客从国旅、青旅、康辉等大型旅行社预订饭店客房，价格要比从一些小旅行社预订更便宜，因为这些大型旅行社每年为饭店输送大量的顾客，所以他们能够从饭店拿到非常优惠的客房价格。

同样商品的在不同的销售渠道有着不同定价，是经济市场中较为普遍的现象，这是因为不同的渠道成本和顾客对价格敏感度的不同所导致。不仅在饭店行业，其他行业也是如此。例如，同样的图书，网上的价格要比书店的价格便宜，菜市场的蔬菜价格会低于超市的蔬菜价格等。但要注意的是，饭店在给予同属性销售渠道客房价格的时候，应考虑到公平的原则，尽量保持价格的一致性。例如，在同等的条件下，饭店在携程、美团和飞猪上的客房价格应该是相同的。

6.1.3.3 按购买时间进行差别定价

按照购买时间定价也是饭店常用的一种差别定价方法。譬如，饭店为提前一周或更早预订客房的顾客提供折扣价格，周一的房价要低于周四的房价，7月的房价要高于3月的房价等，都属于按购买时间来进行差别定价的例子。按购买时间定价也是饭店产品促销手段的一种，其目的是及早把部分产品销售出去，从而来保证饭店的基本收益。主要体现为：一是为提前订房的顾客提供折扣价格，以便吸引那些对价格敏感度较高的顾客，以此来提高市场竞争力。二是在不同时间或不同季节实行差别定价，运用价格杠杆来调节市场的供需平衡，通过动态定价来获得市场潜在的收益。三是通过预订时间的早晚来判断订房顾客是度假客人还是商务客人，也是饭店常用的判断与分析方法。因为准确的顾客分类将非常有助于饭店收益管理基础工作的开展，这些被分类后的珍贵历史数据将对饭店预测未来市场需求和订房情况都具有很高的参考价值。例如，北京某五星级饭店的行政房在携程旅行网销售的标准价格为2209元/间天，若提前5天预订的担保价格为2174元/间天，提前21天预订的担保价格为1932元/间天，就是基于购买时间来进行差别定价的。一般来讲，饭店会对提前预订享受折扣价格的顾客要求担保，以防止因顾客的预订取消和No-Show给饭店造成的客房虚耗损失。

6.1.3.4 按区域进行差别定价

按区域进行差别定价，主要是指连锁饭店集团所属成员饭店所采取的差别定价策略。也就是说，集团相同的成员饭店因其所在的地域或区位不同，房价也会有所不同。对于位于不同地域的连锁饭店，即使饭店和客房都是相同的，由于受到当地经济和消费水平的影响，也可以采取不同的定价。例如，华住品牌旗下相同的全季酒店，位于北京地区酒店的房价要高于重庆地区酒店的房价。另外，位于同一城市不同区位的连锁饭店，由于受到周边环境和交通条件等因素的影响，房价也同样会有所不同。一般来讲，周边环境越好，生活越便利，交通越方便，房价也就会越高。例如，位于北京朝阳区国贸附近的全季酒店房价要比位于望京地区酒店的房价高。对位于机场的饭店，房价更是要比其所在城市中其他区位同类型饭店的房价高，因为它具有其他饭店不可替代的独有地理位置，是民航机组人员和那些赶早班机顾客的必选饭店。因此，连锁饭店集团可以充分利用不同地域或区位所具有的特点，通过对消费者的价格敏感度分析，在成员饭店中实施客房差别定价策略，以此来提高客房的收益。

6.2 容量控制的基本概念

6.2.1 容量控制

在饭店实施收益管理策略中，研究的对象主要是饭店产品。饭店产品除了存在不可储存的特点外，另一个即为容量有限和固定，或者说在短时间内不会发生变化，最典型的代表即是饭店的客房产品。饭店客房数量的存量既是有限的，又是固定的，短时期内无法改变。因此，容量控制所要解决的问题就是如何充分利用饭店现有的存量资源来实现收益最大化。

容量，也称存量，是指饭店能够提供给消费者的产品数量。容量控制是指饭店依照市场需求，为不同价格水平的顾客或者细分市场就现有产品资源进行优化分配，并按分配方案出售产品来实现收益最大化的一种策略。本节主要讨论饭店如何把现有存量的客房资源通过预订控制合理分配给支付意愿不同的顾客或细分市场，以此来进行创收的一种容量控制方法。

6.2.2 实施容量控制的意义

容量控制在饭店实际经营中主要体现为应用不同的控制方法来实现对客房的优化分配，主要有以下几个方面的意义。

6.2.2.1 通过优化现有客房容量分配，从而获得更高的客房收益

我们知道，饭店的客房资源是有限的，而且短时间内是无法改变的。那么，如何使饭店有限的客房容量产生最大的收益，是饭店容量控制要解决的问题，即利用可行的策略和方法来提高客房的收益，其中主要包含了预订限制、预留保护以及竞标定价等内容。这些方法都能够较好地通过对现有客房存量的优化分配，在其他条件不变的情况下来最大限度地提高客房的收益。

6.2.2.2 通过平衡不同细分市场中顾客的消费需求来提高客房收益

20 世纪 80 年代，美国航空公司推出的“二分策略”对 PeopleExpress 公司的挑战和竞争给予了完美的反击。预订限制策略既确保了闲暇旅客可以购买到美国航空公司折扣机票，同时也保证了那些较晚预订并支付全额票价的商务旅客乘机；美国航空公司正是把闲暇旅客和商务旅客划分为消费行为不同的两个细分市场，并通过差别定价和预订限制策略来应对竞争者，使美国航空公司最终成为赢家。由此看出，通过预订限制来平衡不同细分市场中顾客的消费需求，既解决了因价格过高而把低价顾客拒之门外的问题，又解决了因价格过低而损失潜在收入的难题；避免了饭店客房的闲置虚耗并提高了顾客的忠诚度，从而为饭店赢得了更多的客源。

6.2.2.3 通过把客房多出售给高价顾客，以此来提高客房的利润

在饭店市场处于过度需求时，饭店客房资源通常会显得紧俏或短缺。此时也正是饭店创收的好机会。然而，“先来先得”的传统经营观念却经常使得这一创收机会损失殆尽。产生这一观念的原因是多方面的，除传统经营理念中的惯性思维外，一些管理者也会因顾及情感关系而导致“先来先得”的情况发生，在我国本土饭店中显得尤为严重。由于很早订房的顾客多为对价格敏感度较高的休闲度假群体或房价较低的旅行团体，如果饭店不对这些群体进行有效的预订控制，而是采取先来先得的方式来接受预订，这些低价顾客会较早地占用饭店有限的客房资源，从而使饭店失去了向高价顾客出售客房的机会，饭店也会因此失去应得

的潜在收入。容量控制正是通过对客房的预留和保护来杜绝先来先得，尽可能地把客房多出售给高价顾客，从而提高客房的利润。

6.3 容量控制的常用方法

6.3.1 客房预订限制和保留水平

客房预订限制是指为每一个价格等级的细分市场设定相应的预订限额，当以某价格等级出售的客房数量达到或超过该价格等级细分市场的预订限额时，即关闭该价格等级的方法。客房保留水平是饭店根据市场需求将同一客房产品为不同细分市场顾客预留一定的客房数量，不符合购买条件的顾客的预订将会被拒绝，从而达到预订控制的目的。预订限制的目的是根据市场需求情况，以高于或低于某价格等级来出售客房产品；客房保留的目的是尽可能地多保留高价客房，最大限度地避免低价顾客以“先来先得”方式预订客房，从而减少客房收入的流失。预订限制和保留水平策略的实施，为饭店获得更高的客房收益提供了有效的途径。通常，预订限制和保留水平策略主要体现在非嵌套控制和嵌套控制两种方法中，下面进行分别阐述。

6.3.1.1 非嵌套控制方法

非嵌套控制方法是指饭店在同一客房产品出售之前就已经确定了销售给每种类型顾客的预订限制和保留水平。也就是说，非嵌套控制是一种严格按价格等级封闭销售产品的方式，当高价格等级的产品全部销售出去后，即强制对顾客关闭该等级价格产品的销售，而不管其他低价格等级是否还有剩余产品可出售；即使全部销售出去的高价格等级产品仍存在着顾客需求，也不会考虑把低价格等级的产品出售给这些顾客来提高收益。例如，某饭店有标准双人房 100 间，价格分别为 500 元/间天、450 元/间天、400 元/间天和 350 元/间天，对应的价格等级分别为 1 级、2 级、3 级和 4 级，某一天共有 70 间标准双人房可以销售。按照非嵌套控制规则，等级 1 的预订限制为 28 间、等级 2 的预订限制为 21 间、等级 3 的预订限制为 14 间、等级 4 的预订限制为 7 间。当等级 1 的产品先于等级 2、等级 3 或等级 4 的产品销售完时，饭店将会强行关闭等级 1 产品的销售，即使在顾客对等级 1 产品仍有预订需求的情况下，饭店也不会考虑等级 2、等级 3 或等级 4 是否存在剩余的产品可以按等级 1 的价格出售，降低了饭店的收益。可以看出，此时预订限制的数量和保留水平是相等的，如图 6-2 所示。非嵌套控制方法在饭店的传统做法中也多有使用，这种方法的特点是简单易懂，便于操作。饭店在通过预测获得各个细分市场对客房需求量的数据后，根据当日可供出租客房的数量进行分配就可以了。即使与预测结果相比，实际的需求情况发生了一定的变化，如实际顾客对高价产品的需求量可能大于饭店所设定的对高价产品的预订限制，饭店也不再更改分配方案，依然按照原分配方案执行，这样便会损失一部分应得的收入。但在预测某日市场供不应求的情况下，当日可供出租客房数量不足，受到饭店与 OTA、协议公司等合作协议的限制，饭店必须为它们提供协议中规定的保障房数量，即使有更高价格的顾客需求，饭店也只能放弃这些需求来满足协议中的供房要求。在这种情况下，就适合采用非嵌套控制方法来分配客房。但是，市场供不应求的情况并不总是存在，在大多数情况下，饭店还是有能力对不同价格等级的顾客预订进行重新分配的。

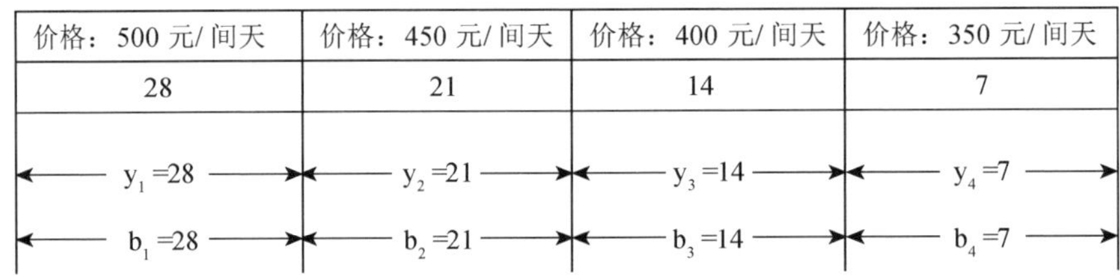

图 6-2　非嵌套预订限制与保留水平

6.3.1.2　嵌套控制方法

在饭店容量控制工作中，我们遇到更多的是饭店同一类型客房对不同细分市场的预订限制和客房保留，采取嵌套预订控制方法则能够为饭店带来更高的收益。所谓嵌套预订控制方法是指较高价格等级的预订限制等于不高于该等级的所有产品的预订限制之和，也就是把同一类型的客房按照不同细分市场价格由高到低依次排序，排序完成后，首先为最低的价格类型设定一个预订上限，然后再为次低价格类型设定一个预订上限，依此类推，直到最高价格类型的预订上限。同上例，饭店有标准双人房 100 间，价格分别为 500 元/间天、450 元/间天、400 元/间天和 350 元/间天，对应的价格等级分别为 1 级、2 级、3 级和 4 级，某一天共有 70 间标准双人房可以销售。那么，饭店需要对这四个价格等级分别设置预订限额，从而来有效地分配有限的客房资源。既要最大限度地满足高价顾客的预订需求，又要考虑使有限的客房资源能为饭店带来最大的收入。

我们设定 C 表示客房总容量，y_j 表示价格等级 j（$j=1$，2，3，4）的预订限制；b_j 表示为等级 j 保留的客房容量。

在嵌套控制方法中，预订限制和保留水平之间的关系用以下公式表示：

$$y_j = C - b_{j-1} \quad j = 2, \cdots, n \tag{6-1}$$

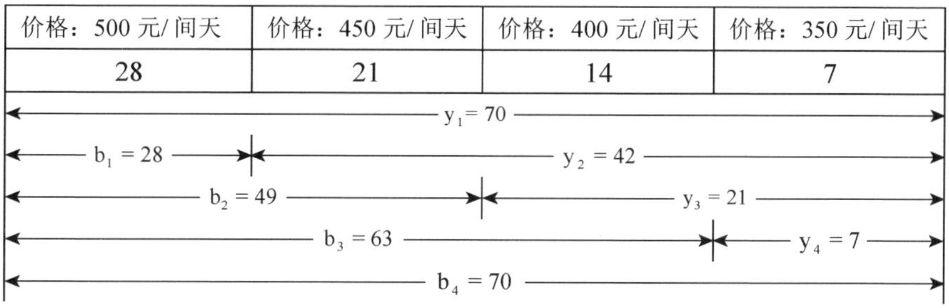

价格：500 元/间天	价格：450 元/间天	价格：400 元/间天	价格：350 元/间天
28	21	14	7

$y_1 = 70$

$b_1 = 28$　$y_2 = 42$

$b_2 = 49$　$y_3 = 21$

$b_3 = 63$　$y_4 = 7$

$b_4 = 70$

图 6-3　嵌套预订限制与保留水平

图 6-3 显示了该饭店制定的嵌套预订控制方案。从预订限制的角度看，等级 4 的客房预订限制数量为 7 间；等级 3 的客房预订限制数量为 21 间，为等级 4 与等级 3 的预订限制数量之和；等级 2 的客房预订限制数量为 42 间，为等级 4、等级 3 与等级 2 的预订限制数量之和；等级 1 的客房预订限制数量为 70 间，为不高于该等级的所有客房的预订限制数量之和。从保留水平的角度看，等级 1 的保留水平为 28 间，等级 1 和等级 2 的保留水平为 49 间，等级 1、等级 2 与等级 3 的保留水平为 63 间，等级 1、等级 2、等级 3 与等级 4 的保留水平为 70 间。

在饭店客房的容量控制中，容量控制机制并不是独立的。非嵌套控制方法与嵌套控制方法的结合应用是很有必要的。如果饭店具有较强的市场需求预测能力，客房最终销售量与预测的需求量相吻合，我们称销售过程是静态的，适合应用非嵌套控制方法；如果市场需求波动和变化较大，饭店无法准确预测未来的市场需求，或者客房最终销售量很难与预测的需求量相吻合，我们称销售过程是动态的，适合应用嵌套控制方法。一般来讲，由于市场需求的波动和变化较为频繁，没有规律性可掌握，常常导致预测的偏差较大。所以，饭店在客房的容量控制中建议以采用嵌套控制方法为主，非嵌套控制方法为辅的联合应用方法。

6.3.2 竞标价格控制法

价格控制法是指饭店就某一客房产品和销售时间确定一个价格点，如果顾客的预订价格高于该价格点，则接受这一预订。否则，将拒绝这一预订需求。我们把这一价格称为竞标价格，把这种通过竞价方式来出售客房产品的方法称为竞标价格控制法。例如，假设某一饭店的标准大床房设有 1 级、2 级和 3 级三个价格等级，对应的价格分别为 500 元/间天、480 元/间天和 460 元/间天。如果某一时段的竞标价格为 490 元/间天，则等级 2、等级 3 的价格将被关闭，而高于 490 元/间天价格的预订才能被接受。

竞标价格控制法是一种既简单又便于操作的接受和拒绝预订的控制方法，一般多用于饭店直销或分销在线预订渠道。如饭店官方网站、APP、第三方分销渠道以及微信营销等。竞标价格控制法的应用时机取决于市场需求情况，在市场过度需求期，采用这一方法可通过竞价来提高客房的收益。而在市场供过于求时，竞标价格控制法也经常被用于对剩余客房的销售中。例如，某饭店的尾房如果在晚上 22 点以后还没有卖出去的话，也可以通过折扣竞价在网上促销，最大限度地减少客房的闲置虚耗。竞标价格控制法的优点是不像嵌套控制法那样复杂，其设置简单，便于实际操作。缺点是竞标价格的准确制订存在较大的难度并且当预订价格高于竞价时，客房的销售数量将失去限制。

6.3.3 升降档销售法

升档销售法（Up-selling）是指饭店在低级别客房没有售完的情况下，通过优先销售高级别客房来提高客房收入的销售方法。降档销售法（Down-selling）是指饭店在高级别客房售完的情况下，通过销售低级别客房来提高收入的销售方法。

6.3.3.1 升档销售法

饭店做升档销售，多数是在低级别客房没有售完的情况下，向购买低级别客房的顾客推销高级别客房，通过提高平均房价和客房出租率来提高收益。例如，某顾客准备预订饭店的普通大床房，而预订人员向其推销了饭店的豪华大床房，豪华大床房的房价比普通大床房多 100 元/间天，如果顾客购买了豪华大床房，相当于饭店当天提高了 100 元的收入。假若饭店一年中有二分之一的时间当天能够做到 10 间升级销售的客房，每位顾客平均住两晚，那么，饭店一年中通过做客房升档销售便可多获得 365000 元的收入。再者，豪华大床房和普通大床房的变动成本相差无几，多获得的客房收入基本都转化成了饭店的经营利润，这正是升档销售法的重要价值。

要做好升档销售，饭店需要具备以下几个基本条件。一是有一定数量高低级别不同的客房，并且这些不同级别客房的房价不同，以便升档销售后能够使饭店增收。例如，饭店有豪华房间、特色房间、观景房间和套房等类型的客房，这些客房的档次要高于同类型的普通客房。二是有完整的客房价格体系，以便能够合理选择升档价格，如表 5-2 所示。三是有前台人员、预订人员和销售代表参与推销，统一操作规则，并制定有效的培训方案和激励政策。另外，由于顾客在线订房是自主选择的，而不是通过人工推销。因此，饭店应在直、分销在线渠道上放置高质量的客房照片，并能够很容易辨别出不同档次的客房，以便吸引顾客自主选择高级别客房。特别是在饭店关闭了低级别客房的情况下，对提高顾客在线选择高级别客房的概率尤为重要。四是饭店应有对市场需求的预测能力。要制定出切实可行的升档销售方案，前提是要掌握未来顾客对不同类型客房的需求数量。而要获得这一需求数量，知道未来某一天有多少顾客需要购买高级别客房，只有通过预测才能获得这些数据。五是饭店应细分多个子市场，并对这些细分子市场和客户做好日常管理。与客户建立良好的互信关系，准确掌握客户的消费习惯和兴趣偏好，特别是对那些经常入住豪华大床房或套房的回头客应建立好客户档案，有专人维护和管理，一旦有客户订房，便可有针对性地进行升档销售。

饭店即使具备了以上条件，要做好升档销售工作，还必须依赖前台人员、预订人员或销售代表等销售人员积极主动的推销，而要做好推销工作，销售人员需要把握好以下四个关键点。一是与顾客建立良好的沟通环境，并以真诚和交流取得顾客的信任。二是在沟通中了解顾客对客房的潜在需求，探寻顾客是否对高级别客房存在购买意愿。例如，销售人员可以用询问的方式说："请问您想改订为一间套房吗?"三是在得知顾客有对高级别客房的购买意愿后，即使该顾客已经预订了低级别客房，销售人员也应该及时向顾客推销高级别客房，为顾客介绍与低级别客房相比，高级别客房除了更加舒适外，还可以为顾客带来哪些更好的入住体验。例如，销售人员可以用紧迫的语气说："我们今天只剩下这几间套房了，您想换间套房住吗？它能够让您观赏到更美的景色。"四是如果顾客同意更换或购买高级别客房，销售人员应积极为顾客办理预订变更或入住手续，并尽量满足顾客对升档客房提出的要求，如楼层、位置和朝向等。例如，销售人员可以用总结的口吻说："我们已经为您准备好了套房，如果您决定了，现在就可以为您更换。"

升档销售法的优点在于无论饭店市场处于何种状态下都适合实施，并以此提高饭店的获利能力。当然，我们通常希望饭店有足够数量的不同特色的高级别客房能够用于升档销售，这样对饭店提高收益是非常有帮助的。

6.3.3.2 降档销售法

与升档销售法相比，降档销售在饭店中发生的概率相对较低，因为毕竟大多数顾客只会购买普通客房产品。然而，在一些特殊情况下，饭店也会存在高级别客房先售完而只剩下低级别客房的情况。例如，饭店在接待豪华旅行团体、高端会议、婚礼等客源的时候，都可能导致高级别客房先售完而只剩下低级别的客房。一般来讲，如果在高级别客房售完的情况下，那么，饭店也会向购买高级别客房的顾客推销低级别客房，以减少低级别客房的闲置，这就是降档销售。要注意的是，销售人员在降档销售中应把握好尺度，在与顾客的交流中感受顾客是否存在入住低级别客房的意愿。如果顾客比较随和，对入住低级别客房并不是很介意，则可以通过进一步推销来达到顾客入住的目的。如果顾客比较顾及脸面、身份或洽谈生意等原因存在排斥倾向，则不应该再勉强，以免引起顾客的不满而影响饭店的声誉。

6.3.4 住宿时间控制法

住宿时间控制法是在客房价格不变的情况下，通过控制顾客住宿天数来提高客房收入的方法。住宿时间控制法主要体现为以下三种情况，即最短住宿天数限制、最长住宿天数限制以及关闭预订通道。

6.3.4.1 最短住宿天数限制

对顾客提出最短住宿天数限制的要求，一般发生在饭店市场供不应求的情况下。在这种情况下，如果接受住宿天数少的顾客的预订，可能会导致那些住宿天数多而订房较晚的顾客订不上房。例如，北京每年举办汽车展期间，展馆周边的饭店一般会要求顾客至少住两个晚上，因为参展人员的住宿不会少于两晚，如果给住一晚的客人预订而使住两晚的参展人员没有订上房，是得不偿失的，对饭店来说就会产生收入损失。另外一种情况是如果饭店某一天的市场供不应求，而前后两天的市场处于供过于求的状态，那么饭店也会对预订供不应求这一天的顾客提出最短住宿天数限制的要求，用这一天的高需求来带动前后两天的低需求。当然，这样做也可能会增加顾客放弃预订的风险，但如果风险是在可控的范围内，限制方案依然可以执行；如果风险较大，可采取按照住宿时间长短给予折扣的方式来吸引那些住两晚或三晚的顾客预订，住宿时间越长，给予的折扣越大。

例如，如表 6-3 所示，该饭店有 200 间可供出租的客房。在 8 月 21 日（星期六）上午 8 时看，根据饭店现有预订情况，市场对 8 月 28 日（星期六）的需求较大，仅剩余 20 间客房，并且根据预测，当日的需求是过剩的。而 8 月 27 日（星期五）和 8 月 29 日（星期日）的预订却较少，需求不足。那么，为了达到用高需求来带动低需求的目的，自 8 月 21 日起，饭店开始对 8 月 28 日客房的预订设置限制条件，即跨越 8 月 28 日的订房至少需要预订 8 月 27 日、28 日两晚，或者 8 月 28 日、29 日两晚。当然，为避免增加顾客放弃预订的风险，饭店也可给予住两晚或三晚的预订一些折扣，以吸引住两晚或三晚的顾客预订，所获得的收益也会比虚耗一间客房要高。

表 6-3　饭店客房预订控制表

8 月 21 日 8 时客房预订情况	8 月 22 日	8 月 23 日	8 月 24 日	8 月 25 日	8 月 26 日	8 月 27 日	8 月 28 日	8 月 29 日
	星期日	星期一	星期二	星期三	星期四	星期五	星期六	星期日
会员散客	50	71	69	61	52	56	96	49
OTA 散客	15	29	35	33	36	32	81	16
公司协议散客	3	18	23	16	10	6	3	2
会议团体	0	0	45	45	0	0	0	0
旅行团体	30	20	20	10	10	0	0	15
总计	98	138	192	165	108	94	180	82
剩余可卖房	102	62	8	35	92	106	20	118

6.3.4.2　最长住宿天数限制

关于顾客最长住宿天数的限制，主要是针对那些给予了较大折扣的散客或低价的旅行团体。饭店经常会遇到这样一些情况，例如，某饭店前一天市场需求不足，后一天的需求却是过剩的。如果前一天不对客房打折，就会出现客房虚耗损失；但如果前一天顾客以折扣价住两晚，后一天无折扣的顾客就会因订不上房而被拒之门外，给饭店造成收益损失。因此，饭店在打折顾客预订时就必须规定他们只能住一晚，如果顾客需要住两晚，则后一天只能按照不打折价格入住。由此看出，饭店对顾客实行最长住宿天数限制，是在价格不变的条件下进行的，如果价格发生了变化，限制条件也将会随之调整。

饭店在经营中，经常会对某一些顾客的预订实行最长住宿天数的限制，甚至比最短住宿天数限制的情况遇到的还要多，如遇到体育赛事、大型展会、论坛以及饭店准备接待大型会议等，都有可能对前期顾客的住宿天数进行限制。这就需要饭店提前做好预测，合理规划，尽量做到既能够减少客房收入流失，又不会把忠诚顾客拒之门外。

6.3.4.3 关闭预订通道

关闭预订通道是对顾客住宿时间控制的一种特殊情况，相当于顾客因通道关闭而无法预订使得住宿天数被限制为零。当某一天市场对饭店所有客房或某种类型客房的需求存在过剩时，那么饭店就会提前关闭这一天的所有客房或某种类型客房的部分或全部预订通道，把客房留给已经预订或未来预订的高价顾客。可以说，饭店经常会因优化细分市场组合而关闭一些预订通道，目的是可以获得更高的收入。对饭店预订经理而言，关闭预订通道是一项较为复杂的工作，需要兼顾到市场运营的各个方面。但是，在接待重要外事活动、安排大型会议、举行体育赛事或遇到重要旅行团体时，都会面临关闭一些预订通道的情况，其实质是为了把有限的客房留给高价顾客而实现收益的最大化。

由于饭店销售渠道的类型不同，预订通道也因此不尽相同。在操作中，预订通道的关闭可能是一个、两个或者是所有的通道，关闭多少，需要依据市场运行的情况而定。例如，Walk-In、会员、OTA、公司协议散客、会议团体、旅行团体等客源的预订通道并不完全相同；Walk-In 客人的预订通道是在饭店前台，顾客在到达前预订或直接到店入住；会员和 OTA 客人是通过在线官网或分销平台预订，饭店预订部人员给予确认；而公司协议散客、会议团体和旅行团体通常是由饭店销售部来负责预订的。因此，在客房类型确定的前提下，某一天关闭哪些预订通道，需要由收益管理部门来统一规划、协调和安排。需要说明的是，尽管住宿时间控制法的实行也会伴随着一些顾客流失的风险，但实践证明它对提高饭店的收益还是非常有效的，只要饭店在运用中认真做好计划安排，把握好尺度，就会规避风险而从中受益。

6.3.5 置换分析法

饭店在日常经营中，经常会遇到这样的情况，有会议或旅行团体等团队要求订房。但是，在市场供不应求的情况下，由于饭店可供出租的客房数量有限，不能满足所有预订顾客的需求。因此，如果接待这个团队，就必须占用一些高价散客或其他团队的用房，而这些散客或团队的预订将会被拒绝。那么，如何来判断这个团队是该接还是不该接呢？饭店常会用比较这个团队和被置换的散客或另一个团队所创造利润高低的方法来进行判断。如果团队创利高，就可以置换掉一些散客或另一个团队而接受这个团队的预订；如果这个团队比置换掉的散客或另一个团队创利低，就不接受这个团队的预订。我们把这一做法称为置换分析法或者替代分析法。所以，置换分析法是指当某个团体订房将会置换掉某些散客或另一个团队时，饭店通过比较置换前后所获得收入或利润的高低来决定是否接受这个团队预订的方法。

饭店属于产品供给能力受限企业，各类客房数量有限，在市场供不应求时，遇到需要做置换分析的情况比较多。尤其是标准双床房产品，散客和团队都经常使用，是饭店做置换分析使用最多的客房产品。在置换分析中，为使计算结果准确有效，饭店应当事先掌握预订团队的停留天数、团队的规模、预测将被置换的散客或另一个团队的数量以及除客房以外的其他消费等信息，以便顺利开展置换分析工作。最终，通过计算置换前后的收入或利润的高低来决定是否接受这个团队的预订。如果要预订的团队除住房外，还会用餐、用会议室和康乐设施等，那么仅比较客房收入的高低是不够的，还需要比较置换前后综合利润的高低。如果团队只是住房，没有其他的消费，只需要比较置换前后客房收入的高低就可以了。需要强调的是，预测的准确性在置换分析中起着重要的作用。由于置换分析是对未来预期要发生的事件进行计算、判断和决策，计算中使用的未来将被置换的散客或另一个团体对客房的需求量数据完全来自需求预测的结果，如果预测误差较大或者预测结果出错，都可能会导致经营者做出错误的决策，从而造成收入损失。因此，要做好置换分析，准确的需求预测是十分重要的。然而，再精准的预测也会存在误差，不可能百分之百准确。因此，我们只要把预测误差控制在合理的范围内，就能够避免出现类似决策错误方面的问题。误差范围的大小可由饭店根据工作要求来具体确定，一般情况下，预测误差控制在±5%的范围内就能够满足多数饭店预测工作的需求。同时，饭店还需要经常对预测误差进行检验，对误差过大的预测要寻找原因，及时修订误差，以保证预测的准确性。

随着计算机智能技术的发展，很大程度上提高了置换分析工作的效率。饭店既可以借助收益管理系统来做置换分析，也可以借助 Excel 来进行计算分析。在应用 Excel 时，饭店只需要在 Excel 中设计好表格和公式，输入数据后，Excel 就能够很快计算出结果，供饭店决策使用，下面举例说明。

【案例 6-2】

金城大酒店有标准双床房 200 间，2020 年 6 月第二周散客的客房价格为 680 元/间天，变动成本为 102 元/间天。当地一家化妆品公司将于 2020 年 6 月 8 日至 10 日召开客户恳谈会，需要使用标准双床房、大小会议室和用会议餐。其中，6 月 8 日、9 日、10 日分别用房 80 间、75 间、65 间，房价为 408 元/间天；累计用大会议室一天，5 个小会议室各一天，大会议室价格为 8000 元/天，小会议室价格为 3000 元/天，大小会议室的变动成本均为 12%。会议除 9 日晚餐和 10 日午餐不在酒店用餐外，其余时间均在酒店用餐。会议早餐价格为 35 元/人，午餐和晚餐价格为 85 元/人。另外，酒店目前已确认的散客在手预订分别为 8 日 28 间、9 日 25 间和 10 日 23 间。根据需求预测，散客对酒店标准双床房的需求量分别为 8 日 165 间、9 日 160 间和 10 日 150 间。依照历史数据，散客每间标准双床房平均入住 1.3 人，用早餐、午餐和晚餐的平均比例分别为 70%、20%和 40%，人均消费分别为早餐 80 元，午餐 160 元和晚餐 180 元，早餐毛利率为 65%，午晚餐毛利率为 55%。请问，酒店是否应该接待这个会议？

解：首先，根据题目已知条件分别在 Excel 中列出表 6-4、表 6-5。

表 6-4　恳谈会议需求情况

日期	房间数（间）	早餐（人）	午餐（人）	晚餐（人）	会议室（个）
6 月 8 日	80	160	160	160	0.5（大）
6 月 9 日	75	150	150	0	5（小）
6 月 10 日	65	130	0	130	0.5（大）

注：以上会议室 0.5 个表示使用半天。

表 6-5　在手预订与预测散客需求情况

日期	预测需求量（间）	在手预订（接待散客数量）（间）	被置换掉的散客数量（间）	散客用餐比例（%）		
				早餐	午餐	晚餐
6 月 8 日	165	28	73	70	20	40
6 月 9 日	160	25	60			
6 月 10 日	150	23	38			

根据置换分析的计算原理，在 Excel 中列出表 6-6：

表 6-6　置换分析计算表

日期		项目	6 月 8 日	6 月 9 日	6 月 10 日	合计
会议用房		会议房间数（间）	80	75	65	220
		房价（元 / 间天）	408	408	408	
		变动成本（元 / 间天）	102	102	102	
		经营利润（元）	24480	22950	19890	67320
会议室		用时（天）	0.5	5	0.5	
		价格（元 / 天）	8000	3000	8000	
		变动成本（元）	960	360	960	
		经营利润（元）	3520	13200	3520	20240
会议用餐	早餐	人数（人）	160	150	130	440
		餐标（元 / 人餐）	35	35	35	35
		毛利率（%）	65	65	65	65
		经营利润（元）	3640.00	3412.50	2957.50	10010.00
	午餐	人数（人）	160	150	0	310
		餐标（元 / 人餐）	85	85	85	85
		毛利率（%）	55	55	55	55
		经营利润（元）	7480.00	7012.50	0	14492.50

续表

日期 \ 项目			6月8日	6月9日	6月10日	合计
会议用餐	晚餐	人数（人）	160	0	130	290
		餐标（元/人餐）	85	85	85	85
		毛利率（%）	55	55	55	55
		经营利润（元）	7480.00	0	6077.50	13557.50
	小计		18600.00	10425.00	9035.00	38060.00
接待会议经营利润合计（元）			46600.00	46575.00	32445.00	125620.00
被置换掉的散客用房		散客用房量（间）	73	60	38	171
		房价（元/间天）	680	680	680	
		变动成本（元/间天）	102	102	102	
		经营利润（元）	42194	34680	21964	98838
被置换掉的散客用餐	早餐	人数（人）	66	55	35	156
		餐标（元/人餐）	80	80	80	80
		毛利率（%）	65	65	65	65
		经营利润（元）	3432.00	2860.00	1820.00	8112.00
	午餐	人数（人）	19	16	10	45
		餐标（元/人餐）	160	160	160	160
		毛利率（%）	55	55	55	55
		经营利润（元）	1672.00	1408.00	880.00	3960.00
	晚餐	人数（人）	38	31	20	89
		餐标（元/人餐）	180	180	180	180
		毛利率（%）	55	55	55	55
		经营利润（元）	3762.00	3069.00	1980.00	8811.00
	小计		8866.00	7337.00	4680.00	20883.00
被置换掉的散客经营利润合计（元）			51060.00	42017.00	26644.00	119721.00
接待会议与被置换掉的散客经营利润比较（元）			–4460.00	4558.00	5801.00	5899.00

从以上置换分析可以看出，尽管6月8日这一天出现因被置换掉的散客量较大而利润减少的现象，但6月9日、10日两天的利润都是增加的，综合三日的收益要比仅接待散客增加了5899元的利润，而且还带动了餐饮、会议室产品的消

费，所以饭店决定接待这个恳谈会。

从以上案例看出，在从事会议、旅行团等团体置换分析，存在团体在客房、用餐和康乐等方面综合消费情况时，则需要通过比较综合利润的高低来进行决策。值得注意的是，在做置换分析时一些被置换掉的散客有可能是饭店的忠诚顾客，他们没有能够订上房。如果这些顾客经常遇到类似情况，也会存在着流失的风险，需要饭店加以防范，兼顾好两者的利益，既要考虑到置换分析带来的高收益，也要考虑到存在的顾客流失风险。

在对客房的容量控制中，预订限制法、预留保护法、竞标价格法、升降档销售法、住宿时间控制法和置换分析法都是饭店常用的容量控制基本方法。通过应用这些方法，我们知道应该拒绝哪些顾客的预订和接受哪些顾客的预订，并把一部分客房留给有价值的顾客。同时，通过向顾客推销高级别客房、控制住宿时间和接待创利更高的团队来提高收益。在做容量控制中，饭店面临的是订房量、细分市场和房价三个变化的要素。对这三个要素进行优化组合是一项复杂的工作，可通过人工分配、借助 Excel 规划求解工具和应用收益管理系统三种方式来解决。

一是通过人工进行非嵌套或嵌套测算来完成对客房的优化分配。以上介绍了应用非嵌套和嵌套控制法来实施预订限制和保留水平的基本原理。然而，值得注意的是，在进行测算之前，需要管理者收集大量的饭店历史经营数据，并应用这些数据对每个细分市场的订房需求进行预测。如果饭店有可执行的产品价格体系，则不同细分市场的价格等级是存在的，可以采用这些价格等级；而如果饭店没有可执行的价格体系，还需要对每个细分市场的支付意愿价格进行预测和设定，并划分不同的等级。在对每个细分市场的订房需求预测完成之后，便可从价格等级由高到低为不同的细分市场需求按照嵌套控制原理来进行客房预订限制和保留，通过客房的优化分配来实现客房收益的最大化。这种通过人工来进行客房优化分配的优点在于即使饭店在没有收益管理系统的帮助下，也可以实施容量控制策略，借助人工的预测和对客房的优化分配来实现收益最大化的目标。缺点是人工测算需要花费大量的时间，尤其是如果饭店存在多个支付意愿相异的细分市场，价格也是多级的，人工测算将会显得较为复杂，不仅要花费管理者大量的时间，而且测算的准确度也会受到一定程度的限制。

二是应用 Excel 中的“规划求解”工具针对不同细分市场的需求来优化分配客房。饭店作为有限资源约束下的企业，每天能够出租的客房数量以及不同房型的数量是非常有限的，无法提高供给能力。因此，当市场处于供不应求时，饭店要做的是在价格不变的情况下，如何就现有存量客房针对顾客需求进行分配来获得最高的收入，这就是最优化的问题。最优化问题是指在已知的限定条件下，在多个可行方案中寻找出最佳的解决方案，而最佳解决方案是应用数学迭代法的原理来求解的。在饭店客房供给数量、细分市场和顾客价格的组合上，应属于有约束条件的线性规划问题，而不是无约束条件的非线性规划问题，因此，在应用“规划求解”工具时，一般选用“单纯线性规划”来寻找最佳方案。饭店一般有多个不同类型的客房产品和不同价格的细分市场，用人工计算寻求最优解是非常困难的。应用 Excel 中的“规划求解”工具来解决，不仅操作简单，便于掌握，而且能够通过系统模型的计算来获得最优解，提高了饭店对细分市场优化分配客房的工作效率。

在解决对细分市场分配客房的最优化问题时，需要梳理出规划求解中的三个基本要素，即决策变量、目标变量和约束条件。决策变量就是在最优化问题中寻找的求解结果，也是多个可行方案中的一种最佳方案。例如，饭店某天提供给不同细分市场的房间分配方案中，分配给每个不同细分市场的客房数量就是求解结果，亦即决策变量。目标变量是规划求解中要达到的一些极值目标，如收入最高、成本最低、耗时最少等，也是寻求最优解中的前提条件。例如，饭店中提供给不同细分市场的客房最优分配方案的前提条件是获得最高的营业收入，而最高营业收入就是规划求解中的目标变量。约束条件是在求得一组最优化问题解决方案时，经常会有一些前提和限制条件。例如，由于合同的限制，饭店每天提供给不同细分市场的客房数量是受到约束的，像 OTA、公司协议等对饭店在合同中每天都有最低保留客房数量的要求。因此，饭店在应用“规划求解”工具时，首先需要在找出规划求解中三个基本要素的基础上，设置好三个变量，在满足这三个变量的前提下求出最佳解决方案。另外，在默认情况下，Excel 中没有自动加载“规划求解”工具，点击 Excel“数据”按钮后会发现没有“规划求解”工具。若要进行规划求解操作，需要通过人工操作来“加载”添加“规划求解”工具，具体添加方法可参考 Excel 使用相关专业书籍介绍。线性规划问题是最常见的解决最优化问题的方法，饭店可以在解决客房优化分配问题中使用，以下是饭店应用 Excel 中规划求解工具来解决对细分市场分配客房的最优化问题的案例。

【案例 6-3】

某饭店有客房 300 间，各细分市场价格如表 6-7 所示（表中 OTA 客房价格为底价）。某一天预测的客房需求量如表 6-8 所示，而这一天可供给的客房为大床间 80 间、标准间 120 间、行政大床间 20 间，大床间和标准间处于供不应求的状态。当天饭店合同中约定的最低供给房间量分别是 OTA 大床间 20 间、标准间 10 间、公司会议标准间 25 间、旅行团体标准间 18 间，请问：如何分配现有存量的客房才能使客房的收入最高？最高客房收入是多少？

表 6-7　细分市场价格　（单位：元/间天）

客房分类	客房总数（间）	细分市场					
		Walk-In	会员	公司协议散客	OTA	公司会议	旅行团体
		客房价格					
大床间	120	800	680	640	600	520	440
标准间	150	900	765	720	675	585	495
行政大床间	30	1200	1020	960	900	780	660

表 6-8　需求量预测　（单位：间）

客房分类	可供给客房数（间）	细分市场					
		Walk-In	会员	公司协议散客	OTA	公司会议	旅行团体
		预测需求量					
大床间	80	10	35	25	30	0	0
标准间	120	10	20	25	25	35	25
行政大床间	20	2	2	5	3	0	0

解：首先，确定决策变量。由于每个细分市场的客房价格是不可变化的，能够调整和变化的只有供给细分市场的客房数量。因此，所确定的供给不同细分市场的客房数量就是要求解的决策变量，分别用 Q_1 、Q_2 、Q_3…… Q_n 来表示分配给不同细分市场的客房数量。

其次，是设立目标变量，建立目标函数。假设客房收入为 R，本题中求得最优解的前提条件是客房收入 R 取得最大值，亦即客房收入最高。所以，R 就是目标变量。假设 P_i 为第 i 个细分市场的价格，Q_i 为第 i 个细分市场的客房供给量，则目标函数为：

$$R = P_1 Q_1 + P_2 Q_2 + P_3 Q_3 + \cdots\cdots + P_n Q_n = \sum_{i=1}^{n} P_i Q_i \quad (6-2)$$

最后，设定约束条件。由于饭店客房价格是按照 Walk-In、会员、公司协议散客、OTA、公司会议、旅行团体由高到低排序的，按照客房收入最高的目标要求，约束条件设定为客房分配依照最大限度地满足 Walk-In、会员、公司协议散客细分市场的顺序进行，由于大床间和标准间客房供不应求，所以对 OTA、公司会议、旅行团体细分市场依照合同要求给予最低客房数量的分配，如表 6-9 所示。

表 6-9　约束条件　　（单位：间）

客房分类	可供给客房数（间）	细分市场					
		Walk-In	会员	公司协议散客	OTA	公司会议	旅行团体
		客房供给设定					
大床间	≤80	≤10	≤35	≤25	≥20	0	0
标准间	≤120	≤10	≤20	≤25	≥10	≥25	≥18
行政大床间	≤20	≤2	≤2	≤5	≤3	0	0

以上三个基本要素确定后，便可以应用 Excel 中的“规划求解”工具来求得最优解，步骤如下：

步骤一：根据表 6-7、表 6-8 给出的数据，在 Excel 中建立表格模型，如图 6-4 所示，其中 C17：H19 单元格区域为需要求解的决策变量区域，表示当日分配给不同细分市场的客房数量。

步骤二：使用规划求解工具

（1）首先在 Excel 中加载规划求解工具，然后在“数据”选项卡的“分析”组中单击“规划求解”按钮，弹出“规划求解参数”对话框，如图 6-5 所示。

客房分类	客房总数（间）	细分市场					
		Walk-in	会员	公司协议散客	OTA	公司会议	旅行团体
		客房价格					
大床间	120	800	680	640	600	520	440
标准间	150	900	765	720	675	585	495
行政大床间	30	1200	1020	960	900	780	660

客房分类	可供给客房数（间）	细分市场					
		Walk-in	会员	公司协议散客	OTA	公司会议	旅行团体
		预测需求量					
大床间	80	10	35	25	30	0	0
标准间	120	10	20	25	25	35	25
行政大床间	20	2	2	5	3	0	0

客房分类	使用量（间）	Walk-in	会员	公司协议散客	OTA	公司会议	旅行团体
大床间	0						
标准间	0						
行政大床间	0						

客房营业收入（元）	0

图 6-4　Excel 表格模型

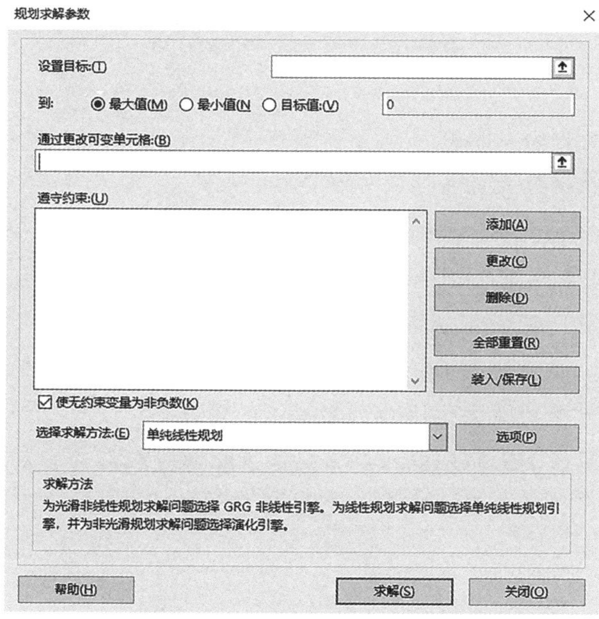

图 6-5　“规划求解参数”对话框

(2) 在对话框中输入参数。“设置目标”是指目标变量，也就是客房的营业收入，输入的单元格地址是 B21。由于要实现客房收入最高的目标，因此选择“最大值”选项。“通过更改可变单元格”区域指的是决策变量，即当日分配给不同细分市场的客房数量，因此输入 C17：H19 单元格区域。“遵守约束”需要输入的是“约束条件”，即表 6-9 中的数据。单击“添加”弹出图 6-6“添加约束”对话框，按照表 6-9 中设定的约束条件逐项添加，余此类推。例如，分配给 OTA 大床间的数量为大于或等于 20 间，在“单元格引用”区域输入 F17 单元格，中间输入“≥”符号，“约束”区域输入 20，单击“添加”即可，如图 6-6 所示。添加完约束条件后，需要对 B17：B19 区域进行添加，使其分别小于或等于 B12：B14 区域，因为当日客房的库存量分别为大床间 80 间、标准间 120 间、行政大床间 20 间，需要设定供给量不能高于库存量的条件，如图 6-7 所示。

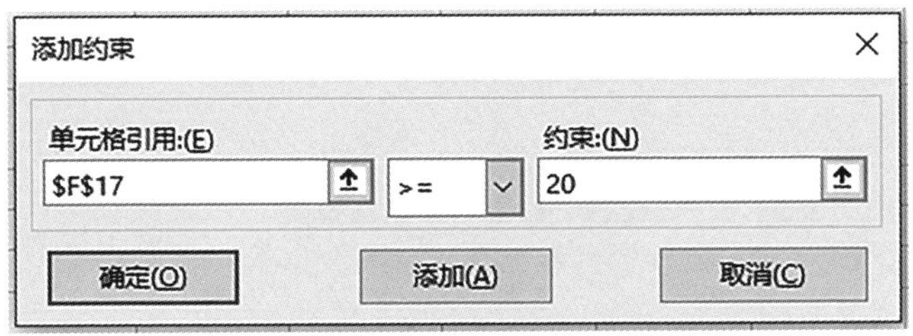

图 6-6 “添加约束”对话框

按照以上步骤将约束条件逐项“添加”后，单击“确定”便得到图 6-7 所示的设置好的规划求解参数对话框。

在“已设置规划求解参数对话框”中单击“求解”按钮，就会弹出如图 6-8 所示的“规划求解结果”对话框。

在“规划求解结果”对话框中单击“确定”按钮，规划求解工具就会给出本题中的最优解，如图 6-9 所示。如果需要“运算结果报告”“敏感性报告”“极限值报告”，可依次单击右上侧的报告名称获得。

图 6-9 中 C17：H19 部分中的数据就是分配给对应细分市场的客房数量，也就是本题中要求得的最优解，B21 单元格的数据 146025 元就是该最优解方案下获得的最高客房收入。

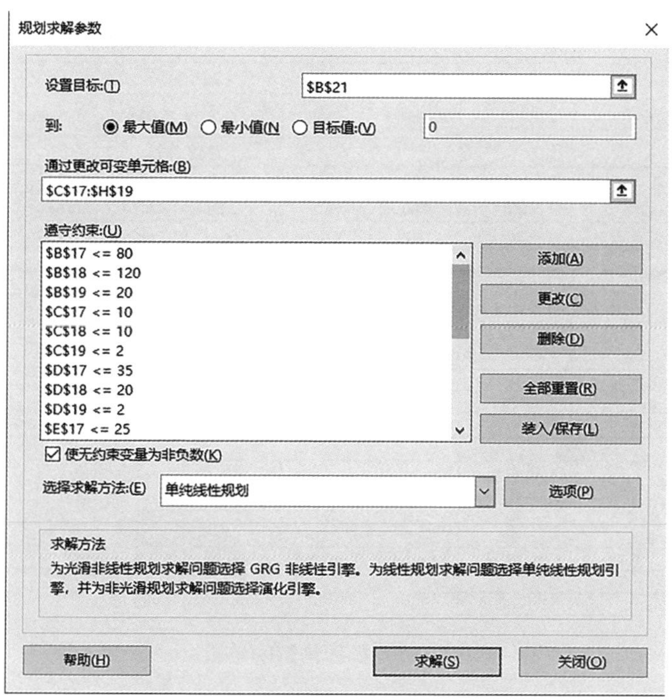

图 6-7　已设置规划求解参数对话框

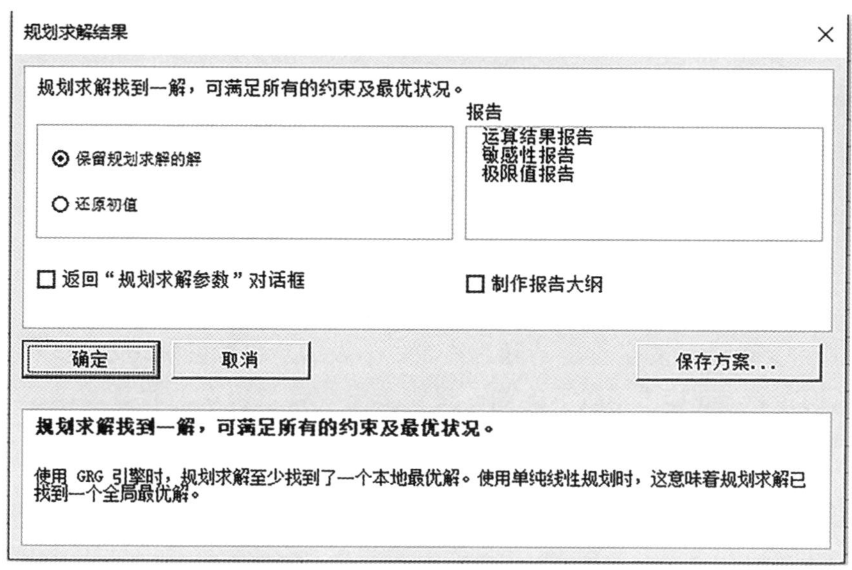

图 6-8　“规划求解结果”对话框

	A	B	C	D	E	F	G	H
1								
2	客房分类	客房总数（间）	细分市场					
3			Walk-in	会员	公司协议散客	OTA	公司会议	旅行团体
4			客房价格					
5	大床间	120	800	680	640	600	520	440
6	标准间	150	900	765	720	675	585	495
7	行政大床间	30	1200	1020	960	900	780	660
8								
9	客房分类	可供给客房数（间）	细分市场					
10			Walk-in	会员	公司协议散客	OTA	公司会议	旅行团体
11			预测需求量					
12	大床间	80	10	35	25	30	0	0
13	标准间	120	10	20	25	25	35	25
14	行政大床间	20	2	2	5	3	0	0
15								
16	客房分类	使用量（间）	Walk-in	会员	公司协议散客	OTA	公司会议	旅行团体
17	大床间	80	10	35	15	20	0	0
18	标准间	120	10	20	25	22	25	18
19	行政大床间	12	2	2	5	3	0	0
20								
21	客房营业收入（元）	146025						

图 6-9 规划求解的结果

三是借助计算机收益管理系统来进行客房优化分配。在数学领域，利用数学原理来建立客房的分配决策模型已为成熟的技术。在饭店收益管理系统中，建模工程师会将这些成熟的模型植入系统，从而为饭店提供更加精准和快捷的客房优化分配运算工作。Littlewood 法则的出现，为航空业和饭店业根据不同的价格等级来处理顾客预订和预留保护产品奠定了基础，对收益管理容量控制技术的发展也起到了很大的推动作用。

Littlewood 于 1972 年提出了一个经典的容量控制模型（Littlewood，1972）。在该模型中，假设只有折价票和全价票两种票价[①]，且折价票需求先于全价票需求到达。用 r_1 表示卖出一张高价票的边际期望收益，r_2 表示卖出一张低价票的边际期望收益，X_1 表示对全价票的随机需求，y_1 表示全价票的保护水平，$P_r[\cdot]$ 表示概率。Littlewood 提出了以下准则：只要卖出一张折价票的收益不小于将其保留为一张全价票获得的期望收益，即只要满足下式

① 1972 年，Littlewood 对容量控制模型的研究主要是以航空业飞机票为对象，飞机座位与饭店客房不仅具有相同的属性，而且均为易逝性产品。因此，Littlewood 法则同样适用于饭店客房产品容量控制与分配——笔者注。

$$r_2 \geqslant r_1 P_r(X_1 > y_1) \tag{6-3}$$

就应该卖掉这个折价票。[①]

随着科学技术的进步和计算机技术的发展，一些专家学者在 Littlewood 法则理论的基础上对航空机票和饭店客房的容量控制模型进行了深入的研究和发展，并将这些研究成果成功植入到饭店收益管理系统中，得到了广泛的应用。饭店收益管理系统能够使管理者更加快速和精准地获得客房存量的优化分配方案，对饭店容量控制工作效率的提高提供着很大的帮助。

6.4 容量控制效果的衡量

第一章中我们曾详细阐述了衡量收益管理效果的几项主要指标，其中包括每间可供出租客房收入（RevPAR）、市场渗透指数（MPI）、平均房价指数（ARI）和每间可供出租客房收入指数（RGI）等。当然，容量控制所产生的效果最终也会体现在以上这几项指标当中。实际上，对收益管理效果的衡量并非像我们想象的那样简单，往往结果产生以后我们很难判断什么是导致结果产生的主要因素。例如，每当饭店的 RevPAR 得到提高时，到底是因为服务产品质量的改进，市场营销工作力度的加强，还是实施收益管理策略的结果，有时让我们很难分辨。

目前，人们把包括容量控制效果在内的收益机会模式[②]也作为衡量收益管理工作效果的方法之一。收益管理机会模式最早被应用于航空业，其主要思想是对“没有实施收益管理”和“完全实施收益管理”两种情况下所产生的结果进行比较，并对实施收益管理的效果进行衡量。假若收益机会率（ROM）用来表示收益管理实施效果的衡量指标，其公式可表示为：

$$\text{ROM} = \frac{(\text{实际收益管理收益} - \text{未实施收益管理收益})}{(\text{完全收益管理收益} - \text{未实施收益管理收益})} \times 100\%$$

其中：“完全收益管理收益”是指企业在完全实施收益管理情况下取得的收益；“实际收益管理收益”是指企业在实施收益管理中实际取得的收益；“未实施收益管理收益”是指企业在没有实施收益管理情况下取得的收益。例如，假若某饭店某一日完全实施收益管理应取得的客房收益为 60000 元，在没有实施收益管理的情况下取得的收益为 42000 元，实施收益管理策略后，实际取得的收益为

① 周晶，杨慧．收益管理方法与应用［M］．北京：科学出版社，2009：6.

② 收益管理机会模式由 Smith Lleimkuhler 和 Darrow（1992）首次提出。

56000 元。那么，收益机会率 ROM =（56000 - 42000）/（60000 - 42000）= 77.78%。其含义可解释为：实施收益管理中实际取得的收益与未实施收益管理的收益的差额占完全实施收益管理取得的收益与未实施收益管理的收益的差额的比率。ROM 作为衡量实施收益管理效果的指标，已被用于民航和饭店等可实施收益管理的行业中。

值得说明的是，在饭店实施收益管理工作中，尽管把 RevPAR 等作为主要衡量收益管理效果的指标，但有时仅有这些指标是不够的。这是因为影响这些指标的因素很多，有时很难分辨是哪一个因素所致。因此，需要与收益机会率（ROM）这一指标相结合，对饭店包括容量控制在内的收益管理工作效果的衡量将会更有帮助。

6.5 小结

（1）差别定价是指同一种饭店产品，对不同的顾客或细分市场制定不同的价格的行为和方法。其主要目的是针对饭店不同细分市场的差异化定价来最大限度地满足不同顾客群体消费需求，从而获得更高的收益。

（2）尽管差别定价能为饭店客房带来更多的收益，但同时也为侵蚀和套利者提供了生存的土壤，这就需要饭店采取诸如限制条款和员工奖励机制等措施来防止侵蚀和套利情况的发生。

（3）差别定价的方法主要有细分市场的差别定价、销售渠道的差别定价、购买时间的差别定价和不同区域的差别定价四种主要方式。

（4）容量控制是指饭店依照市场需求，为不同价格水平的顾客或者细分市场就现有产品资源进行优化分配，并按分配方案出售产品来实现收益最大化的一种策略。实施容量控制的作用在于通过接受哪些预订和拒绝哪些预订来有效配置有限的客房存量资源，并为支付高价格的顾客保留一部分客房，杜绝“先来先得”的按序预订模式，达到获得更高收益的目的。

（5）容量控制的主要方法有预订限制法、预留保护法、竞标价格法、升降档销售法、住宿时间控制法和置换分析法。在实施预订限制和预留保护法时，有非嵌套和嵌套两种控制方法。饭店在客房产品的容量控制中除采用非嵌套控制方法外，更多的是建议采用嵌套控制方法。

（6）衡量包括容量控制在内的收益管理工作效果除了 RevPAR 等市场指标

外，收益机会率（ROM）也作为一项常用的衡量指标被用于饭店对收益管理工作效果的衡量中。

【练习题】

1. 什么是差别定价？为什么说差别定价可以提高饭店客房的收入？

2. 饭店客房差别定价有哪些方法？请阐述这些方法之间存在的不同之处。

3. 饭店在客房差别定价中如何减少侵蚀和套利现象的发生？

4. 什么是容量控制？请简述实施饭店客房容量控制的意义。

5. 什么是非嵌套控制方法和嵌套控制方法？结合你所在饭店的预订制度作出对比分析。

6. 什么是饭店客房的升降档销售？客房升档销售应该具备什么条件？

7. 什么是客人的停留时间管理？有哪几种管理形式？请阐述在不同市场需求环境下如何实施停留时间管理。

8. 以下哪一项不属于容量控制方法？

（1）预留保护；

（2）先来先得；

（3）预订限制；

（4）竞标价格控制。

9. 以下哪几种做法属于对客房的容量控制管理？

（1）预订过程中的控制行为；

（2）随着可卖房数量的减少来逐步提高价格；

（3）设置一个竞标价格并随可卖房数量变化进行调整；

（4）保留一部分房间留给有价值的顾客；

（5）顾客想要订房但房间已卖完，顾客只能放弃。

10. 一家饭店某日有可出售的客房300间，价格等级、可供客房及需求预测如下表所示，请阐述收益经理应如何针对这一现状制定容量控制方案。

饭店某日客房价格等级、可供客房与需求预测情况表

价格等级	Walk-In 价格折扣率	可供客房数（间）	需求预测（间）
Walk-In 价格	无	300	30
价格等级 1	10%～20%	270	150

续表

价格等级	Walk-In 价格折扣率	可供客房数（间）	需求预测（间）
价格等级 2	25%～35%	120	160
价格等级 3	40%～50%	0	180

11. 某饭店 2020 年 8 月 20 日有可供出租的标准双床房 100 间，今天是 8 月 6 日，下表为饭店各细分市场的标准双床房的房价和预测的该日各细分市场对标准双床房的需求量。从表中可以看出，该日市场对标准双床房的需求是过剩的。按照该饭店与公司、OTA 和旅行社的合作协议要求，当日要求为它们预留的最低房量分别为 OTA 渠道散客 5 间和旅行社团体 15 间，请回答以下问题：

（1）分别用非嵌套控制方法和嵌套控制方法各制定一套 8 月 20 日由分配给各个细分市场客房数量组成的预订组合方案。

（2）以上两种预订组合方案中，每个细分市场的“预订限制”和“保留水平”的数额各是多少？两者之间存在着什么样的关系？（预订限制用 y 表示，保留水平用 b 表示）

（3）两种控制方法各具有哪些优缺点？为什么说两种控制方法联合应用更为有效？

8 月 20 日饭店细分市场价格与需求量预测一览表

细分市场 / 项目	Walk-In 散客	会员散客	公司协议散客	OTA 散客	旅行团体
房价	600 元/间天	540 元/间天	510 元/间天	500 元/间天	330 元/间天
需求量	10 间	25 间	30 间	35 间	50 间

注：表中 OTA 价格为底价。

第七章　收益管理的客房超订

【本章概述】

超订作为收益管理中常用的方法之一，已在航空业和饭店业得到了普遍的运用。其主要作用是在市场需求旺盛期可通过减少饭店客房的虚耗来提高收益。本章从超订产生的背景入手，着重阐述了客房超订的基本概念、运用技巧、方法和如何规避和处理过度超订。

7.1　超订的基本概念

7.1.1　超订产生的背景

只要当有限能力的销售商销售的产品数量多于其能提供（或他认为能提供）的产品数量时，超订就会发生。销售商这种看似不义的举动，是为了规避一些无法预料的损失，这些损失是由不到和退订带来的。①

在美国航空业的早期，航空公司采取的策略是已经预订了机票的顾客在飞机起飞前的任何时候取消预订或者未到，都不需要支付任何的费用；如果已经购买了机票的顾客，没有乘坐该航班或使用该机票，那么，机票仍可以用来乘坐将来的航班或全额退换成现金，同样不需要支付任何费用。这一政策，给航空公司的运营带来了巨大的损失。一架有 200 个座位的航班，市场需求远远大于这 200 个座位，航空公司也对预订了这 200 个座位的顾客进行了提前的确认。然而，问题出现在飞机起飞时仍然有 15%的顾客无故未到或取消了这次旅行。飞机只好载着

① 罗伯特·菲利普斯．定价与收益优化［M］．陈旭，慕银平译．北京：中国财政经济出版社，2008：4.

170 位顾客和 30 个空座位飞行，而令人遗憾的是还有不少顾客因这架航班提前订满而没能够订到座位。1961 年，美国民用航空委员会的一份报告显示，顾客进行了预订但不来登机的比率为 10%。这种情况的存在，给航空公司带来了巨大的经济损失（Talluri，Van Ryzin 2004）。到了 20 世纪 60 年代，航空公司开始重视和被允许使用超订策略，用来增加飞机的承载率，以此来减少因飞机座位的空置虚耗而产生的损失，而促使超订产生的主要原因正是顾客的无故不到即通常称为 No-Show 的发生所导致的。随着市场的发展，航空公司的预订和取消策略也发生了相应的变化。现今，无论是在国际上还是在中国，民航业对无故未到客人都会收取票面价格一定比例的手续费来弥补发生的损失。但对于因座位的闲置而给航空公司带来的损失而言，也只能说是杯水车薪。所以，到目前为止，超订策略仍是航空业提高承载率的最有效措施之一。

那么，无故未到到底是如何发生的呢？这是值得关注的问题。我们目前能够认识到的是，无故未到的产生与顾客心理动机和外部环境有着紧密的关系，而要想知道每一位顾客无故未到的真正原因是非常困难的。但一些专业机构通过对无故未到客人的研究分析认为，导致无故未到发生的原因主要有以下三个方面：一是外在环境因素的影响造成顾客的无故未到。如恶劣的天气和拥堵的交通可能导致顾客无法准时抵达机场或抵达机场后飞机已经起飞；二是顾客自身内在因素的影响。如顾客在出发当日计划行程发生改变、突发疾病或选择了其他时刻的航班等都是无故未到产生的原因；三是重复预订和虚假预订所造成的无故未到现象的出现。顾客有时为了获得更低的票价，会在不同的机票卖家中预订同样目的地的不同时刻或不同航空公司的机票。而虚假预订则是有些机票代理商为了获得更多机票的控制权，所预订的机票数量超出其实际需求量，从而导致无故未到现象的发生。当然，产生无故未到的原因并不止这些，还有一些随机发生的因素也是导致无故未到发生的根源。

由于超订策略能够很大程度上减少因无故未到的发生而给航空公司带来的不可低估的损失，尽管超订技术与票价没有发生直接的关系，但仍被人们视为属于收益管理的范畴。现今，超订策略作为收益管理中的应用方法之一，对减少飞机座位的闲置虚耗，增加潜在的收益仍然起着难以替代的作用。例如，美国航空公司数据显示，1990 年因公司实施超订策略，多获得了 22500 万美元的利润（Smith，Leimkuhler，and Darrow，1992），超过收益管理中包括存量分配和渠道管理在内的其他因素所带来的收益。当然，任何事物没有绝对的完美，超订策略亦是如此。如果航空公司在超订过程中发生了过度超订，亦即我们常说的超售，则意味着有部分持票顾客将被拒绝登机，即所谓的强制拒载。而发生这样的情况，航空公司也将会为此付出代价。航空公司不得不为此支付一定的成本来弥补这部分顾客的损失，为所发生的超售现象买单。关于超售方面的内容我们将在7.3节中详细阐述。

7.1.2 超订适用的行业

超订作为可为销售商提高潜在收益的一项重要策略，并非仅适用航空业，还可以适用于其他的行业，适于使用超订的行业具有以下特征：

（1）提供的产品（或服务）数量或能力有限并且具有易逝性；

（2）允许顾客提前预订，并且允许顾客预订取消和无故未到（No-Show）；

（3）当出现过度超订情况时，拒绝为已预订顾客提供服务的成本较低，没有不可挽回的损失。

从以上行业特征可以看出，饭店和租车行业是非常适合于使用超订策略的，因为它们的产品和服务属性完全符合以上特征。但位于旅游景区的度假型饭店一般不适于采用超订策略，因为景区通常距市区较远，交通成本很高，位于景区的饭店数量相比市区的饭店数量会少很多。在市场需求旺季，经常会出现每家饭店都满房的情况。此时，如果出现过度超订，很难为被超订的顾客找到可替代的饭店入住，从而给饭店带来难以估量的后续成本支出；再加上到景区来的游客很可能购买了次日的其他服务，如果耽误了行程，后续的损失更是难以补偿。例如，利用五一假期出游的新婚夫妇已经预先购买了第二天进景区观光旅游的巴士票，而在此期间的观光票非常紧张，假期的票已经全部出售。如果饭店因过度超订而耽误了这对夫妇的行程，游客的损失是难以补偿的，因为他们没有时间等到假期以后再来观光旅游。

还有一些行业的产品虽然符合以上特征，但也不使用超订策略，这是因为如果出现过度超订，后续的损失难以补偿，有些甚至是无法弥补的。譬如，一场重要的演唱会或体育比赛，如果因为过度超订而拒绝了部分已经购票观众的观看，都可能会给影剧院和体育比赛场所带来难以弥补的损失。所以，对影剧院和体育比赛场所而言，一般对于重要的演出或体育比赛都不使用超订策略。旅行社一般也不使用超订，其原因也是存在难以补偿的损失。

表7-1中列举了超订在一些行业的应用情况。从表中看出，民航、饭店、汽

车租赁和航空货运等行业最适合采用超订，因为它们明显具有以上三个特征并且面临着预订取消和无故未到带来的潜在损失。而旅行社、游艇、位于景区的度假型饭店、演唱会和体育比赛等尽管也符合以上特征，但一般不使用超订。

表 7-1　不同行业中超订的应用

行业	超订的重要性	对过度超订顾客的赔偿
航空客运	非常高	补偿及安排下一航班
饭店	高	安排其他同档次或更高档次的饭店住宿，通常没有额外补偿
汽车租赁	高	等待或安排其他租赁公司的汽车
航空货运	高	安排下一航班并进行适当补偿
旅行社	低	不使用超订
游艇	低	不使用超订
景区度假型饭店	低	不使用超订
演唱会和体育比赛	低	只对不重要的演出或比赛采用少量超订

7.2　饭店的客房超订

7.2.1　客房超订的原因

饭店业是非常适合应用超订策略的行业之一，因为它完全具有适合应用超订的行业特征。客房超订也称客房超额预订（Overbooking），是指饭店在客房全部订满的情况下，再增加一定数量订房的行为，所增加的订房数量通常称为超订数量或超订量。客房超订的主要目的是避免因部分预订顾客无故未到（No-Show）、临时取消或提前离店等情况的发生而给饭店带来的客房虚耗损失。饭店客房与飞机座位有着相同的属性和特征，不仅供应能力有限，而且同为易逝性产品并不可储存。与航空业相比，饭店业的 No-Show 率相对更高。由于饭店不仅允许某些细分市场的顾客无故未到和预订取消，而且这些顾客还无需付出任何未到或取消的成本。因此，在市场需求旺季，正像航空公司一样，饭店因顾客无故未到和预订取消而面临着较大的客房虚耗损失风险。

如今，尽管购买航空公司的机票需要现付票款，但国内多家航空公司飞机起飞前 4 小时（不含）至起飞后的退票手续费为购票价格的 20%至 100%，在市场需求旺季，依然会产生一定的收入损失，而饭店的损失则体现在不同细分市场的支付方式上。尽管顾客在 OTA 平台预订饭店的客房大多数都需要预付房费，减少了无故未到和预订取消现象的发生，但这并不意味着超订的重要性就减弱了。因为，还有公司协议散客、会议及旅行团等细分市场的顾客没有实现订房预付制，无故未到和预订取消依然会存在。另外，从收益管理的角度讲，在客房合理定价的前提下，饭店应该尽量把客房卖掉而不要发生虚耗，尽量做到满房。因为，客房的增量成本很低，客房出租率越高，边际贡献也就越大，利润也会越高。

综上所述，尽管饭店在一些销售渠道对顾客预订客房采取了预付制，但并不能完全避免因无故未到和预订取消的发生而造成的虚耗损失。因此，在市场供不应求的情况下，实施超订能为饭店解决以下两个方面的问题。一是最大限度地减少了因顾客无故未到和预订取消所造成的客房虚耗损失。例如，某饭店有 200 间客房，每年 5 月至 7 月是市场需求旺季，周三和周四不仅可以做到满房，而且经常会有顾客订不到房。但由于顾客的无故未到和预订取消，在 2019 年 5 月至 7 月的 14 个周三和 13 个周四中，分别有 11 个周三和 10 个周四没有做到满房，平均客房出租率分别为 96%和 95%，平均房价分别为 580 元/间和 575 元/间天。由于饭店没有做超订，5 月至 7 月共损失应得客房收入 108540 元。由此看出，如果这家饭店实施超订策略，使每周三和周四都能够做到满房，就可以挽回 108540 元的客房收入损失。二是避免顾客的流失。一些当天被饭店拒绝订房的顾客会转向竞争对手订房，如果再次发生顾客被拒绝预订的情况，饭店很可能面临着永久失去这些顾客的风险。尤其是没有订到房的顾客如果得知饭店在未满房的情况下拒绝了他们的预订，也很可能不会再来了。

7.2.2 客房超订增收的基本原理

饭店通过使用超订技术来提高收益的基本原理如同航班一样，可以通过尽可能地多销售客房来增加收入，图 7-1 显示了航班超订模型的基本原理。由图中看出，随着航班座位超订数量的增加，航班净收入（旅客收入减去超订成本）会逐步上升至最大值。在此之后，由于超订成本大于销售一个座位的收入，航班净收入逐步下降。当多销售一个座位的边际收入等于超订一个座位的边际成本时，超订的座位数达到最优。所以，饭店客房的超订原则也如同航班一样，并非超订的数量越多越好，因为过度超订的发生会给饭店带来额外成本的增加，从而导致收益的下降。在实施超订策略中寻找到超订数量的最优值，是实现超订收益最大化的基本保障，也是策略执行的关键因素所在。

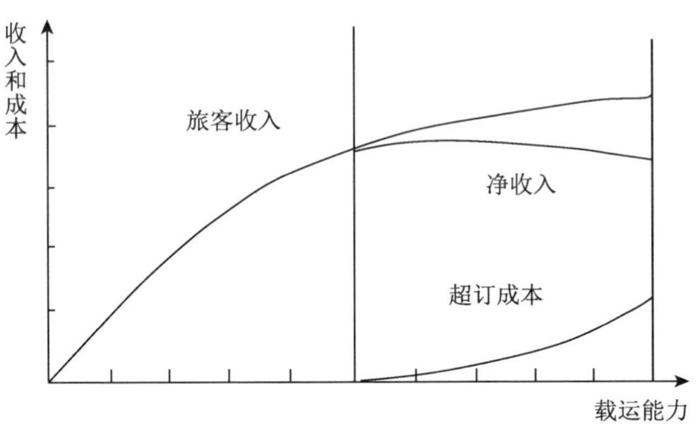

图 7-1　航班超订模型的基本原理

7.2.3　客房超订的方法

7.2.3.1　客房超订策略

超订策略的确定，通常遵循以下三个方面的原则。一些企业会遵循其中的某一项策略来实施超订，也有的企业会将以下策略混合起来运用。

（1）基于有限的供应能力和预期不到策略，通过无故不到和预订取消率来计算超订数量。

（2）基于风险策略，通过准确估计拒绝顾客而发生的成本，比较成本和潜在的收益，从而确定超订水平；这一策略主要是运用对期望收益和期望成本计算方法来最终确定超订数量。

（3）基于服务标准策略，设定一个管理目标，如设定被拒绝顾客为每 6000 人不超过 1 人。

饭店通常会采用第一种策略来进行超订，因为这一策略更符合饭店的实际情况，而且简单易懂、便于掌握。即使在没有收益管理系统的帮助下，通过人工计算也能够方便地操作。而收益管理系统除运用第一种策略外，也会在系统设置中运用第二种或第三种策略。因为系统可通过对复杂数学模型的运算，来更加准确地分析和比较超订期望收益和期望超订成本的发生情况，从而选择最优的超订方案。鉴于第一种超订策略在饭店日常经营中经常使用，本章将着重讨论这一策略的运用。

7.2.3.2 客房超订数量的确定

客房超订的难点在于如何尽可能地准确确定超订数量，以使超订损失和空房损失之和达到最小。如图 7-1 中所显示的那样，确定超订数量的最优值是策略实施的关键所在。由于饭店在日常经营中除了对顾客直接订房外，还有部分顾客是通过代理商来订房的。因此，在进行超订量的计算当中既要考虑饭店直接订房的要素，同时也要考虑代理商订房的超订情况，把二者有机地结合起来，才能最大限度地减少空房损失，避免过度超订的发生。客房超订数量的确定常用的有以下三种方法，即经验估算法、简易计算法和最小期望值损失法。

（1）经验估算法

所谓经验估算法是指饭店管理者依照国际惯例或行业经验值来估算超订数量的一种方法。经验估算法因具有通俗易懂、操作简单、花费时间短和所需数据量小等特点被广泛应用于饭店业。其优点是不需要收集大量的客史数据进行分析，而是依据饭店超订历史数据、管理者经验和行业经验值来综合估算客房超订数量。缺点是估算的精准度一般不高，易于导致少量客房闲置或者过度超订的发生。通常，由于新开业的饭店缺少历史经营数据，管理人员也缺乏对饭店市场环境的了解，所以多采用经验估算法来确定超订数量。

按照国际饭店的行业管理经验，客房超订数量一般为预订总量的 5%~15%。这个经验值一般只作为饭店管理者在估算超订数量时参考使用，但由于每一家饭店的经营环境（如市场环境、需求强度、预订模式、客源结构以及客房数量等）不同，应用经验估算法所得到的结果也会存在着一定的差异，因为这些经营环境因素对超订数量的确定将会产生较大的影响。因此，饭店管理者在制定超订策略中要因地制宜，结合本饭店的 No-Show 率和预订取消率等具体情况来综合考虑，避免因生搬硬套经验数据而忽视了饭店的具体情况，从而给饭店带来不必要的损失。

（2）简易计算法

简易计算法是根据饭店超订理论，通过建立简单数学模型来计算超订数量的一种方法。简易计算法的优点在于通过建立数学模型，使超订数量的计算结果更加准确，最大限度地减少房间闲置和过度超订情况的发生。但要求饭店平时注重收集和整理影响超订相关要素的数据，如饭店可供出租客房总数、续住客房数、预订取消率、预订未到率（No-Show 率）、预期离店客房数、提前退房率以及延期住店率等，以便在运用简易计算法计算超订数量时使用。

假设，用 O 表示客房超订数量；T 表示饭店可供出租客房总数；C 表示续住客房数；r_1 表示预订取消率；r_2 表示预订未到率；D 表示预期离店的客房数；f 表示提前退房率；k 表示延期住店率，则根据客房超额预订原理得到以下公式：

$$O=(T-C+O)\times r_1+(T-C+O)\times r_2+C\times f-D\times k \tag{7-1}$$

由上式推导可得：

$$O=\frac{(T-C)\times(r_1+r_2)+C\times f-D\times k}{1-(r_1+r_2)} \tag{7-2}$$

假设超额订房率为 F

则：
$$F=\frac{O}{T-C}\times 100\% \tag{7-3}$$

为便于理解，以下举例说明。

【案例 7-1】

某饭店有客房 500 间，未来某一天的续住客房为 300 间，预期离店客房数为 100 间；经过预测，得知该饭店当天的预订取消率为 7%，预订未到率为 4%，提前退房率为 3%，延期住店率为 5%，请问该饭店这一天应该超额订房的数量是多少？超额预订率是多少？这一天的预订限额为多少？

解：根据题中的已知条件，$T=500$（间）；$C=300$（间）；$D=100$（间）；$r_1=7\%$；$r_2=4\%$；$f=3\%$；$k=5\%$。

①求超额订房数量 O，将已知条件代入公式（7-2）可得：

$$O=\frac{(T-C)\times(r_1+r_2)+C\times f-D\times k}{1-(r_1+r_2)}$$

$$=\frac{(500-300)\times(7\%+4\%)+300\times3\%-100\times5\%}{1-(7\%+4\%)}$$

≈ 29（间）

②求超额预订率 F，代入公式（7-3）可得：

$$F=\frac{O}{T-C}\times100\%=\frac{29}{500-300}\times100\%=14.5\%$$

③求预订限额，假设预订限额用 Q 表示，

则有：

$Q=T-C+O=500-300+29=229$(间)

答：该饭店在这一天超额订房的数量应为 29 间，超额预订率为 14.5%，预订限额为 229 间。

（3）最小期望值损失法

最小期望值损失法是指饭店在综合考虑直接超订策略和代理商超订策略的基础上，通过建立较为复杂的数学模型进行运算，对在超订中可能发生的包括过度超订在内的各类成本支出进行分析比较，从中选择出使饭店支付成本最小的期望值作为最佳超订方案的一种方法。由于该方法需要建立复杂的数学模型，对专业技能要求较高，而且通过人工计算显得非常困难，所以常被用于收益管理系统中，很少用于人工条件下的计算，故在此不做详细介绍。

尽管我们可以利用公式来对超订数量进行计算，但计算结果有时也会存在一定的偏差，这是因为市场环境和顾客消费行为的变化存在着随机性。因此，大多数情况下，饭店每隔一段时间，需要对预测的超订数量与实际发生的情况进行比较分析，对存在的误差进行及时修订。在误差修订中，一般会考虑以下两个方面的影响。一是预订取消率、No-Show 率、提前退房率以及延期住店率等因素的影响。由于这些因素通常会受到内外部市场环境的变化而发生改变，因此，每隔一段时间，需要对这些因素进行修订，使其与市场现象和顾客的预订行为相吻合。二是一些特殊市场事件的发生也可能导致超订数量发生变化。如天气的变化、促销活动、展会以及体育赛事等，都会对超订数量的确定产生着直接的影响，因为在特殊的市场时期，供需关系的变化将会给顾客的预订行为带来改变。例如，在展会期间，饭店的市场需求会显著增加，甚至还可能出现一房难求的局面。在此情况下，顾客的预订取消率和 No-Show 率通常都会下降，这就需要饭店适当减少超订数量，避免过度超订的情况发生。而遇到恶劣的天气，对交通会产生较大的影响，从而导致顾客的预订取消率和 No-Show 率上升。此时，饭店可适当提高超订数量，以最大限度地减少空房损失。

7.3 过度超订及其处理方法

7.3.1 过度超订的定义

在市场需求旺盛时期，为减少因客房闲置而给饭店带来的经济损失，饭店需要采取超订策略。超订虽然能够通过减少客房虚耗来提高饭店的收益，但同时也存在着因过度超订所带来的成本增加风险，是一把“双刃剑”。因为超订数量的确定是建立在市场预测或对历史数据计算的基础之上，而预测总会存在一定误差，不可避免地对超订结果产生着影响，甚至可能导致过度超订情况的发生。所谓过度超订，也称为超售，是指在考虑了提前退房和延迟退房因素影响的前提下，所发生的超订数量大于顾客无故未到（No-Show）和预订取消数量之和的现象。换句话说，也就是所确认的超订房间数高于无故未到和预订取消的房间数，从而导致部分已经确认的顾客被拒绝入住的情况发生。过度超订发生后，需要饭店付出一定成本来妥善安排这些被饭店拒绝入住的顾客，并在维护顾客权益的同时，尽量保证饭店的信誉不受到损害。在图 7-1 中，航班的净收入之所以在取得最大值后出现下降趋势，正是因为过度超订发生后，成本的大幅度增加所导致的。

7.3.2 过度超订的负面影响

超订策略虽然可以帮助饭店提高收益，但如果发生过度超订，不仅会给饭店带来一定的成本支出，而且也会给饭店带来负面影响，主要体现在以下几个方面：

7.3.2.1 信誉损失带来潜在经济损失

当顾客的预订已得到饭店的确认，但到店后却被告知房间已全部售出并且入住被拒绝时，一般顾客是难以理解和容忍的。因为顾客并不知道饭店实施超订策略意味着什么，即使知道，顾客也无法理解饭店为避免空房损失而让他们为此付出代价。另外，由于受到补救成本支出的限制，多数饭店会采取送顾客去其他同档次饭店入住、赠送礼品或在顾客下次入住时给予房间升级等措施来进行补救。即便如此，仍然会给顾客带来不满，降低饭店在顾客心目中的信誉度和形象，并可能导致顾客的流失，其中包括一些忠诚顾客。美国运通公司曾做过一项调查，该公司信用卡持有者中四分之一以上的人曾有过预订房间后却被拒绝入住的经历，其中至少有半数以上的人表示，以后再也不会到那些饭店去住了。更令人痛心的是，这些曾有过被拒绝入住经历的顾客还会向他人传播这一痛苦的经历，产生多米诺骨牌效应，从而给饭店带来潜在的经济损失。

7.3.2.2 法律纠纷

从法律的层面讲，如果饭店对顾客的预订进行了确认，则视为饭店与顾客达成了住房的协议关系。而非顾客原因，饭店单方面拒绝已经被饭店确认预订的顾客入住，意味着饭店违约，顾客有权利通过法律来维护自己的权益。当然，日常经营中，多数顾客可能在获得一定的补偿后不愿意去这么做，但潜在的法律风险还是存在的，因为一些法律意识较强或者对饭店补偿不满意的顾客很可能会通过法律途径来解决，除给饭店的形象和信誉带来不利影响外，饭店还可能面临支付更多成本的风险。

7.3.2.3 处理和补偿需要支出一定的成本

过度超订发生后，饭店需要投入一定的人力、物力和财力来进行补救。无论采取何种补救措施，饭店都需要支付一定的成本费用。为解决过度超订问题，多数饭店都会与周边的饭店建立协作关系或订立一项同盟，以便在过度超订发生时能通过互相的帮助来保证被过度超订顾客的住房。因此，饭店最常采用的补救措施是将顾客送到周边同档次的饭店入住。如果顾客愿意，饭店会在第二天早上接回顾客并赠送早餐或水果，也可能会给予顾客房费折扣或免费升级房间，以避免顾客的投诉或流失。在此期间，接送顾客的车费、赠送的早餐和水果、给予折扣或免费房间升级等都需要饭店付出一定的成本，除此之外，还需要有专人来与顾客进行沟通和解释，以求得顾客谅解。通常，如果只有一两间房的顾客遭到拒绝，处理起来还比较容易；但如果是一批顾客，处理起来就会更加困难，不仅投入的人力和物力大，而且饭店也会为此付出更高的成本，并难免造成部分顾客的流失。

7.3.3 避免过度超订

正因为过度超订的发生会给饭店带来信誉损失和一定的成本支出，饭店在实施超订策略的同时，也越来越重视如何避免过度超订的发生，主要体现在以下几个方面：

7.3.3.1 尽可能提高 No-show 和预订取消率预测的准确性

上一节中我们曾阐述，要确定超订数量，首先需要对 No-show 和预订取消率等基本要素进行预测，获得预测结果后，才能用来计算超订数量。因此，这些基本要素数据预测的准确度高低，从某种程度上可以说决定着过度超订发生的概率。预测的准确度越高，超订数量计算结果的误差也会越小，过度超订发生的概率也就越低，反之亦然。

7.3.3.2 采用超订量较小的次优值，避免过度超订的发生

所谓采用超订量较小的次优值是指在计算超订数量中加入保险系数，选择超

订数量较低的一档数值。因为我们都知道“水满则溢”的道理，所以选择超订数量低级别的数值，可以规避过度超订现象的发生。例如，饭店通过计算得到某日的超订数量为15间，而根据安全系数的分类，低一档的安全系数为0.8，则该饭店当日超订数量的次优值可选定为12间。

7.3.3.3 对同一客房产品设立不同限制条件的价格

当一位顾客预订了一家饭店的客房后，如果发现另一家同档次饭店的价格更低，很可能会放弃该饭店的预订而重新选择价格更低的饭店，从而导致无故未到和预订取消情况的发生，因为顾客并不需要为此付出任何成本。如果饭店能够对同一客房产品设置不同等级的价格来供顾客选择，便可以有效地降低顾客的No-show或预订取消率，但前提是这些不同等级的价格需要设置相应的限制条件，以此来增加顾客的无故未到或预订取消成本。例如，同一客房产品，其标准价格BAR可以衍生出折扣幅度不同的多个等级的售价，供顾客选择，但每一个等级的售价都会对应有相应的限制条件，售价越低，限制条件也会相对更加严格。例如，对于标准价格，顾客可以随时取消预订而不需要支付任何费用，饭店仅需要为其设定一个最迟保留时间，超过保留时间，饭店会自动取消该订房而不需要征得预订顾客的同意；而对于折扣幅度较大的价格等级，顾客如果在规定时间以内无故未到或预订取消，则需要向饭店支付一定的费用作为成本补偿。

7.3.3.4 签订团体协议时要设置限制性条款

团体客人是饭店主要的客源之一，通常在饭店客源结构中占有较大的比例。团体客人因具有购买量大、在餐厅用餐和可为饭店带来持续性收入等特点，一直以来受到诸多饭店的重视。团体客人通常由商务团体、旅行团体、演出团体、体育代表团、宗教团体、民航机组团体或会议团体等构成，人数一般为10人以上。为保证团体客源的稳定性和可持续性，饭店通常会与团体客人的组织机构（如政府、公司或旅行社等）签订长期的合作协议，对双方的责任和义务进行约定。由于团体客人的计划行程也会因环境、天气、交通或其他随机性因素发生改变，或者是团体人数发生变化，这都会使饭店承担着房间被虚耗的风险。直到入住前一天才告知饭店团体客人因计划行程改变而取消的情况也时有发生，或者是团体抵达后饭店才被告知因人数减少需要减少若干间用房，此时可能已经是晚上10点以后了，因人数减少而空出的客房在这个时间段已无法再销售出去，只能闲置。因此，从收益管理的角度讲，饭店在与团体客人的组织机构签订协议时应写入严格的限制性条款，对预订未到、提前取消订房（一般可设定多个取消订房的时间段限制）或人数变化等情况的发生都需要对方承担一定的损失补偿，最大限度地减少由此给饭店造成的经济损失。

7.3.3.5 每日核对预订顾客名单，及时纠正错误和重复的订房

多数顾客都有提前预订客房的习惯，以便顺利出行。一些顾客提前较长的时间就预订了客房，而在入住前的这段时间内，经常会有一些顾客因各种原因改变出行计划而不能按预订时间入住。如果这些顾客能越早通知饭店预订变更或取消预订的情况，对饭店避免损失的发生就越有利，因为这些顾客在告知饭店变更或取消订房后，饭店尚有足够的时间把这些房间卖给其他的客人。然而，并不是所有的顾客都会这样做，他们可能会因各种原因发生无故未到或直到入住当天下午18点以后才告知饭店变更或取消预订，而此时饭店要想把空出来的房间再卖出去就非常困难了。另外，饭店预订人员出现的工作差错也会导致空房损失，如错写了顾客的姓名、住离店的日期和重复订房等。为避免此类问题的发生或及时纠正预订中存在的错误，就需要预订人员每日定时核对预订顾客名单和订房情况，并及早通过电话等方式联系到客人，对预订进行再次确认，最大限度地避免无故未到现象或预订取消的发生。

7.3.3.6 每日与订房代理商沟通，随时掌握顾客动态

随着电子商务分销渠道的发展，多数顾客都会通过电子分销渠道在线订房而不与饭店发生直接接触。据艾瑞咨询数据显示，2018 年中国在线住宿预订行业间夜规模为 8.1 亿间夜，同比增长 22.6%。正因为如此，一些顾客取消订房会在预订平台上直接操作而无须通过人工来告知分销商或预订饭店。不难理解，还有的顾客在出行计划改变后没有对原有的预订进行取消操作，无故未到现象便会发生。而分销商代理订房的饭店成千上万，难免会疏于及时通知饭店顾客取消订房的情况。即使饭店的预订系统会实时显示订房顾客的动态变化情况，也非常容易发生疏漏，给饭店带来空房损失。尤其是团体客人的订房，更需要饭店预订人员定时与组织机构进行沟通和确认，以避免客人计划行程或人数的变化给饭店造成损失。因此，饭店预订人员应每日定时与订房代理商进行沟通，随时掌握顾客的出行动态，对防止过度超订的发生都会有很大的帮助。

7.3.3.7 采用预付或担保等订房形式，规避损失风险

预付或担保形式的订房策略，可有效地避免因无故未到或预订取消给饭店带来的损失风险。按照惯例，如果顾客接受饭店的预付条款并且预付了房费，顾客若取消了订房或发生无故未到，所预付的房费饭店原则上是不退还的。如果是担

保订房，饭店会规定一个时间界限，也就是说，如果顾客在规定的时间外取消预订，担保金可以全额退还；但如果顾客在规定的时间内取消预订，饭店将会向顾客收取一晚的房费作为损失补偿。通常，饭店会将这一时间规定为入住前 24 小时，也可以根据饭店市场的需求情况具体确定。在传统预订模式中，饭店通常在一些大假期或市场需求旺盛时期才采取预付或担保形式的订房策略，以规避空房损失风险。但随着移动互联网的发展和在线预订数量的迅速增长，预付或担保形式的订房已被饭店作为一种常用支付方式成为顾客的首选。其主要做法是对同一产品制定折扣幅度不同的价格，供顾客选择。对不享受折扣的标准价格顾客，可以在客房保留时间以前取消预订；但对于享受一定折扣价格的顾客，则需要预付或担保。预付或担保形式的订房既可以减少因无故未到和预订取消给饭店带来的损失风险，还可以通过赋予顾客更多的价格选择权来促销产品。值得注意的是，预付和担保订房策略同样是一把“双刃剑”，使用不当，也会给饭店产品的销售带来不利影响。因此，在采取这一策略时要事先对市场需求进行预测，做到胸中有数，有的放矢地来组织实施。

7.3.4 解决过度超订的应对措施

为使过度超订发生后饭店能及时补救，则要制定相应的补救预案，供管理人员快速处理使用。饭店对过度超订发生后的处理是否得当，能否得到顾客的认同和谅解，是饭店减少信誉损失和顾客流失，避免法律纠纷发生的关键所在。为此，针对过度超订，饭店通常会采取以下应对措施。

7.3.4.1 将过度超订内容列入顾客须知并明确补偿条款

在欧美等发达国家，民航和饭店业对超订策略的实施已相当普遍，多数消费者对超订也非常了解。当饭店发生过度超订，要安排被过度超订的顾客到其他饭店入住时，他们一般都能够理解。中国饭店业由于起步较晚，虽然在市场需求旺盛时期多数饭店都在使用超订策略，但一般都是在内部预订管理中进行的，很少对顾客公开这些信息，顾客对超订的概念非常陌生，存在着明显的信息不对称。所以，往往当过度超订发生后，导致顾客无法理解和认同，增加了补救的难度。因此，饭店应在其官网、相关订房渠道或服务承诺中列入过度超订的内容，并就如何对被过度超订的顾客进行补救和补偿做出承诺。这样，当发生过度超订后，饭店处理起来可能就会方便许多，并且不容易引起法律纠纷。在中国民航业，超订策略的运用已日臻成熟，多数航空公司对发生过度超订都有自己的对客承诺和补救措施，并通过相关渠道向顾客公开，对处理善后事宜很有帮助。例如，中国国际航空公司在其官网上的“航班超售服务方案”条款是这样描述的。

航班超售服务方案：

尊敬的各位旅客：

为了满足广大旅客的出行需求，减少因部分旅客临时取消出行计划而造成的航班座位虚耗，我们可能在部分容易出现座位虚耗的航班上进行适当的超售，以保证更多的旅客能够搭乘理想的航班。我们会合理地控制航班超售比例，因此，已定妥航班座位的旅客最终未能成行的情况极少发生。如果因航班超售而造成部分旅客未能成行时：

一、我们会在机场首先征询自愿搭乘晚一些航班或者自愿取消行程的旅客。

二、在没有足够自愿者的情况下，优先登机原则如下：

1. 执行国家紧急公务的旅客；

2. 经国航同意并事先做出安排的、有特殊服务需求的老、弱、病、残、孕旅客以及无成人陪伴儿童；

3. 头等舱和公务舱旅客；

4. 国航白金卡、金卡会员及其他星空金卡会员；

5. 已经定妥联程航班座位且转机衔接时间较短的旅客；

6. 国航银卡会员及其他星空银卡会员；

7. 证明有特殊困难急于成行的旅客（如签证即将到期）。

三、我们将为未能成行的旅客提供后续服务保障：

1. 优先安排最早可利用的航班保障旅客尽快成行；

2. 或按非自愿退票处理，不收取退票费；

3. 或按非自愿变更航程处理，票款多退少不补；

4. 如所安排的后续航班为次日航班时，将免费为旅客提供膳宿。

四、除为旅客提供上述服务保障外，我们将根据旅客所持客票价格水平、航线距离以及改签后续航班等待时间，同时给予一定形式的补偿：

（一）补偿条件

符合下列所有条件时，自愿者和被拒绝登机的旅客可得到超售补偿：

1. 已经定妥航班座位的旅客（含持里程兑换奖励免票的旅客），不包括持各类奖励及航空公司职员免折票的旅客。

2. 旅客在截止办理乘机登记手续时间前，到达指定登记柜台办理乘机登记手续；

3. 不属于依据《中国国际航空股份有限公司旅客、行李国际运输总条件》和《中国国际航空股份有限公司旅客、行李国内运输总条件》被国航拒绝运输的旅客 。

（二）补偿方式

1. 国航超售补偿采用运输信用证、里程、现金三种补偿方式。

2. 对于持里程兑换奖励客票的自愿者或被拒绝登机的旅客，超售补偿和降低舱位等级补偿应采用里程补偿方式。

（三）补偿币种

使用国航支付补偿金或填开运输信用证补偿地所在国家或地区的货币进行补偿。

如果航班发生超售，我们将在机场相关区域内通过告知书或广播等形式发布航班超售信息。我们真诚地感谢您的理解与配合！①

7.3.4.2 选择自愿放弃入住的对象

当饭店发生过度超订后，可在所有预订的顾客中寻找接受自愿放弃入住的对象，对于这些自愿取消预订的顾客，饭店应该给予其一定的补偿。例如，顾客再次入住饭店时可提供免费早餐、免费升级客房、赠送 VIP 卡或接送机等。在自愿放弃入住对象的选择中，从群体考虑可首选军人、警察、教师和学生等。因为这些群体一般比较通情达理，不喜欢投诉，便于沟通且更具社会责任感。从价格层面考虑应首选免费顾客，其次是低价顾客和折扣顾客。但以下顾客应予以优先保证。如高价顾客、VIP 顾客、老年和儿童、常住顾客和团体顾客等。如果无法找到自愿放弃入住的对象，饭店应首先向被过度超订的顾客诚恳道歉，并尽量能争取获得顾客的谅解，积极联系周边同档次或更高档次的饭店来安排顾客入住。一般饭店会安排车辆送顾客去往入住的饭店，如果入住饭店的房价高于顾客的预订价格，将由过度超订饭店负责补足差额。另外，对于第二天仍希望回饭店入住的顾客，体现着顾客对饭店的信赖和忠诚度，饭店要格外重视。首先要为客人重新做好次日返回饭店的预订，并将预订单进行单独存放，以便重点关注。其次，对于行李较多的客人，询问客人是否需要先将行李免费寄存在饭店，待次日返回饭店入住后再领取。再次，饭店第二天应安排车辆将顾客接回饭店。当顾客抵达饭店时，前厅经理或者大堂经理应在门口迎接并优先为顾客办理入住手续；安排位

① 资料来源：中国国际航空公司官方网站，2021 年 2 月

置相对较好的房间并提前将欢迎卡片和果盘放置在顾客入住的房间，并再次表示对顾客的歉意；同时，感谢客人愿意再次入住饭店。最后，在顾客退房时，前厅经理或大堂经理应将顾客送至饭店外离店，并欢迎客人下次再次下榻饭店，如果顾客有需要送机或送站服务时，饭店应免费向顾客提供此项服务。

7.3.4.3 启用超售竞卖计划

超售竞卖计划，1978年由美国经济学家朱利安·西蒙（Julian Simon）提出，主要应用于美国航空业。其主要做法是如果出现过度超订的情况，航空公司会向预订本次航班的乘客询问，如果乘客自愿放弃本次航班的出行，可获得航空公司的免费食宿和里程积分等，所获得的里程积分可用于换取其他航班的机票。如果仍然没有得到乘客的响应，航空公司会提高补偿标准，直至有顾客自愿放弃本次航班的出行。倘若最后的结果依然没有找到自愿放弃本次航班出行的顾客，航空公司将会采取其他措施来解决。结果，事实所发生的情况使航空公司和顾客获得了双赢。在每次的超售竞卖中，都会有出行计划宽松的顾客自愿放弃本次航班的出行而加入到竞卖中，非自愿被请下飞机的人非常少，既让部分顾客获得了实惠，又维护了航空公司的声誉。例如，相关资料显示，美国的超售规则的应用是合理而有效的。由于美国各航空公司自觉而广泛地遵守着先寻找自愿者的规定，尽管美国各航空公司的总体超售比例相对其他国家的航空公司要高得多，但非自愿被拒绝登机的比例相反却要低得多。通常每承运10000名旅客中，美国各主要航空公司因超售而被拒绝登机的顾客在10~35人之间，平均为20人左右；而非自愿者却平均不到1人。这一规则有效地平衡了促进航空公司收益最大化和保护顾客合法权利之间的冲突。

由于饭店客房产品与航空业飞机座位有着相同的属性，在对过度超订的处理中可应用同样的方法。因此，饭店在对过度超订的处理中，可借鉴“超售竞卖计划”的思路和方法，在尽量减少成本支出的基础上，实现饭店与顾客双赢的局面。

7.4 小结

（1）超订的概念和方法起源于美国航空业。对饭店而言，超订是指饭店在客房全部订满的情况下，再增加一定数量订房的行为。采用超订策略的主要目的是避免因部分预订顾客无故未到（No-Show）、临时取消或提前离店等情况的发生而给饭店带来的客房虚耗损失。

（2）适合采用超订策略的行业一般具有提供的产品（或服务）数量或能力有限并且具有易逝性、允许顾客提前预订并且允许顾客预订取消和无故未到，以及当发生过度超订时没有不可挽回的损失三个特征，饭店业因符合以上特征而成为适合采用超订策略的行业之一。

（3）超订的实施通常采取基于有限的供应能力与预期不到、基于风险和基于服务标准三种策略，也可以将三种策略进行混合使用。但究竟采取哪一种策略能够最大限度地规避因过度超订而带来的风险，需要饭店根据内外部环境条件来具体确定。

（4）饭店用以计算超订数量的方法有多种，常用的有经验估算法、简易计算法和最小期望值损失法。影响超订数量准确度的因素较多且复杂，除了 No-show 率、预订取消率、延住和提前退房等主要因素外，市场环境的变化、代理商超订行为以及不同计算方式等都会对超订数量准确与否产生影响。因此，饭店在实施超订策略中应因地制宜，结合饭店的具体情况来执行。

（5）尽管超订策略被认为是解决饭店因预订顾客的无故未到和预订取消等情况发生给饭店造成客房虚耗损失的一剂良药，但超订策略同时也是一把“双刃剑”，其中潜藏着因过度超订的发生而给饭店带来的损失风险。为此，饭店除了需要制定处理过度超订发生的预案外，还应该采取相应的预防措施来避免过度超订的发生。

【练习题】

1. 什么是客房超订？饭店客房为什么要做超订？超订适合的行业具有哪些特征？

2. 什么是过度超订？避免过度超订发生的措施有哪些？

3. 当饭店发生了过度超订而无法为预订确认的客人提供住房时，管理层首先应该做：

（1）与竞争饭店商定房价，以便及时将客人转过去；

（2）致电无房可住的客人，并取消他们（她们）的预订；

（3）将饭店管理系统与客房人工查房的日报表进行对比，查找房态差异；

（4）将会议室改作客房。

4. 饭店可以借鉴应用民航业的“超售竞卖计划”策略吗？为什么？

5. 假设某饭店有500间客房，全年周二、周三和周四均可以做到满房，但这三天因顾客预订未到（No-Show）和预订取消所导致的出租率减少分别为3%、2%和1%，年平均房价分别为830元/间天、910元/间天和870元/间天。请问，在未发生过度超订的情况下，通过做客房超订能够为饭店避免多少收入损失？如果该饭店客房的变动成本为15%，能够为饭店减少的利润损失又是多少？

6. 某饭店有客房400间，当日过夜房数为280间，当日预计抵店客房数为80间，预计离店客房数为50间。由预测得知，预订取消率为9%、预订未到率3%、提前退房率为10%、延期住店率为30%。请问，当日饭店最多可再预订多少间客房就能够做到满房并避免出现过度超订？超订率是多少？

7. 超订技术的核心是掌握合理的超预订数量，以保证最大收入。本饭店每超订一间房预期增收500元，但是超订的风险在于超售的成本上升是非线性的。第一间超订房间的预期超售成本是100元，第二间超售成本比第一间递增25%，第三间超售成本比第二间递增25%，依次类推。请问，最佳的超订房间数是多少？最多不能超过多少间房？

第八章　餐厅收益管理

【本章概述】

餐厅在实施收益管理方面相对饭店客房和飞机座位而言，还不是十分普遍。在我国餐饮业，运用收益管理技术来为经营服务的餐厅还为数不多。为此，本章在借鉴国内外专家学者对餐厅应用收益管理理论研究成果的基础上，结合对国内餐厅的考察和实践，着重阐述了时间管理、价格管理和餐位优化组合在餐厅收益管理中的作用及其应用方法。

8.1　餐厅收益管理概述

在我国，自古就有“民以食为天”之说。现今，随着我国社会经济的快速发展和物质文化水平的日益提高，饮食已不只是为了满足基本的生理需求，而是上升到了文化的高度。受传统文化、中医养生、文化艺术和民族特征等因素的影响，人们越来越重视饮食质量和饮食文化。可见，饮食在人们生活中占有非常重要的地位。

在前面的章节中，主要是针对饭店客房产品的收益管理方法及其运用进行了阐述，本章将着重阐述收益管理策略在餐厅中的应用。在饭店中，餐厅作为独立的经营部门，占有重要的地位。《旅游饭店星级的划分与评定》国家标准中，对不同星级饭店的餐厅设置也有明确的规定。通常，饭店为满足顾客的就餐需求，都会设有一定规模的就餐区域，并分设为中餐厅、西餐厅和宴会厅等。为满足不同顾客饮食习惯和个性需求，一些饭店甚至将中餐厅依据不同的菜系和风味划分为若干个大小不同的餐厅，以此来吸引顾客和提高餐饮收益。在饭店中，餐饮收入与客房收入同等重要。一般情况下，餐饮收入会占到饭店总营业收入的30%至40%，有些饭店甚至会占到50%以上。可见，餐饮收入的高低直接影响着饭店总体的经营业绩，在饭店经营业绩中占有重要的比重。本章所阐述的内容不仅适用于饭店中的餐厅，同样也适用于面向大众的社会餐厅或餐馆，对提高餐厅的收益将会有很大的帮助。

8.1.1 餐饮企业的特点

餐厅在饭店中一般采取独立核算方式经营，同单体餐饮企业一样，也具有市场可以细分、提前预订、产品易逝、容量固定、市场需求存在波动性等特点，主要概括为以下几个方面：

8.1.1.1 产品可以提前预订

餐厅产品正像客房产品一样，可以提前预订，其目的是及时抓住顾客需求，以免失去产品出售的机会。餐厅产品预订也存在多种方式，常见的有电话预订、担保预订和采取预付形式的预订等。对于电话预订，餐厅通常会为顾客将预订的座位保留到双方约定的时间。如果顾客未到，餐厅可取消这一预订，但会事先向顾客进行确认。担保或预付形式的预订多为团体客人用餐，如婚宴、生日宴或公司聚会等；如果顾客在双方约定的时间内取消，餐厅会要求顾客支付一定的违约金作为损失补偿。餐厅一般不采取超订策略，因为餐厅不会为预订顾客留位到很晚，即使有预订取消或无故未到情况的发生，餐厅通常都能够将这些座位卖给其他的 Walk-In 顾客。

8.1.1.2 容量相对固定

在前面的章节中我们曾经阐述，饭店客房的容量是固定的，无法在短时间内改变其接待能力。相对于饭店客房，餐厅的服务能力存在着相对灵活的特点。在营业时间内，如果一些用餐客人提前离开的话，餐厅可通过翻台来提高收入，而这一点客房是无法做到的。餐厅的服务能力取决于座位数量、厨房的大小、菜单的设计和员工服务水平等，尽管餐厅可以通过卖满座位和翻台来最大化收益，但依然会受到厨房大小、菜单的设计或员工服务能力的限制，而在短期里这一服务能力一般是固定的。在某些情况下，餐厅会灵活地通过挤出一张桌子、添加额外的椅子、改变菜单设计、提升员工服务水平或者减少供应时间来提高服务能力，但由于受到厨房和餐厅固有容量的限制，可能会使收效并不明显，而改变厨房的服务能力一般会比增加餐桌的成本要高得多。因此，尽管餐厅经营者能够稍微调整它们的容量来提高服务能力，但就总体服务能力而言，它实质上还是固定的。

8.1.1.3 需求可以预测

餐厅顾客的消费行为通常有两种方式，一是提前预订座位，以便对就餐区域可以提前选择，同时能够保证在约定的时间有就餐座位。二是随机上门就餐，这类顾客通常是人数较少或临时决定就餐，如遇餐厅座位已经卖满的情况下，他们需要排队等位。正是因为这些顾客的消费行为和动机不同，餐厅管理者如果能够注重收集信息，并对这些信息加以归纳和分析，便可预测这些需求和管理它所产生的收益。餐厅管理者可通过汇集预订客户和随机走进来客户的百分比信息、客户的期望用餐时间、可能的用餐时间长短等来追踪顾客的预订、随机上门或就餐时间模式，从而来选择和确定最佳盈利的顾客组合。

8.1.1.4 产品存在易逝性

谈到餐厅产品的易逝性，很容易让我们认为是指餐厅存货中的原材料食品。其实，多数原材料在从冰箱里拿出来之前并不十分易逝。而这里我们所谈到的产品易逝是指餐厅的座位，即一个座位或餐桌空闲的时间。如果一个座位或餐桌被闲置了一段时间，餐厅的座位正像航空业飞机的座位一样，随着时间的流逝，其价值也在不断地衰减，因为这一与时间因素紧密相关的餐厅座位并不能储存。或者说，餐厅产品具有明显的时效性。因此，在从事餐厅收益管理中，管理者不能仅考虑上座率、翻台率或平均消费额这些指标而忽视了顾客用餐时间这一重要因素。餐厅管理者应该计算每个座位每小时的收益（RevPASH），把餐厅座位的时间要素考虑进去（Sheryl E. Kimes 等 1998）。

8.1.1.5 变动成本低，固定成本高

与饭店客房类似，餐厅的成本结构存在着相对高的固定成本和相对低的变动成本的特点。但与客房不同的是，菜品的食物成本占比通常比饭店客房变动成本要高。然而，餐厅增加一个顾客的边际成本并不高，因为即使餐厅只有一位顾客，前厅的灯也需要全部打开，服务人员也要全部就位，厨房中每一个岗位的厨师都必须运转起来，因为菜品的制作是典型的厨师流水作业程序。因此，当第二或第三位顾客到来时所发生的边际成本自然会很低。但是，如果在餐厅需求旺盛，不仅每餐的座位都会坐满，而且还有大量的顾客在排队等位，要增加固定成本则显得非常困难，因为要扩大经营面积，餐厅需要投入大量的资金进行扩建，最终这些投资会转化为餐厅的固定成本。因此，餐厅提高收益的有效办法是通过实施收益管理策略，使餐厅能够获得足够的收益来弥补变动成本和抵销一些固定成本。另外，餐厅的相对低的变动成本的特点为餐厅灵活的定价提供了保障，管

理者可在需求低的衰弱期通过推出折扣价格来吸引更多的顾客。

8.1.1.6 市场可细分性

餐饮市场正如饭店客房市场一样，顾客的群体可以细分，从而形成不同的细分市场。一般来讲，餐饮市场可细分为散客和团体客人。散客主要分为上门散客、预订散客和会员客人；团体客人主要分为会议团体、旅行团体、婚宴客人、生日宴客人和友人聚会等。由于每个细分市场顾客对菜品价格的敏感度不同，餐厅可通过对不同菜品的搭配组合来进行差别定价。同时，不同的细分市场就餐时间的长度也存在着较大的不同。正因为如此，餐厅市场的可细分性为管理者采取收益管理策略，实现收益最大化提供了保障。

8.1.1.7 需求存在波动性

餐厅顾客的需求在不同的季节，一周内不同时间，每天不同时段都会发生着改变。通常，在夏季、周末、午饭或晚饭的特定时段需求量较大。餐厅管理者需要能够预测与时间有关的需求，才能做出有效的定价和餐桌分配来满足高需求时段的收益。餐厅管理者应该能够预测一个团体聚会的用餐时间，这与饭店客房收益管理中能够预测每日 Walk-In 客人有多少能住两晚相类似。正因为市场存在着波动性，则需要管理者通过预测来掌握顾客的用餐时间，以便合理安排预订顾客和给等位的顾客一个可估计的时间。

分析和讨论餐饮企业特点的目的是可以帮助我们了解顾客的消费行为和从中发现能够提高餐厅收益的途径。通过以上分析，不难看出餐饮企业所具有的这些特性，对管理者合理安排顾客就餐时间、优化菜单设计、合理组合菜品、以折扣形式差别定价以及在现有区域对餐桌椅进行优化组合设计等方面能够提供很大的帮助，下面的内容我们将详细阐述如何通过实施这些策略来帮助餐厅提高收益。

8.1.2 餐厅收益管理的概念

美国康奈尔大学 Sheryl E. Kimes 教授认为，餐厅收益管理是指餐厅在合适的时间，以合适的价格，为合适的顾客提供合适的餐饮产品或服务。这一定义的含义在于餐厅所出售的产品和价格对顾客而言应该是一种平衡的策略，即如何来提高产品的“性价比”，从而来最大限度地满足顾客的消费需求。换句话说，餐厅应针对不同细分市场顾客对饮食需求的特点，推出合适的餐饮产品和服务，使餐厅的客源充足，通过提高每位顾客的消费水平来提升餐厅的效益。餐厅的收益管理功能主要体现在对顾客用餐时间的管理和差别定价方面，以使得每个餐位的利润最大化，从而增加现有空间的利用率。

在餐饮市场需求旺季期，每个可用餐位每小时产生的收益可用来表示餐厅在充分利用现有空间条件下所获得的收益情况（Sheryl E. Kimes 等，1998）。随着翻台率的增加以及顾客用餐时间的减少，每小时每个可用餐位的收益就会增加。为提高收益，餐厅一般会制定若干个不同的策略来管理用餐时间。其目的是降低顾客到达时间的不确定性和用餐时间的不确定性，以便通过掌握顾客用餐时间来制定减少顾客用餐时间的策略。顾客到达的不确定性包括管理顾客的预订以及未预订顾客的到达情况，以便掌握预订顾客到店时间的准确性以及预订较晚顾客等待时间的长短，及时填补空出来的座位。减少这些不确定性的有效策略是餐厅可以通过电话确认预订情况、追踪预订顾客的到店，通过尽量准确的需求预测来获取未预订顾客的到店情况等。用餐时间是指顾客坐在座位上时间的长短，这一因素可以被用来衡量餐位的可用性。减少顾客用餐期间的不确定性，可以提高预订顾客座位安排的效率以及确定未预订顾客到店的等待时间，以更有效地利用其现有的空间能力，最大限度地减少空座位的时间。

除了对用餐时间的管理外，餐厅收益管理策略的另一个关键因素是价格管理。餐厅在差别定价的应用方面相比航空业飞机座位和饭店业客房而言，会受到更多的约束。因为这些顾客在感觉餐厅的价格无法接受或者不公平的情况下，会去寻找可以接受或者他们认为价格公平的餐厅，而在竞争激烈的餐饮市场中，满足类似价格的餐厅是很容易被找到的。尽管如此，餐厅还是可以通过会员折扣、长期优惠券或宴会服务费形式来进行差别定价。价格管理可以提高餐厅的利用率，因为这使得餐厅从高峰时段到低峰时段都有生意。

8.2 衡量餐厅收益的指标

在餐厅传统经营中，多用上座率、翻台率、餐桌利用率、平均消费和食品原材料成本率指标来评价和衡量餐厅的经营业绩情况，这固然是重要的。但从收益管理角度看，其中缺少了两个经营要素，即散台顾客用餐的时长和宴会使用场地利用率的指标，这两个要素从不同层面反映了餐厅实现收入最大化的程度，成为现代餐厅管理中不可忽视的重要指标，下面分别阐述。

8.2.1 每餐位小时收益（RevPASH）

餐厅的座位与饭店客房虽然都具有不可存储的属性，但在销售过程中又存在着一定的差别。与饭店客房相比，餐位的销售具有更加灵活的特点。饭店客房的计价时间为间夜，而餐位的计价则可用时段来衡量。饭店客房一旦出租，就无法在同一个间夜内再次出售，即使按小时房方式出售，也无法获得收入的成倍增长。而餐位则可以在一天的营业时间里多次出售，尤其在需求旺季，如果有陆续排队等候就餐的顾客，餐厅在控制好顾客用餐时间的前提下，通过翻台便可实现在营业时间内的多次收益。

正因如此，餐厅用每餐位小时收益作为衡量经营业绩的指标更为有效，即把每个餐位每小时产生的收入（Revenue per available seat -hour，简称 RevPASH），作为衡量餐厅经营与价值评估的主要依据①。其计算公式如下：

$$每餐位小时收益 = \frac{餐厅营业总收入}{总餐位数 \times 营业时间} \quad (8-1)$$

下面，来说明每餐位小时收益（RevPASH）这一衡量指标与传统的上座率和平均消费额指标之间存在的不同。

上座率通常是指餐厅在某一个营业时间段内，被顾客占用的餐位数量（或该营业时间段内用餐的人数）与可用的总餐位数量的比，一般用百分比来表示。例如，某餐厅共有 200 个餐位，在 11：00 至 14：00 的午餐时间共有 150 位顾客来餐厅用餐，则在该营业时间段内，餐厅的上座率为 150/200 = 75%；而在 18：00 至 21：00 的晚餐时间共有 200 位顾客来餐厅用餐，则餐厅的上座率为 200/200 = 100%。然而，上座率并不能全面反映餐厅收益的情况，因为上座率高并不意味着餐厅收益就好。例如，某餐厅共有 200 个可用餐位，每日经营午餐和晚餐，四月份的平均消费额为 100 元，平均上座率为 60%，那么餐厅四月份的营业收入总额为：200×60%×2×100×30 = 720000 元；五月份，餐厅为提高上座率，采取了折扣促销的方式，平均上座率达到了 80%，但平均消费额却下降为 70 元，五月份餐厅的营业收入总额为：200×80%×2×70×31 = 694400 元。由此看出，尽管餐厅五月份的上座率比四月份的上座率提高了 20 个百分点，但收入却减少了 25600 元，显然是由于平均消费额下降所导致的。不仅如此，随着上座率的提高，服务人员的劳动强度也会加大，餐厅可能还会因此额外付出更多的成本，导致利润率下滑。

---

① Developing a Restaurant Revenue-management StrategyBy Sheryl E. Kimes 等 1999 年.

同上座率一样，单一的平均消费额指标也同样无法用来评价餐厅的收益水平。平均消费额是指餐厅在某一个营业时间段内，营业收入总额与该营业时间段内用餐人数的百分比。例如，某餐厅在 11：00～14：00 午餐时间的营业总收入为 6000 元，共有 60 位顾客来餐厅用餐，则在该营业时间段内餐厅的平均消费额为 100 元。那么，如果把上座率和平均消费额二者结合起来，其相互作用的结果是否能够全面反映餐厅的收益情况呢？答案依然是否定的。因为在餐厅市场需求旺季，还有不少排队的顾客在等候用餐，而这些顾客正在等待的是现有用餐顾客离去后的翻台服务，他们将成为同一座位上的新一轮顾客。因此，翻台率的高低，也是影响餐厅收益的因素之一。而要提高翻台率，最有效的办法就是尽量缩短顾客用餐的时间，以此来接待更多排队等位顾客的用餐。显然，顾客用餐时间的长短对餐厅收益产生着直接影响。如果我们在综合考虑上座率、平均消费额和翻台率的基础上，再引入顾客用餐时间的概念，将会更加全面地反映出餐厅的收益情况。正是基于这一原理，Kimes 教授等学者提出了餐厅“每餐位小时收益（RevPASH）”概念，用来全面衡量餐厅经营业绩的情况。

8.2.2 每餐位小时收益的作用

相关报告显示，在饭店和航空业，通过实施收益管理可使饭店或航空公司的营业收入增长 3%～7%。在饭店中，管理者用每间可供出租客房收入（Revenue per Available Room-night，简称 RevPAR）来衡量饭店客房的收益情况；在航空业，管理者把飞机每飞行一英里每个座位的收益（Revenue per Available Seat-mile，简称 RevPASM）作为衡量飞行收益的指标；而当收益管理理论应用于餐厅时，我们认为用每餐位小时收益来衡量餐厅的收益将会更为有效[①]。在综合考虑上座率、平均消费额和翻台率指标要素的基础上，每餐位小时收益能够更全面地反映餐厅的收益情况。上座率和平均消费额之间存在着相互替代的关系。如果上座率上升而平均消费额下降，餐厅的每餐位小时收益仍可能提高；反之，如果餐厅平均消费额提高而上座率下降，仍可能获得相同的每餐位小时收益。每餐位小时收益与翻台次数、顾客用餐时间长短和服务周期紧密相关；随着翻台次数增加和顾客用餐时间的缩短，每餐位小时收益将会增加。在餐厅顾客需求高峰期，如果顾客的用餐时间减少一分钟，每餐位小时收益将会增加 1.5%～2%[②]。

② Implementing Restaurant Revenue Management：A Five-step ApproachBy Sheryl E. Kimes 1999 年.

下面，通过案例来说明每餐位小时收益作为餐厅收益衡量指标的重要性。假若有甲、乙、丙、丁四家餐厅，它们都有100个餐位，午餐营业时间均为11：00~14：00（3个小时），假若这四家餐厅的档次和经营的菜系不同，菜品价格存在着差异，市场的需求也各不相同，表8-1显示了四家餐厅在同一午餐经营时间内的收益结果。尽管四家餐厅顾客的上座率和平均消费额存在着不同，但都获得了相同的营业总收入7200元，每餐位小时收益均为24元，收益是相同的。甲餐厅属于高档餐厅，主要面向高端客源市场，菜价昂贵，平均消费额为180元，上座率仅为40%，相对较低；乙餐厅为中高档餐厅，面向中高端客源市场，平均消费额为120元，上座率为60%；丙餐厅为中档餐厅，面向中端客源市场，平均消费额为90元，获得了相对较好的上座率80%；而丁餐厅面向大众市场，菜价便宜，平均消费额仅为80元，顾客较多，上座率可达90%。从中不难发现，正像饭店客房无法用平均客房出租率或平均房价中的任何一个单项指标来衡量其收益一样，餐厅的收益也同样无法用上座率或平均消费额任何一个单项指标来评价。在本案例中，甲餐厅虽然上座率仅有40%，而丁餐厅的上座率高达90%，但由于菜价的替代作用，它们获得的收入却是相同的。

表8-1　四家餐厅午餐经营指标一览表

餐厅	上座率（%）	平均消费额（元）	RevPASH（元/餐位·小时）
甲	40	180	24
乙	60	120	24
丙	80	90	24
丁	90	80	24

那么，以上四家餐厅中，哪一家餐厅的利润更高呢？这也是管理者非常关心的问题，因为一家餐厅是否能够盈利赚钱，最终还需要通过现实的利润指标来体现。要探究餐厅实现的利润，就会涉及餐厅综合管理要素，如房屋租金、原材料成本、能源成本、人工成本以及管理成本等，需要管理者来整体筹划。通常，餐厅管理者对食品成本和劳动力成本占比的核定是必要的，但这并不意味着可完全有效地来衡量餐厅的收益。特别要说明的是利润率不是衡量餐厅盈利能力的唯一

指标。有时尽管餐厅能够保持相对较好的利润率，但并不完全意味着餐厅就获得了良好的收益，因为可能还有更多的潜在收入有待挖掘。从收益的角度看，餐厅管理者对利润的过分强调有时会导致倾向过分去关注成本的最小化，而一味地降低成本，也会引起顾客的不满意从而导致收入减少。因此，在对餐厅的收益管理策略实施中，应将每餐位小时收益和利润指标有效地结合起来综合运用，二者缺一不可。

8.2.3 使用场地每时段每平方米收入（RevPAST）

在中高端饭店中，各类宴会是餐饮收入的重要来源。过去，饭店注重的更多是宴会在餐食方面的收入，很少顾及宴会场地的利用率问题。其实，在土地面积日益稀缺的今天，考虑使用场地的利用率问题，最大限度地利用场地面积来创收，是饭店获得潜在收入的新途径。为便于量化，我们引入一个新的对餐厅收益的衡量指标，即使用场地每时段每平方米的收入（RevPAST）。它能够有效地反映出饭店宴会的餐食和场地利用率的综合收益情况，计算公式如下：

$$\text{使用场地每时段每平方米的收入}=\frac{\text{宴会和使用场地营业总收入}}{\text{使用场地总平方米数}\times\text{使用时间}} \quad (8-2)$$

无论是举办会议的高峰时间，还是婚宴的集中时段，大多数中高端饭店的多功能厅或大型宴会厅都会被及早预订。尤其是婚宴，一些适合举办婚礼的日子，宴会厅提前半年就可能被预订出去。那么，如果饭店没有采取控制手段来进行预订，就可能会因“先来先得”而造成潜在收入的流失。因此，如果餐厅采用收益管理方法，事先对市场需求进行预测和分析，用使用场地每时段每平方米的收入指标来核定接待标准，通过预订控制便能够避免“先来先得”情况的发生，把有限的场地留给能够给饭店带来更高收益的优质客户。使用场地每时段每平方米的收入指标与传统指标的区别在于饭店在宴会的销售中不只是考虑了餐食方面的收入，而且还考虑到了使用场地的收入，把两者有机地结合起来进行综合评估，以实现宴会收入的最大化，宴会场地收益管理工作的流程如图8-1所示。

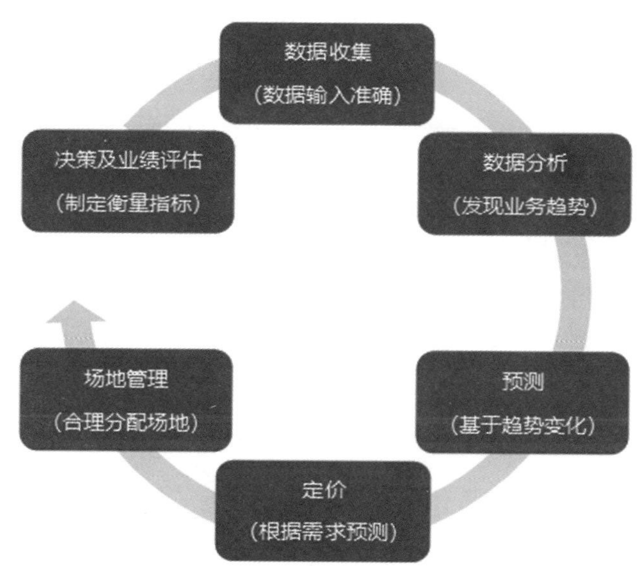

图 8-1　宴会场地收益管理工作流程图①

8.3　餐厅收益管理方法

餐厅收益管理的目标是通过调整价格和管理顾客用餐时间来实现每餐位小时收益的最大化。餐厅收益管理是指餐厅在合适的时间，以合适的价格，为合适的顾客提供合适的餐饮产品或服务。尽管餐厅在应用收益管理策略方面还不是很普遍，但在对饭店客房和飞机座位的管理中，收益管理策略的应用使饭店客房和飞机座位收入相比之前会增加 3%~7%。

在餐厅收益管理中，管理者主要通过两个要素管理来提升收益，即价格和用餐时间。价格管理对于餐厅管理者而言并不陌生，许多管理者都采取了与价格相关的促销活动，以适应餐厅在市场低谷或高峰期的需求（如特价早餐、特殊菜品的促销等)，其中包括较为复杂定价的操作。如每天特定时间段的定价或每周里某一天的定价，以及根据宴会规模的大小、翻台率以及顾客的不同类型来执行折扣价或对价格进行上调等。在对顾客用餐时间的管理方面（如提高翻台率等）则显得相对有些复杂。因为，顾客用餐时间的长短既取决于餐厅的服务水平和

① 资料来源：环球旅讯 新常态下的酒店宴会场地收益管理，你准备好了吗？IDeaS 2020-10-15

工作效率，又取决于到店顾客的类型以及用餐后其逗留（或不逗留）的时间。然而，这些策略对提高餐厅收益有着很大的帮助。本节将从时间管理、价格管理和餐桌椅组合三个方面来阐述收益管理策略在餐厅中的应用方法。

8.3.1 时间管理策略

在餐厅时间管理策略方面，更多地体现在餐厅管理者能够提早掌握预订或随机上门顾客的到店情况以及顾客用餐时间的长短，以便为排队等候就餐的顾客合理安排时间和减少餐位的闲置。因此，对顾客用餐时间的管理，便成为餐厅实施收益管理的重要策略之一。每餐位小时收益中包含了时间这一重要概念，其之所以能够反映出顾客消费额和餐位使用率的相互作用关系，正是时间这一杠杆在起着平衡的作用。例如，无论是高上座率低平均消费额，还是低上座率高平均消费额，都可以获得相同的每餐位小时收益。

例如，假设 A 餐厅有 50 个餐位，午餐时间为 4 小时，顾客的平均用餐时间是 60 分钟，在市场需求旺盛期，A 餐厅每天午餐能够接待 200 名顾客用餐；如果平均消费额为 50 元，则该餐厅每天午餐的总营业收入为 10000 元。每餐位小时收益为 50 元/餐位·小时；如果能使顾客用餐时间减少 1 分钟即为 59 分钟，则 A 餐厅可以多接待 3.4 个顾客，则总营业收入将增至 10169 元，每餐位小时收益增至 50.85 元/餐位·小时，增加了 1.69%；如果顾客用餐时间减少 20 分钟即为 40 分钟，则 A 餐厅可以多接待 100 个顾客，总营业收入将增至 15000 元，每餐位小时收益增至 75 元/餐位·小时，累计增加了 50%（如表 8-2 所示）。由此看出，顾客用餐时间的长短对餐厅的收益产生着重要的影响，尤其是在用餐高峰期，这一影响将更加明显。

表 8-2 顾客用餐时间减少对于收入的影响

用餐时间（分钟）	翻台次数（次）	收入（元）	RevPASH（元/餐位·小时）	增长比例（%）	累计增长比例（%）
60	4.00	10000	50.00	—	—
59	4.07	10169	50.85	1.69	1.69
58	4.14	10345	51.72	1.72	3.45
57	4.21	10526	52.63	1.75	5.26

续表

用餐时间（分钟）	翻台次数（次）	收入（元）	RevPASH（元/餐位·小时）	增长比例（%）	累计增长比例（%）
56	4.29	10714	53.57	1.79	7.14
55	4.36	10909	54.55	1.82	9.09
54	4.44	11111	55.56	1.85	11.11
53	4.53	11321	56.60	1.89	13.21
52	4.62	11538	57.69	1.92	15.38
51	4.71	11765	58.82	1.96	17.65
50	4.80	12000	60.00	2.00	20.00
49	4.90	12245	61.22	2.04	22.45
48	5.00	12500	62.50	2.08	25.00
47	5.11	12766	63.83	2.13	27.66
46	5.22	13043	65.22	2.17	30.43
45	5.33	13333	66.67	2.22	33.33
44	5.45	13636	68.18	2.27	36.36
43	5.58	13953	69.77	2.33	39.53
42	5.71	14286	71.43	2.38	42.86
41	5.85	14634	73.17	2.44	46.34
40	6.00	15000	75.00	2.50	50.00

对餐厅而言，实施收益管理还需要转变一些传统的经营观念。以往，餐厅管理者认为餐厅销售的是一顿饭（或一次活动），而并非一段时间。并没有把对顾客用餐时间的管理作为可提高餐厅收入的要素之一，多是依据菜品和酒水饮料消费来收费的，没有兼顾到顾客的用餐时间。实质上，在市场需求高峰期，顾客用餐时间的长短对餐厅的收益会产生很大的影响，尽管对顾客来说用餐时间的长短是没有成本的，也就是说，顾客在餐厅用餐无论是 1 小时还是 3 小时，餐厅的收费都是相同的；但对餐厅来说，顾客用餐时间过长，餐厅可能会面临着失去更多

获利的机会。在这方面，饭店客房、飞机座位、邮轮舱位和汽车租赁则不同，因为他们出售的产品是以时间为单位来计算的，顾客超过规定的时间将需要额外付费。而餐厅却很少在一个规定的时间内出售餐位，因为无论是从文化还是消费习惯上，顾客都很难接受一家餐厅在收取菜品、酒水和饮料费用的同时，对用餐时间给予一定的限制。因此，简单的对顾客用餐时间进行限定显然是不可取的，这就需要餐厅管理者采取一些可行的方法来减少顾客的用餐时间，其中包括改进预订政策、重新设计菜单、缩短点菜时间、加速服务流程和提高服务效率等。值得注意的是，尽管管理者希望在需求高峰时段能够通过减少顾客的用餐时间来提高餐厅的收益，但这并不意味着可以忽视顾客的服务需求，即使有一些顾客可能希望多停留一会儿并喝杯咖啡，员工仍需要热心地为顾客提供服务，虽然这些顾客延长了用餐的时间，仍需要兼顾好用餐时间和服务质量的关系。

餐厅管理者在对顾客用餐时间的管理中，经常会遇到两个难题，即顾客到达的不确定性和用餐时间的不确定性。顾客到达的不确定性主要体现在无故未到和在最后时间里的预订取消，这些情况的发生对顾客来说无须支付任何成本，而对餐厅则不同，即使餐厅规定了预订未到的自动取消时间，餐厅还是会面临着因此而带来的收益损失。为此，Sheryl E. Kimes 教授等针对顾客到达的不确定性和用餐时间不确定性提出了相关的解决措施（如表 8-3 所示），对于餐厅管理者准确预测顾客的用餐时间和制定正确的时间管理方法提供了有价值的参考依据。

表 8-3　用餐时间管理方法

因素	内部措施	外部措施
到达的不确定性	预测 超订	保证性预订 预订确认 服务承诺
用餐时间的不确定性	菜单设计 过程分析 人员安排 信息系统	预清理餐桌 检查付款 咖啡和甜点吧 视觉信号 减少顾客停留时间 过程分析 信息系统

首先，让我们来看如何解决顾客到达不确定性的问题。餐厅管理者通常无法预知当天有多少顾客到店用餐或预订顾客有多少会取消就餐，为此多数餐厅对包间以外的大厅散座并不开展预订业务，而是依据时间顺序来管理顾客的到店就餐。即便是开展了预订业务，餐厅管理者还是难于通过预订的方式来获得顾客到店的信息，掌握顾客到店的情况；因为并非所有的顾客都能严格遵守他们的承诺，总是会有人早到、迟到或未到，从而给餐厅带来潜在的餐位闲置风险。那么，如何来解决顾客到达不确定性的问题呢？研究和实践证明，以下策略在规避顾客到达的不确定性方面是有效的，能够用来降低餐位闲置的风险。一是及时收集顾客的消费行为信息，主要包括顾客早到、迟到或未到的比率情况以及发生这些现象的原因等，并对这些信息进行统计分析，通过预测对未来顾客到达的情况做出预估。二是超订策略可以用来规避顾客预订取消或无故未到（No-Show）给餐厅带来的损失风险。通常情况下，餐厅不使用超订策略，因为随时上门来的未预订散客可以很好地缓冲和弥补这一风险损失。但在某个特定的市场时期里，如果没有足够多的未预订顾客到店的情况下，才会使用超订策略。三是采取保证性预订，减少顾客到达的不确定性。例如，需要顾客在预订中进行预付、支付押金或信用卡担保等。保证性预订是一把“双刃剑”，既能减少因顾客到达的不确定性给餐厅带来的损失风险，同时也存在导致顾客流失的风险。因为毕竟顾客可以去寻找一些可替代的竞争对手，这在激烈的餐饮市场竞争中并不十分困难。所以，保证性预订一般会在特殊的时间内（如除夕夜或端午节）或对于特殊的细分市场（如会议团体、婚宴团体等）才使用。四是服务人员需要对前期或当天的预订进行再次或多次的确认，以及时了解顾客到店情况的信息，对准确掌握顾客的到店情况是非常有效的。五是为了鼓励客人准时到达，餐厅可以提出一些服务承诺，尽管这一惯例在餐饮业并没有得到广泛使用，但在其他的一些行业应用还是比较广泛的。餐厅也可以借鉴和采用这个策略，对那些在预订时间内到达却没有座位的顾客提供打折或者某种免费的菜品。

其次，对于顾客用餐时间不确定性的管理，却并非易事，因为顾客的用餐时间存在着很大的随机因素和不确定因素。日常管理中，餐厅管理者除了需要掌握顾客准时到店的问题之外，还需要能够准确地预测和掌握顾客用餐时间长短的规律，因为顾客用餐时间的长短与闲置餐桌的数量息息相关。在有了预测信息之后，餐厅管理者才能够根据预订餐位的情况来决定接受哪些预订和对顾客排队等候的时间做出准确的预估，并通过对顾客用餐时间长短的控制来提高收益。一般

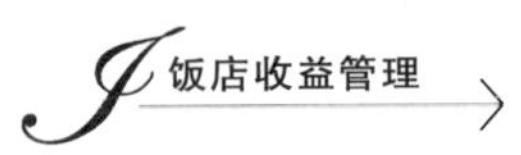

来讲，对顾客用餐时间的控制管理可从内部和外部两个层面来制定措施，内部措施是通过对餐厅自身管理要素的改进来缩短顾客的用餐时间，外部措施则是采取一些有效的方法来鼓励顾客主动缩短用餐时间。通常，餐厅管理者可以通过菜单设计、服务流程设计、人员安排和采用信息系统等手段改进管理，从而来缩短顾客的用餐时间，合理的菜单设计可以有效地提高顾客的点菜速度。例如，在菜单中对菜系和价格进行清晰的分类，更有益于顾客很快发现他们想要而且适合他们的菜品，从而缩短顾客点菜的时间；对于制作时间长或过程复杂的菜品，如果在每餐位小时内没有能够为餐厅增加收益，那么就可以从菜单中取消这个菜品，以免因此而导致顾客逗留时间过长。在服务流程设计方面，餐厅管理者可通过对能够减少顾客用餐时间的一些要素分析来改进服务流程。例如，加快为顾客引座和上菜的速度、主动向顾客介绍菜品、及时清理顾客桌面上的骨盘以及减少翻台的时间等；如果餐厅管理者能够准确地预测每日就餐人数，厨房就可以及早对所需原材料和半成品进行加工和准备，以此缩短给顾客上菜的时间，既达到了顾客满意，又减少了顾客用餐的时间，实现双赢的目标。在人员的安排上，餐厅管理者需要对服务人员进行业务素质训练，通过提高他们的工作效率来减少顾客的用餐时间和缩短翻台所用的时间。在信息系统运用方面，实践证明对管理顾客用餐时间有着显著的效果。一些餐厅已经运用了能够跟踪和分析餐桌使用率、顾客用餐进度和结账时间的餐饮管理信息系统，服务人员可通过系统对数据的分析来找到哪些顾客已就餐完毕并将要离开。这样，他们就可以更早地清理并重新布置好餐桌，以提高餐桌的使用效率。顾客用餐时间的管理存在着一定的复杂性，为此，管理者还必须简化并控制他们提供的整个服务过程，及时了解将要到店顾客的类型，并确定影响顾客到店和用餐时间长短的因素。通过减少就餐完毕顾客在餐厅的过渡时间，也是缩短其他顾客等候时间、提高上座率和提升餐厅收益的有效方法，但应注意不能因此而引起顾客的不满。

要做好餐厅的时间管理，还需要管理者来制定提高收益的管理策略，让所有餐厅人员都了解这一策略并参与其中。餐厅管理者可按以下步骤来制定和实施这些策略：一是收集顾客消费行为信息，并对数据进行归纳和分析。大多数的管理者知道他们的顾客平均消费金额、人力成本和食品原材料成本的百分比。但是，很少有人能准确地预估自己餐厅的上座率或每餐位小时收益。为了形成一个有效的时间管理策略，管理者必须收集顾客类型、顾客用餐时间、RevPASH 数据和顾客喜好的详细信息。这些信息可以从各种渠道获得，包括 POS 系统，客人的账单以及对餐饮管理信息系统的观察等。一旦收集这些数据之后，必须对这些数据进行分析，以确定每天顾客的平均用餐时间和每餐位小时收益。二是分析和归纳一些影响因素。在资料收集之后，管理者应分析这些能够影响顾客用餐时间和每餐位小时收益的因素。例如，管理者可借助简单的系统工具或收益管理软件系统来分析为什么顾客用餐时间如此之久的可能原因，以帮助我们识别出可控制顾客用餐时间的最重要因素。Kimes 教授等对一家名为 Coyote Loco 并有 100 个餐位的餐厅研究发现，由于受到顾客就餐人数和平均用餐时间等因素的影响，该餐厅某一周每餐位小时收益从周一下午 5：00 的 0.76 美元到周五晚上 8：00 的 7.33 美元，差额为 6.57 美元，发生着较大的收益异动，而这一指标异动与就餐人数、顾客类型、用餐时间和行为偏好都有着紧密的关系。三是提出建议方案。在确定了影响餐厅收益的问题之后，管理者应该对如何纠正这些问题提出详细的建议并制订可以减少顾客用餐的时间的解决方案。例如，改善服务流程、缩短点菜时间以及合理组合餐桌椅等，并对每项建议的投资回报率进行分析，以确保决策的正确性。四是执行所制定的收益策略。为了确保收益策略的有效执行，餐厅管理者必须要求管理层、服务人员、洗碗工和其他员工都能够理解实施这一策略的目的并共同投入实践。这需要有一个特定的培训计划，帮助员工了解他们在执行策略中所承担的角色，以及餐厅和员工如何能够通过执行这一策略而受益。此外，管理者还应制订与实现收益策略目标相对应的员工激励计划，以此来激励全体人员的共同参与。五是监测执行结果。在进行业务实践之后，如果业绩没有提升，就不能说明这一策略取得了成功，还需要不断地去改进和实践，直至业绩得以提升。在收益策略实施之后，管理者需要及时监控用餐时间内 RevPASH 的平均值及标准偏差，并用这些数字与目标数据进行比较，从而来掌握这一策略所带来的收益。

8.3.2 价格管理策略

除了时间管理外，价格管理也是餐厅收益管理策略中的一项重要内容，而这一策略更多地体现在菜品的差别定价上。餐厅在差别定价的应用方面相比饭店客房、邮船舱位和飞机座位而言，会受到更多的约束。因为顾客很难接受同样的菜品在不同的日期和时间内价格不同，他们并不能理解同样一盘鱼香肉丝为什么会在周五晚上和周一晚上的卖价不一样。餐厅实施差别定价的难度在当顾客认为你的定价不公平时，他们很容易找到能够被他们接受并认为价格公平的餐厅。尽管如此，实践证明使用价格管理的餐厅相比那些不经常使用价格管理的餐厅而言，会有更高的销售收入[①]。因此，寻求餐厅差别定价的可行方法是十分必要的，因为这一策略能够有效地帮助餐厅来提高收益。

一般来说，餐厅通过会员折扣、长期优惠券或大型宴会服务费来进行差别定价。价格管理可以提高餐厅的利用效率，因为这使得餐厅从高峰时间到低峰时间都有生意（如早餐特惠菜或每周特价菜等）。每提到餐厅价格管理，人们常常会与菜价打折联系在一起，但采取打折的方法仅仅是销售策略中的一部分。除此之外，还需要餐厅管理者通过结合需求水平和出售时间来定价的方式实现价格差异化。饭店和航空公司通常会对同一种产品设置不同的价格范围（或价格等级），来把难以出售的产品打折出售给本来可能不准备购买的客人，以减少产品的闲置和虚耗。飞机票价格依照顾客预订时间、乘机日期、散客或团体客人的不同而发生变化。而每一价格等级都对应有不同的限制条件，但这些条件对顾客来说是合理的，因为不同等级的价格可以满足在不同时间内不同顾客群体的需求。相比之下，许多餐厅却很少考虑到顾客不同需求的特点，提供着同样的菜价。需要引起思考的问题是能否在需求高峰期（如周五或周六的晚上）和低谷期（如周一或周二的晚上）实施不同的菜品价格。例如，午餐因就餐人数较少实行打折，晚餐因市场需求旺盛不打折的做法，就是实行差别定价的形式之一。

通常，餐厅在实施价格管理策略中，多采取打折和促销的办法，很少直观上来提高价格。因为，即便在需求高峰期餐厅存在着提高价格的可能性，但顾客仍然感觉提价对他们来说是不公平的，从情感上无法接受。但如果我们改变一下定价思路，在需求高峰期制定一个相对较高的价格，平时或淡季向顾客提供折扣价格，而不是在需求高峰期直观地提高价格，更能让消费者觉得公平。所以，餐厅在不同的销售时段进行直观的差别定价，顾客会感到很不公平，这就需要管理者来应用合乎顾客消费习惯和行为的方法，并对顾客来说既合理又不失公平感。否则，顾客会因此而离去，给餐厅带来收益损失[②]。

基于以上策略，餐厅可通过以下方法来实施价格管理策略，以便能被顾客接受并让顾客感觉到公平。

（1）在市场需求高峰期和需求低峰期差别定价的方式应体现在执行价格的

---

① A Survey of Restaurant Revenue Management Jeff Shields, University of Southern Maine.

② Restaurant Revenue Management: Applying YieldManagement to the Restaurant Industry By Sheryl E. Kimes等 1999 年 .

折扣上，而不是在菜单上显示不同的价格。根据市场需求的不同，在每天或每个星期的不同时段可以推出不同的折扣价格。例如，餐厅可在市场需求低峰期通过为顾客提供特价早餐、特价菜、买一送一、免费品酒或现场音乐等服务来吸引生意。而这些策略并没有使顾客感觉到餐厅对价格进行了调整，以使餐厅在市场需求高峰期取消这些特价时顾客不会感觉到不公平。

（2）开设会员俱乐部，为会员提供消费奖励积分服务。这些奖励积分在顾客消费时可起到让顾客享受折扣优惠的作用。目前，一些餐厅已经为顾客提供着这一服务，通常被理解为是稳固自有客源的方法之一。实际上，除此之外，从价格管理的角度讲，积分奖励政策也可视为差别定价策略。

（3）餐厅管理者希望能够通过划分不同的就餐区域来进行差别定价。例如，对靠近窗户能够看到大海或街心花园的位置，或在有节目表演时适合观看的绝佳位置可以收取更高的价格。然而，实践证明，这一方法并不能被顾客所接受，这让他们感觉很不公平。而顾客能接受的方式是如果对于不够理想的就餐位置给了一定折扣的话，他们会感觉到很公平。

（4）基于不同的细分市场可以进行差别定价。例如，散客和团体客人的就餐价格通常是不同的，餐厅多会给团体客人一定的折扣价格，以此通过销售量的增加来获取更大的收益。团体客人中，也可通过价格等级来进行差别定价。例如，婚宴的最低价格等级要高于会议或旅行团的最低价格等级，而高级商务宴请的最低价格等级又高于婚宴的最低价格等级等。

（5）餐厅管理者传统上会使用成本加成定价法来确定价格。菜品的售价是以这个价格为基础来进行浮动的。从收益管理角度看，原材料成本在定价中也是需要考虑的重要因素，如果把原材料成本要素和市场需求要素结合起来，再加入对出售时间要素的考虑，则价格管理策略会更有助于餐厅提高收益。

收益管理理论对于餐厅的经营是适用的，正如饭店业或航空业那样，餐厅经营的属性同样具备通过增加每餐位小时收益或提高宴会使用场地的坪效来提高收入。一些餐厅能够通过预测顾客用餐时间的长短并基于顾客的需求特点来进行差别定价，并通过减少顾客到达和用餐时间长短的不确定性来提高收益。同时，餐厅管理者还能够应用差别定价和符合逻辑的价格范畴，在市场低峰期来创造需求，在高峰期制定合适的价格，并通过对宴会使用场地的优化组合设计来提高收入。

8.3.3 餐位组合优化策略

餐厅座位与航空运输和饭店客房一样，都具有供给能力有限的特点。当市场需求或客源结构发生变化时，飞机可通过调整座位来实现优化组合，而饭店同样可以通过客房类型的调整来优化组合。例如，当市场需求旺盛时，飞机可通过适当增加公务舱座位数量来提高收益；对饭店而言，如果会议市场需求增加并具有可持续性的情况下，可通过适当增加标准双人房的数量来提高收益。因为，大床房对会议市场而言并不是合适的产品。而餐饮行业提供的产品和服务具有时效性，市场可以细分，同样适合于使用收益管理策略。通过对餐位的组合优化设计，使有限的供给能力与市场需求变化达到平衡，便可以提高收益。前面我们曾经阐述，Kimes 教授等将餐厅收益管理策略的框架分为三个部分，一是时间管理策略，二是价格管理策略，三是容量分配策略。对餐厅而言，容量分配更多体现在对餐厅现有空间和餐桌椅的有效利用上。尽管餐厅供给能力受到空间面积、设施规模、员工数量和服务能力的限制，但是，相对饭店客房来说，其供应结构的调整却更具有灵活性。也就是说，如果把餐厅的座位很好地组合起来，使之能够更好地与客源结构相匹配，则可以用来提高收益。在餐位的组合优化中，有两种模式可供选择，一种是可拼拆式餐桌，另一种则为固定式布局。可拼拆式餐桌多为小容量餐桌，譬如 2 人桌或 4 人桌，如果顾客用餐人数多于 4 个人，则可通过拼桌来解决；固定式布局是指餐桌椅组合一旦设定，无论顾客的需求如何，都不会改变，顾客只能按现有的布局落座。下面让我们来举例说明。

Kimes 教授等通过对餐厅的实地研究认为，在充分考虑顾客的平均消费额、上座率、用餐人数和每餐位小时收益的基础上，通过对餐厅座位的优化组合能够显著地提高餐厅的收益。Chevys 是一家拥有 230 个餐位的墨西哥连锁餐厅，共有 56 张餐桌。其中 53 张 4 人桌和 3 张 6 人桌。调查发现，在晚餐用餐高峰时段，由于餐厅的生意兴旺，经常会出现大量顾客排队等候的现象。可令人遗憾的是尽管在用餐高峰时段有大量的顾客排队等候，但顾客用餐时间相对集中，从整个营业时间考量，平均上座率却并不尽如人意。经过认真的分析，发现该餐厅餐位布局存在的不合理性，是导致平均上座率不尽如人意的主要原因。Kimes 教授等通过对从 POS 机中提取的近两个月的营业数据，经过研究，针对原有的餐位布置，提出了新的餐桌组合方案，将原有的餐位布置改为 39 张 2 人桌、35 张 4 人桌和 2 张 6 人桌。实践证明，这一优化后的餐桌组合提高了餐厅在高峰时段的接待能力，与原有的餐桌布置相比，改进后的餐位组合在不增加顾客等待时间的情况下可以提高30%的接待能力①。

以上研究结果表明，餐厅在具备一定规模的情况下，采用相对的固定式布局对提高餐厅的收益会更加有益。然而，这里所说的固定布局并不是一成不变的，而是指在与市场需求和客源结构相适应的情况下保持相对的固定。当市场需求发生变化或客源结构变化时，需要根据变化后的市场或客源结构情况来调整。例如，当用餐顾客多为散客，而且以2~4人居多时，餐厅应多设置2~4人桌来适应这一客源结构的需求。而2人桌和4人桌数量的确定，需要餐厅管理者收集相关客史数据来进行分析，并尽量减少偏差。如果2人桌设置得过多，会给4人用餐带来不便，因为拼桌多会给顾客造成心理上的不悦；而4人桌设置得过多，又容易给餐厅带来座位闲置损失，因为多数顾客并不十分愿意与陌生人在同一桌上用餐，甚至有的顾客会拒绝这样的安排。相应地，如果餐厅转型为以接待团体顾客为主，多为8人以上的团体客，则餐厅需要重新设计餐位来满足这一客源结构的需求。目前，在经营管理中应用这一收益策略的餐厅少之又少，多数餐厅还存在着餐位布局的变化随意性较大，当市场和客源结构发生变化时也没有提前对餐位的布局进行优化调整，多是顾客到店时才根据需要进行临时拼桌或调整，这对提高收益都是不利的。

在我国，收益管理理论应用于餐饮行业还处在初始阶段，一些研究机构或专业公司也在不断探索，力求能将这一理论全面应用到餐饮行业，以帮助餐厅提高收益。例如，把收益管理应用到会议和宴会销售方面，进行着探索和实践；他们通过制定合理的场地销售策略，将会议和宴会销售有效地结合起来，最大限度地提高每个场地和每个时间段内宴会餐位的使用率，进而达到实现收益最大化的目的。依据国内外专家学者对餐厅应用收益管理的研究成果表明，餐厅通过对顾客用餐时间的管理、差别定价管理和餐位优化组合设计管理可用来提高营业收入；通过对到店顾客类型和用餐时间的预测，可提高上座率和翻台率；如果餐厅在用餐时间使用餐饮管理信息系统来收集数据并加以分析应用，可以减少顾客的平均用餐时间，显著地提高餐厅的营业收入。值得注意的是，这里所说的减少顾客的平均用餐时间并不是以降低服务品质为代价，而是餐厅在实施收益管理策略的同时，应更加注重对顾客的服务管理，使顾客享受到更为满意的服务，才能充分发挥出收益管理策略所产生的效能。

---

① 周晶，杨慧．收益管理方法与应用［M］．北京：科学出版社，2009：6.

8.3.4 餐厅实施收益管理的“五步法”

餐厅实施收益管理中，在合适的时间，向合适的顾客，以合适的价格销售合适的餐位，是实现收入最大化的保障。就“合适”而言，指的是既要实现餐厅收入的最大化，又要让顾客感受到较高的产品性价比。在具体做法上，餐厅是从顾客用餐时间管理、价格管理和餐位组合优化策略三个方面入手来实现每个可用座位每小时收入最大化的。由于餐饮产品与客房产品在属性上存在着一定的差异，所以实施收益管理的方法也会有所不同。美国康奈尔大学 Sheryl E. Kimes 教授及其团队在这方面进行了充分的研究和实践，并提出了实施餐厅收益管理的五个步骤和方法。在参照 Kimes 教授研究成果的基础上，结合我国餐厅经营实践，我们总结出了实施餐厅收益管理的“五步法”（如图 8-2 所示），并依照“五步法”的工作流程和要求来完成收益管理工作。

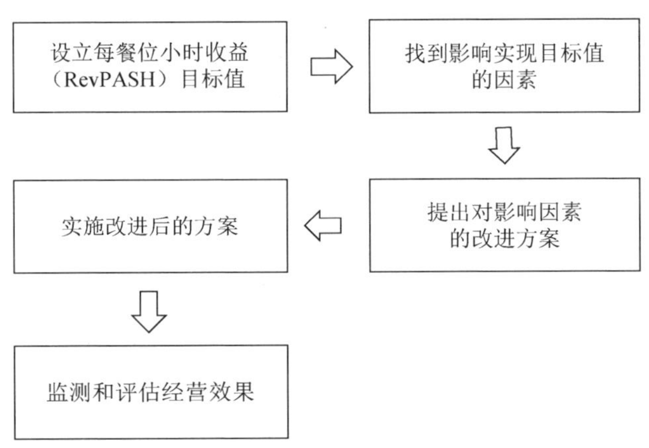

图 8-2 餐厅收益管理“五步法”流程图

8.3.4.1 设立每餐位小时收益（RevPASH）目标值

餐厅在以往制定经营预算或目标当中，多会采用上座率、平均消费、餐桌利用率、成本率等指标作为目标值来衡量餐厅的经营业绩。实施收益管理后，由于每餐位小时收益（RevPASH）指标反映了在营业时间内上座率和平均消费的综合水平。所以，以每餐位小时收益（RevPASH）作为衡量餐厅收益的主要指标更为合适。在我国本土餐厅中，由于该指标应用得较少，对于多数餐厅经营者来说，RevPASH 值的设定还没有太多可参考的经验依据，只能从餐饮管理系统中收集更多的数据加以分析，其中包括菜品价格、顾客用餐时间、就餐人数、上座率、餐桌利用率以及平均消费等数据的分析，通过对这些数据的分析，在考虑市场竞争环境和需求等方面因素的基础上，最终确定一个合理的 RevPASH 值作为预算或目标值。

8.3.4.2 找到影响实现目标值的因素

餐厅对每餐位小时收益（RevPASH）目标值设定之后，经营者需要分析出可能存在的影响 RevPASH 目标值实现的主要因素，并尽量避免这些因素的出现。如服务流程、菜单设计、菜品质量、菜品价格、上菜时间以及设备设施等因素。例如，家乐源餐厅存在着 RevPASH 值偏低的问题，经营者用收集到的消费者数据资料，应用鱼骨图对导致 RevPASH 值偏低的因素进行了详细分析，结果发现在有诸多顾客等位就餐的情况下，顾客用餐时间过长是导致 RevPASH 值偏低的主要因素。那么，又是什么原因导致顾客用餐的时间过长呢？经过观察分析，发现是服务流程和服务能力中存在着问题。在服务流程方面，一是顾客入座后，没有服务人员及时提供服务，使顾客等待的时间过长；二是服务人员对餐桌清理的不够及时，顾客离开后一段时间内无人清理餐桌，而外面有诸多等位的顾客；三是预订的餐桌闲置，订位的顾客没有按时到，但有诸多等位的顾客在等着就餐；四是餐桌已清理准备完毕，等待顾客就坐，但服务人员没有及时引领等位的顾客入座；五是菜单设计的不合理，顾客在菜单中找到他们想要的菜很不容易，导致点菜的时间过长；六是传菜员经常上错菜，需要更换菜品，延长了顾客的用餐时间等等。在服务能力方面，一是服务人员缺乏专业的训练和应变技能；二是领班在管理工作中经常会出现失误，导致工作效率降低。

8.3.4.3 提出对影响因素的改进方案

在找到影响实现 RevPASH 目标的主要因素之后，经营者应该针对如何纠正这些问题进行认真研究，制定出有效的解决方案，为实现 RevPASH 目标奠定基础。例如，家乐源餐厅针对存在的问题，提出了以下改进方案。在服务流程方面，一是在引领时间上，顾客应在餐桌清理完毕后一分钟内被安排入座；二是改进菜单的设计，使顾客能在三分钟内找到所需要的菜品；三是餐桌应在顾客离开后一分钟内清理完成，顾客入座后，应在 5~7 分钟后开始上菜；四是服务人员应从路过的餐桌上取走用过的空盘子，以缩短将来清理餐桌的时间；五是服务人员应在顾客要求埋单之后两分钟内将账单拿给顾客，整个付款过程不超过五分钟等。在服务能力方面，制订并实施专业培训和实操训练计划，提高对客服务技能，让顾客感受良好的服务体验。合理规划领班的管理工作，改进管理制度和流程，提高工作效率。另外，经营者还对餐桌的管理提出了改进方案，通过提高追踪餐桌使用率的能力，能够准确预测下一次用餐时哪个餐桌的使用频率最高。当然，经营者也需要分析实施方案的投资回报率，以减少餐厅因此而产生的额外支出。

8.3.4.4　**实施改进后的方案**

在餐厅制定完成改进方案后，需要从员工到管理层都参与到其中，并不折不扣地执行改进后的方案。要顺利执行这个方案并完成这项任务，还需要餐厅制订相关的管理、工作流程和培训计划等配套制度，让每一位员工都了解餐厅实施收益管理的目的、方式和他们在其中扮演角色的重要性。特别是要制定相应的员工激励和奖励制度，并将这一制度与实现 RevPASH 目标的工作结合起来，在餐厅获得更高收入的同时员工也会随之受益。

8.3.4.5　**监测和评估经营效果**

监测和评估经营效果的目的，是衡量餐厅实施收益管理后收入是否得到了提高。如果收入得到显著的提高，实现了餐厅制定的 RevPASH 目标，则需要持续运行并不断改进和更新收益管理方案。如果收入没有提高或者没有达到 RevPASH 目标值，则需要经营者继续去寻找原因，制定出更优的方案来付诸实施。

8.4　小结

（1）餐厅收益管理是指餐厅在合适的时间，以合适的价格，为合适的顾客提供合适的餐饮产品或服务。其目的是在提高餐厅所出售产品性价比的同时，最大限度地满足顾客的消费需求，通过实施收益策略来提高餐厅的收入。

（2）从收益管理角度讲，衡量餐厅收益的重要指标是每餐位小时收益（RevPASH）、使用场地每时段每平方米收入（RevPAST）与传统的平均消费额、上座率或翻台率指标不同的是其中增加了时间概念的要素。即餐厅在出售菜品、酒水和饮料的同时，还应考虑时间和坪效要素给餐厅带来的收益，对挖掘潜在收益提供了路径。

（3）研究表明，顾客用餐时间的长短对餐厅的收益产生着重要的影响。尤其是在用餐高峰期，影响会更加明显。餐厅在日常经营中如果能够重视对顾客用餐时间的有效管理，则对提高餐厅收益会有很大的帮助。

（4）餐厅在实施收益管理中主要有时间管理、价格管理和餐位组合优化三项策略。时间管理主要指对顾客到店的不确定性和用餐时间长短的不确定性的管理；价格管理主要指在合适的时间制定合适的价格，通过差别定价来增加收入；餐位组合优化是指依据市场需求和客源结构来进行餐桌椅的组合设计，最大限度地提高餐厅有限空间的使用率。

（5）通过实施收益管理策略来减少顾客的平均用餐时间并不是以降低服务品质为代价，而是指餐厅在实施收益管理策略的同时，应更加注重对顾客的服务管理，为顾客提供更为满意的服务。

（6）餐厅实施收益管理的“五步法”是指按照设立每餐位小时收益（RevPASH）目标值、找到影响实现目标值的因素、提出对影响因素的改进方案、实施改进后的方案和监测和评估经营效果五个步骤来实施所制定的收益管理方案，其目的是通过优化每餐位小时收益（RevPASH）来实现餐厅收入的最大化，最终把收益管理应用到餐厅经营中。

【练习题】

1. 餐饮企业的特点是什么？餐饮产品与客房产品存在着哪些不同？

2. 什么是每餐位小时收益（RevPASH）？什么是使用场地每时段每平方米收入（RevPAST）？它们各自的作用是什么？

3. 为什么说顾客到达的不确定性和用餐时间的不确定性会对餐厅的收益产生影响？如何采取应对措施来提高餐厅的收益？

4. 餐厅菜品直观的差别定价通常会让顾客因为感到不公平而不被认同，针对这样的情况，餐厅应制定什么样的定价策略才能够有效解决顾客感到的不公平问题。

5. 餐厅收益管理的“五步法”的流程和内容是什么？

6. 一家知名连锁品牌的餐厅由于不接受散台的预订，晚餐顾客经常需要排一小时左右的队才能等到餐位。本年度该餐厅晚餐平均每餐位小时收益（RevPASH）的目标值为 120 元/餐位·小时，但当年实际完成率仅为目标值的 70%。假若在外部市场环境不变的情况下，请对可能导致该餐厅收入减少的因素作出分析，并制定出有助于提高每餐位小时收益的改进措施。

第九章　饭店收益管理系统及其应用

【本章概述】

收益管理系统作为饭店开展收益管理工作的常用工具，对保证收益管理策略的实施和提高收益管理工作效率起着重要的作用。本章从收益管理系统产生的背景入手，着重阐述了系统的基本概念、工作原理、应用功能、运行方法以及发展趋势等方面的内容。

9.1　饭店收益管理系统简介

9.1.1　收益管理系统的产生与发展

收益管理思想和理论最早起源于美国航空业，收益管理计算机软件系统，也称收益管理系统，就是伴随着收益管理理论的形成而产生的。其实早在1964年，美国航空公司便开发并运用了名为Sabre的计算机预订系统，其主要功能是可为订票较晚的商务客人留下座位。在当时，这一技术可谓是一个奇迹。Sabre系统兼容了计算机预订系统（Computerized Reservation System，简称CRS）和全球分销系统（Global Distribution System，简称GDS）的功能，能够储存所有未来航班的预订信息。同时，系统还具有控制功能，对来自不同等级票价的预订能够给出应该接受预订的信息。随后，一些航空公司也开发了与Sabre相类似的系统，诸如：Amadeus、Galileo和Worldspan，当时被视为主要的4个全球分销系统。

然而，我们所了解到的是并非有了收益管理思想以后，才开发相应的系统，而是在收益管理思想出现以前，就已经开发出了预订系统。因为，Sabre系统早在1964年就已经被开发出来了，比美国航空业解除交通管制和因航空公司之间的交锋而产生收益管理思想早了许多年。收益管理系统的产生，是与20世纪70

年代末期美国政府放松对航空业的交通管制分不开的，主要基于以下几个方面：一是美国政府放松对航空业交通的管理政策，给航空运输业带来了新的市场竞争环境，在有新的竞争者进入市场的情况下，为提高市场竞争力，收益管理思想因此而产生。二是随着收益管理思想的产生，计算机预订系统成为实现这一思想实践的依托。系统不仅改变了原有粗放式的手工订座和控制方式，而且彻底改变了航空公司的销售模式和分销网络，实现了对销售的精准管理和控制。可以说，收益管理系统是伴随着计算机系统的进步和发展而诞生的。三是人们从美国航空业的实践中发现，并不一定是座位卖得越多，效益就越好。而如何对机票设定折扣和分级定价，采用哪些更为有效的预订控制方法才能获得更大收益等问题，成为经营者关注的焦点。这一思想不仅推进了航空业的经营管理，而且也使预订系统得以推进和发展。20 世纪 80 年代中期，美国航空公司率先推出了“超低票价”（Ultimate Super Saver Fares），其所实施的二分策略不仅对美国航空公司击败竞争对手起到了决定性的作用，而且还为美国航空公司赢得了丰厚的收益。当时，二分策略之所以能够得到顺利实施，很大程度上取决于其所开发的 Sabre 计算机预订系统。因为，人们发现等待他们去开发和研究的是大量的统计数据，仅依靠人工处理已经变得不太可能。此后，人们更加重视系统运用的重要性，引入收益管理思想的计算机系统便应运而生，至今对提高航空公司收益管理工作效率都起着非常重要的作用。

收益管理理论在美国航空公司的成功应用，引起航空业和学术界对收益管理理论的重视和研究。为推进收益管理工作的进程，一些专业的机构开始研发和完善收益管理系统，包括通过建立复杂的数学模型来进行数据运算，使系统从初始的简单预订控制功能发展到现今的预测、优化、超订、模拟和流量监控等多项功能。尤其是随着移动互联网的迅猛发展以及大数据和云技术的出现，收益管理系统已打破了原有的有限数据处理模式，通过与大数据分析的有效结合，能为用户提供更加广阔的服务。一些系统供应商（如 IDeaS、Infor EzRMS、RateManager 等）依据云技术开发的收益管理云系统，无须用户购买服务器，不仅为用户节省了大量的资金，而且操作更加简单和快捷。目前，收益管理系统不只是应用于航空业，在饭店、租车、铁路和航运等行业都得到了广泛的应用。尤其在饭店业，收益管理系统已成为饭店管理者实施收益管理策略的主要工具。

9.1.2 收益管理系统的工作原理

9.1.2.1 收益管理系统的基本概念

收益管理系统（Revenue Management System，RMS）作为企业管理信息系统中（Management Information System，MIS）的重要组成部分，对实现企业全面管理信息系统构建起着重要的作用，如今已受到企业管理者的广泛重视。收益管理系统是指以人为主导，利用计算机硬件、软件、网络通信等资源，对信息和数据进行收集、传输、加工、储存、更新和维护，从而为提高企业工作效率、提升效益、增强企业市场竞争力和为企业决策提供依据的管理工具。尤其在移动互联网、大数据和云技术迅猛发展的今天，收益管理系统正以其独有的优势，在帮助企业实施收益管理战略和提高收益方面起着十分重要的作用。

9.1.2.2 饭店收益管理系统的体系架构

收益管理系统的体系架构是指系统的组成部分以及组成部分之间的关系。每一个组成部分便是系统中的一个元素，既相互独立又相互作用，从而形成完整的体系架构。收益管理系统的体系架构由人员、运行管理和软硬件三部分组成，如图 9-1 所示。

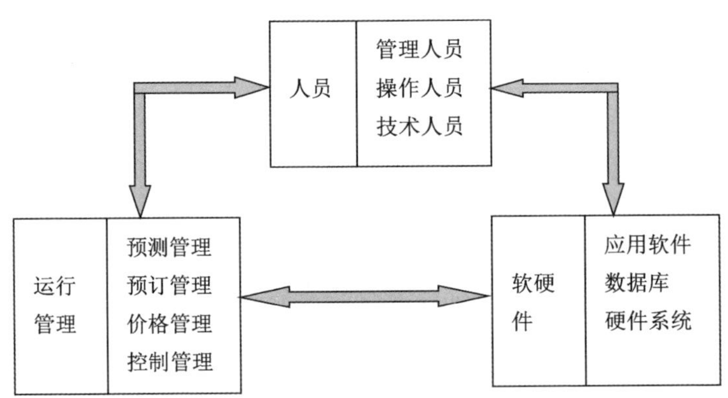

图 9-1 收益管理系统体系架构

（1）人员

我们知道，任何电脑系统都需要由人员来主导，离开了人员主导，再好的电脑系统也会失去它的价值。与收益管理系统相关的人员主要由管理人员、操作人员和技术人员组成。其中管理人员包括总经理、收益总监、收益经理、预订经理和渠道经理等应用系统的人员；操作人员主要指从事系统操作的具体人员，对于中小型规模的饭店，收益经理、预订经理甚至是收益总监都可能是系统操作人员；而对于较大规模的饭店，由于工作量较大，除以上管理人员外，通常会设置专门的系统操作人员来从事数据录入、流量监测和打印报表等工作，以满足工作流程的需求；技术人员则由软件系统供应商和饭店电脑技术人员组成，主要负责对系统的升级、维护、维修和保养，确保系统的正常运行。

（2）运行管理

运行管理主要体现在系统所具有的使用功能上，即系统可帮助管理者实现的目标项目。收益管理系统主要具有预测管理、预订管理、价格管理和控制管理等项功能，系统软件的价值往往通过其所具有的功能来体现。因为饭店管理者所需要的帮助正是由这些功能来完成的，一个功能强大的系统对提高收益管理工作效率将会起到重要的作用。例如，饭店作为有限供应能力的企业，无法在短期内通过调整资源来满足过度的市场需求。而系统可以通过对未来需求进行预测，根据不同的需求和消费模式将消费群体划分为若干个细分市场，并为每个细分市场设定不同等级的价格；随后在需求预测的基础上，为管理者提供价格等级开放和关闭的建议方案，并自动上传到中央预订系统、全球分销系统及销售网络渠道等，从而通过利用价格杠杆的调节来提高饭店的收益。

（3）软硬件

软硬件主要指的是技术层面，也是收益管理系统的核心技术部分所在。由软件系统、硬件系统和存储系统构成。软件系统主要体现在预测模型、价格模型和控制模型等方面的功能上；硬件系统指用于保证软件系统模型正常运行的设备，例如，电脑、服务器和网络交换机等；数据库主要用于数据的储存、传输和处理，是整个系统的核心。例如，基于云技术的收益管理系统数据储存和处理功能要远远强大于单个服务器的存储和处理功能。

通常，我们会认为构成管理系统的主要是软件部分。其实不然，饭店要全面开展收益管理工作，需要相关人员、运行管理和软硬件系统三个部分相互作用，才能实现预期的目标。

9.1.2.3 饭店收益管理系统的功能架构

饭店收益管理系统的功能架构主要由数据收集、数据储存、数据加工和信息交流四个部分构成。我们知道，在实施收益管理策略中，管理者需要从数据中获得信息，从而为决策服务。无论是预测、优化、控制，还是监测与模拟，都是基于数据来进行的。收益管理系统通过对数据的收集、储存和加工，传输给饭店使用者，从而形成数据向信息的转换，使用者通过对数据的分析来获取所需要的信息，而这些信息对饭店管理者实施收益管理策略会提供很大的帮助。例如，收益管理系统的监测功能可用来监测某一天各个时段内已发生的顾客订房量，预测功能可通过对历史数据的运算来提供这一天饭店可能出售的房间总量，通过综合分析便可获得这一天饭店能够出售的房间数量信息，为市场定价提供决策服务。因此，系统的功能主要是对一系列数据的处理，并将这些数据转换为有用的信息。

（1）数据收集

数据的收集是收益管理系统的主要功能之一，也是系统工作的初始环节。这些数据主要指饭店历史经营数据、市场信息数据、市场事件以及竞争对手的信息数据等。饭店历史经营数据主要来源于饭店管理系统（PMS）或饭店客史管理系统，一般由收益管理系统与之连接后自动获取；市场信息数据、市场事件和竞争对手的信息数据主要来源于系统供应商或饭店收益管理部门。竞争对手的信息可通过系统与第三方销售渠道链接来自动获取，也可以通过人工录入，而市场信息数据和市场事件多需要通过人工录入来完成。

（2）数据储存

系统在获取数据后，需要进入数据库进行储存，以便通过搜索技术来快速地找到所需要的相关数据。一般收益管理系统都有较大容量的数据库来储存大量的数据。随着计算机技术的发展，尤其是云技术的出现，储存技术也得到了空前的发展，云储存已能够完全满足对海量大数据的储存和检索，为提高收益管理系统的数据储存和处理功能提供了广阔的前景。目前，诸如 IDeaS、Infor EzRMS、RateManager 等供应商都已开发出基于云端的收益管理软件系统，强化了数据的储存功能。

（3）数据加工

数据加工功能是计算机系统替代手工操作的进步，也是收益管理系统的核心功能。数据加工是指系统所具有的需求预测、价格优化、容量控制、竞争分析和报表处理等功能，这些功能是收益管理业务运行的关键所在。数据加工除涉及数据的收集、建立数学模型、运行模拟和系数设置外，还需要综合诸如运筹学、营销学和管理科学等方面的知识。收益管理系统中，预测、定价、分配和控制等功能信息都是系统通过对数据的加工来实现的。例如，在市场需求超过饭店客房的供应能力时，系统能够为管理者提供现有客房存量的优化分配方案，并提示管理者应该接收哪些预订和拒绝哪些预订，从而获得更高的收益，这便是系统对数据加工和分析的结果；我们每天所使用的营业报表，也是由计算机利用超强的信息处理能力，通过对数据的加工来完成的。

（4）信息交流

信息交流主要指系统通过对数据的收集、储存和加工后，需要通过一定的形式或界面展示给饭店管理者，以便于管理者使用这些信息。收益管理系统的信息交流通常会以指标日历、各类图表和专业报告等形式提供给管理者，以方便理解和读取。如今，随着计算机技术的发展，收益管理系统信息交流界面的可视化程度越来越高，繁杂的数据多通过美观的图表和图形表现出来，不仅直观，而且便于管理者理解和掌握。

9.1.2.4 饭店收益管理系统的技术架构

饭店收益管理系统的技术架构可划分为硬件和软件两个部分。硬件部分包括计算机服务器、电脑终端、网络交换机、网线、通信器件和基础设施；软件部分包括电脑操作系统、收益管理软件系统以及数据库等，如图 9-2 所示。

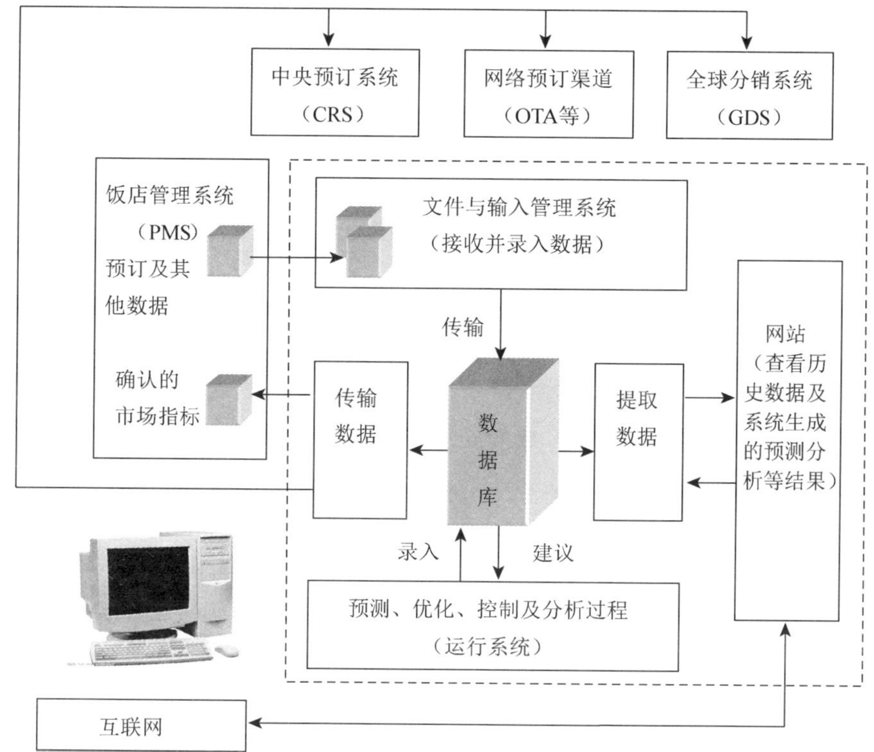

图 9-2 收益管理系统技术架构

从图中可以看出，虚线内为收益管理系统的组成部分，主要由数据库、文件与输入管理系统、运行系统、数据提取、数据传输以及网络系统组成。其工作原理是通过与饭店管理系统（PMS）、饭店中央预订系统（CRS）、网络销售渠道（OTA 等）、全球分销系统（GDS）相链接，通过从饭店管理系统（PMS）中自动获取历史数据，并输入数据库；由运行系统对所需要的数据进行搜索并进行加工和处理，依据设定好的程序获得预测、优化和控制等数据，并将运行结果同时传输至饭店管理系统、中央预订系统（CRS）、网络销售渠道（OTA 等）和全球分销系统（GDS），为饭店产品销售提供帮助。同时，饭店管理者可通过系统 PC 终端查询和获取系统加工和处理后的数据，对存在的偏差及时进行调整。目前，随着云技术的出现，基于该项技术的云端收益管理系统可通过互联网来为饭店提供技术服务，减少了服务器的配置。饭店管理者只需要通过系统供应商给定的网址便可登录系统进行操作，不仅简单易懂，便于掌握，而且云技术以其独有的优势可为饭店管理者提供更多的信息。一些收益管理系统还能够与从事大数据分析研究的数据公司系统进行对接，除了能够获得更广泛的信息外，还能够借助这些数据公司的研究成果来对饭店所在的区域市场进行预测分析，并通过获得更多饭店竞争对手的信息来制定相关收益策略。

9.2 饭店收益管理系统的主要功能

9.2.1 预测功能

在第四章中我们曾详细阐述了需求预测在饭店收益管理工作中的重要性。预测是实施收益管理策略的基础，而收益管理很大程度上依赖于一个精准的预测，精准的预测能使预订系统更具效率性，并能够帮助饭店来提高潜在的收益。根据美国麻省理工学院航空运输实验室的研究成果，市场预测精准度每提高 10%，在市场需求旺季时航空公司的收益就可以提高 1%~4%。

收益管理系统能够依据饭店的历史数据和实时监测到的市场信息为饭店提供市场无限制需求量的预测，使饭店管理者能够掌握和了解未来市场需求这个蛋糕到底有多大，并通过竞争分析来判断未来市场的竞争态势，从而制定有效的收益管理策略。收益管理策略的实施在很大程度上依赖无限制需求量的预测结果，这一结果是管理者确定各项市场指标的重要参考依据。无论是预订控制、客房定价、存量分配、计算超订量，还是制定预算，都离不开无限制需求量的预测结果。收益管理系统在预测功能中另一个突出的特点是能够提高预测的精准度，传统的预测技术包括移动平均数法、指数平滑法、增量预测法以及回归分析法等一系列方法。在没有使用收益管理系统之前，饭店收益经理通常会利用这些方法通过手工计算或借助 Excel 工具来进行预测。

收益管理系统的出现，进一步提高了预测的精准度。诸多的专家学者将其对复杂数学预测模型的研究成果植入了系统，这些诸如时间序列模型、回归模型、线性相关模型或者多维回归等方法，运用计算机技术，都能够为使用者提供精准度很高的预测结果。尽管每一家饭店市场都存在着不同的特征，并根据市场需求的变化来选择不同的预测方法，但收益管理系统在运用历史数据和不同预测模型的基础上都能够满足管理者的这些需求。目前，需求预测作为收益管理系统的一项主要功能已被饭店管理者广泛采用。

9.2.2 优化功能

优化是科学研究和工程技术以及经济管理等领域重要的一种研究方法。其含义是在众多的方案中寻找最优方案，以达到预期的最佳效果。收益管理系统所具有的优化功能对饭店提升产品的效能十分重要，主要体现在对客房价格和客房存量分配的优化方面。

首先，我们来看价格的优化。从收益管理角度讲，管理者在对客房产品进行定价时需要考虑三个基本要素，即确定最佳可用房价、实施动态定价和对竞争对手的价格进行分析。因此，只有在综合考虑以上要素的基础上进行定价，才可能实现饭店客房收益最大化的目标，收益管理系统正可以帮助饭店管理者来解决这一难题。最佳可用房价的确定需要应用到需求的价格弹性分析，这个问题我们在第五章中做过详细的阐述。我们知道，决定客房收入的变量有两个，即需求量和销售价格。通常，按一般经济市场规律，销售价格的提高会导致需求量的下降；反之，销售价格的下降，需求量会增加。一般来讲，当市场处于缺乏弹性时期，提高销售价格，收入反而会增加；而当市场处于富有弹性时期，降低销售价格，收入也同样会增加。因此，通过定价来实现客房收入最大化是一项复杂的系统工程。收益管理系统借助计算机高效的运算和分析技术，在分析饭店历史数据、竞争对手价格和市场信息的基础上，通过植入的数学模型进行运算，便可在很短的时间内确定出未来某一时间段内的最佳可用房价价格，其中就包含了对价格的优化过程，为实现客房收入最大化提供了可靠的依据。

其次，是系统对客房存量的优化分配功能。在每个饭店的客源结构中，都会存在若干个不同的细分市场，这些细分市场群体通常存在着不同的消费行为和对价格的敏感度。饭店在有限的客房资源条件下，如何通过对客房存量的有效分配来使客房收益实现最大化，就需要制订不同的分配方案并进行优化选择。对不同分配方案的优化选择同样是一项复杂的工作，需要借助 Excel 中的“规划求解”工具来完成并最终确定最佳方案。例如，饭店某一天共有 100 间三种不同类型的客房可以出售，这三种类型客房的价格不同，而其中任何同一种类型的客房针对不同的细分市场价格也不相同。如果饭店有若干个细分市场，这一天的总需求量为 150 间，而且每一细分市场都有订房需求，那么，如何来优化分配这 100 间客房并从中找到最佳组合方案就演变成非常复杂的问题。如果先满足高价细分市场的订房，则可能出现客房不能全部预订出去而产生闲置虚耗的情况；如果先满足低价细分市场的订房，则会因价格过低而使饭店失去应得的潜在收入。再者，细分市场中存在着散客订房和团体订房，尽管散客的购买价格高于团体客人，但散客的预订取消和 No-Show 率通常又高于团体订房，存在着较大的随机性。因此，如果饭店不进行方案设计和优化选择，而是采取先来先得或者凭管理者的工作经验来安排，都可能失去实现收益最大化的机会。收益管理系统的特点在于优化模块中都建有复杂的数学模型，系统在接收到相关数据和信息指令后，将基于无限制市场需求预测及其不确定性进行大量的运算，设计出多种分配方案并进行优化处理，最终将优化结果提供给饭店管理者。例如，在现有团队订房与所预测的散客用房发生冲突的情况下，系统可通过置换分析来取代某些已经被列入预测的市场份额，从而提高客房的收益。另外，系统除可以在很短的时间内进行运算并提出优化分配方案外，还可以就应该接受哪些预订和拒绝哪些预订为管理者提出合理建议，极大地提高了管理者在客房存量优化分配工作中的效率。

9.2.3 控制功能

控制是指控制主体按照给定的条件和目标，对控制客体施加影响的过程和行为。控制的概念最早来自技术工程系统，随着社会的进步，控制已被广泛应用于生命机体、人类社会和管理系统之中。可以说，管理的过程就是控制的过程，控制既是管理的一项重要职能，又贯穿于管理的全过程。一般来讲，管理中的控制职能是指管理主体为了达到一定的组织目标，运用一定的控制机制和控制手段，对管理客体施加影响的过程，通常需要具备三个条件：一是应有明确的目的或目标，没有目的或目标就谈不上控制；二是受控客体必须具有多种发展的可能性，正如饭店市场目标，如果发展的未来方向和结果是唯一的和确定的，控制就无从谈起；三是控制主体在被控客体的多种发展可能性中，可通过一定的手段来进行选择，如果这种选择不成立，控制便无法实现。

在饭店收益管理工作中，涉及更多的是对一些市场指标的优化控制和有效管理。优化控制是指在给定的约束条件下，确定一个控制系统，使给定的被控系统性能指标达到我们所需要的最佳值。收益管理系统中，控制功能主要是根据饭店的需求，把饭店制定的收益策略转化为控制管理，并直接体现在与之相链接的饭店管理系统（PMS）、中央预订系统、全球分销系统或互联网分销渠道上。收益管理系统的控制功能主要体现在嵌套式预订控制、预订渠道限制、存量分配、阶段性最低限价、入住天数限制以及入住客人数量限制等方面，这些都是在基于优化的前提下来进行的。例如，在顾客订房之前，需要按照价格等级来决定接收哪些预订或拒绝哪些预订，以此来使高价顾客和折扣顾客订房处于均衡状态；在客房的定价中，需要根据市场需求的变化来实时开放和关闭某些客房的价格等级；在顾客入住天数上，不仅要关注当天的客房出售情况，而且还需要兼顾第二天或未来几天的出售情况等。这些收益管理策略的实施，不仅需要通过控制管理手段来实现，而且还需要优化功能来提供保障。收益管理系统正是通过优化模块与控制管理模块的结合来实现控制功能的。

9.2.4 定价与报价功能

根据市场需求变化来实施动态定价，是收益管理系统的核心功能，也是实现饭店收益最大化的重要途径之一。我们知道，饭店市场需求的波动变化非常频繁，只有使价格跟上市场需求的变化，才能获得更大的收益。饭店收益管理系统通过与饭店管理系统（PMS）、饭店中央预订系统、网络销售渠道（OTA 等）或者全球分销系统进行链接，可在非常短的时间内将确定的价格自动上传到这些销售渠道上，从而能够满足市场需求的变化。这些渠道一般要求饭店提供的客房销售价格是准确无误的，因为这些渠道的终端都直接面向顾客，一旦顾客预订了客房，价格是无法改变的。收益管理系统可在对竞争对手价格做出分析和判断的基础上，兼顾价格优化和动态定价两项功能，能够在规定的时间内快速进行价格优化和定价，并根据市场需求随机性变化实时对价格进行调整。除此之外，系统还能够帮助饭店构建优化的价格体系，通过设置不同价格代码来区分不同细分市场和产品价格等级，便于对价格进行管理。

系统所具有的报价功能主要体现在饭店对团队的报价上。系统模块会在无限制市场预测的基础上，对报价进行分析并提出建议方案，从而衡量团队报价的合理性，为饭店管理者日常决策提供数据支持。同时，系统还可以对接受或拒绝团队的预订要求进行评估，为团队提供备选入住日期、价格和房间量，判断所签署的合同价格对饭店是否有利，以便管理者做出正确决策。现今，收益管理系统的报价功能已成为预订人员和销售经理评估价格和谈判的有效辅助工具。

9.2.5 预算管理功能

预算是指通过对企业内外部环境分析，在对生产经营作出科学预测和决策的基础上，用价值和实物等多种形态反映企业未来一定时期内的投资、生产经营及财务成果等一系列的计划和规划。可以说预算既是一种计划，又是一种预测，同时也是一种控制手段。通常，预算所包含的内容不仅仅是预测，它还涉及如何有计划地来巧妙处理所有目标变量，这些变量决定着企业未来需要达到的目标。通常，我们认为预算是控制范围最广的技术，因为它关系到整个企业组织而不仅是其中某个机构。预算一般可划分为经营预算、资本预算和财务预算等类型，在饭店日常经营中，常用到的是经营预算。经营预算作为饭店目标管理的重要组成部分，因在饭店管理中起着重要的目标导向作用而受到管理者的广泛重视。在中国，多数饭店每年年底都需要制定下一年的预算，而收益管理系统基于无限制市场需求模式下能够对各项市场指标进行更加精准的预测。

一般来讲，系统会为饭店在市场销售预算方面提供不同市场环境下的预测、评估和决策提供支持模块。它利用饭店预算中的多重因素，向饭店管理者提供各种数据和建议。其主要工作原理是以预测市场无限制需求的方式，来帮助饭店管理者制定预算指标。例如，系统在基于饭店历史数据和已有预订数据的基础上，预测每天无限制市场需求，使饭店的月或年预算更加符合经营现状。饭店管理者可将每月房间的出租数量、每间客房入住的平均人数、每间可供出租客房收入以及市场份额等历史统计数据输入系统进行分析，系统便可以根据年度趋势和市场信息来形成明年的初始预算。同时，系统还可以利用核心模块中的优化技术，为饭店价格结构的合理化提出建议。这些建议正是价格模块通过数学模型的优化技术所构建出的优化价格结构方案，最终从无限制市场需求预算中测算出限制性市场需求的预算。以往，市场销售预算指标的确定主要是根据饭店的战略目标，管理者的工作经验，结合历史经营数据和竞争对手的情况，在当年销售指标任务的基础上通过增减来完成的，其中难免会掺杂一定的人为因素，使制定出的预算指标存在一定的偏差，而这些偏差将对饭店的收益和经营效果产生一定的影响。例如，如果预算指标制定得过高，超过现有市场的预估水平或脱离了实际，要完成这些预算指标就会非常困难，还可能因此挫伤了饭店管理者和销售人员的积极性；但如果预算指标制定得过低，即使完成了预算指标，也可能会因指标制定得过低而导致饭店应得收益的流失。因此，制定准确的预算目标，对于饭店管理者从事有序的经营和管理，实现收益最大化至关重要。收益管理系统正是在基于饭店历史数据和未来市场事件的基础上，通过科学的运算和分析，为管理者在制定预算中提供具有价值的参考依据，对管理者制定出更加符合经营实际的预算指标和进行预算决策提供着帮助。

9.2.6 报表管理功能

报表是饭店管理者每日必须阅读和从事市场数据与经营效果分析的重要工具，饭店经营的历史数据和对未来市场的预测数据多会体现在不同结构的报表上，便于管理者查看、分析和使用。可以说，在管理中，报表设计的是否科学与艺术，从某种程度上反映着管理体系的先进程度。饭店报表通常可划分为经营报表和财务报表两大类，经营报表分为营业收入表、经营损益表、销售日报表和成本费用表等；财务报表分为资产负债表、损益表、现金流量表、营业费用表和利润表等，与收益管理相关的报表有预订量表、价格异动表、市场指数表、细分市场结构表、流量监测表以及竞争对手分析表等。收益管理系统中一般都设有强大的报表功能，不同的收益管理系统，尽管报表的结构和数量可能会有所不同，但都具有相同或相近的功能，为管理者掌握和分析市场信息提供帮助。系统报表的优势主要体现在报表数据都是由系统模块通过一定的数学运算法则得到的结果，尤其在预估数据方面，体现着更高的准确性。同时，系统还可以根据管理者的需要编制含有未来预测、价格类型、房间类型、收益类别、提前预订天数、入住天数以及最低可卖房价等要素的报表，并将这些报表整理成多资源整合报告，更加全面和准确地为管理者提供饭店收益和市场动态方面的信息。

除以上所阐述的功能外，收益管理系统供应商还会根据使用者的工作需求来开发一些其他的功能，如监测与提醒、数据模拟和竞争对手分析等。

9.3 饭店收益管理系统的作用

20世纪80年代，在借鉴美国航空业管理经验的基础上，收益管理系统开始被饭店业所使用。有数据显示，1991年万豪饭店集团通过实施收益管理战略使收入增加了约3500万美元。随着历史进程的沿革与发展，收益管理系统在理论和技术方面也日臻完善。不仅可以提高饭店收益管理工作的效率，而且对饭店增加潜在收益起着十分重要的作用。归纳起来，其作用主要体现在以下几个方面：

9.3.1 推进了饭店收益管理工作发展进程

收益管理系统最显著的特点是能够从事复杂和繁多的数据运算，减轻了人工劳动，节省了用工时间，提高了工作效率。例如，收益管理工作的核心内容之一，是对未来某一个时期市场需求情况的预测。要做好预测，首先需要对饭店客史数据进行收集、归纳和整理，然后选择合适的预测方法来进行预测，并在纠正预测偏差的基础上做出决策。在没有管理系统帮助的情况下，管理者需要借助Excel来从事预测工作，需要花费的时间较多。收益管理系统借助计算机智能技术，通过与饭店前台管理系统（PMS）连接，自动获取大量的客史数据并加以整理，通过运用系统预测模型来对复杂的数据进行运算，在极短的时间内运算出管理者所需要的预测结果，并将预测误差控制在合理的范围内，把管理者从繁重的数据计算中解脱出来，使他们有更多的精力来从事市场分析、运筹和决策工作，推进了收益管理的发展进程。

9.3.2 解决了人工难以实现的收益管理技术难题

从收益管理角度讲，实施客房的价格优化、动态定价以及存量优化分配等策略，对提高饭店收益十分重要。而要实现这些目标，仅靠人工计算和经验分析是非常困难的。例如，客房的价格优化是要求管理者确定未来某一市场时期或时间段内的最佳可用客房价格，而最佳可用房价的确定需要通过建立房价、需求量和收入之间的需求函数关系，并通过需求的价格弹性分析来获得。要准确建立房价、需求量和收入三者之间的需求函数关系，包括需求的价格弹性分析，都需要通过需求函数和回归分析等模型对数据的分析和运算来实现，而这些模型的建立和对数据的运算，需要借助计算机软件系统来完成，仅靠人工来完成是很困难的。再如，动态定价要求房价随着市场需求的波动而变动，而市场需求波动通常会比较频繁，甚至每一天的不同时段都产生着数次乃至数十次以上的波动变化，通过人工操作来使价格实时跟上市场需求的波动几乎是不现实的，因为人工的定价会滞后于市场需求波动每个时间点的变化。在对客房存量的优化分配上，方案的制订需要运用到排列组合、嵌套控制以及非线性关系需求曲线等复杂的数学概念和模型，这些带有随机性的复杂数学运算都是人工无法替代的，需要借助计算机系统来完成。

9.3.3 饭店可及时获得更多市场信息

饭店管理者能够及时捕捉到竞争对手信息，做到知彼知己、百战不殆，对在竞争市场中立于不败之地至关重要。收益管理系统供应商通过专业的技术手段来监控和收集各个饭店的市场信息，并借助系统作出有针对性的竞争分析，为使用系统的饭店制定收益管理策略提供帮助。收集竞争对手信息对饭店来说并非易事，目前，除了在分销渠道上可获得一些价格信息外，诸如像客房出租率、平均房价和客源结构等信息一般都很难获得。而收益管理系统供应商往往为了增强其产品功能，提高产品市场竞争力，一般会建立相应的渠道或通过一定的技术手段来及时获取相关饭店市场信息，从而来为其用户提供更多类似竞争分析等方面的服务，对饭店管理者制定和调整收益管理策略，提高对市场判断的前瞻性等具有十分重要的意义。

9.3.4 为饭店实现全面管理信息化奠定了基础

饭店实现全面管理信息化，是当代饭店管理的重要手段。过去，在远离计算机的时代，从顾客订房开始，预订部人员要逐条记录预订信息；顾客到店后，前台接待人员要逐条记录顾客的入住信息；顾客在饭店消费时，服务人员又要详细记录顾客每一次的消费信息；顾客离店时，前台人员需要向相关部门及时送达顾客的每一项消费记录，以便及时为顾客结账。销售部门的各项工作也是通过人工来完成的，诸如定价、房间分配和客户档案管理等。在那个年代，有时仅统计一位顾客的年消费记录，都需要耗费管理人员大量的时间和精力，顾客每一次的消费信息，都是从业人员用笔和纸逐条记录下来的。而在当今信息技术的时代，这些手工工作已被电脑所替代。饭店实现全面管理信息化，除了在前台管理、销售管理、餐饮管理、客房管理、康乐管理和财务管理等方面需要实现电脑智能化管理外，收益管理作为一门综合了运筹学、营销学和管理科学等领域理论的学科，更需要运用电脑来替代手工工作。只有补上收益管理系统这一板块，才能使饭店向全面实现管理信息化迈进。否则，可谓是全面管理信息化中的一项缺失。收益管理系统作为连接客户、直分销渠道和饭店前台管理系统的重要媒介，在饭店整体管理信息系统构建中是不可缺少的环节。

9.3.5 人工智慧与计算机智能的结合是信息时代的需要

人工智慧与计算机智能的完美结合不仅是饭店管理工作的需求，也是我们所处的信息时代的需要。收益管理系统是以人为主导，利用计算机技术和信息资源来为我们提供服务的，可以说是饭店客户、管理者、信息处理系统和信息渠道的融合体。系统通过与相关渠道的链接对信息进行收集和传输后，由处理系统进行加工、存储、更新和维护，为我们提供所需要数据信息。这些数据信息在经过管理者决策后，被传递给客户，最终由客户来选择是否接受这些数据信息，体现着人工智慧和计算机智能技术的完美结合。特别是移动互联网、大数据和云技术的出现，为信息的传输提供了更加便捷和高效的途径，使客户可以在最短的时间内获取到这些信息并加以运用。所以，人工智慧和计算机智能技术有效地结合，不但极大地方便了客户，而且也是这个时代的需要。因为，顾客的消费模式正随着信息时代的到来而发生着改变。

尽管我们不能把饭店是否使用收益管理系统作为开展收益管理工作的前提和条件，但其在收益管理工作中所起到的重要作用不容忽视。我们正处在信息技术迅速发展的时代，应用计算机技术来收集、传输、加工、存储和处理这些信息是时代发展和提高工作效率的需要。饭店收益管理系统作为连接客户、直分销渠道与前台管理系统（PMS）的重要媒介，不仅能够帮助饭店管理者在收益管理工作中提高工作效率，取得良好的工作业绩，而且对提升饭店潜在的收益都具有较大的现实意义。

9.4 收益管理系统产品介绍

9.4.1 IDeaS 收益管理系统

IDeaS Revenue Solutions（简称：IDeaS）为 SAS 的子公司，成立于 1989 年，是业界领先的定价及收益管理系统和咨询服务供应商。IDeaS 公司总部位于美国明尼阿波利斯，在印度浦那设有全球技术中心，在北美和南美、英国、欧洲、中东、非洲、澳大利亚和亚洲设有办事处；IDeaS 公司共有全球客户 15000 多家，为全球饭店和旅游企业提供领先的收入管理解决方案。帮助客户快速和准确的定价，提供预测信息和各类报告，从而改善企业的绩效。

IDeaS G3 收益管理系统（G3 RMS）被视为是当今全球最先进的饭店收益管理系统。这个突破性的系统结合了来自 IDeaS 母公司 SAS 最领先的 SAS® 分析技术，以及 IDeaS 在饭店收益管理上丰富卓越的行业经验（图 9-1）。G3 RMS 可以帮助饭店准确地预测未来出租率，快速地制定每日房价，生成各种库存管理控制，并最终做出动态、有竞争力的商业决策，从而实现收益的提升，其重点功能及优势如下：

9.4.1.1 先进的机器学习与自动化能力

机器学习结合数据科学技术可以自动化地进行精细的数据分析、预测、定价和控制，辅助饭店管理者能够专注于战略层面的决策；实现完全自动化地开展分配和收益管理工作，让饭店管理者可以专注于处理异常情况、关键日期等更多方面事务。

9.4.1.2 一流的分析能力和高性能的预测功能

系统可支持从超过 100 个预测模型中选出最适合每家饭店自己数据的模型，从而可以更快速、更频繁地生成更精准的预测结果；在房型层面的决策让超额预订决策、定价决策以及预测可以在细颗粒度级别得到优化计算，从而实现收入提升和更多满房的目标；“What-If” Analysis（假设分析）工具让用户可以洞悉如果定价建议发生变化，或对系统的预测进行调整，以及对需求进行修改会对饭店定价、系统生成的最后一间客房价值、收入、需求预测以及超额预订决策产生怎样的即时影响。假设分析也会显示取消调整的结果，从而评估在较少的限制条件下是否存在收入的提升。

9.4.1.3 智能、精准的新一代定价

Agile Rate 功能加强了多个关键产品的定价，如提前预订或可限制的房价，利用产品和房型之间的独特特征和关系，以最佳方式为每个关键产品定价，从而实现智能定价；先进的价格敏感度模型运用了过去和未来竞争对手的定价数据，并且考虑将需求作为价格的函数，从而提供有影响力的定价决策，助力饭店收入提升；对饭店每一类需求分别地优化定价，在房型层面生成最后一间客房价值和定价决策，并同时控制有限制条件与无限制条件需求的比例以达到最优业务组合的目的；系统中团队定价模块帮助饭店决定每一个团队业务的整体价值，同时考虑客房，成本和佣金，会议和宴会收入，杂项收入和利润，以及可能被团队置换

的其他业务的价值，从而得到最优化的团队定价及销售决策。价格调整界面会标出每个抵店日期的价格敏感的剩余需求，以协助制定出知情的价格调整决策。

9.4.1.4 提升的用户体验和数据驱动的决策制定

直观的用户界面在不牺牲针对高级用户的功能和性能的条件下保证了易于使用的特点。信息管理模块提供了清晰、可互动的工作流程，可帮助饭店快速有效地管理多个饭店并可区分工作的优先级。包含了为快速获取重要定价和收入决策的关键信息而设计的可扩展的热度图日历和先进的数据看板。预测精细度的增强让系统具备生成更详细报告的能力。系统中的报表可在细分市场、房型、价格代码和房型类别的数据水平上生成，并且可以兼顾集团视图和业务视图，从而保证报表视图在区域、品牌或整个集团层面的一致性。

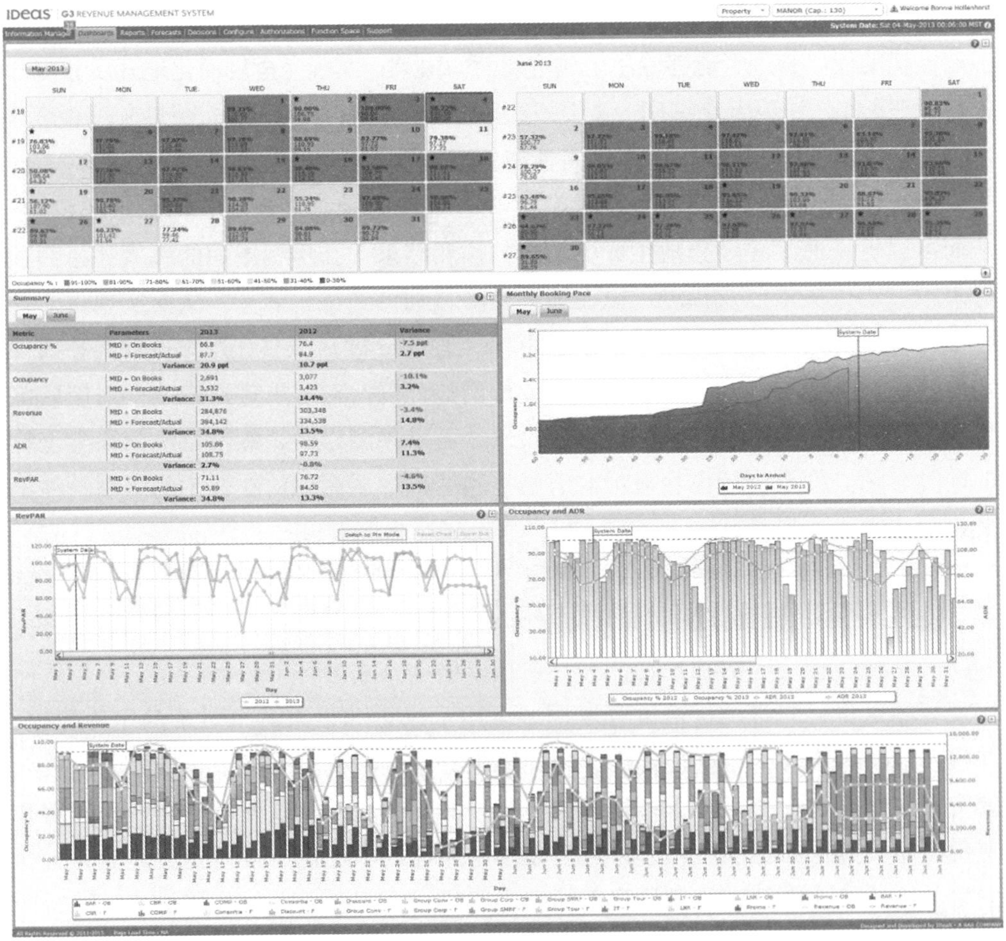

图 9–1　IDeaS G3 收益管理系统

9.4.2 Infor EzRMS 收益管理系统

Infor 公司是全球领先的商业云软件提供商，总部位于美国纽约州纽约市，在全球多地设有办事处。Infor 公司在中国基于亚马逊云服务（AWS）推出了饭店管理云解决方案，以促进饭店业数字化转型。Infor EzRMS 是一款适用于各种类型和规模饭店的收益管理系统，针对每个饭店房间的未来使用进行需求预测和推荐合适的销售策略，并通过优化产品价格来帮助饭店实现收益最大化（图 9-2）。基于 30 多年饭店行业经验的积累，Infor EzRMS 将先进的技术、高级数学算法与业务流程设计相结合，应用收益管理技术来提高饭店的收入、利润以及投资回报。Infor EzRMS 收益管理系统的主要功能如下：

9.4.2.1 查询功能

应用 Infor EzRMS 可以查询历史客房出租率、平均房价、历史预订、取消模式、入住时长、每间房客人数和周内客人预订行为模式。并基于需求预测来管理收入，提供定价与预订业务。使用优化价格和容量控制技术，制定最大化增收策略。系统还能够与饭店 PMS、中央预订系统、在线分销渠道以及全球分销系统（GDS）对接，借助互联网信息自动对竞争对手进行分析，处理市场事件对收入影响。

9.4.2.2 预测与控制功能

Infor EzRMS 能够为区域和集中管理团队提供针对用户定义的饭店集群的统计报告以及综合预测信息；并可以处理全球报告和创建自己的定制报告，合并各饭店数据，实现最高级别的总部访问和系统控制。系统还具有数学方法量化优势，对临时性和重复性团队预订作出预测，对接受或拒绝日常团队预订申请提出建议；针对已接受预订的团队，在入住时间、销售价格、房间数量和置换分析等方面提出接待方案，以预测和控制功能为基础来制定最佳收益决策。

9.4.2.3 定价与辅助预算功能

Infor EzRMS 能够自动跟踪在线渠道中的竞争价格及其变化，根据区域竞争价格检查饭店的价格，使饭店的价格与竞争市场价格相匹配，提高竞争力。系统设有电子邮件警报系统，为连锁饭店决策提供支持。系统还能够分析现有饭店合同的历史业绩，对不合适的合同条款与条件提出修订建议，评估未来签订新合同的机会。另外，系统具有实际业绩和预算数据对比功能，并提供历史和未来分析报告，利用专有预测算法自动创建准确的日常预算并对预算进行修订。

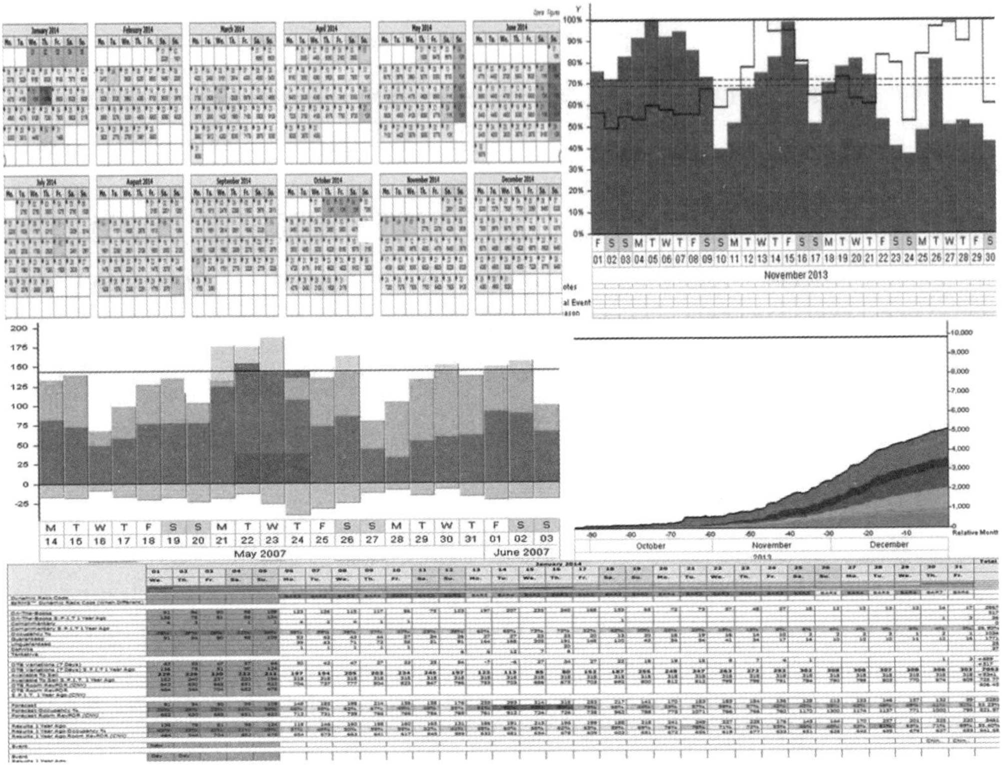

图 9-2　Infor EzRMS 收益管理系统

9.5　饭店收益管理系统的发展趋势

随着计算机科学技术的发展，在全面实现饭店管理信息化和电子商务化的今天，收益管理软件系统作为饭店管理信息系统中组成部分正被饭店管理者广泛认识。经过多年的实践与积累，收益管理系统也从原有简单的预订管理发展成为今天的预测、定价、优化、控制、模拟、监测及竞争分析等多项功能的系统工具。随着移动互联网、5G 技术和电子商务的迅速发展，也必将推动收益管理系统技术的进一步发展。作为饭店电子商务发展和“互联网+”的组成部分，饭店收益管理系统的未来发展趋势将主要体现在以下几个方面：

9.5.1 服务的多功能化

现今，饭店收益管理系统的功能多体现在实现客房收益最大化的应用方面。然而，饭店的收益并不仅仅来自客房的收入，其中还包括餐饮、康乐以及写字间出租等。

由于收益管理理论源自航空业，加之飞机座位与饭店客房有着相同的属性。因此，诸多的专家和学者把更多的注意力放在了收益管理技术对提高客房收入方面的研究上。近年来，随着餐饮业的蓬勃发展和餐饮收入在饭店收入中占比的逐年提高，人们开始关注和重视收益管理策略在餐饮和康乐方面（如高尔夫球俱乐部和剧院演出等）的运用。美国康奈尔大学 Sheryl E. Kimes 教授提出的“每餐位小时收益”收益理论为餐饮业实施收益管理策略提供了可供参考的依据。目前，一些系统供应商已开始从事餐饮收益管理系统模块的研究与开发，在宴会和会议用餐管理方面已初见成效。我们相信，未来饭店收益管理系统将发展成为包括客房、餐厅、康乐以及写字间出租等多功能一体化的综合系统，为饭店管理者在实施收益管理策略中提供更加完善的智能化服务。

9.5.2 系统的网络化

随着移动互联网和 5G 技术的迅速发展，人们的生活与消费方式也在悄然发生着改变。与饭店产品销售渠道直接发生关系的诸如搜索引擎、中央预订系统、在线电子分销渠道以及全球分销系统等，都是互联网的产物。“互联网+”概念的出现，对驱使各个领域挖掘和应用互联网技术起到了催化剂的作用。目前，随着 5G 技术的发展，Wi-Fi 的应用已非常普及，不仅多数办公场所和公共区域都安装有全覆盖的免费 Wi-Fi，而且该项技术已进入多数的家庭。移动购买和支付也成为现代消费者的首选，智慧城市、智能小区以及饭店智慧客房等已经能够借助移动互联网技术为消费者带来更好的体验。

过去，我国饭店中使用的收益管理系统多为独立的软件模块，除了与饭店前台管理系统（PMS）和财务管理系统相链接外，与外界网络可以说是隔离的。即使接入网络，多也是饭店集团或饭店内部的局域网。现今，随着云技术的出现，一些系统供应商已开发出基于互联网的云端软件系统，为收益管理系统的网络化奠定了基础。在中国，目前由于受到第三方系统平台价格不菲的接口费用以及链接技术等因素的限制，收益管理系统还没有能够实现全面的网络化。然而，我们相信，随着未来互联网技术互通互融、数据交换和信息交流的需求，收益管理系统实现全面网络化终将成为现实。

9.5.3 步入云技术领域

云技术是指利用高速互联网的传输能力，将用户所有的数据和服务都放在“网络云”中，“网络云”指的是大型数据处理中心，用户只要有一个上网的终端就可以加以应用。云技术将各种各样的终端（如个人电脑、手机、电视等）进行连接，为用户提供广泛、主动、高度个性化的服务。在云技术出现之前，饭店收益管理软件系统多为独立的系统模块，需要安装在饭店电脑终端上使用。同时，还需配有功能强大的用于数据处理和储存的服务器，与软件系统进行连接。不仅需要一定的占地面积来供设备存放，而且软件系统的维护费用也比较昂贵，对饭店推广和普及应用收益管理技术带来一定的制约。

如今，随着云技术的发展，一些系统供应商已经开发出基于云技术的收益管理系统，为用户提供着三种不同类型的服务，即 IaaS 系统（基础设施和服务），提供着成本低和可靠性高的基础设施服务；PaaS 系统（平台和服务），提供技术开发到平台运营的服务；SaaS 系统（软件和服务），提供在线软件租赁服务。基于云技术的收益管理系统具有通俗易懂和便于掌握的特点，不仅具有强大的数据处理和储存功能，而且不需要附带服务器，用户不再需要支付昂贵的设备和系统费用，解决了多年来困扰在饭店和供应商之间的难题。一些系统供应商通过定期收取规定服务费的方式向饭店免费提供基于云技术的系统软件，极大地减轻了饭店的经济负担。在操作上，系统使用者只需要在终端上点开指定的网址就可以使用，而不需要安装任何系统软件，5G 网络的出现，使系统的运行速度大大加快。这一服务模式不仅为饭店使用者提供了诸多的便利，而且借助移动互联网技术，使用者无论是在饭店还是在异地，都可随时随地使用系统而不会受到任何的限制。未来，随着云技术的进一步发展，我们相信，基于云技术的服务将会成为一种具有广阔应用前景的新商业模式，收益管理系统也将会借助这一新的商业模式得以迅速发展。

9.5.4 应用大数据分析

大数据时代的来临，给我们带来了思维的变革、商业的变革和管理的变革。维克托·迈尔将大数据归纳为“所谓大数据思维，是指一种意识，认为公开的数据一旦处理得当就能为成千上万人急需解决的问题提供答案，而大数据的核心正是预测”。换句话说，大数据思维就是让原本杂乱无章的数据变得井然有序，让数以万计沉睡的数据变得富有活力，让原本无声的数据“发声”，变得会“说话”，以此来为我们探寻问题的答案提供充分的依据。

就饭店收益管理而言，大数据思维的出现，为我们展现了一个新的思维和空间。在传统的市场预测工作中，由于受到信息量和数据支持的限制，诸如区域市场的动态、顾客的消费行为以及未来将要发生的市场事件等难以全面掌握。而大数据思维和方法为我们解决这些难题提供了可行的途径。然而，要解决这些难题仅依靠饭店有限的历史数据显然是不够的，需要对数以万计的海量数据和信息进行收集和分析才能获得答案，而这些答案通常对饭店管理者能否做出正确市场决策又非常重要。可以说，大数据思维的出现不仅是信息领域的一场技术革命，而且极大地拓展了收益管理技术的空间。现今，一些信息与数据研究机构已开始运用大数据思维、方法和技术为企业提供诸如市场分析、消费者行为分析和市场现象预测等方面的服务。它们基于大数据开发的新一代收益管理组合产品，具有饭店产品评价、运营质检、价格预警、市场需求分析以及市场现象的预测等功能，运用大数据分析结果为饭店提供研判未来趋势、机会以及动态定价等收益管理策略，为持续优化饭店收益提供帮助。IDeaS、Infor EzRMS、RateManager 等系统供应商也开始利用云技术进入大数据领域，开发和研制基于大数据的分析产品。未来，大数据思维和方法的运用，将成为收益管理系统拓展其服务功能和提高系统性能的有效途径。

9.5.5 服务功能一体化

随着社会的进步和旅游经济的兴起，中国饭店业也得以迅速发展。在管理上由过去的手工操作步入计算机信息管理和电子商务时代。然而，在饭店管理信息系统一体化方面，还存在着较大的差距。应用于饭店的各类计算机软件管理系统还处于各自为政的局面，给饭店步入全面信息化管理带来不利的影响。例如，饭店运用的中央预订系统、前台管理系统、客户管理系统、收益管理系统和财务管理系统等多为不同的生产商，在接口和链接方面存在着一定的相互制约，而这些系统软件的一体化和网络化对饭店实现全面信息化管理是十分必要的。例如，前台管理系统和收益管理系统在应用上密不可分。日常管理中，收益管理系统需要从前台管理系统中实时自动获取所需要的相关历史和现有的数据，并利用这些数据进行分析和预测。而前台管理系统虽然存储了大量有价值的数据，却缺少分析和运用这些数据的功能。缺少了收益管理系统的支持，这些有价值的数据犹如被冷藏起来，无法发挥有效的作用，其存在的价值更是无法体现出来。但往往收益管理系统和前台管理系统由于生产商不同而经常被剥离开来，技术和使用标准也无法得到统一，甚至要使两个系统进行链接还需要饭店支付一笔价格不菲的费用。随着社会的进步和互联网技术的进一步发展，实现企业管理信息系统一体化不仅是网络资源整合的需要，更是时代发展的需求。未来，随着各个行业网络资源的进一步整合，饭店实现中央预订系统、前台管理信息系统、收益管理系统以及财务管理系统等系统资源一体化将成为必然的发展趋势。

9.6　小结

（1）收益管理系统最早源自美国航空业，是计算机技术和智能软件结合的产物，也是饭店管理信息系统中重要的组成部分，同时也是人工智慧与计算机智能技术的结晶。随着互联网技术的进步和网络资源的应用，收益管理系统以其具有的功能和技术优势，在饭店实施收益管理策略当中起着重要的作用。

（2）收益管理系统的体系构架由人员、管理和软硬件组成；其功能架构主要体现在数据收集、数据储存、数据加工和信息交流四个方面；技术架构由硬件和软件两部分构成。

（3）收益管理系统的主要功能有预测、优化、控制、定价、预算、监测、模拟、竞争对手分析以及报表管理等功能。这些功能对饭店在市场需求旺盛期充分挖掘潜在的收益，在市场需求衰弱期最大限度地发挥现有资源的效能，为最终实现饭店收益最大化提供着有效的帮助。

（4）收益管理系统在饭店中的主要作用体现在推进了饭店收益管理工作的发展进程、提高了收益管理工作的效率、解决了人工难以实现的技术难题以及为饭店及时获得更多市场信息等方面。

（5）收益管理系统未来趋势将朝着服务多功能化、系统网络化、云技术与大数据思维的运用以及服务功能一体化方向发展。

【练习题】

1. 什么是收益管理系统（RMS）？其主要功能有哪些？

2. 请简述收益管理系统在饭店收益管理工作中的重要性。

3. 某饭店正考虑购买两个收益管理系统中其中的一个，一家供应商保证可以实现第一年收益增长10%，而另一家供应商保证在头两年间收益会增长15%。请问，饭店管理者应该如何决策？为什么？

4. 饭店收益管理系统的作用包括以下哪几项？

（1）更新房态、房价、排房、做账、check in 和 check out；

（2）推进了酒店收益管理工作的发展进程；

（3）提高了收益管理的工作效率；

（4）为酒店实现全面信息化奠定了基础；

（5）对资产购置、资本融通和现金流量以及利润分配进行管理。

第十章　饭店隐性收益管理

【本章概述】

随着社会的进步和饭店业市场的发展，饭店经营的内外环境也在发生着巨大的变化，影响饭店收益的要素已不仅局限于技术手段和方法。饭店文化建设和社会价值等隐性要素在提升饭店收益中所起到的作用正日益增强，延伸饭店收益管理理念，使饭店从产品价值最大化向收益最大化转变，形成内外部环境收益要素的协同管理，亦将成为收益管理未来发展的主要方向。本章主要阐述了饭店隐性收益管理的概念、内容及其对提高饭店收益所起到的重要作用。

10.1　饭店隐性收益管理简述

在前面的章节里我们详细阐述了收益管理的理论和应用方法。归纳起来，可称其为显性的收益管理，因为它主要是通过一些技术手段、技巧和方法来提高饭店收益的。诸如价格优化、动态定价、超订和房间容量控制等。但是，随着社会的进步和饭店业市场的发展，饭店经营的内外环境也在发生着巨大的变化，影响饭店收益的要素已不仅局限于这些方法，饭店信誉、文化建设和社会价值等隐性要素在提升饭店收益中所起到的作用正日益增强，开展隐性饭店收益管理工作，也将成为饭店提高收益，实现收益最大化的重要途径。

所谓隐性收益管理是指饭店通过形成对内外部环境收益要素的协同管理，使饭店从产品价值最大化向收益最大化转变，最终使饭店获得更高收益的管理理念和方法。可以说，隐性收益管理是开展显性收益管理工作的基础，显性收益管理为隐性收益管理效能的发挥提供着保障。二者既相互分离，又相互依存，缺一不可。以下分四个部分对隐性收益管理的理念进行阐述。

10.2 重视饭店文化体系建设并根植于顾客心中

随着我们进入经济社会时代，顾客的消费已不仅仅满足于物质层面，对获得尊重，受到真诚服务，从员工身上感受到乐观、积极和真诚的文化氛围等精神层面的需求也在日益增加。就当下而言，作为消费者的“90后”和“00后”已逐渐步入时代的主流人群，成为饭店消费者中的主力军。他们是与互联网共同成长起来的一代人，受到过良好的教育，经济基础好，不拘泥于传统思维，更易于接受新事物，特别是对精神层面的感受要求较高。与制造业不同的是，饭店服务产品是无形的，其显著特点是顾客时时刻刻都参与到服务产品的生产当中，这就为顾客能够感悟到更多精神层面的东西提供了条件。因此，饭店文化所孕育的每一个价值点都会通过员工在对客服务中体现出来，如果想要提高饭店产品的价值，从每一位员工身上感受到乐观、向上和真诚的服务，就需要优秀的饭店文化作支撑。现今，除饭店传统的软硬件产品外，由企业文化内涵体现出来的精神感悟要素正成为饭店产品价值的延伸，而这一要素也将逐渐成为顾客对产品价值需求中的主要对象，最终可转换为高“性价比”产品而为顾客所接受。与传统消费观念相比，现今顾客在消费中更注重产品的性价比，对饭店而言，这里的“价”意味着产品价格的高低，而“性”不但包含了物质层面，而且还包含着顾客对诸多精神层面感受的需求。因此，构建饭店良好的文化体系，弘扬品牌文化，形成人人遵从的企业理念，为员工树立正确的核心价值观，创造和谐与温馨的经营环境，已成为饭店提高和延伸饭店产品价值，获得更高收益的主要途径之一。下面，我们从制度文化建设、精神文化建设和品牌文化建设三个方面就构建饭店文化体系来进行阐述。

文化是一种社会交流和社会传递，它的传播需要一个特定的途径，从而来被社会成员共同获得。而为社会成员获得共同文化的特定途径，就是使文化得以交流和传递的制度文化。文化的存在只有被认同和学习时才有其现实意义，而要实现被认同和学习的目标，就必须依靠一套相关的制度规则。也可以说，制度文化是文化与制度的统一，当制度体现为规则时，它必然反映了文化的价值，文化的精神和文化的理念。而当文化体现为规则时，它必然通过风俗、习惯或制度的形式体现出来。饭店要构建文化体系，首先应建立为顾客传递文化信息的制度，这一制度所形成的蕴含丰富文化内容的规则，需要饭店全体员工去认同和遵从，并从员工身上传递给顾客，以此来延伸服务产品的价值，并通过饭店文化的凸显来增加饭店与顾客之间的黏性。例如，香格里拉酒店集团以“殷勤好客香格里拉情”为经营理念，以亚洲式的殷勤好客为核心内容，把“尊重备至、真诚质朴、乐于助人、彬彬有礼、温良谦恭”作为经营中的指导思想，并使这一经营思想深入到香格里拉集团旗下的每一家饭店。万豪酒店集团长期以来坚信“员工是最大的资产”的经营理念，以人为本是万豪多年来成功的基础，让员工以实际行动为顾客创造良好的服务体验是万豪文化中的重要组成部分。

饭店精神文化是用以指导饭店从事经营活动的各种行为规范、群体意识和价值观念，是以饭店企业精神为核心的价值体系的集中体现。反映着饭店独有的、鲜明的经营思想和个性风范，是饭店遵从的信念、追求和群体意识的集中体现。饭店精神文化的形成，不仅体现出员工的价值观导向，而且对营造和谐与温馨的文化氛围也是十分必要的，进而为顾客带来轻松、快乐、祥和的气氛，增加顾客下榻的愉悦感。例如，杭州开元名都大酒店的服务文化体现在“时刻关心、无微不至、高效便捷、喜出望外”十六个字上，从中体现出杭州开元名都大酒店对顾客“尽享开元关怀”的经营理念。员工在对客服务中，除了需要学习必要的业务操作流程外，更重要的是能够融入饭店的精神文化世界当中。如果没有精神文化作支撑，员工提供的服务只能是机械和程式化的，而顾客感受到的也只能是被动和程式化的服务。通常，顾客所感受到的主动服务和被动服务体现出饭店产品中不同的服务价值，主动服务的产品价值可以说是被动产品服务价值的提升和延伸。因此，员工在对客服务中从“要我做”到“我要做”的转变，需要饭店精神文化的支撑和给养才能得以实现。

品牌文化是指饭店通过赋予品牌深刻而丰富的文化内涵，树立在顾客心目中的品牌定位，并通过各种传播途径形成顾客对品牌在精神层面上的高度认同，让顾客从对品牌的信仰发展成为对品牌的忠诚。品牌文化需要饭店在长期的经营中逐步形成文化积淀，从而形成传统文化与企业个性化形象的总和。与制度文化和精神文化不同的是，品牌文化突出了饭店外在的宣传和资源优势，将饭店品牌理念有效地传递给顾客，让凝结在品牌上的文化精华根植在每一位顾客的心中。例如，2009 年 9 月 23 日，希尔顿酒店公司（Hilton Hotels Corporation）正式启用公司新的名称和标识（Hilton Worldwide），Hilton Worldwide 代表着公司全球影响力。标识中融入了关键的设计元素，反映了希尔顿的丰富历史传承、立足未来的远景目标和致力于优质服务的承诺。Hilton Worldwide 总裁兼首席执行官 Christopher

J. Nassetta 曾说道："虽然我们的公司名称和标识已经变了，但我们公司的最优品质——热情、奉献和我们团队成员为顾客提供卓越服务的高标准仍然保持不变。"由此可见，希尔顿酒店集团无论是在标识的设计，还是新的名称中都蕴含着为世界各地的顾客提供卓越服务的寓意，而凝结在"希尔顿（Hilton）"这一著名酒店品牌中的文化内涵始终是没有变的。希尔顿已经走过了近百年的历程，其品牌经久不衰，依然屹立于全球饭店业之巅，除了优秀的管理制度和流程外，另一个重要的因素就是所积淀的品牌文化，让来自世界各地的顾客得到了高度的认同。

因此可见，饭店制度文化、精神文化和品牌文化体系的建设，对提高顾客的忠诚度，延伸产品价值有着十分重要的意义。要提高饭店的收益，可以说文化体系的建设是基础，如果饭店构建了良好的文化体系，相当于打造了区别于竞争对手的差异化产品，有了更坚实的产品基础和更高的起点，对提高饭店收益和增强市场竞争力都将起到很大推进作用。况且，有形的产品可以复制，而文化服务产品却是难以复制的。

10.3 创造饭店跨文化服务产品与延伸服务产品价值

饭店每天接待着大量的顾客，其中不少是来自其他国家的外国宾客。在这些外国宾客到来的同时，也带来了不同的文化、宗教信仰和风俗习惯。树立跨文化意识，创造跨文化服务产品，延伸服务产品价值，也是饭店获得顾客对品牌认同和增加收益的必要途径。所谓跨文化意识，是指为具有不同文化背景和宗教信仰的顾客创造一个可相互交流和沟通的环境，以此来提高他们对饭店品牌文化的认同感。那么，如何来创造跨文化服务产品，延伸服务产品价值呢？以下从三个方面来阐述。

一是重视对员工的外语培训，不断提高员工的外语水平，为国外宾客提供一个便于沟通和交流的语言环境。过去，一些饭店对提高员工的外语接待能力重视不足，很少开展外语教育和培训，结果导致员工与外国宾客的交流不畅，不仅影响到员工对外国宾客的服务，而且也无法使饭店的文化理念通过员工传递给外国宾客，更无法保障对外国宾客的服务质量。因此，要创造饭店服务文化产品体系，首先需要营造一个跨文化的交流与沟通的环境，而要创造这个环境，普及和提高员工的外语水平，经常性地开展多种形式的外语培训就显得十分重要。例如，一天，国内某饭店一位美国客人到前台登记住宿，顺便用英语询问接待服务员小陈："贵饭店的房费是否包括早餐?"小陈的英语才达到初级水平，没有听明白客人的意思便随口回答"It will do"（可行）。次日早晨，客人去西餐厅用自助早餐，出于再次确认的心理，又向餐厅服务员小赵提出了同样的问题。不料小赵的英语水平也是比较欠佳，只得穷于应付，慌忙中又回答："It will do"（可行）。几天以后，美国客人离店前到前台办理结账手续，结账员把账单递给客人后，客人看完吃了一惊，账单上对他每顿早餐一笔不漏地记载着；客人越想越不明白，明明前台和餐厅服务员两次答"It will do"，怎么结果变成了"It won't do"（不可行）了呢?他百思不得其解，经再三追问，这位前台结账员才告诉他饭店的早餐历来不包括在房费内。客人便将初来时两次获得"It will do"答复的经历告诉给了前台结账员，希望饭店对早餐含在房费中的承诺给予兑现，但仍遭到拒绝。客人无奈中只得付了早餐费，然后怒气冲冲地向饭店投诉。此次经历让这位美国客人非常不愉快，带着怒气离开了饭店，并表示今后不会再到这家饭店住宿了。由此可见，提高饭店全员外语水平，为外宾创造良好的沟通和交流的语言环境，提升饭店跨文化服务产品价值，是非常必要的。

二是在分析来自不同地区和国家客源结构的基础上，学习和掌握外来文化、宗教信仰以及风俗习惯的相关知识，提升饭店员工跨文化交际能力，以便更好地为顾客提供服务。饭店每天都会接待来自国内不同地区或不同国家的宾客，而这些顾客又会带来不同的地域文化、风俗习惯和行为偏好。如果饭店能够较好地掌握这些不同的地域文化、风俗习惯和行为偏好，有针对性地提供服务，不仅会提高顾客对饭店品牌的忠诚度，而且还可以延伸产品的价值，从而赢得更多的客源。饭店应该经常从前厅部、客房部、餐饮部等与客人直接发生关系的部门收集与地域文化、宗教信仰和风俗习惯等相关的信息，按照入住饭店顾客的来源地、所使用的语言种类、消费习惯、饮食习惯、作息习惯和宗教信仰等进行分类整理、归纳和深入分析，最终形成饭店自有的文字性材料，为针对饭店员工开展的跨文化交际培训积累充实的素材。除此之外，还可以为员工制作相关视频培训资料，使饭店员工更好地掌握跨文化交际的规律，提升跨文化交际的能力，避免因为自身知识的欠缺，有意或者无意冒犯客人的风俗习惯和宗教信仰，侵犯客人的隐私，使得员工在跨文化服务中处于被动地位。诚然，饭店员工跨文化交际能力的提升不是一蹴而就的，这需要饭店的常抓不懈和员工长时间的总结和积累。饭店应该建立专门的客人档案，将客人在住宿期间的风俗习惯、行为偏好以及消费特征记录存档，从而使客人在下次入住时饭店员工能够在跨文化服务中从容应对，为来自不同地域的国内宾客或外国宾客提供个性化的服务。只有在深入调研、建立档案的基础上，饭店员工才能在对这些顾客进行服务时游刃有余，在跨文化交际时坦然处之。例如，有两位美国客人在所下榻的饭店餐厅就餐，两人进餐厅坐下以后，服务员送上菜谱，显然是其中一位客人在请另一位客人吃饭。看过菜谱后，这位客人希望服务员能介绍一些有特色的拿手菜，服务员便推荐了三道餐厅的特色菜、两份主食和一份汤，客人表示同意，上菜后，两人边吃边开心地畅谈着。用餐完毕，客人向服务员示意要结账，随后服务员送来账单便大声说："你们两位一共消费 380 元。"如果是在单独或和家人用餐的情况下，这位客人对服务员这么大声报消费的价钱还能够忍受，但当着对面客人这样做实在让他忍受不了。于是他惊奇地望着这位服务员一时不知道该说什么好，既感到尴尬，又感到无奈，最终弄得啼笑皆非。

在国外，账单也通常被称为"埋单"，即账单送来时，将其埋在茶杯下面或别人看不见的地方，免得令主人或客人尴尬。这家饭店正是因为没有注重收集和积累不同文化带来的不同消费习惯和风俗，没有建立跨文化服务产品的服务体系，从而导致尴尬局面的产生。

三是营造不同文化间的融合与包容氛围，提供饭店优秀的跨文化服务产品。前面的章节中我们曾阐述了来自世界各地不同的人群将会带来不同的文化、宗教信仰、风俗习惯、民族风情和消费行为。而尊重不同的宗教信仰、风俗习惯和文化，使异国风情与东方文化有机地融合，相互包容和接纳，是实现优秀跨文化产品的基础。这就需要饭店在全体员工中树立跨文化理念，吸纳和积累不同文化背景下的知识，针对员工定期开展这方面的培训，使跨文化理念和知识根植于员工心中，优秀的跨文化服务产品才能得以供给和延伸。例如，一饭店某日接待三位来自英国的 VIP 客人。客人抵达后，饭店行李员便负责把客人的大件行李装在行李推车上，准备运送到客人所在的楼层和房间。此时，新来的行李员小吴看到其中一位女士手里还拎有较大的提包，看起来走路很吃力的样子。于是，小吴在没有征求这位女士意见的情况下，上前便去夺拿这位女士手里的提包，客人不仅抓着不放手，而且满脸不悦。最终，在大堂经理的解释下这位女士才理解了小吴的用意，但始终没有让服务人员帮助她拿这个提包。"我看到她拎那件行李很吃力，是想尽我的职责，帮助这位客人，反而却让她很不高兴，真是无法理解。"小吴事后对同事讲，对此有些不理解。最终，通过大堂经理的讲解，小吴才明白了其中的道理，并对这位女客人的不悦给予了包容和理解。由此看出，小吴的出发点是没有错的，他是为了能够帮助这位女士提行李，以减轻她的负担，尽行李员的职责。但是，问题就出在小吴在准备帮助客人之前，应事先征求客人的意见，询问一下客人是否愿意让别人来帮助她提这件手中的行李，对西方人来说，这是一项基本的礼节。而小吴恰恰是缺乏这方面的知识，在提供服务上出现了因文化和习惯不同而产生的偏差，导致客人的不愉快发生。作为饭店服务人员，当因不同的文化和习惯而产生矛盾时，需要的是包容和理解，使不同的文化能相互融合，才能真正体现出跨文化服务产品的价值。

因此，要推出优秀的跨文化服务产品，提升饭店产品的价值，还需要饭店去营造对不同文化相互包容和融合的环境，找到其中的差异点，整理相关素材，强化员工的培训，才能把产品做得更好。

10.4 建立饭店在线点评管理与服务补救体系

饭店在线点评，也称饭店客评。最初是用于掌握和了解顾客住店以后的感受以及对饭店软硬件服务的意见和建议，便于饭店了解对客服务的情况。如今，随着移动互联网和电子分销渠道的发展，在线点评的价值已远不止这些。在线点评不仅能够使饭店及时获得各项对客服务的反馈，更重要的是由于近年来在线点评数量的迅猛增长，点评数据已成为饭店分析顾客消费行为、兴趣偏好和产品需求等方面可参考的重要依据。从经济学的角度看，产品定价的基础来自产品的价值，而产品价值的衡量往往又难以用数据来量化。随着在线点评体系的快速发展，从顾客衡量的角度看，在线点评的分值可被视为是饭店产品价值的量化体现，成为顾客衡量饭店产品价值的参考依据。据中国饭店协会《2020 中国住宿业市场网络口碑报告》相关数据显示，2019 年，来自国内外 18 大主流点评网站多家境内饭店的顾客点评数量达到 3500 多万条，日均已达到约 10 万条。顾客产生的在线点评数据仍保持着高速增长，这些网站主要包括携程、美团、飞猪等 OTA 等元搜索网站及大众点评等点评网站几大类。

在大数据和移动互联网席卷饭店业的态势下，饭店和顾客之间的联系显得更加直接和紧密，通过对顾客点评数据的获取、挖掘和整合，将会为饭店带来很高的商业价值，并辅助饭店做出更加科学的经营管理决策。通过对在线点评数据的挖掘和分析，不仅能够使饭店管理者了解到设施设备中存在的问题，服务产品中存在的不足，而且还能够帮助饭店搞清楚如何把顾客点评产生的数据转化成业务上的需求和解决方案，从而为饭店创收。为此，要充分利用好在线点评，使之成为饭店完善和改进产品的利器，就需要建立行之有效的在线点评管理和服务补救体系，以此来保障客评价值体系的良性运转，主要体现在以下几个方面：

10.4.1 建立在线点评管理流程和制度，完善回复和分析体系

建立在线点评管理流程和制度，是开展在线点评管理工作的基础。其内容主要包括在线点评的监控、下载、回复、数据采集、分析、意见的改进和存档等。饭店需要成立由收益管理部、前厅部、销售部、客房部、餐饮部、康乐部以及工程部等一线部门人员组成的在线点评管理组织，由饭店总经理亲自挂帅，主持开展日常的在线点评管理工作，设专人管理在线点评监控、下载、回复和数据统计分析等方面的工作。例如，北京都季商旅酒店开业十三年来，始终把顾客对硬软件服务的在线点评作为评价酒店产品价值和服务质量的航标灯。饭店不仅成立由总经理任组长的在线点评管理小组，还建立了一整套管理流程和在线点评管理制度，设立了在线点评服务专员，对顾客的表扬、投诉和建议确保有专人监管、下载和答复。该酒店每周一专门召开在线点评分析会议，对每一条点评都会在专题会议上分析和讨论，对顾客的投诉、意见和建议及时改进和完善。对需要与顾客进行沟通才能解决的问题，酒店总是想方设法，通过相关渠道联系到顾客，以语言沟通的方式听取对方的意见和建议，直到问题得以解决。曾经有一位顾客在对酒店的在线点评中写道："都季酒店客房很干净，孩子弄脏了床单，晚上回来已经换了干净的，一声抱怨的话都没有，等孩子长大了告诉他下次自己来，还住这个酒店，不错，推荐。"发自这位顾客心声的点评，正是该酒店产品价值的真实体现。除此之外，该酒店收益管理部门定期采集点评数据，加以多维度分析，并通过对这些碎片化数据的整理和分析，从中找到各类问题的答案，对准确评估饭店产品价值，制定合理的产品价格起着重要的作用。同时，酒店还根据顾客的点评，从中挖掘顾客的兴趣和偏好，结合顾客对产品的需求了解顾客的消费行为，以便有针对性地对一些设施和服务进行改善。2011 年 12 月，北京都季商旅酒店以 4.6 分的在线点评分数，在去哪儿网上获得同类型酒店"北京好评第一"的优秀业绩。同时，通过在线点评价值体系的建立，使该酒店忠诚会员数量得以快速的增长。《2020 中国住宿业市场网络口碑报告》显示，占全国酒店数据约 25%的中高端酒店获得了超过 48%的点评。可见，中高端酒店在客户点评管理上投入了

更多的精力。由此，饭店如果能够管理好在线点评，经营好与每位顾客的线上线下关系，及时关注和处理在线点评，尤其是要重视差评，对提高饭店的收益将十分有益。

10.4.2 从在线点评中了解顾客消费偏好，挖掘忠诚顾客信息

顾客对饭店的在线点评中，多会阐述其在入住饭店期间的体验、遇到的问题以及意见和建议，对发生服务质量问题，也会反映在在线点评中。如果我们细心去观察，不难发现，其中不少在线点评的字里行间都体现着顾客的兴趣爱好和消费偏好；如果饭店善于分析和总结，有针对性地去完善饭店的服务产品，将会大大提高顾客的忠诚度，增加回头客的数量。同时，还应该注重对饭店评价高的顾客的信息采集和整理，纳入饭店忠诚顾客档案，按饭店忠诚顾客计划来管理。因为要想获得高质量的顾客忠诚，就必须更加深入地了解饭店的服务对象。在线点评是顾客主动表达出来的消费需求和偏好，如果不能被饭店纳入数据分析系统，就会产生价值浪费。针对在线点评反映的顾客信息、入住偏好和消费行为等方面数据整理出相关结论，在顾客下次入住后有针对性地提供专享服务，自然就提高了顾客忠诚度和更好的网络口碑。

例如：北京都季商旅酒店的阅读灯为白色系光源。一次，有位顾客在在线点评中对该酒店的服务给予高度评价的同时，留下了一点遗憾。这位顾客对白色系光源比较敏感，希望能有黄色的阅读光源就好了。该酒店在监控到这条点评后，便在前台的顾客管理系统中记录了这条信息。而后不久，这位顾客又预订了该酒店的客房，预订经理在顾客管理系统中关注到了这位顾客的偏好，便按流程把这位顾客对阅读光源的需求通知到酒店工程部，工程部人员在顾客到店前及时将这位顾客预订的房间的阅读灯由白色换成了黄色系光源。顾客入住后，发现以前的白色光源阅读灯已经换成了黄色光源的，非常高兴，并表示今后到北京出差，一定还入住该酒店。仅仅一个细小的服务，就可以提高顾客对酒店的忠诚度，其关键在于酒店关注到了顾客需求的每个细节，挖掘了顾客的兴趣和偏好，使酒店产品的价值得以提高。

10.4.3 完善饭店服务补救体系，提高饭店处理点评效率

饭店收集顾客意见和建议的传统做法是在大堂或房间放置顾客意见表，并对收集到的顾客已填写好的意见表定期进行统计和分析，从中发现存在的产品质量

问题并加以研究和解决。对于顾客当面提出的建议或投诉，饭店更习惯于与顾客面对面地进行沟通和处理。如今，随着互联网技术和电子网络平台的蓬勃发展，伴随着顾客在线点评的出现和近年来迅猛的增长，也使饭店应对和处理顾客的投诉面临着新的挑战。服务补救，传统意义上更适应于与顾客面对面处理投诉的补救方法也将面临更新和完善。因为，更多本可以当面提出意见和投诉的顾客变成了通过在线点评来倾诉，而饭店往往在得知这些信息后顾客已离店，失去了当面沟通和补救的机会。服务补救，作为饭店针对顾客提出意见和投诉处理的流程与预案，面对当下在线点评的兴起，更新和完善也势在必行。服务补救作为一种管理过程，是指饭店在对顾客提供服务出现过失和错误的情况下，对顾客的不满和抱怨当即做出的补救性反应。其目的是通过这种补救性反应，重新赢得顾客的满意和忠诚。传统的服务补救方式主要有以下三个方面的特征：一是饭店服务补救是一种即时性反应，即在饭店服务过失发生的现场实施服务补救，而并非等到一个服务过程结束后再实施。二是饭店服务补救是主动性的，而不是被动的。即只要顾客提出了饭店在服务过程中的过失，无论是员工还是管理人员都会积极主动地帮助顾客来解决存在的问题，而不是以各种理由推诿。三是尊重事实和勇于担当。即在对顾客提出的服务过失中，饭店以尊重客观事实为前提，勇于担当，即使饭店面临对顾客的补偿，也不会对事实清楚的服务过失推卸责任。

要完善顾客在线点评体系，就需要饭店在传统服务补救内容的基础上，有针对性地修订和增加新的补救措施，尤其是如何开展顾客离店后投诉的服务补救，并将补救措施及时回复给顾客，显得十分重要。除此之外，饭店需要建立完善的服务补救制度和流程，并树立全员的服务补救观念，来开展在线点评投诉的服务补救工作。为此，针对顾客在线点评的服务补救工作，可从以下几个方面入手：一是正确分析顾客的心理，搞清楚顾客对服务过失的诉求点，有针对性地解决；二是当下在线点评已成为顾客投诉的主要途径之一，饭店要重视顾客在线的投诉，不应因顾客已离店而轻视这项工作；三是给予员工，尤其是一线员工一定的授权，充分重视员工在服务补救中的作用，使他们能在第一时间对顾客的投诉进行处理，以免因需要逐级报告而延误时间，失去了处理问题的最佳时机；四是建立完备的服务补救体系和预案，使员工在处理服务过失中有章可循，规避因缺失制度和流程而偏离轨道的风险。那么，针对在线点评的出现，如何来建立和完善饭店的服务补救体系呢？根据以往的标准和经验，应主要涵盖以下内容：

10.4.3.1 正视顾客提出的问题，让顾客有被尊重感

顾客对饭店服务过失问题提出后，往往希望饭店能够给予重视，从心理上获

得被尊重的满足感。而解决顾客这一心理需求的补救措施就是饭店一线员工或管理人员能在第一时间主动地出现在现场，向顾客道歉并与顾客进行有效的沟通，以便问题能当面解决。

10.4.3.2 建立完善的服务过失调查程序，重视对顾客提出问题的调查

建立完善的服务过失调查程序，对顾客的投诉能迅速启动调查程序，是快速解决顾客投诉的一剂良药。投诉发生后，饭店员工或管理人员应亲自去现场查看，调查和了解事件发生的真实过程，这既是对顾客及饭店负责的表现，也是对顾客投诉的重视。要做到这一点，就需要饭店建立有完善的服务过失调查程序，其中包括顾客离店后通过在线点评投诉的调查程序，以保证无论是员工，还是管理人员都不会存在懈怠的情况，并且知道如何去处理顾客不同类型的投诉，做到有制度可循、有流程可依。通过实地调查，如果服务过失的事实清楚，饭店应站在顾客的角度，换位思考，与顾客产生共鸣，在安抚顾客情绪的同时，寻求解决办法。

10.4.3.3 及时解决顾客提出的问题或投诉

饭店在对顾客提出的问题或投诉调查结束后，如果属于顾客的误解，饭店也应向顾客讲明情况，征得顾客的正面理解。如确属饭店存在服务过失，饭店应在最短的时间内提出解决方案，以征得顾客的理解。如需要对顾客进行补偿，饭店通常需要从物质和精神两个层面来考虑。物质补偿一般包括赠送小礼品、鲜花、水果、房费打折、房间升级、赠送优惠券、免费提供附加服务、退款等。精神补偿可细分为向顾客承认错误、当面道歉、合理解释、紧急恢复、表示同情、给予尊重等。无论采取哪一种方式，都以能够合理解决顾客提出的问题或投诉为前提，以免失去顾客再次入住的机会。

10.4.3.4 报告和分析服务过失，制订改进方案

对于顾客投诉比较严重的问题，要及时报告给上级，以引起饭店管理层的高度重视。而更为重要的是要分析顾客投诉的原因，从饭店自身查找存在的问题。其中包括对制度、流程、员工服务和培训等层面的分析，以查实饭店提供服务过程中是否存在以上方面的缺陷，便于改进。在分析过程中，饭店应对顾客投诉的问题进行分类，既要分析存在的个性化问题，也要分析存在的共性问题，以便提高对问题归纳和总结的完整性，制订出更为有效的改进方案。

10.4.3.5 归纳和总结修复结果，编制服务过失案例素材

饭店对过去每一次的服务过失与补救，都是难得的学习和改进的机会。为了

更好地建立起服务过失与补救的预警机制，应该建立一个历史档案，总结过去至现在发生过的所有服务过失案例，并对各种服务过失和修复情况进行分类建档。同时，饭店还应积极收集迄今为止所发生的服务过失素材，编撰成服务补救培训案例教材，并整理成册，作为对员工的培训使用，为建立完善的服务过失与补救预警机制奠定基础。

10.4.3.6 建立饭店服务过失与补救预警机制

服务过失与补救的预警机制，其作用在于通过对服务过失控制、顾客在线点评跟踪和问题识别系统机制的建立来预防服务过失的发生和过失发生后的及时补救。饭店对客服务的显著特点是顾客参与到服务产品的生产过程中，尤以餐饮服务最为明显。而服务生产过程中的每一个细微的变化，顾客都能感受和体验到。相对有形产品的生产企业而言，饭店服务过失发生的比例相对较高，这就对饭店服务产品的生产提出了更高的要求。因此，建立有效的服务过失与补救预警机制，强化员工在这方面的培训，对饭店把服务过失率降到最低，避免因此而产生成本费用支出和提高顾客的忠诚度是十分有效的。

综上所述，随着顾客在线点评的迅速发展，在给饭店带来更多有价值点评数据的同时，也对饭店增强服务意识、提高服务质量和完善服务补救体系提出了更高的要求。只要饭店能够抓住当下这一契机，注重顾客在线点评的分析，建立完善的服务补救体系，对提高顾客的忠诚度，增加顾客与饭店之间的黏性和提高饭店收益都是非常有益的。

10.5 树立提高饭店信誉和创造社会价值意识

提高饭店在社会中的信誉度，积极创造良好的社会贡献和社会价值，是饭店推行隐性收益管理的重要内容之一。其主要体现在积极倡导公益事业，开展节能环保、推崇低碳效应，争创绿色饭店等方面。不难理解，一家饭店或饭店集团如果在顾客心目中树立了良好的社会信誉和企业形象，从企业文化、经营理念到环境氛围都能够给顾客带来轻松愉快的感受，从企业信誉的角度能够给顾客带来诚信和安全感，饭店便会在同业市场中形成强有力的竞争力。这一竞争力的形成，主要包含了饭店积淀的社会信誉和社会价值，对同业竞争者来说几乎是难以复制的，而这种难以复制的企业竞争力，为饭店盈得更高的收益提供了保障。例如，单一价格要素的复制相对容易，而包含在饭店产品价格中的社会信誉和社会价值要素却是难以复制的。饭店可以通过倡导公益事业、开展节能环保、推崇低碳效应和争创绿色饭店等方式来创造良好的社会信誉和价值，以重信誉、守承诺、勇于承担社会责任等方面来塑造良好的企业形象。例如，首旅如家酒店集团推出的公益平台“善行天下”，为奔走于公益事业的爱心人士提供着住宿空间。万豪国际酒店集团自 2013 年起与姚基金携手合作，开展“万豪·姚基金携手建希望”计划。截至 2019 年，在山西、贵州、四川、河北已有 5 所万豪·姚基金希望小学落成。另外，2020 年 1 月，世纪金源集团通过中国华侨公益基金会捐赠 1.2 亿元人民币，助力新冠肺炎疫情的抗击与防控工作。

综上所述，收益管理是一项系统工程，需要饭店在全体员工中弘扬收益管理思想，构建收益管理文化，树立收益管理意识，共同来实现收益最大化的目标。因此，形成由饭店、顾客和员工共同组成的“三角形”价值链闭环，互进互融、相互作用，才能不断提升饭店的产品价值，使隐性收益管理效能得到充分的发挥。日常经营中，我们不应忽视隐性收益管理这一重要因素。需要说明的是，在实行隐性收益管理中，仅依靠收益管理部门的力量是无法完成的，需要饭店总经理亲自挂帅，带领全体员工来共同构建饭店优秀的文化体系，创造优质的文化服务产品和良好的社会价值，树立饭店良好的品牌形象并根植于顾客的心中，才能真正发挥出隐性收益管理工作的效能。日常工作中，我们应该推崇显性收益管理和隐性收益管理的共同协调和发展，以隐性收益管理为基础，以显性收益管理为方法，将两者有机地结合起来，缺一不可。只有这样，才能使饭店企业既回报了社会，又创造了自己的品牌价值，从而提高了饭店在社会中的生命力。

10.6　小结

（1）隐性收益管理是饭店通过形成对内外部环境收益要素的协同管理，通过构建企业文化体系，创造饭店跨文化服务产品，完善服务补救体系，提高饭店信誉度和创造社会价值等方面的工作来提高和延伸产品价值，从而使饭店从产品价值最大化向利润最大化转变，最终实现饭店收益最大化的目标。

（2）重视顾客在线点评，在从中分析和归纳顾客消费行为的同时，通过服务补救体系的建立来优化顾客意见和投诉处理程序，及时改进饭店存在服务过失的产品，对饭店提高产品价值，增强市场竞争力，获得高收益都具有非常现实的意义。

（3）形成由饭店、顾客和员工共同组成的“三角形”价值链闭环，互进互融、相互作用，才能不断提升饭店的产品价值，为显性收益管理和隐性收益管理的共同协调和发展奠定基础。

（4）在饭店收益管理工作中，不应忽视隐性收益管理这一重要因素。只有推进显性收益管理和隐性收益管理共同的协调和发展，才能实现饭店全面收益管理的目标。

【练习题】

1. 什么是饭店隐性收益管理？隐性收益管理与显性收益管理有什么样的关系？

2. 饭店隐性收益管理主要包含哪些方面的内容？

3. 什么是饭店的服务补救？它具有哪三个方面的特征？

4. 由于顾客在线点评被视为是饭店产品价值量化的体现，实现在在线旅游服务商（OTA）上的顾客点评达到4.9~5分（满分5分），成为饭店管理者追求的目标。请阐述饭店应该从哪些方面入手来实现这一目标，并举例说明。

5. 饭店在跨文化管理中应该坚持什么原则？

第十一章　饭店收益管理组织构建

【本章概述】

要使饭店收益管理工作顺利开展，需要构建相应的组织体系来作保障。本章从饭店收益管理组织建设入手，主要阐述了饭店收益管理组织机构的设立方式、岗位职责、工作职能以及在收益管理工作中所起到的作用。

11.1　收益管理部门在饭店中的作用与职能

在前面的章节中，我们详细阐述了收益管理的原理、概念及其应用方法。在掌握了以上收益管理知识的同时，要想顺利开展饭店收益管理工作，实现收益最大化的目标，还需要在饭店中设立专门的收益管理部门，用以保障收益管理工作顺利和有序地开展。首先，让我们来认识一下收益管理部门在饭店中的作用与职能。

11.1.1　饭店收益管理部的作用

饭店收益管理部门在组织设计中（详见 11.2）通常设立为独立部门，称为收益管理部，作为饭店运营的参谋部门，起着推动实现饭店收益最大化的作用，主要体现在以下三个方面：

11.1.1.1　进行市场细分，应用预测手段管理市场

依据顾客的购买需求和消费行为，对饭店市场进行细分，使饭店不同类型的产品和价格都能够满足不同顾客的需求，是通过挖掘潜在收入来提高饭店收益的有效途径。饭店在产品销售过程中，面对的是多个细分市场，而不是一个大市场；饭店正是抓住每个细分市场购买需求和消费行为不同的特点，出售与其需求相适应的产品，并通过产品的差别定价来提高收益的。可以说，只有准确的市场

细分，才能把握住市场需求的脉搏，生产出适销对路的产品，从而为提高饭店收益奠定基础。收益管理部正是通过分析消费者购买需求和消费行为，结合饭店客源情况，对市场进行合理细分，使其能够满足饭店产品的销售需求。另外，随着社会发展带来的消费观念转变，顾客对饭店产品的需求也在悄然发生着变化。代际更迭、互联网技术的发展以及新兴职业的产生等，都会使消费需求发生变化。收益管理部还应以敏锐的眼光观察瞬息万变的市场，从中分析顾客需求的变化，与销售部门一道，寻求新的细分市场，推出合适的新产品，满足新兴细分市场的需求，不断提高饭店在竞争市场中的占有率。

同时，应用预测手段管理市场，为饭店制定市场战略规划提供可参考的依据，也是部门的主要工作之一。日常经营中，部门承担着对未来市场的预测和分析工作，通过对相关市场数据的预测分析来提供未来市场的信息。它们应用专业的预测技术手段，通过对未来市场的指标的预测而获得预判数据，为饭店管理者进行市场决策提供参考依据。同时，部门还要实时掌握未来市场的发展趋势，对市场的判断应有高度的前瞻性，从而制定未来市场发展战略规划和经营策略，以提高市场竞争力。

11.1.1.2 管理价格和产品库存，实现收益最大化

在饭店中，价格体系的制定与价格管理，存量客房或其他产品的预订与销售控制，都是由收益管理部来负责的。在价格管理方面，主要体现在部门对客房等产品的定价上。就客房产品而言，无论是动态定价还是差别定价，收益管理部都要提前定好产品价格，并使定价力求准确和具有市场竞争力，以便销售部方便出售产品。饭店客房每天的存量资源是有限的，如果饭店的预订制度是“先来先得”，不加以控制，客房多被较早订房的折扣散客或旅行团体等低价顾客所占用，致使订房较晚的高价商务顾客因订不到房而流失，就会存在部分潜在收入的损失。部门通过对有限存量客房的管控，应用预订限制、预留保护和优化分配等方法管理预订工作，就可以最大限度地优先保证高价格顾客的用房，使饭店获得更高的客房收益。

11.1.1.3 把收益管理方法引入预算管理，合理制定饭店经营目标

饭店预算是指饭店未来一定时期内经营、资本、财务等各方面的收入、支出和现金流的总体计划。一般来讲，饭店会以年为单位来制定年度预算。预算对饭店的经营非常重要，它不仅是饭店经营活动的一个总体目标，而且还是部门和员工绩效考核的标准依据，对激励政策的有效执行有着很大的影响。预算制定的合

理与否，不仅关系到饭店经营的业绩和效果，还关系到员工的奖励收入，直接影响到员工的工作积极性和主动性。预算制定的是否合理，主要体现在其中的各项指标上。指标制定得过高，相当于设定了一个无法完成的目标，会挫伤员工的积极性，最终会导致员工失去信心而以失败告终；如果指标制定的过低，目标很容易被实现，也容易给员工带来惰性，损失了应得的潜在收入。传统的做法中，预算指标的制定多由管理者依据工作经验来确定，难免会出现指标过高或过低的问题。引入收益管理方法后，由于未来预算指标的确定是基于通过历史数据预测的结果，相比管理者的经验做法，要更加符合实际。而且预测技术还能够把指标分解到每个月甚至每一天。基于预测技术，每个月或者每一天的指标都会不同而且符合市场预期的波动，使预算的合理性大幅度增强，最大限度地规避了因预算指标过高或过低所带来的问题，从而对实现饭店收益最大化起到了推动作用。

11.1.2　饭店收益管理部的职能

饭店收益管理部通常具有经营、管理和协调三项职能。经营职能主要是指对来自不同渠道的散客（包括饭店会员散客）的订房；管理职能主要指对信息、市场指标和收益要素等进行管理；协调职能主要指其需要协调饭店前厅部和销售部来共同完成目标任务。

11.1.2.1　经营职能

在饭店传统经营中，预订工作通常被划分为两个部分，即散客预订和团体预订。一般情况下，散客的预订业务由前厅部负责，团体客人的预订业务由销售部负责。如饭店设置了收益管理部，则散客的预订会归属收益管理部负责，团体客人的预订仍然由销售部负责。团体客人一般表现为政府或公司会议以及旅行团体等，这些组织在团体预订中需要销售人员当面沟通并签订订房协议，为了能够给团体接待单位以更好的服务，饭店通常会采取销售人员与接待单位“一对一”的服务，以力求对每一个接待的团体都能够有专人负责。再者，销售人员经常与这些团体接待单位客户接触，比较熟悉，由他们来负责团体客人的预订，更有益于协议的达成。因此，饭店收益管理部的经营职能主要体现在对散客的预订工作上。需要说明的是，尽管团体客人的预订是由销售部来负责的，但收益管理部有着对团体客人房价制定以及客房数量分配的决定权。无论是散客，还是团体客人，在预订确认后，最终仍然由预订部门来分配客房。

11.1.2.2　管理职能

饭店收益管理部的管理职能主要体现在对市场信息、预测、产品价格、超订以及客房存量等指标的收集、制定与管理方面。这是因为饭店在日常经营中诸如未来市场需求的预测、价格体系的制定、客房存量的控制分配、超订以及销售渠道的运行等方面的工作都是由收益管理部来完成的。传统饭店经营中，在没有设立收益管理部的情况下，这些职能通常都会被划归为前厅部或销售部进行管理，显得比较分散和凌乱，经常会因为业务分配边际不够清晰或业务重叠而导致两个部门之间发生矛盾。而收益管理部的设立，实现了专业化的分工和统一管理，不仅减少了前厅部和销售部之间的矛盾，而且通过专业化的收益团队来管理这些指标要素，对挖掘饭店潜在的收益提供了保障。除此之外，收益管理部还承担着顾客消费行为分析、客房价格以及预订量等市场指标要素的存档和历史档案管理工作。

11.1.2.3 协调职能

饭店收益管理部门的设立，更多地集中承担了产品销售的时间、价格、渠道、市场细分以及预订控制的分析与决策工作。为饭店前厅部和销售部减轻了一定的负担，使他们能够有足够的精力投入饭店产品的销售当中去，从而使饭店市场管理与产品销售体系划分得更加清晰和明确。但值得注意的是，由于产品销售的时间、价格、渠道、市场细分以及预订控制等指标的制定和相关政策出自饭店收益管理部，这就要求收益管理部必须协调好与前厅部和销售部的工作关系。正是因为这些部门实现饭店收益最大化的工作目标是相同的，从而决定了需要划分清楚各自的工作职能和岗位责任，以免产生相互之间的业务重叠，出现工作矛盾。例如，销售部销售人员的收入通常是与销售业绩相挂钩的，而在确定销售价格和选择顾客群体上，销售人员除了考虑饭店的整体利益外，也会兼顾到是否有利于个人业绩指标的完成，而收益管理部的职能决定了应从优化市场指标的角度出发来进行定价和选择目标群体。不难理解，由于工作分工不同，产生不同的意见和矛盾也在所难免，要及时化解这些意见和矛盾，就需要收益管理部协调好前厅部和销售部的工作，经常做到与两个部门的沟通和协调，求大同，存小异，才能确保饭店各项目标任务的完成。

11.2 饭店收益管理组织机构

11.2.1 饭店收益管理领导小组

为推动收益管理工作在饭店落地，定期召开收益管理会议并对饭店收益管理工作进行检查和落实，饭店应设置两级收益管理组织。即成立收益管理领导小组并设置收益管理部或收益管理员（或称收益经理）。收益管理小组是饭店组织和领导开展收益管理工作的一级组织，负责组织召开饭店层面的收益管理会议，并对收益管理部门提出的战略目标和各项方案进行决策。收益管理小组的组长应由饭店总经理或主管营业的副总经理担任，成员由收益管理部、销售部、前厅部、餐饮部、客服部、康乐部、财务部、总经理办公室等相关营业部门总监或经理组成。组织机构如图 11-1 所示。

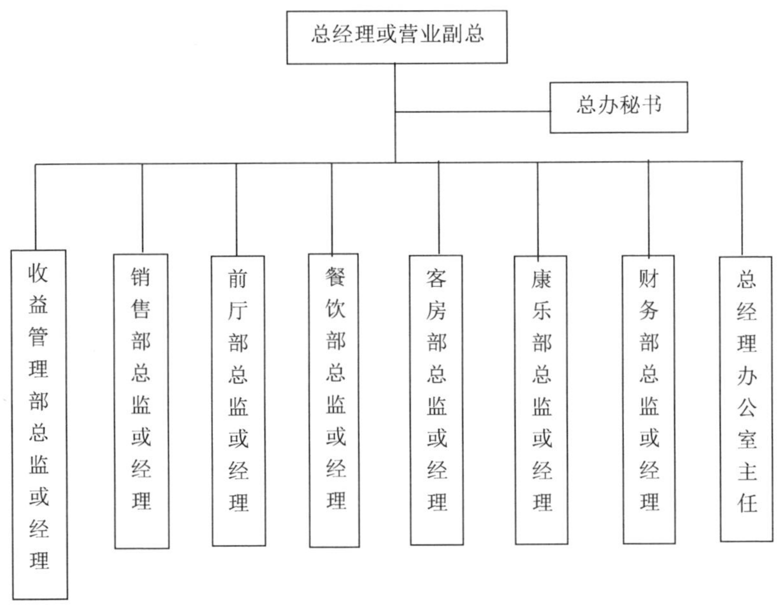

图 11-1　饭店收益管理领导小组组织结构图

11. 2. 2　饭店收益管理部或收益管理员

设置收益管理部或在销售部设置一名或若干名收益管理员，是饭店开展收益管理工作的二级组织。饭店收益管理部组织机构通常是按照工作内容和运行功能来设置的，一般在大型饭店中主要有收益部、预订部和渠道管理部三个部室组成（如图 11-2 所示）。而对于中小规模的饭店，则主要由收益管理部经理及相关岗位组成（如图 11-3 所示）。

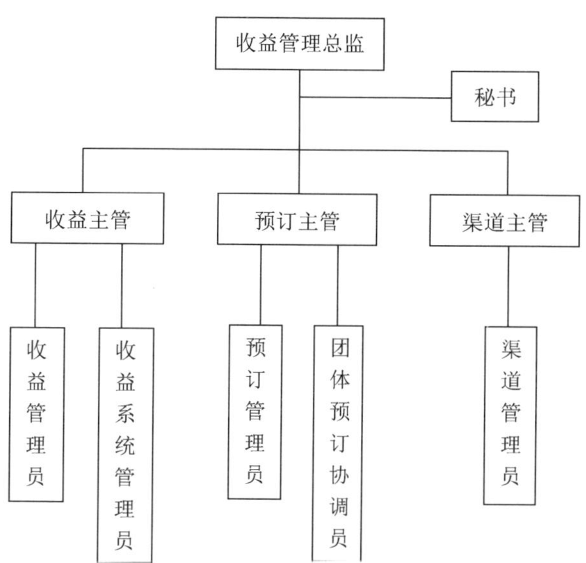

图 11-2　大型饭店收益管理部组织结构图

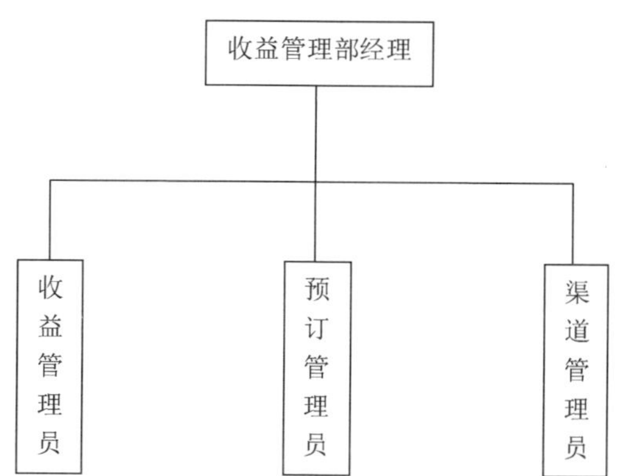

图 11-3　中小型饭店收益管理部组织结构图

收益管理部的组织设计，应本着组织机构扁平化的原则，在充分发挥组织效能的基础上来尽量降低人工成本。图 11-2 和图 11-3 所显示的只是一种通用的模式。对于不同品牌、不同规模和不同类型的饭店，收益管理部组织机构的设置会存在一定的差别，具体饭店可根据实际情况因地制宜地来进行设置。例如，大型饭店由于客房数量和种类繁多，顾客群体与细分市场类型比较复杂，对收益管理工作细化分工要求较高。因此，一般需要设置独立的收益管理部门，来按收益管理专业化流程工作。同时，在组织设计中也会细化分工，以满足大型饭店的经营需要。对于中小型饭店，是否设立独立的收益管理部，应根据饭店实际运营需求来定。如果设立收益管理部，应本着节省人工成本的原则，除预订管理人员外，设置一名收益管理员和一名渠道管理员即可。如果不设立收益管理部，可在销售部设立一名或若干名收益管理员来专门从事收益管理工作，销售部总监或经理也同时承担着收益管理工作的职责。

11.3 饭店收益管理部相关岗位职责

岗位职责，指饭店收益管理部每一个岗位所要求的需要去完成的工作内容以及应当承担的责任范围。岗位是收益管理部为完成部门各项任务指标而确立的，由相应工种和职务内容组成；职责是职务与责任的统一，由授权范围和相应的责任两部分组成。岗位职责的内容主要包含工作岗位名称及其数量、岗位职务范围、使用的设备、工作质量和效率、岗位任职资格以及要实现的岗位目标责任等内容。无论是饭店还是其他类型企业，都需要针对不同岗位制定相应的岗位职责，为工作任务的完成提供保障。其作用主要体现在以下几个方面：一是能够实现劳动用工的科学配置，既能够保证岗位工作的有序开展，又能够降低人工成本；二是可以防止因职能重叠而发生的工作扯皮现象；三是能够更好地发现和使用人才，便于进行业绩考核；四是有益于提高工作效率和工作质量，推行内部岗位竞争机制；五是便于规范操作行为，减少工作差错率。

本节以大中型饭店收益管理部岗位设置为例，对相关岗位职责加以描述。在大中型饭店收益管理部中，共设有收益管理总监、收益主管、预订主管、渠道主管、收益管理员、收益系统管理员、预订管理员、团体预订协调员、渠道管理员和秘书十个岗位。下面分别对这十个岗位的职责进行描述。

11.3.1 收益管理总监岗位职责

直接上级：总经理或分管副总经理

直接下级：收益主管、预订主管、渠道主管

【岗位职责】

（1）制定收益管理战略和策略，负责饭店收益管理工作的运行；负责为饭店相关部门提供市场预算任务指标，并对全过程进行跟踪，对最终管理结果负责。

（2）负责组织市场预测工作，构建饭店房价体系、分析市场动态和优化存量控制，捕捉每一个饭店潜在收入的机会，实现收益最大化。

（3）负责组织对饭店市场进行细分，实施预订控制，寻求饭店有价值的顾客，分析顾客的消费行为、兴趣和偏好，以提高饭店的收益。

（4）负责饭店客房的价格优化工作，组织制定客房最佳可用房价及客房价格体系，并通过市场预测和分析组织实施动态定价，使客房价格随着市场需求的变化而变化，从而挖掘潜在的收益。

（5）定期组织饭店市场竞争环境分析，就 MPI、ARI 和 RGI 三项竞争指标的完成情况经常与前厅部和销售部进行沟通，以求达到目标要求。

（6）保障部门各类管理系统工具的正常运行。包括收益管理系统软件、中央预订系统、饭店管理信息系统以及各类智能云端管理系统等。

（7）组织部门的散客预订和预订客房的分配工作，并通过相应的收益管理方法和思维，力争做到每一天客房、餐饮和宴会等能够实现收入最大化的目标。

（8）负责饭店直销和分销渠道的运营和管理工作，确保各销售渠道的价格和可供房量的实时更新。

（9）制定收益管理会议议题和内容，定期主持部门收益管理会议，并根据会议讨论的内容最终做出决策。

（10）负责协调好与前厅部、销售部及饭店其他部门工作，及时解决部门之间发生的工作矛盾，确保本部门有良好的工作环境。

（11）组织收益管理的动态循环工作，定期组织本部门人员对收益管理工作效果进行评价。

（12）负责对本部门各部室人员的管理和业绩考核，并对其他经营部门相关岗位的销售奖励政策提出合理化建议。

（13）完成直接上级交办的其他工作。

11.3.2　收益主管岗位职责

直接上级：收益管理总监

直接下级：收益管理员、收益系统管理员

【岗位职责】

（1）协助收益管理总监制定收益管理战略和策略，负责主持本部室的运行工作，负责对部室所属岗位人员进行管理和业绩考评，并对最终管理结果负责。

（2）负责组织部室人员定期收集市场信息、竞争对手信息、市场事件和饭店客史档案资料，通过人工或借助计算机收益管理系统对预订量、房价、住宿天数及超订量等主要市场指标进行定期或定时预测，获得预测结果。

（3）负责根据顾客的消费行为、出行目的以及来源渠道等要素对饭店整体市场进行细分，并以敏锐的眼光不断去寻求和挖掘饭店新兴细分市场，以此来增加饭店的收益。

（4）负责饭店客房的价格优化工作，充分掌握通过需求的价格弹性分析来优化房价，最终确定最佳可用房价的方法。负责对饭店客房进行定价并结合市场需求对价格进行等级划分以及制定饭店客房产品的价格体系。

（5）定期分析饭店 RevPAR、MPI、ARI 和 RGI 等主要市场指标的完成情况，对竞争对手动态进行监测，制定完成或超额完成预算目标的收益策略。

（6）负责对已发生的指标与预测值进行比对，分析预测效果，修正存在的偏差，不断提高预测的精准度。

（7）掌握基本的市场预测方法，能够熟练使用计算机收益管理系统，熟练掌握和分析各类收益报表和报告。

（8）负责计算机收益管理系统的使用和维护，负责历史数据采集、遴选和录入。每日对系统提供的预订量、房价、RevPAR 以及超订量等指标进行分析和整理，定期提供给直接上级用于执行决策。

（9）每日对各类收益报表进行分析，关注房价的执行情况，并根据市场需求变化和新市场事件的发生对价格进行及时的调整。

（10）负责饭店相关预算指标的测算工作，从收益管理思维角度制定相关预算指标，供上级决策使用。

（11）负责与预订部和渠道管理部室做好协调工作，以保障职能工作和经营工作的一体性。

（12）完成直接上级交办的其他工作。

11.3.3 预订主管岗位职责

直接上级：收益管理总监

直接下级：预订管理员、团体预订协调员

【岗位职责】

（1）协助收益管理总监制定收益管理战略和策略，负责主持本部室的运行工作，负责对部室所属岗位人员进行管理和业绩考评，并对最终管理结果负责。

（2）负责来自饭店直销和分销渠道的散客订房工作，并建立顾客订房档案，妥善保存。依据价格等级和客房存量分配方案决定应该接受的订房和拒绝的订房。

（3）熟练掌握饭店客房预订控制的基本方法，并能够运用这些方法在工作中制订预订控制和客房优化组合分配方案。

（4）负责饭店客房的容量控制工作。每日根据收益部室提供的预测结果，对可供预订的客房存量针对不同细分市场的客源进行分配，其中包括应该分配给销售部门用于团体订房的客房数量，并做好所有预订顾客的客房分配工作。

（5）负责对不同细分市场的顾客预订行为进行整理、归纳和分析，定期向收益部室提供相关资料，以便用于对顾客预订行为的预测。

（6）根据收益部室提供的预测结果，每日对分配给不同细分市场的客房预订量进行核定，在实现收益最大化目标的基础上进行分配。

（7）在市场需求旺盛时期，负责根据收益部室的预测结果对客房超订量进行核定，并及时提供给预订人员和前厅部。

（8）有对销售部各类团体合同条款的审定和建议权，最大限度地减少因预订取消限制条款不完善而造成的客房虚耗损失。

（9）负责协调团体客人的订房工作。每日对团体客人的房间供给量、房价以及取消情况等进行协调、监督和审核，以保证散客与团体客人订房的协调性。

（10）根据市场需求变化，制订并推出各类预订中的促销方案，以增加顾客的预订量。

（11）及时与饭店前厅部和销售部进行沟通，以便为做好客房存量的分配和安排营造良好环境。

（12）完成直接上级交办的其他工作。

11.3.4 渠道主管岗位职责

直接上级：收益管理总监

直接下级：渠道管理员

【岗位职责】

（1）协助收益管理总监制定收益管理战略和策略，负责主持本部室的运行工作，负责对部室所属岗位人员进行管理和业绩考评，并对最终管理结果负责。

（2）负责饭店官网、APP、微平台、网店、搜索引擎及社交媒体等直销渠道的运营、管理与维护工作。

（3）负责在线旅游服务商、电话订房服务商等分销渠道的运营、管理与维护工作。并与饭店销售部做好协调和沟通，协助销售部做好政府、公司、旅行社及旅游服务商等分销渠道的管理工作。

（4）根据收益部室提供的客房价格，及时上传至各个直销和分销渠道，并负责对客房价格的及时调整和修订，保证客房价格动态化的执行。

（5）根据收益部室提供的价格等级，结合饭店客房的出租情况执行对不同等级价格的开放和关闭，实现动态定价。

（6）关注直销和分销渠道比例的变化情况，及时向上级提供数据分析信息。定期对饭店在分销渠道上的排名、转换率和客户黏性等指标做出分析。与分销渠道相关人员及时沟通，确保渠道的畅通。

（7）实时关注竞争对手价格的变化情况，定期与饭店的价格相比较，并作出价格分析。根据价格的执行情况，确定饭店价格在竞争市场中的地位，定期提出改进建议，供上级决策。

（8）收集竞争对手的价格信息，进行归纳和总结，定期将该数据提供给收益部室，以便用于系统预测使用。

（9）从事渠道数据挖掘工作，分析顾客对渠道选择的兴趣和偏好，以及对渠道的依赖情况，定期整理和分析，并提供给收益和预订部室，为定价和容量控制提供数据依据。

（10）负责与分销渠道商的合同签订工作，并对预付、返现以及佣金等指标进行核定，最大限度地降低渠道成本。

（11）完成直接上级交办的其他工作。

11.3.5 收益管理员岗位职责

直接上级：收益主管

直接下级：无

【岗位职责】

（1）协助收益主管制定饭店收益管理策略，定期向收益主管汇报饭店收益的发生情况。

（2）熟练掌握市场无限制需求、预订量及房价等主要市场指标的基本预测方法以及客房存量的优化组合分配方法，并能在工作中加以运用。

（3）定期收集市场信息、竞争对手信息、市场事件和饭店客史档案资料，通过人工或借助计算机收益管理系统对预订量、房价、住宿天数以及超订量等主要市场指标进行定期或定时预测，获得预测结果。

（4）负责饭店客房的价格优化工作，充分掌握通过需求的价格弹性分析来优化房价，最终确定最佳可用房价的方法。负责对饭店客房进行定价并结合市场需求对价格进行等级划分。

（5）负责对饭店客房出租率、平均房价、RevPAR、MPI、ARI 和 RGI 等主要市场指标进行比较分析，对竞争对手市场动态进行监测，定期向上级提供市场分析报告。

（6）每日对各类收益报表进行分析，关注房价的执行情况，并根据市场需求变化和新市场事件的发生对价格进行及时的调整。

（7）负责定期对预测指标和已发生的指标进行比对分析，及时修正存在的偏差并上报主管上级。

（8）负责对饭店相关预算指标的测算工作，从收益管理思维角度提出相关预算指标方案，供上级决策使用。

（9）负责准备和提供收益管理会议用相关市场指标要素的数据资料，对资料进行归纳和整理。

（10）经上级审批后，负责向预订和渠道管理部室提供房价、超订量、存量分配比例以及价格等级方案等准备执行各项指标，做好与其他部室的沟通与协调工作。

（11）完成直接上级交办的其他工作。

11.3.6 收益系统管理员岗位职责

直接上级：收益主管

直接下级：无

【岗位职责】

（1）协助收益主管制定饭店收益管理策略，定期向收益主管汇报客源市场的动态情况。

（2）熟练掌握收益管理系统的运行原理和使用方法，能够进行系统后台操作和系统的更新，并与系统供应商服务部门保持联系和沟通。

（3）负责对饭店历史数据进行归纳、整理和分析，定期录入系统用于预测工作。熟悉饭店细分市场、客源结构和价格体系，并能运用系统进行数据分析。

（4）熟练掌握无限制市场需求、预订量及房价等主要市场指标的基本预测方法以及客房存量的优化组合分配方法，并能在工作中加以运用。

（5）负责每日对系统生成的各类报表、报告和图形曲线进行分析，善于从中发现市场需求的波动情况和顾客消费行为的变化情况，定期向上级提交分析报告。

（6）每日对系统预测的各类市场指标和生成的市场报告报送收益分析员和收益主管，以便对执行的市场指标进行调整和更新。

（7）每日向收益分析员和主管上级提供系统预测的房价、超订量、存量分配比例以及价格等级方案等准备执行各项指标，并参与分析和决策。

（8）负责对系统动态定价日历的管理，并及时录入市场需求的变化信息，以便系统对价格进行实时的修订。关注市场事件的发生，对市场需求产生影响的要素要及时输入系统，以提高预测的精准度。

（9）完成直接上级交办的其他工作。

11.3.7 预订管理员岗位职责

直接上级：预订主管

直接下级：无

【岗位职责】

（1）协助预订主管制定订房策略，运用收益管理方法从事订房工作，充分挖掘潜在的收入。

（2）按照收益部室提供的房价、住宿时间、客房存量分配等从事饭店散客的订房工作，熟练掌握接受预订和拒绝预订方法，并预留一定数量的客房给最有价值的顾客，做好所有预订顾客客房的分配。

（3）定期分析顾客的预订行为方式，预订轨迹的变化情况，对渠道的依赖性以及预订取消和无故未到等情况，从而不断改进预订方式来满足顾客预订需求。

（4）负责各类预订报表的生成和统计分析，对不同市场时期的预订情况做到时时掌握。并及时将报表提供给收益部室，以便从事收益分析使用。

（5）在市场需求旺盛时期，能够运用收益管理方法从事客房超额预订工作，最大限度地减少因预订取消和无故未到给饭店带来的客房虚耗损失。

（6）每日及时与订房客人通过电话等方式确认到店情况，做到对所有预订胸中有数，避免因预订取消和无故未到给饭店带来的客房虚耗损失。

(7) 掌握客房升降档销售法、条件预订法及住宿时间限制法等基本原理，能够使用这些方法来为饭店获得更多的客房收益。

(8) 负责制订和提出通过预订方式促销的方案，以在市场供过于求时期能够通过获得更多的订房来提高收入。

(9) 完成直接上级交办的其他工作。

11.3.8 团体预订协调员岗位职责

直接上级：预订主管

直接下级：无

【岗位职责】

(1) 协助预订主管制定订房策略，并就团体客人订房事宜定期提出意见和建议。

(2) 负责协调团体客人的订房工作。每日对团体客人的房间供给量、房价以及取消情况等进行协调、监督和审核，以保证散客与团体客人订房的协调性。

(3) 负责对饭店团体销售合同或协议条款进行审核，重点把握合同中预订或取消限制条款要与饭店收益管理制度相一致，以最大限度地减少因团体客人的预订取消而给饭店带来的损失。

(4) 负责监督和检查团体客人房价的执行情况，对存在偏差的要及时向销售部门提出调整意见，与销售部门共同维护价格权益。

(5) 每日阅读和分析团体客人预订报表，对相关数据定期归纳和统计，从中分析团体客人预订行为和规律，及时报送销售部门。

(6) 参加销售部的相关会议，定期向销售人员传递相关市场信息和团体客人预订和包括房价在内的相关政策，确保销售工作的一致性。

(7) 负责整理和归纳团体客人预订的数据档案，定期完成团体客人订房分析报告，报送上级主管。

(8) 做好与销售部和前厅部的协调工作，及时化解因工作而产生的矛盾，营造良好的经营环境。

(9) 完成直接上级交办的其他工作。

11.3.9 渠道管理员岗位职责

直接上级：渠道主管

直接下级：无

【岗位职责】

（1）协助渠道主管制定渠道运行相关策略，并就渠道运行管理提出改进意见和建议。

（2）熟悉饭店容量控制和动态定价的基本原理，掌握饭店细分市场及客源结构情况，懂得饭店各类客房产品对于不同细分市场的价格层次关系，熟练掌握饭店价格体系及价格等级。

（3）知晓饭店官网、APP、微平台、在线旅游服务商等渠道的运行原理，并能够熟练进行后台操作。

（4）负责饭店官网、APP、微平台、网店、搜索引擎及社交媒体等直销渠道和在线旅游分销商、电话订房服务商等分销渠道的操作与运营工作。

（5）定期接收收益部室提供的客房价格，及时上传至各个直销和分销渠道，并负责对客房价格的及时调整和修订，保证客房价格动态化的执行。

（6）依据收益部室提供的价格等级政策，结合饭店客房的出租情况执行对不同等级价格的开放和关闭，实现动态定价。

（7）关注直销和分销渠道比例的变化情况，进行预警分析并及时向上级报告分析结果。就直销和分销渠道比例的合理性及时提出意见。

（8）定期分析渠道中生成的各类报表，从事渠道数据挖掘工作，分析顾客对渠道选择的兴趣和偏好，掌握顾客对渠道的依赖性。关注饭店在分销渠道上的排名、转换率和客户黏性等主要指标。

（9）善于沟通和交流，能够与分销渠道相关人员建立良好的协作关系，确保渠道运行的畅通。

（10）关注竞争对手的房价，定期与饭店的房价相比较并作出分析。依据房价的动态变化，确定饭店价格在竞争市场中的地位，定期提出改进建议，供上级决策。

（11）完成直接上级交办的其他工作。

11.3.10　秘书岗位职责

直接上级：收益管理总监

直接下级：无

【岗位职责】

（1）协助收益管理总监处理本部门业务、行政事务和办公后勤方面的工作。

（2）负责部门各类书面文件的起草、完稿和打印，负责部门会议的记录和纪要的撰写工作。

（3）负责将部门的各项文件和指令传达至有关人员，负责部门的报告和文件汇总上报或送达有关部门。

（4）协助收益管理总监制定部门工作计划和为撰写月度、季度和年度工作总结收集与积累素材。协助部门及收益、预订和渠道管理三个部室从事相关业务的统计工作。

（5）负责收集各类市场信息，并对信息进行分类、归纳和整理，及时送达部门相关部室。

（6）负责部门各类客户和业务档案的管理工作，并分类整理存放，尤其是饭店经营历史数据的档案要求齐全和完整，随时供业务部门调取和使用。

（7）负责部门人员的考勤和考核，处理部门日常事务，协助收益管理总监协调与各部门的工作关系。

（8）完成直接上级交办的其他工作。

11.4 收益管理会议的主要内容

在饭店日常收益管理工作中，定期召开收益管理会议，是从事收益管理工作重要内容之一。收益管理会议分为饭店收益管理会议和部门收益管理会议。饭店收益管理会议一般每周召开一次，部门收益管理会议一般每日召开一次。下面，就收益管理会议参加的人员、会议内容和会议要达到的目的逐一进行阐述。

11.4.1 饭店收益管理会议

饭店收益管理会议每周召开一次，多数饭店会将会议放在周一召开，这是因为会议要对上周或上期的收益管理工作进行分析总结，对本周或未来某个时期的工作进行安排。参加会议的人员为饭店总经理、主管副总经理、收益管理总监、市场销售总监、房务总监、餐饮总监、财务总监、前厅部经理等收益管理领导小组成员以及收益主管、预订主管、渠道主管及收益管理部秘书。必要时，还可邀请团体和会议销售经理等相关人员参加。饭店收益管理会议一般由总经理主持，收益管理总监就上周或上期的工作及本周或下期的工作进行分析。上周的内容通常为顾客预订量及行为分析、各类房型销售分析、细分市场房价分析，散客和团体客人（包括旅行团体和会议团体）房控分析，直销与分销渠道比例分析、餐厅收益分析、竞争对手价格分析以及 RevPAR、RevPASH、RevPAST、MPI、ARI 和 RGI 等指标的完成情况分析等。下期内容通常是对未来某个市场时期（如未来一周或一个月等）各细分市场要执行的价格、预订量及趋势预测、散客和团体客人的房间保留情况、房价动态变化情况、控房及渠道策略、订房策略以及要实现的主要收益指标等作安排汇报，听取参会人员的意见并进行充分的讨论，最后由总经理进行决策。饭店收益管理会议召开的目的是通过对上期饭店实现的收益情况进行分析，修正存在的偏差，以便接续下期的工作；并通过对下期工作的安排汇报，与销售、房务和餐饮等部门做好沟通和协调，以便形成共识，步调一致地执行。

除此之外，饭店收益管理会议还会定期讨论未来收益管理工作战略和策略的问题。年末，收益管理部需要制订来年收益管理工作的战略计划，递交饭店收益管理会议讨论，充分听取相关部门人员的意见，达成共识，并最终由总经理来进行决策。每季度将会根据年战略计划来制定实现战略目标的相关策略，利用季度收益管理会议来分析讨论，确保下一季度收益管理工作有目标和计划地实施。部门秘书应做好饭店收益管理会议的记录，并书写每一次会议的纪要，经总经理签字后下发到相关部门，以便共同遵照执行。

11.4.2 部门收益管理会议

部门收益管理会议由收益管理部自行组织召开，相对于饭店召开的收益管理会议内容要更加具体，通常以晨会的形式每日召开一次，时间一般不超过一小时。但每月末要召开一次月度会议，主要内容是分析和总结月度工作。参加部门收益管理会议的人员为部门全体人员或主管以上人员，由收益管理总监主持，主要讨论以下内容：

（1）根据市场无限制需求的预测结果，对下一周、月或季度的各细分市场要执行的房价方案进行讨论、修订和确定，对预测中存在的偏差进行修订。

（2）根据顾客预订情况和预测结果，对未来某周期的旅行团体和会议用房针对存量进行优化分配，确定留给 Walk-In 顾客的保留房数量。

（3）对顾客平均停留天数情况进行分析，根据市场需求的预测结果确定入住天数限制计划，解决短期入住需求的不均衡问题。并对平均停留天数较长，贡献率较高的顾客进行分析，以便采取奖励措施将其转化为饭店会员或忠诚顾客。

（4）分析竞争对手的动态和房价，根据竞争对手价格的变化情况随时对本饭店已确定的房价竞争系数进行调整。

（5）关注宏观经济环境和相关经济指数的变化情况，分析旅游行业接待人数、收入情况、客源结构、环比和同比的增减情况、饭店行业平均市场指标和指数完成情况等信息。并在分析的基础上及时作出决策，用于指导饭店各项市场指标的制定工作。

（6）关注对市场产生影响的相关事件的发生，如政策法规、天气情况、疾病传播、会展信息、体育赛事和大型演出活动等，并根据这些特殊事件及时对饭店的价格系数进行调整。

（7）分析细分市场的划分，寻求新兴细分市场，关注直销和分销渠道客源比例变化情况，对存在直销和分销客源比例失衡的情况要及时作出调整。

（8）根据市场需求预测，制定客房超订策略，利用置换分析法则确保有价值顾客的订房。

（9）对上期客房和餐饮收入、出租率、平均房价、RevPAR、预订量、取消订房、无故不到和谢绝的预订等情况进行比较分析。

（10）分析 MPI、ARI、RGI 和市场占有率等主要收益指标，对饭店收益情况与竞争群进行分析比较。

（11）其他日常工作。

部门收益管理会议由于需要分析和研究的问题比较具体，为不影响日常工作，一般晨会中主要分析和讨论亟待解决和突发的问题。但在月度会议中，会对以上内容进行逐项讨论。部门收益管理会议由秘书负责记录，每日会议如无特殊议题一般不需要出纪要，但月度会议则需要书写纪要并下发至各个部室。

无论是饭店还是部门，定期召开收益管理会议是十分必要的。因为市场需求和顾客购买行为在随时变化，使得诸如房价和客房存量分配等市场指标也需要随时调整，以适应市场环境的变化和顾客的需求。再者，这些市场指标的调整和执行会涉及饭店多个部门，需要及时沟通和协调，以免在执行中出现偏差。换言之，收益管理工作是动态循环的，不是静止不变的，要使收益管理工作正常有序地开展，既要做到对市场指标的实时调整，又要在饭店各个部门中形成共识，而收益管理会议正是实现各部门之间沟通和协调，形成共识的必要途径。

11.4.3 收益管理会议的操作流程

制定和掌握好收益管理会议的流程，对开好收益管理会议非常重要。饭店收益管理会议每周召开一次，一般在周一召开，以便于以周为单位来定义方案中的市场时段。市场时段可以定义为一周、两周或以上，根据饭店实际工作需要具体确定。参加会议的人员为饭店收益管理领导小组成员和收益管理部主要人员，没有设置收益管理部的饭店，可由收益管理经理、预定主管和渠道管理经理参加。会议的主要流程为收益部门负责人或收益管理经理就制定的收益管理方案向参会人员进行汇报，经过会议讨论和修订，经总经理批准后执行。

为满足收益管理工作需要，收益管理方案中一般包括两方面的内容，即对过去经营业绩的总结回顾和对未来收益管理策略的讨论和决策，具体可参考上两节内容，这里主要阐述收益管理方案中的两个市场时段该如何设定的问题。一般来讲，总结和回顾的市场时段是指上一周或者上两周（饭店两周召开一次收益管理会议的情况下）的时间段；而未来的市场时段是指第五周或自第五周起未来的某一个时间段。例如，自第五周起的两周或一个月等。图 11-4 表示了会议总结和回顾的市场时段为上一周，方案制定的未来市场时段为会议当日之后的第五周和第六周。市场时段主要是依据饭店顾客提前订房时间的长短而定，不同地区和类型的饭店，由于顾客提前订房的时间不同使得饭店可能设置的市场时段不同，饭店可根据自身实际情况来进行设定。

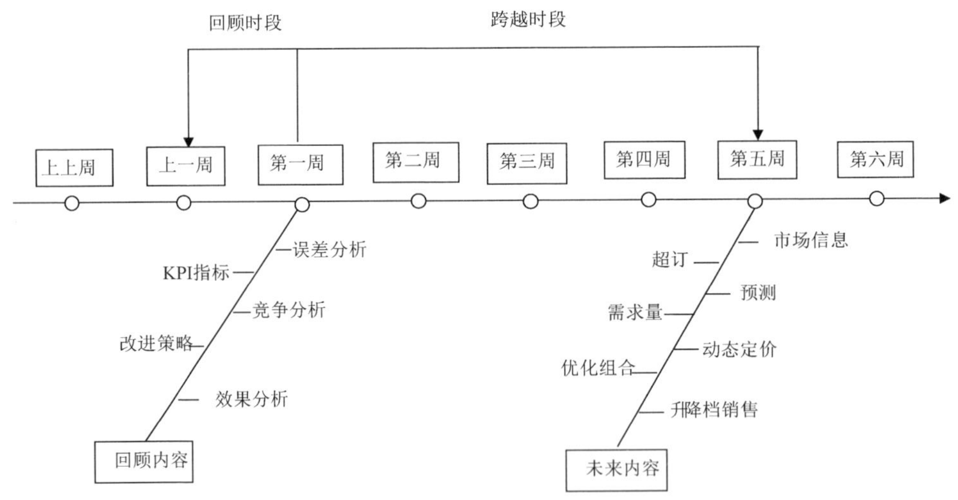

图 11-4　饭店收益管理会议时段图

为加深对收益管理会议的理解，下面举例说明。

【案例 11-1】

酒店丙为北京一家五星级酒店，2019 年 5 月 6 日召开了收益管理会议，以下为会议主要讨论的内容。

1. 2019 年 4 月竞争市场的三项指数分析

表 11-1　4 月竞争市场的三项指数分析

酒店名称	房间数（间）	应有市场份额	实际市场份额	MPI（市场渗透指数）			ARI（平均房价指数）			RGI（收入指数）		
				2019 年	2018 年	2019 VS 2018	2019 年	2018 年	2019 VS 2018	2019 年	2018 年	2019 VS 2018
甲	670	19.42%	20.50%	107.20%	111.80%	-4.11%	135.10%	126.30%	6.97%	146.80%	145.40%	0.96%
乙	320	9.28%	10.20%	112.30%	112.80%	-0.44%	100.60%	102.10%	-1.47%	112.10%	117.00%	-4.19%
丙	553	16.03%	16.90%	106.50%	112.50%	-5.33%	101.60%	102.20%	-0.59%	115.20%	116.80%	-1.37%
丁	407	11.80%	10.80%	78.00%	68.40%	14.04%	126.40%	137.40%	-8.01%	97.20%	93.60%	3.85%
戊	659	19.10%	18.30%	95.20%	87.90%	8.30%	84.70%	84.70%	0.00%	80.50%	76.20%	5.64%
己	655	18.99%	17.40%	90.50%	89.00%	1.69%	87.70%	84.20%	4.16%	76.60%	76.60%	0.00%
庚	186	5.39%	5.90%	110.30%	117.60%	-6.21%	63.90%	63.10%	1.27%	71.60%	74.40%	-3.76%

注：甲、乙、丙、丁、戊、己、庚分别为竞争群中的 7 家酒店，丙为本酒店。

2. 2019 年 6 月 3 日至 16 日平均客房出租率预测

表 11-2　6 月 3—16 日平均客房出租率预测表

星期	一	二	三	四	五	六	日
日期	3	4	5	6	7	8	9
预测出租率	68.17%	73.24%	83.54%	89.87%	88.79%	100%	94.38%
已有出租率	16.46%	11.75%	9.40%	8.68%	53.53%	52.08%	13.20%
去年同期	61.48%	66.91%	79.75%	91.86%	92.41%	96.20%	94.39%
星期	一	二	三	四	五	六	日
日期	10	11	12	13	14	15	16
预测出租率	86.44%	79.20%	87.34%	88.25%	79.39%	80.47%	82.82%
已有出租率	7.05%	9.40%	9.04%	5.79%	8.14%	7.96%	12.12%
去年同期	79.20%	77.40%	89.87%	95.30%	86.62%	93.67%	93.49%

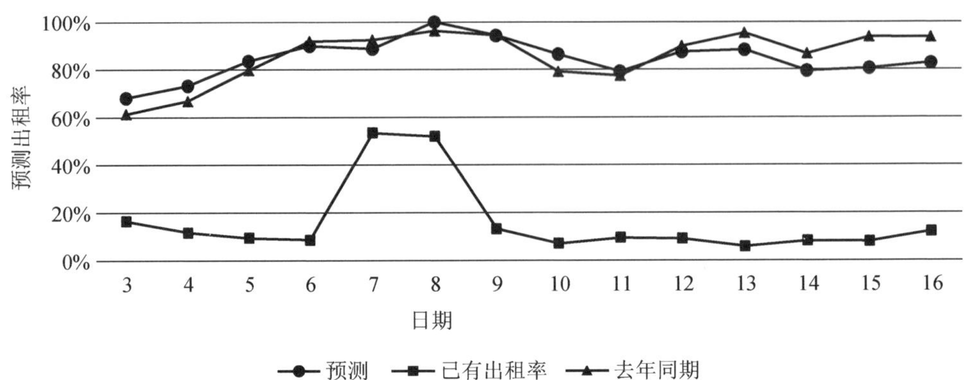

图 11-5　6 月 3—16 日平均客房出租率预测

3. 2019 年 6 月 3 日至 16 日商务大床房在 OTA 平台的预付价格

表 11-3　6 月 3 日至 16 日商务大床房在 OTA 平台的预付价格表

星期	一	二	三	四	五	六	日
日期	3	4	5	6	7	8	9
预测出租率	68. 17%	73. 24%	83. 54%	89. 87%	88. 79%	100%	94. 38%
建议价格等级	BAR41	BAR42	BAR43	BAR44	BAR44	BAR52	BAR45
建议预付价格	658	694	730	766	766	817	802
星期	一	二	三	四	五	六	日
日期	10	11	12	13	14	15	16
预测出租率	86. 44%	79. 20%	87. 34%	88. 25%	79. 39%	80. 47%	82. 82%
建议价格等级	BAR44	BAR42	BAR44	BAR44	BAR42	BAR43	BAR43
建议预付价格	766	694	766	766	694	730	730

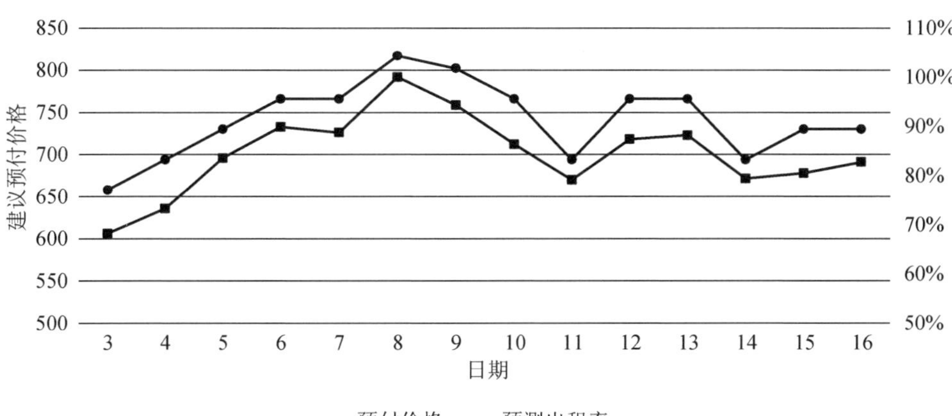

图 11-6　6 月 3—16 日商务大床房在 OTA 平台预订价格

4. 2019 年 6 月 3 日至 16 日客房预订的组合分配

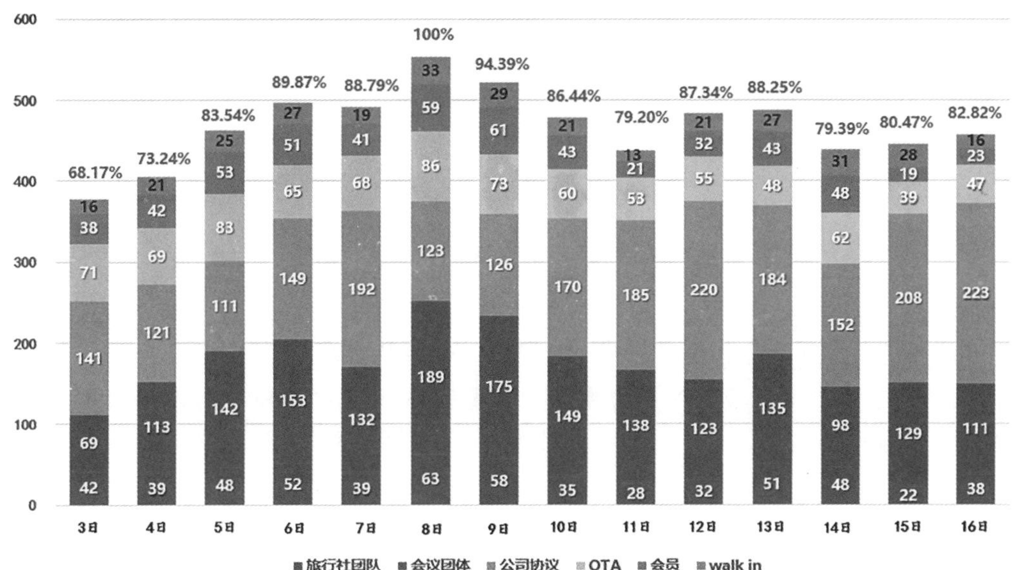

图 11-7　6 月 3 日至 16 日客房预订的组合分配

5. 2019 年 6 月 3 日至 16 日市场事件信息

表 11-4　2019 年 6 月 3 日至 16 日市场事件信息表

<table>
<tr><th>3日</th><th>4日</th><th>5日</th><th>6日</th><th>7日</th><th>8日</th><th>9日</th><th>10日</th><th>11日</th><th>12日</th><th>13日</th><th>14日</th><th>15日</th><th>16日</th></tr>
<tr><td colspan="3">艺术北京展览会</td><td colspan="4">第二十一届国际商用器材与技术博览会</td><td></td><td></td><td></td><td colspan="3">第十九届国际加气站设备展览会</td><td></td></tr>
<tr><td></td><td></td><td></td><td></td><td colspan="3">第二十届国际特许加盟展</td><td></td><td></td><td colspan="3">国际工业智能及自动化展览会</td><td colspan="2">第二十届国际玩具及幼教用品展览会</td></tr>
<tr><td></td><td></td><td></td><td></td><td colspan="3">第二十届国际园艺展览会</td><td colspan="3">第十一届国际电子信息展览会</td><td></td><td></td><td></td><td></td></tr>
<tr><td colspan="4">第十届互联网信息会议</td><td></td><td></td><td></td><td></td><td></td><td colspan="3">第七届国际养老服务业博览会</td><td></td><td></td></tr>
<tr><td></td><td></td><td></td><td></td><td></td><td></td><td></td><td></td><td></td><td></td><td colspan="3">国际葡萄酒烈酒展览会</td><td></td></tr>
</table>

热度高　　距离近　　其他

会议总结：

1. 上周 KPI 任务完成，平均客房出租率（OCC）、平均房价（ADR）及每间可供出租客房收（RevPAR）均高于去年同期。预测与实际出租率比较，平均绝对误差均在 5% 内，符合精准度要求，定价符合市场需求。

2. 竞争对手丁酒店收入能力增强，主要得益于定价的精准和动态化，对本酒店构成较大的威胁。

3. 4 月渗透指数 MPI、平均房价指数 ARI、收入指数 RGI 三项指标同比均不同程度的下降，市场竞争能力减弱。其中，RGI 指标下降 1. 37%，主要是出租率下降过大所致，平均房价指数略有下降，需要制订促销计划，加大客房销售力度。

4. 根据对未来市场需求量的预测结果，依照价格体系，确定了 6 月 3 日至 16 日各个细分市场的客房销售价格和客房分配方案，除了 6 月 9 日旅行团由市场需求 70 间控制为 58 间外，其余方案内容会议一致通过。

5. 6 月 3 日和 4 日推出连住优惠房价，可做升档销售。6 月 13 日尽量接受住

2 天（LOS=2）的订房。

6. 形成会议纪要。

11.5 收益管理的跨部门协作

收益管理工作是一项系统工程，要实现饭店收益最大化的战略目标，仅依靠收益管理一个部门来完成是不现实的，而是需要上至饭店总经理，下至全体员工的共同努力才能实现预期的目标。因此，收益管理部门通过跨部门协作，与其他部门保持良好的沟通和协调，对顺利开展收益管理工作是十分必要的。通常，与收益管理部业务关系比较紧密的部门主要有前厅部、销售部、餐饮部和财务部，下面就收益管理部与以上几个部门应做好的协调工作进行阐述，以便加深对跨部门协作的认识。

11.5.1 与前厅部的协作

前厅部是顾客在进入饭店后第一个接触的对象，也是离店时最后一个接触的部门。由于前厅部涵盖了客房预订服务管理、信息系统管理、接待服务管理、房态管理、客账管理、行李管理和委托代办服务管理等方面业务，是顾客最为信赖的部门之一，通常被称为饭店的中枢神经，在日常经营中起着连接饭店与顾客之间的桥梁纽带作用。

收益管理部与前厅部进行跨部门协作的必要性主要体现在以下三个方面：一是前厅部的部分业务转移给了收益管理部，要确保工作的高度一致性，需要收益管理部保持与前厅部的深度沟通和协调。在饭店没有收益管理部门之前，原有的部分收益管理工作职能都是由前厅部来完成的。例如，散客房价的制定，散客的预订管理、客房的房态控制以及客房的超额预订等，甚至有些饭店直销官网、中央预订系统和在线旅游服务商的管理也是由前厅部来负责的。饭店设立收益管理部后，为了实行专业化集中管理，以上业务需要由前厅部转移到收益管理部，无形中会削弱了前厅部的部分管理职能，使前厅部管理人员产生一些不满情绪。为此，要及时消除两个部门之间因业务转移而产生的隔阂，深度的沟通和协调就显得非常重要。再如，原有散客定价权、订房权和客房存量的分配权等职能划归给了收益管理部，使前厅部从以上职能原有的决定权转变为执行权，也会因此产生一些抵触情绪，需要及时消除。在我国，饭店收益管理工作还处在初始发展阶段，管理人员对职能转变的认识还需要有一个过程，这就需要收益管理部门多主动与前厅部做好沟通和协调工作，以获得前厅部人员的理解和配合。二是收益管理目标的实现离不开前厅部的支持和配合。尽管前厅部原有部分工作职能转移到了收益管理部，但收益管理部主要的职能是对市场指标要素的制定和决策，具体实施还需要依靠前厅部来完成。例如，收益管理部制定了房价，也为散客预订了房间，但需要前厅部前台人员来完成对顾客的接待，才能最终获得收入。再者，收益管理部确定了某一天现有客房存量的分配方案，也需要前厅部的正确安排才能实现存量优化分配的目标。在市场需求旺盛时期，收益管理部每日都会制订客房超额预订的方案，计算出每日应该超订的客房数量，以最大限度减少因预订取消和无故未到给饭店带来的客房虚耗损失。但是，如果前厅部在接待中没有去认真执行这一方案，而是按照自己的意愿来接待顾客，即使收益管理部制定出再好的超订方案，也会付诸东流，成为纸上谈兵。三是要实现收益最大化的任务，仅有目标和决心是不够的，最终还需要前厅部人员的努力配合才能得以实现。另外，要实现收益管理部制定的收益策略，前厅部对前台接待人员制定行之有效的奖励制度，从而来激励接待人员创收增效，也是非常重要的环节。通常，饭店会要求收益管理部相关人员直接参与到前厅部对前台接待人员奖励政策的制定当中，提出合理化建议，使收益理念与接待人员的动机有效结合起来，对实现饭店收益最大化目标是非常有益的。要做到这一点，就需要两个部门之间建立良好的协作关系，做到及时的沟通、交流和配合。

11.5.2　与销售部的协作

销售部作为饭店产品销售的主要部门，在饭店中历来起着重要的作用。其主要职能是销售饭店客房、餐饮以及康乐等产品。销售部不仅承担着一定的销售任务指标，而且还承担着信息收集、市场分析、市场拓展、组合产品、产品促销以及竞争对手分析等任务。在饭店传统经营中，因没有设立收益管理部门，除散客订房业务外，其他与收益管理相关的工作都是由销售部来负责完成的。即便设立了收益管理部，大多数饭店仍将团体客人、宴会和团餐的销售工作划归销售部负责，其目的是销售经理通过与组织单位面对面地交流和沟通，便于加深情感沟通，从而使这一直销客源体系更加稳固。

收益管理部与销售部之间既是业务联系最紧密的部门，也是最容易发生工作矛盾的两个部门。因此，协调好与销售部的关系，对收益管理工作的顺利开展十分重要。主要体现在以下三个方面：一是收益管理部所制定的策略，多数需要通过销售部来实施，从而达到收益最大化的目的。但如果两个部门在市场指标的实施和顾客的接待上认识不统一，无法达成共识，会对目标的实现带来很大影响。例如，销售部在团体订房中容易发生先来先得的现象，这是因为销售部每一位销售经理都有自己长期协作的客户单位，特别是一些多年与饭店建立有协作关系老客户，与销售经理都建立有深厚的情感。为此，销售经理一般不愿意因为一次不愉快的订房而失去这些客户。所以，当一些老客户提前以较低的折扣价订房时，销售经理往往会按先来先得的方式接受预订而没有兼顾到预订控制策略，但当出现因客户价格过低而系统无法接受该订房时，便会产生工作矛盾。这就需要两个部门之间来充分沟通和协调，找到解决这一问题的有效方法。因为，过低的折扣价格会使饭店失去潜在的收益，但失去客户也会给饭店带来损失，更何况是老客户，而解决这一问题的有效办法即是收益管理部团体预订协调员应经常与销售经理保持沟通，建立良好的协作关系，共同树立收益意识，制定出有效的实施策略。二是收益管理部应多主动与销售部协调和沟通，建立良好的协作机制。从部门职能上讲，收益管理部相对销售部而言，有更多对市场指标的决定权。例如，对客房的定价权、预订的控制权以及对客房存量的分配权等。因此，收益管理部门在制定收益策略时，除了通过对市场的分析和预测外，还应该多与销售部进行沟通，征求他们的意见，达成共识。因为销售部门经常会与客户单位直接接触，对顾客的需求、偏好以及消费行为等都非常了解，而且销售人员在销售实践中也积累了丰富的经验，与销售部经常性地沟通和协调，更有益于收益管理部门制定出行之有效的收益策略。三是要相互理解各部门所承担着的责任，求大同，存小异，以实现收益最大化为目标去沟通和协调出现的问题。由于收益管理部和销售部的职能存在着一定的不同，要做到彼此相互理解，对出现的问题要及时沟通和协调，以便达成共识。工作中，比较容易出现的矛盾焦点是价格决定权问题。销售经理每年都有自己的销售任务指标，指标业绩的完成与否、完成的高低，决定着他们的收入和奖励提成，可以说是与他们的切身利益紧密相关的。因此，在团体客人的预订中，他们除了考虑饭店的整体利益外，还会重点考虑到接待量的指标，有时容易出现量价之间存在的矛盾。这也需要收益管理部门积极沟通和协调，最好能参与到销售部对销售经理每年指标任务的制定当中，使其与收益指标相结合，从而树立共同的收益最大化意识。

11.5.3 与餐饮部和财务部的协作

收益管理部与餐饮部的协作，主要体现在新的管理思维和收益方法方面。即要实现最大化餐饮收益的目标，需要两个部门协作来共同制定餐饮收益策略。传统餐饮经营中，通常用上座率、人均消费和翻台率三项指标来衡量餐厅的经营业绩。而从收益管理的角度看，应用每餐位小时收益作为衡量餐厅经营业绩的主要指标则更为科学。因此，相对于传统的餐饮经营方式，收益管理为其带来了新的经营理念和方法。例如，在用餐的高峰时段，如何通过对顾客用餐时间的控制来提高收益率；如何通过对顾客公平度感知的调查，来合理调整菜品价格，实行差别定价；如何通过对餐位的容量控制来优化分配订座以及如何通过预订控制来增加宴会的收益，如何使会议和宴会使用场地发挥最大效能等等。这些新的经营理念和方法对多数餐厅管理人员来说，还比较陌生，要熟悉和接受这些方法，需要收益管理部与餐饮部定期沟通和协调，在普及收益知识和运用这些方法的同时，共同来制定餐厅有效的收益策略。

与财务部的协作，主要是体现在夜审制度方面，需要收益管理部、前厅部和财务部的共同协作来完成。由于在收益管理策略中，客房价格实行的是动态定价，价格在每月、每周甚至是每天的不同时段都是在动态变化的。而财务部每天都要根据价格政策来对营业收入进行审核，这就需要三个部门共同制定有严格的夜审制度和价格执行的制度。并在日常工作中经常沟通和协调，对出现的收入偏差要共同及时查找原因，杜绝可能发生的收入漏洞，确保每日收入的准确入账。

除以上部门外，收益管理部还需要与饭店其他部门保持良好的协作关系，以保证部门工作的顺利开展。收益管理工作是一项系统工程，需要饭店全方位的支持与配合才能实现预定的目标。因此，在收益管理部积极协调好与饭店各个部门工作关系的同时，饭店总经理应牵头抓好协调工作。有条件的可成立饭店收益管理委员会，由总经理亲自挂帅，主要部门的总监或经理参加，共同参与到收益管理工作当中，对协调好各部门之间的工作关系至关重要。

11.6 实施收益管理应该消除的误区

20 世纪 90 年代末期，收益管理理论引入中国，并率先在民航业进行推广和使用。近 20 年的实践证明，收益管理对帮助民航业挖掘潜在的收入和创造更多的利润是十分有效的。在饭店业，除了委托国际品牌管理的饭店多数在使用收益管理方法外，自主管理的饭店大多没有应用收益管理方法来管理市场。究其原因，主要是多数饭店管理者对收益管理方法的应用还停留在初步的认识阶段，甚至对收益管理理论还存在一些疑惑和认识的误区，或多或少地对收益管理方法的普及和推广起到了制约作用。因此，消除这些存在的认识误区，对普及和推广应用收益管理方法是十分必要的。这些误区主要体现在以下八个方面，需要我们去认识和消除。

11.6.1 实施收益管理就必须购买收益管理系统的误区

收益管理是源于管理学、营销学、运筹学以及微观经济学等诸多学科理论的产物。实施收益管理，首先需要构建收益管理体系，组建收益管理团队和完善收益管理制度。在收益管理实施过程中，预测结果的使用和市场指标的确定最终是由人来决定的，管理系统给出的数据在没有经过收益管理专业团队决策之前，是不能投入市场的。同时，管理人员每日还需要监测市场需求和房价的变化情况，从而进行调控。另外，管理人员还需要每日制定客房存量分配和客房超订措施，监控系统预测结果是否与市场需求相吻合，对存在的偏差进行及时调整；系统给出的各项市场指标，是否能够投入市场，最终也是由管理人员来决定的，而不是管理系统。概括地讲，管理人员的决策工作是系统所不能替代的。诚然，收益管理系统的开发和使用，在市场指标的预测和对复杂数学模型计算方面给管理人员提供了很大的帮助，不仅把管理人员从复杂的数字运算中解脱出来，而且提高了预测结果的精准度。可以说，有了收益管理系统的帮助，使人工智慧与计算机智能完美地结合，在很大程度上提高了收益管理工作的效率，这是不容置疑的。但是，这并不意味着没有收益管理系统就无法开展收益管理工作，因为收益管理是一项系统工程，除了收益管理技术层面的应用外，还需要运用收益管理思维和决策来制定相关策略并组织运行，而不能简单地用是否拥有收益管理系统来作为衡量收益管理工作开展的标准，需要消除这一误区。

11.6.2 饭店只有在满房情况下实施收益管理才有效的误区

收益管理并不是基于饭店市场供不应求环境下的理论，而是可应用于饭店的任何市场时期，并在任何市场时期都可以运用不同的方法来有效地帮助饭店提高收益。即当市场处于供过于求时，可通过最大限度地减少库存，充分利用现有的资源来实现收益最大化；当市场处于供不应求时，可通过应用价格杠杆的调节与容量控制来实现收益最大化。例如，市场需求的预测、客房价格的优化、实施动态与差别定价、对不同细分市场客房的容量控制以及客房超订等，都是收益管理中常用的方法。而其中客房价格的优化、动态与差别定价等管理方法，无论饭店是否满房，都能够有效地帮助饭店提高收益。例如，客房价格的优化是基于对未来每个交易价格预测的基础上，通过市场需求的价格弹性分析来找到在某个市场周期内的最佳可用房价，从而使饭店获得更高客房收入的一种方法。价格优化针对的是市场中的某个波动周期，与市场需求的变化发生直接关系，而与饭店是否满房无必然关系。对饭店而言，即便是市场处于衰弱期，饭店不满房，也会有顾客购买饭店的产品。顾客在购买饭店产品时，注重的是产品价值和与之相对应价格的高低，即性价比，并不关心饭店是否满房。因此，如果饭店在市场衰弱期并没有简单地采取削价竞争的策略，而是通过市场需求预测、竞争态势和顾客消费行为分析来优化房价，找到最佳可用房价，依然可获得更大的潜在收益。相应地，如果饭店处于市场需求旺季而经常满房，除实施以上策略外，再加上客房的容量控制和超订等方法的应用，就会如虎添翼，从而实现饭店收益最大化的目标。因此，收益管理并不只是在饭店满房的情况下实施才有效，而是在任何市场时期都可以通过实施收益管理策略来获得良好的收益。

11.6.3　实施收益管理对提高饭店收入可以立竿见影的误区

“为什么饭店实施收益管理有一段时间了，却没有看到明显的效果。”饭店管理者经常会提出类似的问题。前面谈到，实施饭店收益管理，首先需要设立收益管理组织机构，组建收益管理团队和完善收益管理制度，这不仅需要一定的时间进行筹备，而且还要对从业人员结合饭店的实际情况进行收益管理专业化培训，使他们对收益管理理念和方法取得认同并能够在工作中加以运用。同时，在得到饭店管理者和相关部门对收益管理方法的认同后，还需要将收益管理理念与饭店的管理文化融合起来。其次，要开展饭店收益管理工作，不仅需要收集、整理和归纳饭店大量的客史资料，调查分析市场环境和竞争对手的情况，还要建立与销售部、前厅部和餐饮部等部门协调工作的体系。另外，收益管理方法中的接受预订模式、定价方法及客房存量分配方式等内容与饭店传统的运行模式存在一定的差异，需要一定的时间来进行整合。后期，在构建新市场运行模式的基础上，无论是动态化的产品价格，还是杜绝先来先得的预订模式，都需要一定的时间来得到顾客或客户的认同并允许市场有一个接受的过程。一般来讲，从收益管理体系的构建到上轨道运行，需要一定的时间来夯实基础，少则数月，多则一年甚至以上，具体取决于饭店的实际情况。收益管理是一项系统工程，需要一定的时间实施和逐步完善，是使饭店长期受益的一种管理方法。因此，管理者应该走出今天实施收益管理，明天就要见效益的思维误区。

11.6.4 收益管理注重的是产品价格而不是产品价值的误区

在收益管理的五要素中，第一个要素即是“合适的产品”。可见，创造优质的饭店产品，对开展收益管理工作非常重要。要做好收益管理工作，产品是基础，没有一个好的饭店产品，无论你的销售渠道多么畅通，制定的价格多么合理，销售的手段多么高明，也很难取得好的工作效果。我们正处在互联网信息时代，对顾客来讲，饭店的价格信息是非常对称的。在各大 OTA 渠道上，不仅有非常透明的真实价格，而且还有顾客的在线点评，点评分数正是顾客对饭店产品价值量化评价的表现。顾客在选择饭店中，注重的是良好入住体验和产品性价比，很少有顾客会因为贪图蝇头小利而去购买劣质的产品，这就是为什么合适的产品是收益管理五要素之首的缘故。因此，从收益管理角度讲，无论采取哪一种提高收益的方法，都要更加注重饭店产品的价值，通过创造优质产品来提高收益。巧妇难为无米之炊，不能因为实施了收益管理，就可以忽视对产品价值的提升，要避免类似错误思维的形成。所以，收益管理不仅关注的是每一个产品的交易价格，同时也非常注重饭店优质产品的设计，只有创造出优质的产品，才能为实施收益管理策略提供保障。

11.6.5 市场销售部门与收益管理部门具有相同职能的误区

饭店管理者中，经常会存在市场销售部门与收益管理部门职能相同的认识，其实这是一个误区，两个部门无论是从职能划分还是在功能上都存在着不同。关于这一点，在上一节中曾有详细的阐述。简而言之，销售部的主要职能是直接销售饭店的各类产品，组织促销活动；而收益管理部除负责散客的订房外，更多的职能是预测未来市场、制定产品价格、规划细分市场和合理分配可供出售的存量客房等，起着对销售部从事产品销售工作的政策供给作用。例如，销售人员的主要职责是通过预定的渠道把饭店产品出售给顾客群体，但应该以什么价格出售，在什么时间出售，有多少客房可以出售等政策，是需要收益管理部门来制定和决策的。因此，饭店收益管理部门的主要职能是在对未来市场需求预测的基础上，制定和优化饭店产品价格，为不同细分市场的顾客分配客房资源，选择和管理销售渠道等。收益经理需要为饭店销售人员定期提供各类产品的销售价格，以便销售人员及时以最优的价格把产品出售给顾客。如今，因为有不少饭店没有设立收益管理部门，饭店的产品定价、客房分配和销售渠道管理等职能都是由销售部或前厅部来完成的。因此，容易发生两个部门在工作职能上的概念混淆也就难免了。所以，从专业分工的角度讲，饭店销售部门与收益管理部门的工作职能是不相同的，应该区分开来。

11.6.6 客房出租率提高了就意味着收益管理工作做好了的误区

平均客房出租率指标，作为衡量饭店客房产品销售能力的一项重要指标，多年来一直被饭店管理者视为饭店经营业绩好坏的风向标。事实上，这是一个认识误区，因为单纯的客房出租率指标并不能全面反映饭店经营的业绩。关于这方面的内容，我们在第一章中已有详细的阐述，在此不再赘述。由于衡量收益管理工作效果的指标有多项，不能只用包括客房出租率在内的任何一项指标来衡量，需要进行综合分析。所以，客房出租率指标的高低既不能全面反映客房收入的高低，也不能用于反映收益管理工作的整体业绩。

11.6.7 收益管理取得的业绩不容易被直观看到的误区

相关资料显示，美国饭店业经过 20 多年的收益管理实践证明，在不增加客房数量、不延长劳动时间和不增加饭店成本支出的情况下，通过应用收益管理方法，可使饭店的营业收入增加 3% 至 7%。那么，这一经营业绩如何被体现出来呢？首先，让我们来看一下传统经营业绩的比较方法：一是将完成的经营指标情况与同期预算指标相比较，看是否完成或超额完成了同期预算指标；二是与上年度同期指标相比较，看今年的业绩与上年度业绩相比是递增了，还是下降了。但无论采用哪种方法，都是自己在跟自己比较，而忽视了与竞争对手作比较，完全采用这种比较方法来衡量业绩显然是不科学的。从收益管理的角度看，饭店自身的同比、环比或与同期预算的比较并不能全面反映出饭店的总体业绩情况，更重要的是要与竞争对手的指标进行比较，以此来确定饭店在竞争市场中的业绩水平。而能体现这一业绩水平的量化指标是市场渗透指数（MPI）、平均房价指数（ARI）和每间可供出租客房收入指数（RGI）。由于这三项指标在传统饭店经营的报表上一般不会体现出来，所以收益管理工作取得的业绩情况不容易被上级管理者直观地看到也在所难免。只要饭店不断完善收益管理制度和流程，强化收益管理理念的培训，这一误区是很容易被消除的。

11.6.8 收益管理属于财务管理范畴的误区

每当提到饭店收益管理，初次接触的饭店人员总会与财务管理联系起来，认为收益管理属于财务管理的分支和范畴。因为，毕竟财务管理中的收入、成本、费用和税收等指标都与饭店的收益存在着紧密的关系；也有不少财务方面的学者和专家从财务管理的角度来诠释饭店收益管理理论。究其源头，容易混淆概念的原因恰恰体现在“收益”两字上。在经济学中，收益的概念为经济收益，用于反映企业收益的本质，把收益看作是财富的增加；而会计学上则把收益定义为会计收益，在概念上与经济学中的收益存在着一定的差别。在传统观点中，会计收益是指来自企业期间交易已实现的收入和相应费用之间的差额，更多是指饭店的GOP、EBITDA或净利润等财务指标。依据收益管理理论，饭店收益管理是从市场管理的角度来诠释收益的，其注重的是产品收入而非成本控制，因此，我们常说的饭店收益管理应属于市场管理范畴而非财务管理范畴。

11.7 收益管理未来的发展趋势

伴随着改革开放40多年的进程，中国旅游业得以快速的发展，不仅有大量的国内消费者出行旅游，而且也吸引着众多对中国感兴趣的外国宾客来华旅游。商务和休闲旅游市场的强劲增长带来了国内本土饭店数量的持续上升，国际饭店集团在此期间也加大了在华扩张的力度。然而，自2014年以来，国内外经济环境发生的一系列变化，致使国内饭店市场开始步入下行的轨道，多数饭店开始面临着经营的困境，不断增加的饭店数量和市场供给不足之间的矛盾日益突出。另外，随着移动互联网的迅猛发展，互联网+、大数据、云技术、5G、多屏互动以及移动支付等新概念的出现，消费者的生活和消费方式也在发生相应的改变；客栈民宿、短租公寓、长租公寓等生活性服务业态的出现，也为消费者购买住宿产品提供着更多的选择渠道。就饭店消费者而言，他们不仅可以选择自己喜欢和信赖的订房渠道，而且有更多的饭店或短租公寓可供他们选择。他们可以选择自己喜爱的饭店、更合适的价格和产品，还可以选择类似客栈民宿或短租公寓等饭店的替代品，以满足其住宿需求。在此态势下，为提高市场竞争力，被视为饭店经营者利器的收益管理策略越来越受到饭店集团甚至是单体饭店的重视。

收益管理理论自进入我国以来，在国际品牌管理的饭店中得到成功的应用，为饭店增强市场竞争力，实现收益最大化提供着很大的帮助。近年来，我国饭店业也开始高度重视收益管理方法，一些本土品牌的饭店集团甚至是单体饭店开始应用收益管理方法来管理市场，使用收益管理系统来帮助饭店提高收益管理工作效率。再者，收益管理理论和技术经过多年的运用和实践，也得到长足的发展。不少专家学者从理论上对包括预订量、价格、存量分配以及超额预订等指标在内的复杂预测模型进行着不断的研究和优化，在提高预测精准度和应用广泛性方面取得了丰硕的技术成果。收益管理系统制造商也在不断推陈出新，吸纳和运用新技术，为饭店管理者提供着高性能的收益管理系统。大数据思维、云技术和 5G 的出现，使收益管理理论得到进一步的升华。日常工作中，收益管理方法的运用除了关注饭店的历史数据外，也更加重视市场和消费者购买行为中的大数据，并通过与电子销售渠道、搜索引擎以及社交媒体等互联网产品进行融合，使收益管理工作的效能得到进一步的提高，应用范围也从客房延伸至餐饮、娱乐以及租车等领域，并在关注产品收入的同时，也更加注重产品利润的提高，为饭店管理者提供着立体化和多维度的服务。例如，一些信息公司通过消费者在饭店的住前预订、住中体验和住后评价分析，来预测消费者再次购买的心理活动和行为，通过融入收益管理理论进行综合分析，为饭店制定预订策略、规划细分市场和改进饭店产品提供着更大的帮助。

过去，由于收益管理专业人才的缺乏，在一定程度上制约了收益管理工作的发展。然而，令人可喜的是目前国内已有多家培训机构为培养饭店收益管理专业人才提供着服务。以北京都季酒店管理公司为代表的收益管理专业服务与咨询机构，每年为饭店业培养着大量的收益管理专业人才，对解决饭店收益管理专业人才的缺乏，推动我国饭店业收益管理的发展起着重要的作用。

2020 年新冠肺炎疫情给饭店业带来了重创，收益管理方法帮助饭店在后疫情市场增收方面，起到了重要的作用。随着时代的更迭和进步，收益管理作为饭店经营管理中的利器，将会越来越受到饭店管理者的重视。目前，除了民航和饭店业外，收益管理在铁路、船舶、租车、影剧院以及高科技等行业也得到广泛的应用，并在社群管理、粉丝经济、精准营销、数字营销以及新媒体营销等紧密结合，为企业提供着更为广泛的服务。未来，收益管理通过与人工智能相结合，服务领域和发展前景将会更加广阔。

11.8 小结

（1）收益管理工作是一项系统工程，饭店要开展收益管理工作，应设立收益管理组织机构、组建收益管理团队、制定收益管理制度和相应的工作流程。在明确部门工作职能和各部室岗位职责的基础上，定期对部门从业人员进行培训。

（2）饭店应定期召开收益管理会议，会议分为饭店收益管理会议和部门收益管理会议。饭店收益管理会议一般每周召开一次，由总经理主持。部门收益管理会议每日以晨会的形式召开，由收益管理总监或收益管理部经理主持。饭店收益管理会议主要讨论和研究收益管理战略和策略，协调收益管理部门与其他部门的工作，并对主要事项进行决策。部门收益管理会议主要是部署和安排部门具体工作，并对市场各项指标进行分析、归纳和总结。

（3）收益管理部应与前厅部、销售部、餐饮部以及财务部主动做好沟通与协调工作，及时处理和解决存在的工作矛盾，以保证收益管理工作的正常开展和运行。收益管理部既要树立对市场管理决策的权威性，同时也要树立为其他部门提供市场管理服务的意识，从而创造良好的工作环境。

（4）饭店管理者应消除对收益管理存在的认识误区，正确理解收益管理方法的使用价值，积极参加收益管理专业知识培训，通过学习更多的收益管理知识来充实自己，走出对收益管理认识的误区。

（5）收益管理作为饭店经营管理中的利器，已越来越受到饭店管理者的重视。未来，随着互联网的发展、大数据思维的应用、专业人才的培训和收益管理系统的进步，收益管理的发展空间将会更加广阔。

【练习题】

1. 饭店为什么要设立收益管理部？收益管理部具有哪些工作职能？

2. 饭店应当建立哪两级收益管理组织？为什么？

3. 如果饭店仅有一名收益经理从事收益管理工作，他应该具有什么样的岗位职责？

4. 什么是饭店收益管理会议？为什么说定期召开收益管理会议是饭店收益管理工作中必不可少的重要环节？

5. 请阐述收益管理会议召开的主要内容，并结合你所在的饭店进行对比分析。

6. 实施收益管理应该消除哪些认识上的误区？

7. 以下哪些项属于饭店收益管理会议的内容。

（1）对 KPI 指标完成情况进行回顾与分析；

（2）制订饭店未来某一时期能源指标的完成计划；

（3）针对预测、未来信息和市场事件，汇报所制订的行动计划；

（4）对竞争对手的分析和竞争策略效果做出说明；

（5）对饭店员工劳动合同执行情况做出评估。

8. 请论述收益管理在我国饭店业未来的发展趋势。

参考文献

［1］曹龙骐．2005. 金融学．北京：高等教育出版社．

［2］陈的非．2010. 饭店服务与管理案例分析．北京：中国轻工业出版社．

［3］陈光锋．2014. 互联网思维——商业颠覆与重构．北京：机械工业出版社．

［4］陈为新等．2012. 酒店管理信息教程——Opera 系统应用．北京：中国旅游出版社．

［5］陈旭．2003. 酒店收益管理的研究进展与前景．管理科学学报，（6）：72～78.

［6］戴斌等．2007. 经济型饭店——国际经验与中国实践．北京：旅游教育出版社．

［7］丁力．2002. 饭店经营管理原理．天津：南开大学出版社．

［8］杜江等．2010. 旅游饭店星级划分与评定释义．北京：中国旅游出版社．

［9］胡质健．2009. 收益管理——有效实现饭店收入的最大化．北京：旅游教育出版社．

［10］贾怀勤．2004. 数据、模型与决策．北京：对外经济贸易大学出版社．

［11］简明，胡玉立．2013. 市场预测与管理决策．北京：中国人民大学出版社．

［12］柯惠新，王锡苓等．2010. 传播研究方法．北京：中国传媒大学出版社．

［13］李晓莉，李诗洁．2005. 酒店收益管理中客房价格策略的分析与应用．桂林旅游高等专科学校学报（6）：99～102.

［14］李嫣怡等．2013. Eviews 统计分析与应用．北京：电子工业出版社．

［15］林祖华．2004. 市场营销案例分析．北京：高等教育出版社．

［16］刘军．1999. 收益管理的理论研究概况．管理，（2）59~60.

［17］刘军，邱莞华．2000. 关于收益管理问题的描述和分类．民航经济与技术．（223）49~50.

［18］刘淑芹，汪寿阳．2013. 酒店收益管理研究——客房预定与定价决策．北京：科学出版社．

［19］马晓晗．2008. 高情商团队．北京：北京大学出版社．

［20］钱炜等．2008. 饭店营销学．北京：旅游教育出版社．

［21］邱萍，李三山．2009. 饭店质量管理．北京：科学出版社．

［22］桑百川，王全火．2003. 中国市场经济理论研究．北京对外经济贸易大学出版社．

［23］施若，顾宝炎．2008. 收益管理理论的基础问题及发展研究．企业经济（9）12~15.

［24］宋敬普．2010. 基于博弈理论的酒店收益管理．上海：格致出版社 上海人民出版社．

［25］宋雪鸣等．2006. 饭店经理人怎样驾驭财务．北京：旅游教育出版社．

［26］宿荣江．2008. 酒店营销实务．北京：中国人民大学出版社．

［27］王坚．2005. 收益管理在饭店营销中的应用．饭店现代化．39~43.

［28］魏星．2007. 饭店文化建设案例解析．北京：旅游教育出版社．

［29］奚宴平．2012. 世界著名酒店集团比较研究．北京：中国旅游出版社．

［30］徐栖玲，赵新元．2000. 餐厅收益管理新策略．商业经济文荟，（6）42 61~63.

［31］杨慧等．2013. 一种座位组合优化的计算方法及仿真分析．管理工程学报，20~13（3）150~154.

［32］尹成旭等．2006. 中国饭店服务存在的问题及补救分析．社会科学家．（增刊）177~179.

［33］尹华光等．2008. 现代饭店管理．北京：中国林业出版社．北京大学出版社．

［34］余炳炎，朱承强．2002. 饭店前厅与客房管理．天津：南开大学出版社．

［35］余昌国．2005. 现代饭店管理创新．北京：北京燕山出版社．

［36］张润钢．2010. 张润钢论酒店．北京：旅游教育出版社．

［37］章上峰．2015. 时变弹性生产函数模型研究．北京：经济科学出版社．

［38］周晶，杨慧．2009. 收益管理方法与应用．北京：科学出版社．

［39］张永莉，张晓全．2012. 航空公司收益管理．北京：中国民航出版社．

［40］【美】丹尼·G．拉瑟福德等．2006. 饭店管理与经营．苏宝仁等译．大连：东北财经大学出版社．

［41］【美】菲利普·科特勒等．1998. 营销学导论．俞利军译．北京：华夏出版社．

［42］【美】菲利普 R. 凯特奥拉等．2005. 国际市场营销学．周祖城等译．北京：机械工业出版社．

［43］【加】嘉宝·福佳斯等．2014. 收益管理——饭店运营收入最大化．北京：王立等译．中国旅游出版社．

［44］【美】加里·阿姆斯特朗等．2006. 科特勒市场营销教程．俞利军译．北京：华夏出版社．

［45］【加】罗伯特·C．刘易斯等．2006. 饭店业营销案例．谢彦君等译．大连：东北财经大学．

［46］【美】罗伯特·菲利普斯．2008. 定价与收益优化．陈旭等译．北京：中国财政经济出版社．

［47］【美】迈克尔·波特．2003. 竞争优势．陈小悦译．北京：华夏出版社．

［48］【澳】尼尔·沃恩等．2002. 饭店营销学．北京：程尽能等译．中国旅游出版社．

［49］【美】斯蒂芬· P. 罗宾斯等．2004. 管理学．孙建敏等译．北京：中国人民大学出版社．

［50］【美】斯蒂芬· P. 罗宾斯等．2005. 组织行为学．孙建敏等译．北京：中国人民大学出版．

［51］【法】泰勒尔．1997. 产业组织理论．马捷等译．北京：中国人民大学出版社．

［52］【英】维克托·迈尔—舍恩伯格．2013. 大数据时代．盛杨燕等译．杭州：浙江人民出版社．

［53］【美】詹姆斯·布里克利等．2005. 管理经济学与组织构架．张志强等译．北京：人民邮电．

[54] Cross, R. 1997. Revenue Management: Hard-Core Tactics for Market Domination New York: Broadway Books.

[55] Kimes, S. E., Barrash, D. I., and Alexander, J. E. (1999) Developing a Restaurant Revenue-management Strategy. CornellHotel and Restaurant Administration Quarterly, 40 (5) 18-29.

[56] Kimes, S. E., Chase, R. B., Choi, S., Lee, P. Y., and Ngonzi, E. N. 1998. Restaurant Revenue Management: Applying YieldManagement to the Restaurant Industry Cornell Hotel and RestaurantAdministration Quarterly, 39 (3) 32-39.

[57] Kimes, S. E., 1999. Implementing RestaurantRevenue Management. Cornell Hotel and Restaurant AdministrationQuarterly, 40 (3) 16-21.

[58] Weatherford L R, Kimes S E, Scott D A. 2001. Forecasting for hotel revenue management: testing aggregation against disaggregation. Cornell Hotel and Restaurant Administration, Quarterly, 42 (4) 53~65.

[59] Weatherford L R, Kimes S E. 2003. A comparison of forecasting methods for hotel revenue management. International journal of Forecasting, 19: 401~405.

后　记

2003年年初，我在北京建国国际酒店管理有限公司工作期间，总裁陈军先生安排我牵头组建公司销售中心和开发中央预订系统，以便为当时分布在全国各地的30余家成员饭店提供更有效的客源直销服务。为此，我与万豪、洲际等国际品牌饭店集团进行了多次的交流和学习，并有幸接触到了收益管理理论及其应用方法。这一能够有效帮助饭店改善运营环境和提升收益的新的管理理论和方法，激起了我浓厚的兴趣。于是，我便利用各种渠道和资源大量收集和阅读了相关文献资料。在学习收益管理理论的基础上，联系我国饭店业的本土实践经验进行了不间断的研究和思考，逐渐形成了我个人的观点和做法。

随着中国的改革开放，旅游业得以快速发展。在商务出行和休闲旅游市场强劲增长的同时，也带来了国内饭店数量的持续攀升，饭店间的市场竞争依然在加剧；再加上客栈民宿、短租公寓、长租公寓等新型服务业态的出现，为消费者购买住宿产品提供了更多的选择，成为饭店经营管理中的"痛点"，由此也带动饭店管理者对收益管理方法的日益重视和关注。然而，"理想很丰满，现实很骨感"，与对收益管理理论热望形成反差的是，多数本土品牌饭店在经营管理中还没有运用收益管理方法，甚至有些饭店管理者还不了解收益管理所言何物；与此同时，对收益管理有一定运用的饭店，其中不乏只停留在对系统工具的简单使用上，管理者对收益管理思想、理论和方法的精髓并没有做到深层次的领悟，结果只能是收效甚微。还有一些饭店的收益经理仅仅充当了管理系统技术员的角色，除了机械地使用系统工具外，未能发挥收益经理应有的专业水平。上述现象，不仅给收益管理理论和方法在我国饭店业的推广和发展带来制约，同时，也削弱了我国本土品牌饭店应对国际饭店竞争格局的市场竞争力。因此，如何把收益管理理论及其方法普及到我国饭店管理之中，培育管理者有科学、有系统地运用收益管理技术，便成为饭店业人员所应负的使命。

2012年冬，我萌发了撰写一本有关收益管理在饭店业应用的专著的念头，并于2013年春节后开始动笔，到2016年6月，这本专著终于付梓、与读者见面了。三年多的时间里，我收集和阅读了大量的国内外资料，除对理论的理解和吸收以外，我也把自己多年来在管理饭店和授课中积累的各种感想、经验、甚至是一闪而过的小小念头及时捕捉下来，逐一写进书中，为的是便于读者对理论的理解和对方法的掌握。每当在白天的工作结束，晚饭之后，我便独坐电脑前，静心思考、伏案工作至深夜。写作的过程，也往往伴随着对往昔工作的反思。我自1989年进入饭店业，至今已30年有余，其间担任过饭店前厅部经理、销售部经理、餐饮总监、销售总监、副总经理、总经理和饭店集团营销总监职务，目前仍在北京都季酒店管理公司总经理岗位供职。多年的饭店从业经历，使我对这个行业产生了深深的眷恋，也积累了丰富的经验和素材，点点滴滴融入写作之中，收获了精神的愉悦和满足。本书撰写的时间较长，白天需全身心投入工作，能给予该书的时间只有夜晚、周末、假期的余暇时光，甚至是出差途中的候机大厅和下榻酒店，其中部分章节完成于满地缤纷落英的温哥华，那是2013年11月我前去探望赴加访学的妻子时留下的纪念。

在本书出版4年多的时间里，可以说是收益管理方法自引入我国以来发展的黄金时期。在此期间，我被邀请讲授收益管理专业培训课程60余场，参加学习的学员5000余人，其中多为饭店高级管理人员、收益经理和大中专及职业院校的老师。本书也被部分大中专及职业院校作为收益管理课程教材使用。同时，我还担任多家饭店收益管理顾问，为他们提供收益管理方法应用的咨询服务。2019年，由中国国际贸易促进委员会商业行业委员会组织编写的《酒店收益管理人员职业能力要求》团体标准于2019年7月1日发布。这是我国第一部有关收益管理方面的行业标准，对建立我国饭店业收益管理岗位工作标准化体系，完善收益管理职业教育，培养饭店业收益管理数字化人才起到了重要的推动作用。2020年年初，新冠肺炎疫情暴发，给饭店业带来沉重打击，加剧了饭店间的市场竞争，收益管理方法也因此更加受到饭店管理者的重视。2020年8月至12月，中国国际贸易促进委员会商业行业委员会与美团大学等单位联合举办了“2020全国现代服务业收益管理人员技能大赛”，进一步促进了收益管理在我国饭店业的发展，我作为大赛评审专家组副主任有幸参加了组织工作。收益管理在这4年里的快速发展，为我能够深入研究和实践收益管理提供了良好的机会和环境。执笔起草标准、为学员授课、在饭店实地咨询、参与组织大赛和与大量学员的交流等，使我在工作实践中更深层地领悟到了收益管理的精髓，思维方式也得到了升华，为我提出收益管理创新和延展方法奠定了基础。我把这些研究、领悟和创新的方法都写进了修订后的书中，作为我研究和实践的结晶，希望能给读者带来更大的帮助，这也正是修订本书的目的。本书自 2020 年 9 月开始修订至 2021 年 3 月完成，历时 7 个月的时间。

本书顺利完成写作和修订，离不开家人和朋友的鼓励、扶持和帮助。首先，要感谢我的妻子，她是一位大学教授和博士生导师，不仅给予我很多鼓励，指导我完成了本书的内容构架和章节编排，提出修订意见，还承担了大量的家务，使我有更多的业余时间用于写作；我也要感谢我的儿子，作为大学教师，尽管他非常繁忙，却仍然抽出时间为我翻译了大量的外文资料；家人的全力支持，是我生活、工作的精神源泉。我还要衷心感谢中国旅游研究院院长戴斌先生给予我的鼓励和扶持，为本书作序雅正；感谢浙江工商大学统计与数学学院教授、博士生导师章上峰先生，在本书第四章写作过程中所提供的帮助；感谢中国旅游出版社王建华主任、王丛主任、陈冰编辑为本书的出版所付出的辛勤努力；感谢北京和泰盛典酒店管理公司总裁赵晓川先生、北京世纪金源大饭店总经理刘利萍先生的大力支持；最后，还要感谢郭辉、邓赟、李晓佳、何京华、刘晓旭、蔡佳利同仁们给予我的协助，在此也一并对参考资料的原作者表示衷心的感谢！

点滴耕耘，点滴收获。我们一直行进在实践的路上。

祖长生

2021 年 3 月于北京

责任编辑： 陈　冰
责任印制： 冯冬青
封面设计： 八度出版服务机构

图书在版编目（CIP）数据

饭店收益管理 / 祖长生著. -- 2 版. -- 北京 ：中国旅游出版社，2021. 5

ISBN 978-7-5032-6686-7

Ⅰ. ①饭… Ⅱ. ①祖… Ⅲ. ①饭店—财务管理 Ⅳ. ①F719. 2

中国版本图书馆 CIP 数据核字（2021）第 047565 号

书　　名： 饭店收益管理（第二版）

作　　者： 祖长生著
出版发行： 中国旅游出版社
（北京静安东里 6 号　邮编：100028）
http：//www. cttp. net. cn　E-mail：cttp@ mct. gov. cn
营销中心电话：010-57377108，010-57377109
读者服务部电话：010-57377151
排　　版： 北京旅教文化传播有限公司
经　　销： 全国各地新华书店
印　　刷： 北京墨阁印刷有限公司
版　　次： 2021 年 5 月第 2 版　2021 年 5 月第 1 次印刷
开　　本： 720 毫米×970 毫米　1/16
印　　张： 22.25
字　　数： 360 千
定　　价： 48. 00 元
I S B N 978-7-5032-6686-7